南开大学马克思主义研究文库（第一辑）

魏 埙 文 集

魏埙　著

南开大学出版社

天　津

图书在版编目(CIP)数据

魏埙文集 / 魏埙著. —天津：南开大学出版社，
2019.7
(南开大学马克思主义研究文库. 第一辑)
ISBN 978-7-310-05842-6

Ⅰ.①魏… Ⅱ.①魏… Ⅲ.①魏埙(1919－2004)－
文集②经济学－文集 Ⅳ.①F0－53

中国版本图书馆 CIP 数据核字(2019)第 164430 号

版权所有　侵权必究

南开大学出版社出版发行
出版人：刘运峰
地址：天津市南开区卫津路 94 号　　邮政编码：300071
营销部电话：(022)23508339　23500755
营销部传真：(022)23508542　邮购部电话：(022)23502200

*

天津丰富彩艺印刷有限公司印刷
全国各地新华书店经销

*

2019 年 7 月第 1 版　　2019 年 7 月第 1 次印刷
240×170 毫米　16 开本　28.25 印张　4 插页　501 千字
定价：115.00 元

如遇图书印装质量问题，请与本社营销部联系调换，电话：(022)23507125

出版说明

今年正值新中国成立七十周年，南开大学建校一百周年，在新的历史起点，为进一步加强和巩固马克思主义在哲学社会科学中的指导地位，推动加快构建中国特色哲学社会科学的理论体系和话语体系，我们将陆续出版"南开大学马克思主义研究文库"，集中展示南开大学哲学社会科学领域的有关专家学者，长期以来在马克思主义理论应用、发展和创新方面所做的贡献。文库将以专著、文选等多种形式，彰显马克思主义理论的强大活力和生命力。

此次结集出版的为第一辑，共 10 种，分别为：《季陶达文集》（季陶达）、《魏埙文集》（魏埙）、《"返本开新"的哲学之路》（陈晏清）、《新世纪的文化思考》（方克立）、《高峰文集》（高峰）、《毛泽东哲学思想的当代价值》（杨瑞森）、《马克思主义与中国现代化历程》（刘景泉）、《人性的探索》（王元明）、《党史党建研究文集》（邵云瑞等）、《马克思主义社会学理论研究》（张向东）。需要说明的是，这些著述或收录于书中的一些文章，有不少之前在别的出版社出版或在报刊上发表过。由于时代和认识的局限，书中有些观点今天看来难免有所偏颇或值得商榷；语言文字、标点符号、计量单位、体例格式等方面，也有不符合现行规范之处。但为保持这些著述的原始风格，我们在编辑出版时除对一些明显的错误做了更正，对个别不合时宜的内容做了适当删改外，其他均遵从原著，未予改动。恳请广大读者在阅读这些著述时，能有所鉴别。

南开大学马克思主义学院
南开大学出版社
2019 年 8 月

自　序

　　这是我已发表过的论著的选集。今将其编辑成册出版，一是以此表示对我至 1997 年在高校执教 50 周年的一个志庆；二是为了汇集起来，便于回顾自己过去研究的道路和成果；三是为了希望能借以更广泛地接受教正。

　　这个选集在内容上，包括四个大的方面：一是，有关《资本论》的；二是，有关政治经济学基本理论的；三是，有关现代资本主义经济问题的；四是，有关当代西方经济学界对《资本论》的研究，以及马克思主义经济学与西方经济学比较研究的。前三个方面，是我长期从事教学和研究的领域。至于第四个方面，虽然不是我的主要研究领域，但我一向认为，不能僵化地、封闭式地对待《资本论》，而应该放开眼界，了解当代西方经济学，了解西方学者对《资本论》的研究，特别是 70 年代以来，在西方出现了一股"马克思体系复活"的思潮。所以，我在这方面努力做了些工作。当然，这只有在我国改革开放以来，这样做才有可能和条件。

　　价值理论是我长期重点研究的课题。在这方面，提出了一些较有影响的观点。例如，在我和谷书堂教授合著的《价值规律在资本主义各个阶段中的作用及其表现形式》一书中，提出了关于社会必要劳动的第二含义的观点。这曾引起了相当大的反响和争论。直到现在还有不同意见。这里编入了两篇未发表过的文章：《关于商品价值量的规定问题》，《再论商品价值量的规定问题》。这是 1963—1964 年间，我和山西省委党校周学曾同志一起在中央党校学习时合写的。当时，因处于"四清"运动前夕，我们都匆匆回到了原单位，因而未发表。在关于商品价值到生产价格"转形"问题的文章中，值得提及的，是我介绍和肯定了日本教授森岛道夫（Morishima）关于这个问题的论述。他运用马尔可夫过程和迭代原理阐明了商品价值到生产价格的转化过程，并证明了马克思关于商品价值总额等于生产价格总额的论断。这是很有学术参考价值的。关于垄断价格，我提出的新观点，也曾引起了一定的反响和争论。

《美元霸权地位的垮台》和《战后日本经济的畸形发展》，是在 1972、1973 年发表的。它们是国内较早系统地剖析战后资本主义世界货币体系即布雷顿森林体系崩溃和战后日本经济高速发展的原因的论著。《经济军事化条件下的资本主义社会再生产》，是把军火生产作为一个特殊部类纳入社会再生产体系，剖析其特点和矛盾，有一定新意。在《资本主义国家的宏观经济调控》一文中，提出了国家宏观调控和市场机制相结合是现代资本主义市场经济运行模式的观点。

改革开放以来，在我国经济学界，政治经济学和西方经济学并行不悖，而实际上存在着一定程度的重西方经济学、轻政治经济学的倾向。这是一个不容忽视而需要认真对待和研究的重大理论学术问题。这篇《马克思主义经济学与西方经济学》，就是我早在 1986 年针对这个问题写的。《关于马克思主义经济学与当代西方主流经济学的比较研究》是有关这方面的一篇新作。

《时间的经济作用》一文，是在我的一位和英国曼彻斯特大学联合培养的博士生送给我的一本书《与时间搏斗》（*Wrestling With Time—Problems in Economic Theory*）的启发下而写的。该书作者英国著名经济学家扬·斯蒂德曼说：书中没有谈马克思的思想，让读者去补充。我们在此文中，概括地叙述了马克思关于劳动时间的作用的论述，作了补充。

魏埙

1996 年 7 月

目 录

IV 马克思主义经济学与西方经济学

V 其他

Ⅰ 价值理论

价值规律在资本主义各个阶段中的
作用及其表现形式*

一、关于价值规律的基本概念

价值规律是商品生产和商品交换的经济规律，在有商品生产和商品交换的地方，价值规律也就发生着作用。

但是，由于商品生产的发展及其存在的社会历史条件的不同，价值规律的作用的性质、范围、程度以及作用的表现形式等等，也就有所变化。这里只是比较系统地探讨一下价值规律在资本主义各个阶段中的作用及其表现形式的问题。

在谈到价值规律的作用之前，先来说明一下价值规律的基本概念。

什么是价值规律呢？

所谓价值规律就是商品的生产和交换是以所消耗的社会必要劳动量为基础。这里包含有两方面的要求：其一，商品的价值量是由生产该商品所耗费的社会必要劳动量决定的；其二，商品的交换要根据等价的原则，即相等的社会必要劳动量来进行。这两方面的要求是相互联系的，因为前者是后者的基础，而前者又必须通过后者来贯彻。

什么是社会必要劳动呢？我们都知道，商品的价值是体现在该商品中的凝固了的一定量的人类劳动或抽象劳动。商品价值量的大小就是由生产该商品的劳动耗费（物化劳动和活劳动的耗费，以下同）所决定的。但是，规定商品价值量的并不是任何个别生产者的个别劳动量，而是社会必要劳动量。

---

* 本文原系与谷书堂同志合作的一篇论文，后应上海人民出版社之约，于 1956 年出版为单行本，1959 年、1961 年曾两次再版，这里收录的是第 3 版。

这就是说，商品依以出售，或者作为商品交换之基础的价值不是个别价值，而是社会价值。所谓社会价值，"一方面，要视为是一个部门所生产的商品的平均价值，另一方面，要视为是在该部门平均条件下生产的商品（在该部门生产物中，占着显著的大量）的个别价值。"①劳动量的自然尺度是时间。但是，在同样的单位时间里，由于劳动熟练与不熟练、简单与复杂的程度不同以及劳动强度不同，实际的劳动量并不是一致的。而衡量劳动量或价值量之大小的尺度是社会尺度，即包含平均熟练程度和平均劳动强度的社会简单平均劳动时间。因此，总起来，所谓规定商品价值量的社会必要劳动量或社会必要劳动时间是指：在现有的社会标准的生产条件下，用社会平均的劳动熟练程度与强度，生产每一单位商品所必需的劳动量或劳动时间。

以上是我们对于价值规律及社会必要劳动的一般的理解，而且这是从个别商品的角度看的。但是，我们认为除此之外，还应该进一步从商品总量的角度来考察；从这一角度考察，社会必要劳动还有另一种含义，这就是用在一种商品生产上的社会劳动的量要符合于社会对该种商品的需要的量。

我们知道，商品要依照其价值来出售，除去商品交换已不再是偶然的、临时的以及没有自然的或人为的独占这些条件以外，还有一个社会条件，即相交换的商品要依照符合于相互需要的比例量来生产，这从一个部门的商品总量上看更是如此。马克思曾指出："要使一个商品能够依照它的市场价值（即社会价值——引者）来售卖，那就是，比例于它所包含的社会必要劳动来售卖，用在这种商品总量上的社会劳动的总量，必须与这种商品的社会需要的量相适应，那就是，必须与有支付力的社会需要的量相适合。"②马克思还这样说过："只要这种分工是依比例进行，不同各类生产物就会依照它们的价值（在进一步的发展上，就是依照它们的生产价格）来售卖，……事实上，这就是价值法则，不过这里说的，不是个别商品或物品，而是特殊的由分工而独立化的社会各生产部门各个特殊场合的总生产物；所以不仅在每个个别的商品上要只使用必要的劳动时间；并且在社会的总劳动时间中，也要只把必要的比例量，用在不同各类的商品上。……对于社会劳动时间可以用到不同各特殊部门去的分量这个量的限界，不过是价值法则一般的进一步发展了的表现；虽然必要劳动时间，在这里，包含着另外一种意义。只有这样多才是满足社会需要所必要的。限界在这里是由使用价值引起。社会在一定的生

---

① 马克思：《资本论》第 3 卷，人民出版社 1958 年版，第 203 页。
② 马克思：《资本论》第 3 卷，人民出版社 1958 年版，第 215 页。

产条件下，只能把它的总劳动时间这么多的部分，用在这一种生产物上。"①
以上这些，虽然是说明商品价值的实现问题，而且在以私有制为基础的商品
生产中，用在一种商品生产上的社会劳动的总量与社会对该种商品的需要量
之间，直接地并没有必然的联系，而只有偶然的联系。但是，价值规律作为
一个内在规律，为要使商品价值得以实现，为要使商品按其价值相交换，就
必然要求供求相适应，要求不同的商品生产部门，特别是在生产上相互联系
着的各个商品生产部门，在一定的社会劳动生产率水平下，用在各该商品生
产上的劳动总耗费必须维持必要的对比关系。从社会再生产的角度看，则是
要求保证物质上的和价值上的补偿。所以，我们说供求关系虽然绝不决定商
品的价值量，因为商品的价值量是在现有的社会平均条件下，生产商品的劳
动耗费的一种客观必然，但是价值规律作为一个内在规律，为要使商品能够
按其价值相交换，却要求供求一致，要求相交换的商品在其生产上的劳动总
耗费维持对比关系。

有人不同意从社会劳动总量的供给与需求关系的角度来理解社会必要劳
动量，他们认为这是价格问题而不是价值问题，是价值的实现问题而不是价
值量的规定问题。我们认为不然。这个问题比较复杂，有必要作如下进一步
的说明：

首先，商品实现的价值既然是社会价值而不是个别价值，那么很显然，
商品的社会价值的形成是一种社会行为和过程，是社会地规定的。由于商品
生产和商品交换发展阶段的不同，商品价值量的社会地规定的范围、要求程
度以及要求的内容就有所变化。在人类历史上，刚刚有了商品交换的时候，
交换是偶然的，商品交换的量的比例规定也带有极大的偶然性。但商品所有
者在交换时是不能根本不考虑其劳动耗费的，也就是说这种初期的偶然的交
换也还是要以体现在商品内的劳动量为尺度；不过，可以想象得到，当时也
只是以体现在商品内的劳动耗费为尺度而已。这是价值规律在当时条件下的
体现和要求。随着商品生产和商品交换的发展，不同商品的生产部门及同一
部门的不同生产者越来越增多起来，这时，作为商品交换之基础的价值，其
量的规定就不仅要愈益用体现在其内的劳动量作尺度，而且，愈益要求体现
为商品价值量的劳动量必须不断还原为社会的比例尺度，即商品要以由社会
必要劳动量所决定的价值量为基础来进行交换了。这是价值规律在商品经济

---

① 马克思：《资本论》第 3 卷，人民出版社 1958 年版，第 830—831 页。

发达了的条件下的体现和要求。正因如此，所以并不是任何劳动耗费都能体现为价值，也并不是同量（时间）的劳动耗费就必须体现为同等的价值量，而是在同一时间里，不熟练的及极为简单的劳动体现为较小的价值量，熟练的及复杂的劳动体现为倍加的简单平均劳动并从而体现为较大的价值量。实际情况还不止于此，随着社会分工和商品经济的进一步发展，特别是到了商品生产占了统治地位并且生产高度社会化了的资本主义生产条件下，不同生产部门间的联系紧密了，社会再生产的顺利进行要求物质补偿和价值补偿的统一，这时，在产品实现中或者在社会再生产和流通中发生作用的价值规律，就必然会体现这样一种趋势和要求，即相交换的商品要依照符合于相互需要的比例量来生产了；同时，也只有如此，商品才能依照其社会价值来实现了。这正如前面所引的马克思的一段话中所说的，这"是价值法则一般的进一步发展了的表现"。所以，随着资本主义的发展，农业越来越以资本主义生产方式来经营、农业生产越来越和工业生产紧密联系起来的时候，在资本主义的基本经济规律和平均利润率规律的作用下，农产品社会价值的规定，并不像工业品的社会价值是以社会平均条件下的劳动耗费为尺度那样，而是以劣等条件下的劳动耗费为基准了。结合农产品价值的规定，马克思曾这样指出："它（指农产品的社会价值——引者）在资本主义生产方式的基础上，是通过竞争来贯彻的；由此，生出了一个虚假的社会价值。这是由市场价值的法则发生的。土地生产物要受这个法则支配。生产物（也包括土地生产物在内）的市场价值的决定，是一种社会的行为，虽然那是社会一种不自觉并且没有预见地完成的行为。"①总之，我们认为对于价值规律的要求和社会必要劳动的含义必须以社会的、历史的观点来考察和理解。

其次，我们认为虽然供求关系不决定商品的价值量，但供给与需求这种社会经济状况对于商品社会价值的规定也有一定的关系。这种关系表现在以下两个方面：

第一，供求状况在一定条件下（劳动生产率不变）可以调节社会价值，使之或是与社会平均条件下的个别价值相一致，或是和优等或劣等条件下的个别价值相一致。这一点与劳动价值论并不相违背，而且是在劳动价值论的基础上，价值规律在竞争和供求关系变动作用下的具体体现和贯彻。关于这方面，马克思在《资本论》第三卷第十章中论述了很多。这里只择要地引述

---

① 马克思：《资本论》第 3 卷，人民出版社 1958 年版，第 864 页。

一些如下：

首先，马克思在论述了单位商品的社会价值的决定之后，转向对于商品总量的价值决定的考察。他指出："如果我们把商品总量全部，首先是把一个生产部门的商品总量全部，当作一个商品，并且把许多同种商品的价格总和，加起来当作一个价格来理解，事情就最容易说明。此际关于一个商品所说的话，可逐字用到一定生产部门的市场上现有的商品总量上来。商品个别价值与其社会价值相符这件事，现在是像这样实现或进一步规定的：商品总量包含着它生产上必要的社会劳动，并且这个总量的价值＝它的市场价值。"①这个商品总量的价值（社会价值）如何规定呢？这要视不同的情况而定。马克思指出：假设这些商品有显著的大量是大约在相同的通常的社会条件下生产的，以致这个价值同时就是构成这个大量的个别商品的个别价值。其中纵然有一个比较小的部分是在这个条件以下生产，别一个比较小的部分是在这个条件以上生产，以致一部分的个别价值比商品大部分的中位价值更大，别一部分的个别价值就比商品大部分的中位价值更小，但这二极端会互相均衡，以致属于二极端的商品的平均价值，仍与属于中位大量的商品的价值相等。因此，在这个场合，市场价值是由按照中位条件生产的商品的价值决定。……在这个场合，商品总量的市场价值或社会价值——即必然会在其中包含的劳动时间——是由中位大量的价值决定。

反过来，假设送到市场去的该商品的总量是保持不变的，但按照较劣条件生产的商品的价值，不能由按照较优条件生产的商品的价值来均衡，以致按照较劣条件生产的巨大部分，竟比中位的大量和别一极端，形成比较显著的大量；如果是这样，规定市场价值或社会价值的，就是按照较劣条件生产的大量。

假设按照较优（比中位条件较优）条件生产的商品量，远较按照较劣条件生产的商品量为大，以致和按照中位条件生产的商品量比较，形成显著的大量；如果是这样，规定市场价值的，就是按照最优条件生产的部分。"②在上述第一种情形内，整个总量的由中位价值规定的市场价值，是等于它们的个别价值之总和的。在第二种情形内，价值总量与个别价值的总和不等，前者大于后者。这时，作为总量的各个可除部分的单位商品的市场价值，虽然比较优条件下生产的商品的个别价值为高，甚至比中位条件下生产的商品的

---

① 马克思：《资本论》第 3 卷，人民出版社 1958 年版，第 208 页。
② 马克思：《资本论》第 3 卷，人民出版社 1958 年版，第 208-209 页。

个别价值也高，但它仍然可以比那种按照极端不利条件下生产的商品的个别价值为低。这个市场价值，会怎样和这个极端不利条件下生产的商品的个别价值相近或者相一致，马克思指出，这要视两种情况而定，一是"完全要看，按照不利极端生产的商品量，在该商品部门内，占着怎样大的范围"；二是要看需要，"如果需要只是稍微占优势，就会由那种按照不利条件生产的商品的个别价值，来规定市场价格。"①在第三种情形内，价值总量也与个别价值的总和不等，前者小于后者。这时，作为总量的各个可除部分的单位商品的市场价值，比中位价值为低，但它仍然可以比那种按照最优条件下生产的商品的个别价值为高。这个市场价值，会怎样和中位价值接近或远离，以及会怎样和最优条件下生产的商品的个别价值接近或远离，马克思指出，这也要视两种情况而定。一是"要看有利极端所占的相对范围"，二是要看供给与需要，在供给极其厉害地超过需要时，商品的市场价值就可能与按照最优条件生产的商品的个别价值相一致。②

第二，我们都知道，供求关系决定着市场价格，或者宁可说决定着市场价格与商品价值的差离。但同时，我们还应该进一步认识到：供求关系也还有促使供求关系本身的作用归于抵消，并从而使市场价格与商品价值的差离归于抵消的趋势。这是一个在较长的时期内生产和流通互激互荡发展变化的过程。这个过程不外通过两种可能的情况表现出来，一是供求关系发生了与过去相反方向的变化，另一是商品的价值发生了变化。例如，供过于求，市场价格降落，在市场价格下降情况下，则可能发生两种变化，一是资本会被撤出，从而供给减少，使得供求关系发生相反方向的变化，并使供求趋向于一致；二是通过竞争，使市场价值自身由于缩短必要劳动时间的发明而减低，从而使市场价值与市场价格归于均衡，并由此而发生新的供求关系。反之，如果是求过于供，则市场价格上升，上升到市场价值以上，这时，也可能发生两种变化，一是招致过多的资本流入该生产部门，因而生产增加，以致供求关系发生相反方向的变化，并使供求趋向于一致；二是还会在该生产部门内，在一个或长或短的期间里，把市场价值自身提高，因为在这个期间内所需要的生产物一部分，必须在较劣条件下生产出来。由于市场价值的提高，从而使之与市场价格归于均衡，并由此而发生着或调节着新的供求关系。③根

---

① 马克思：《资本论》第 3 卷，人民出版社 1958 年版，第 211 页。
② 马克思：《资本论》第 3 卷，人民出版社 1958 年版，第 211 页。
③ 马克思：《资本论》第 3 卷，人民出版社 1958 年版，第 219 页。

据上述分析，马克思曾这样指出："要使一个商品能够依照它的市场价值来售卖，那就是，比例于它所包含的社会必要劳动来售卖，用在这种商品总量上的社会劳动的总量，必须与这种商品的社会需要的量相适合，那就是，必须与有支付力的社会需要的量相适合。竞争，与供求比例变动相适合的市场价格变动，不断要把用在各种商品上的劳动总量，还原到这个标准。"①

至此，我们可以总括起来说，价值规律就是社会商品经济的运动规律，它制约着商品的生产和交换。价值规律作为一个规律，它的内在要求是：（1）社会地规定商品价值量，即社会必要劳动量规定商品的价值量；衡量价值量之大小的尺度是社会尺度，即社会简单平均劳动时间。（2）商品交换必须贯彻等价原则。（3）从相交换的商品的总量上看，它们的供求关系必须相适应（这里的供给指的是常年再生产的总量），或者在一定的社会劳动生产率水平下，生产它们的劳动的总耗费要维持必要的对比关系。

关于价值规律的上述诸要求，我们应该如此地来理解，即它们都是作为一个内在的强制力，并且在以私有制为基础的商品经济中，"只能当作无规律性的盲目发生作用的平均法则来贯彻"②，当作一种倾向或趋势来贯彻。

价值规律和任何其他的经济规律一样，也是反映着不以人们意志为转移的客观经济过程的规律性。它所反映的是商品生产和商品交换这种经济过程的客观规律性。这可以根据上述价值规律三方面的要求，予以说明：

第一，商品的价值量是由社会必要劳动量来规定的。首先，这是由于价值的性质决定的。因为价值是体现着一切商品的共同性的属性，它的实体是社会劳动。如马克思所说："一切商品共通的社会实体是什么呢？这就是劳动。为要生产出一个商品，就必须在这个商品上耗费或加上一定量的劳动。并且我不是简单说劳动，而是说社会劳动。"③其次，在以私有制为基础的商品生产条件下，这是在对于商品生产者作为一种外部的强制力，即在竞争中来贯彻的。正如马克思所说："竞争实现了产品的相对价值由生产它的必要劳动时间来确定这一规律"④，"就商品生产一般而言，一种商品在生产上仅许使用社会必要的劳动时间云云，不过是当作竞争的外部强制来表现的"⑤，"价值

① 马克思：《资本论》第3卷，人民出版社1958年版，第221—222页。
② 马克思：《资本论》第1卷，人民出版社1958年版，第92页。
③ 马克思：《工资、价格和利润》，《马克思恩格斯文选》两卷集，第1卷，人民出版社1958年版，第396页。
④ 马克思：《哲学的贫困》，《马克思恩格斯全集》第4卷，人民出版社1958年版，第106页。
⑤ 马克思：《资本论》第1卷，人民出版社1958年版，第415页。

由社会必要劳动时间的决定，是在商品低廉化和商品务须要依照同样有利的各种关系去生产的强制中贯彻的"①，等等。再次，这是由于社会必要劳动量是在一定时期及一定社会劳动生产率的水平下，生产一定量商品所需要的劳动耗费的一种客观必然。

第二，商品交换之所以必须贯彻等价原则，因为：首先，这是商品生产继续进行的必要条件。如果商品不按照社会价值，即一般的商品生产者的劳动耗费来交换，则一般的商品生产者的劳动耗费就得不到补偿，从而将会影响到该种商品生产的继续进行。其次，这是由于交换的商品是属于不同的所有者决定的。我们知道，简单商品生产及资本主义生产条件下的商品所有者是私有者，商品交换发生着所有权的转移。因此，在让渡其商品时就必然要求他的所有权在经济上得到体现，这就是他的劳动耗费（在小商品生产条件下，生产商品的劳动耗费是小商品生产者自己的劳动耗费；在资本主义条件下，生产商品的劳动耗费则是为资本家所占有的雇佣工人的劳动）必须得到等量的补偿。因此，价值规律的这一要求，不外是这种经济关系或所有权关系的体现。马克思在分析商品及商品交换时，即曾指明这一点，他说："要使这种物能当作商品来相互发生关系，商品监护人（即所有者——引者）必须当作是有自己的意志存在这种物内的人，来相互发生关系，以致一方必须得他方同意，从而，依双方共同的意志行为，才在让渡自己的商品时，占有他方的商品。他们必须互相承认是私有者。这种权利关系——不问是不是依法成立的，总归是在契约的形式上——是一种意志关系，在其中，有经济关系反映出来。这种权利关系或意志关系的内容，也就是由这种经济关系规定。"②

第三，从商品总量上看，生产商品的社会必要的劳动总耗费之所以要与社会对该商品的需要相适合，或者不同商品生产部门的劳动耗费之所以要维持对比关系，这是因为：商品生产不外是社会生产在一定历史条件下的一种方式或形式，而社会的生产和再生产要求各个不同的部门之间要维持一定的对比关系，特别在生产高度社会化了的资本主义条件下更是如此。但是，在社会生产采取了商品生产的形式之下，各个生产部门之间的物质联系与劳动联系是通过商品交换与价值关系的形式实现的。因此，价值规律的这一要求不外是社会生产和再生产的上述要求的一种反映，并且后者也正是通过价值规律的作用实现的。正如马克思所说："社会劳动必须依一定的比例分割。这

---

① 马克思：《资本论》第 3 卷，人民出版社 1958 年版，第 842 页。

② 马克思：《资本论》第 1 卷，人民出版社 1958 年版，第 69—70 页。

种必然性，不会由社会生产的一定形态被废止，却只会因此改变它的现象形态。……一个社会状态，如在其内，社会劳动的联系，是当作个人劳动生产物的私人交换来实行，劳动的比例分配依照来实行的形态，就是这个生产物的交换价值。"①

关于价值规律，还必须强调指出这样一点，即：它是个别商品生产者或个别生产部门与整个社会生产之间，以及不同的商品生产者或不同的生产部门之间的经济联系或关系的反映。在以私有制为基础的商品经济中，首先，它反映着商品生产者的私人劳动和社会劳动之间的关系，这就是私人劳动是否能成为社会劳动这种质的关系是通过个别劳动耗费是否符合社会必要劳动耗费这种量的关系来反映。其次，它反映着生产资料的私有者和商品所有者互相交换自己的活动、或者互相交换他们的劳动的关系。在小商品生产的条件下，农民和手工业者按照价值来交换他们的商品，这反映了对等地交换他们的劳动的关系。在资本主义条件下，资本家之间按照价值交换商品，这反映了交换为他们占有的劳动和剩余劳动的关系。至于资本家购买劳动力这一特殊商品，虽然也是按劳动力的价值来支付工人的工资（当然工资实际上经常低于劳动力的价值），但这仅是形式上的等价交换。因为，从再生产的角度看，购买劳动力的资本，不外是由被资本家无偿占有的剩余价值转化而来的。并且用来购买劳动力的这部分资本，不但由工人的劳动所创造的价值予以补偿，还带来了剩余价值。这就是说，资本与劳动力这一商品按其价值相交换，实质上是反映了剥削与被剥削的关系。

根据上面的说明可见，价值规律所决定的只是某一社会经济过程的个别方面，即商品价值是由社会必要劳动耗费决定的，而商品交换则是按价值进行的。因此，它不是作为某一社会的基本经济规律来发生作用。即使在商品生产占统治地位的资本主义社会里，也是如此。因为作为某一社会形态的基本经济规律，它所决定的是社会生产发展的一切主要方面和一切主要过程，并且它必须提示出社会生产的目的以及达到这一目的的手段。很显然价值规律并不是如此。但是，价值规律却必然受与其同时发生作用的该社会的基本经济规律所制约。价值规律发生作用的范围和作用的性质是由该社会的经济条件和基本经济规律的作用所决定的。

价值规律是商品生产的经济规律，但并不是商品生产唯一的经济规律。

---

① 马克思：《资本论》第 1 卷，人民出版社 1958 年版，第 998 页。

在以生产资料私有制为基础的商品经济中，与价值规律同时发生作用的还有竞争和生产无政府状态规律。（当然不限于这两种经济规律，尤其是资本主义条件下，除此之外还有一些其他特有的经济规律。）竞争和生产无政府状态的规律是以生产资料私有制为基础的商品生产的经济规律，如果生产资料私有制不存在了，竞争和生产无政府状态的经济规律的作用也就消失了。价值规律则不然，它所反映的是在各种不同社会形态中商品生产和商品交换的规律性，虽然生产资料的私有制不存在了，但只要存在着商品生产，价值规律就会依然在一定程度上和一定范围内发生着作用。至于价值规律和竞争与生产无政府状态规律之间的关系，简单地说，就是：在生产无政府状态统治着的私有制商品经济的条件下，价值规律的作用是通过市场竞争而实现的。因为生产的无政府状态，商品的供求不一致，因而价格与价值相背离，价格围绕着价值而摆动，这正是价值规律之作用的表现形式。由于价值规律的作用，又反转来加深了竞争和生产的无政府状态。

二、价值规律在简单商品生产条件下的作用

资本主义关系是在简单商品生产的基础上，在一定的经济条件下，由于价值规律引起了商品生产者的分化，而自发地产生的。在说明这个问题之前，先谈一谈资本主义以前商品生产的产生、特点与发展。

（一）前资本主义的商品生产

自从奴隶社会初期商品生产萌芽，一直到封建社会末期，即资本主义以前这一时期的商品生产，主要的都是简单商品生产。那就是以生产资料私有制和个人劳动为基础，为了交换而进行的小手工业者和农民的生产。在这种商品生产中，没有剥削，没有剩余价值这个范畴，商品只是当作单纯的商品流通着。简单商品流通的公式是：商品—货币—商品。由此可见，简单商品生产的直接目的虽然是为了出卖商品换回货币，为了实现商品的价值，但其最终目的则是为了购买具有另一种使用价值的商品。

简单商品生产，到了封建社会，尤其是中世纪以后，才有了充分的发展。它为资本主义生产准备了若干条件。我们知道，封建社会里虽然基本上是自然经济，特别是在它发展的初期，但是，随着生产力的不断提高，手工业日

益脱离农业而独立,以手工业者和商人为主要居民的新的城市逐渐成长起来。城市是以手工业为主的商品生产的体现者。中世纪以后,城市的商品经济更加发达了。由于城市商品经济的发展,封建农村逐渐地发生了变化,农村的自然经济日益瓦解,并逐渐转化为商品经济。首先是封建主的经济开始卷入市场,因为最初封建主及其家庭和仆役的消费,都是以通过劳役地租和实物地租而占有农民的剩余生产物直接来满足的。现在这些已经不能满足封建主的日益增长的而且是多方面的寄生性的需要了。于是封建主就不得不将由剥削农奴而得来的剩余生产物当作商品拿到市场上去出卖,换取货币,然后向国内市场,乃至通过商人向国外购买手工艺品或奢侈品。自此以后,封建主经济就愈来愈依赖于市场,越来越需要货币,从而就要求把劳役地租和实物地租转化为货币地租。随着封建地租由劳役地租和实物地租向货币地租的过渡,农民经济也就越来越卷入交换之中了。因为农民为了缴纳货币地租,就不能不将其产品拿到市场上去出卖,加以手工业日益脱离农业而独立,农业与手工业生产的社会分工日益扩大,农民自己的某些需要(无论是对生产资料的需要或是对消费资料的需要)也就愈益依靠出卖自己的产品换取另一种产品来满足。马克思说过:"在这里,直接生产者不是把生产物付给他的地主(不管他是国家还是私人),而是把生产物的价格支付给他。单是有一个在自然形态上的生产物余额,已经不够;还必须由这个自然形态转化为货币形态。虽然直接生产者还是和以前一样,至少要生产他自己的生活资料的最大部分,但现在已经有一部分生产物必须转化为商品,当作商品来生产。"[①]

商品生产发展了,城乡交换发达了。随着商业的进一步发展,交换关系扩展到一国内的不同地区之间,于是国内市场逐渐形成了。封建社会内的商品经济就是这样发展起来的。

但是,这里需要指出,在封建社会里,尤其是封建主义的鼎盛时期及以后,除去简单商品生产以外,还曾存在过封建所有制的商品生产,即以大量农奴劳动为基础,主要不是为了直接满足封建主的需要,而是为了市场而生产的商品生产。无论在欧洲和中国都曾有过这样的商品生产。

(二)价值规律在简单商品生产条件下的作用

价值规律从有商品和商品生产起,即产生并开始发生作用。例如,农民

---

① 马克思:《资本论》第3卷,人民出版社1958年版,第1040页。

和手工业者都是以他们自己私有的生产资料，并以他们个人的劳动为基础而从事某种商品的生产的。他们所交换的是自己的劳动生产物。因此，在交换时，决定其比例的唯一适当的和可能的标准，就只能是他们用在生产物上的劳动耗费。没有人会相信，农民和手工业者是这样地蒙昧无知，以致有人把十小时劳动的生产物，拿来和别人一小时劳动的生产物相交换。当然，最初交换的比例也还带有极大的偶然性。但是，随着商品生产与交换的发展，就必然会越来越要求以体现在商品内的劳动量来作为决定交换比例的尺度。随着商品生产的进一步发展，社会分工的扩大，商品生产的种类以及同一种商品的生产者增多了，交换已经成为经常的事情，并且交换的范围也在不断扩大，区域性的乃至国内的市场逐渐形成。在这种情况下，商品交换就不仅要求按照体现在商品内的劳动量来进行，而且还越来越要求按照社会必要劳动量所决定的价值量来进行了。也就是说，这时商品交换的比例关系虽然仍是以生产者的劳动耗费为基础来决定，但已不再是以个别生产者的实际劳动耗费来决定，而是以社会必要的劳动耗费来决定了。或者说，商品不是按照其个别价值，而是按照其社会价值来交换了。每一种商品的社会价值，是在生产同一种商品的不同生产者间的竞争中形成的。

我们说商品按照其价值相交换，意思是指：价值是交换价值的基础。而实际上，商品交换并不是恰好按其价值来进行的。这是因为生产资料的私有，生产是无政府状态的，这也是供给与需求经常不一致的缘故。在货币的价值形式出现后，这种情况就表现为价格与价值的背离，价格围绕着价值而上下摆动。但是不能根据这样的情形就否定价值规律的存在，却宁说价值规律的作用只有在价格围绕着价值的波动中才能实现，或者说这正是价值规律作用的表现。马克思曾指出："价格和价值量发生量的不一致的可能性，从而价格和价值量相背离的可能性，是存在于价格形态之内的。但这不是这个形态的缺点，却宁说会使它成为一个适合于这样一个生产方式的形态。在这个生产方式内，规律只能当作无规律性的盲目发生作用的平均法则来贯彻。"[1]

在简单商品生产条件下，商品交换就是以价值为基础来进行的。价值规律在简单商品生产的全期，有经济上一般的适用性。因为这里没有剥削，没有剩余价值，当然也就没有什么平均利润和生产价格。以价值为中心，价格围绕着价值上下摆动，这就是价值规律在简单商品生产条件下作用的表现形

---

[1] 马克思：《资本论》第 1 卷，人民出版社 1958 年版，第 91—92 页。

式。恩格斯说过："马克思的价值法则，在一般地有经济法则发生作用的限度内，是一般地适用于简单商品生产的全期，一直到它由资本主义生产形态侵入而发生一个变化的时候。一直到那时候，价格都是向着那种依照马克思的法则决定的价值，而在这个价值周围摆动……"①

在封建社会里，虽然商品经济已有了相当的发展，但它仍然还没有成为当时社会经济中的普遍现象。因此，价值规律作用的范围并不是十分广阔的。价值规律的作用就只限于商品经济自身的范围内，在此范围内，价值规律首先是商品流通的自发调节者，并进而调节着商品生产。但它不是当时社会生产的调节者，因为在社会里占统治地位的是封建主义的生产，决定这种生产的是封建主义的基本经济规律。

所谓商品流通的自发调节者的作用，就是：商品价值决定着不同商品相交换的比例关系，这一比例关系是通过商品的现实价格的对比而间接地表现出来的。在以生产资料私有制为基础的商品经济中，由于供求经常是不平衡的，因此价格经常与价值相背离，交换的对比关系脱离价值。价格与价值相背离，又会使商品的供求关系趋向于平衡，从而使得交换的对比关系又接近于它们的价值，或者不致脱离价值过远。但供求的平衡仅是短暂的现象，在竞争和生产无政府状态的规律的作用下，供求又会发生不平衡，因而价格又与价值相背离。价格就这样在价值周围上下波动。这是个没有停息的运动。（这里必须明确：这个运动不是在社会生产、社会价值以及供求的一般水平不变的情况下进行的，而是在社会生产、社会价值以及供求的一般水平不断变化，从而不断在新的基础上发生互激互荡的情况下进行的。）

比方，农民生产棉花，手工业者生产棉布。按照他们的生产物的价值，假定是 20 斤棉花等于一匹布，20 斤棉花按照价值应该卖 20 元，一匹布也应该卖 20 元。但是由于供求不等，价格与价值相背离，比如因为棉花供过于求，20 斤棉花实际上卖了 15 元，相反地棉布求过于供，一匹棉布实际上卖了 30 元。这样通过现实价格的对比，不是 20 斤棉花等于一匹布，而是 40 斤棉花等于一匹棉布了。很显然，这种情况决不会长久存在下去。暂且不论这样的情形会影响棉花与棉布的生产，就以现有的棉花和棉布的生产不变而言，也仍然会使得棉花与棉布的供求状况发生相反方向的变化。因为一方面，这时，商人必将多转售棉布少转售棉花。另一方面，由于棉花与棉布的这种比价，

---

① 恩格斯：《〈资本论〉第 3 卷的增补与跋文》，《资本论》第 3 卷，人民出版社 1958 年版，第 1176 页。

显然对农民是不利的，等于农民以其较多的劳动换得别人较少的劳动，因此，农民将会减少其棉花产品中的商品部分，或者觉察到出卖棉花购买棉布不合算，还不如以自己的棉花自己来生产棉布，以满足需要。结果棉花的供应减少（原先是供过于求）而价格上升，相反地对棉布的需求减少（原先是求过于供）而价格下降。棉花与棉布的价格的这一变化，又会引起供求的变化。这种运动就这样不停地在进行着。

在价值规律这样自发地调节着商品流通的过程中，是不会不进而调节生产的。这一作用也是通过价格与价值的背离而自发地实现的。

仍就上面的例子来说明价值规律调节生产的作用。

比方，农民不仅有一部分棉花作为商品出卖，同时也还有一部分商品粮食出卖。假定当时粮食按其价值出卖是一石小麦卖 30 元，而因为求过于供，一石小麦的市场价格却是 50 元。在这种情况下，农民就要多生产粮食而少生产棉花了，因为多生产粮食就会有更多的商品粮食按高价出卖，出卖粮食然后再购买棉布，比出卖棉花去购买棉布有利些。于是粮食因此又供过于求，价格下落了，相反地棉花供低于求，价格上升了，农民的经营又将向相反的方向变化。同样的情况也发生在不同的手工业品的生产之间，以及发生在农业和手工业生产之间。

但是，在封建社会的简单商品生产条件下，价值规律只是在较小的程度上调节着生产的。这是因为：第一，价值规律对于小商品生产的影响，取决于这种小私有制经济产品的商品率。比方，在那种产品商品率较高因而依赖于市场的程度较大的小商品经济中，价值规律对其生产的调节作用就较大。反之，对于那种只把一部分产品作为商品来出卖的小商品经济，价值规律对其生产的影响也就较小。实际上，在简单商品生产条件下，农民经济的商品率是很低的，虽然农民的产品越来越多地要转化为商品拿到市场上去出卖，但那主要是因为要向地主缴纳货币地租。在农民为自己而生产的产品中，商品部分是很小很小的。至于独立的个体手工业者的生产，虽然它是小商品生产的典型代表，价值规律对其生产的影响作用较大，但基本上影响的程度也还是不大的。第一，是中世纪城市手工业行会的组织对于手工业生产的规定很严，大大地束缚了手工业者的主动性，限制了价值规律对其生产的调节作用。第二，小商品生产是以小私有者的个人劳动为基础的，劳动力还不是商品，有些劳动资料也不是商品，因此，当时商品生产的费用还不是完全用货币形式来计算的。第三，有些手工业还是为了定货而生产的，它依赖于市场的程度较小。

价值规律在调节着商品流通和商品生产的过程中，由于竞争，也就刺激着生产力的发展。

我们知道，生产某一种商品的不同生产者，他们的生产条件并不是完全一样的。在小商品生产来说，这方面的决定性的因素是生产者自身的劳动技巧。由于生产条件和劳动技巧的不同，因而，商品的个别价值也就不等。但是商品必须按照当时的社会价值来售卖。这样，生产条件与劳动技巧优于社会的平均水平的，其个别价值就低于社会价值，因此他就可以获得额外货币。小商品生产者一方面为了扩大他的商品的销路，战胜他的竞争者，另一方面为了获得额外货币，使自己变为富有，不断地改进其生产条件和手工技巧，这样就促进了生产力的发展。但是，这一作用也有其局限性。因为：第一，正如马克思所说："这种生产方式（小私有制的生产。——引者），是以土地及其他各种生产资料的分散为前提。和此等生产资料的集中一样，协作，同一生产过程内部的分工，对于自然之社会的支配和统制，社会生产力的自由发展，是这种生产方式所不能有的。这种生产方式，只能与生产及社会之狭隘的自然发生的限界相容。"①这就是说，小生产依照它本身的性质，排除了一切进步的因素。第二，小生产者的手工技巧，具有极大的保守性和保密性，某些手工技巧，在祖代传留和师徒转授过程中往往失传。第三，城市手工业行会阻碍了技术的革新与生产的改进。

价值规律通过竞争，不仅促进了生产力的发展，同时又引起了小生产者的分化。在封建社会末期，由于这一作用的后果，在小商品生产的基础上，自发地产生着资本主义关系。

前面已说过，简单商品生产的前提是自发的社会分工和生产者对于生产资料与劳动产品的私有。因而就产生了它的基本矛盾，即私人劳动和社会劳动的矛盾。这一矛盾在量的方面表现为个别劳动耗费与社会必要劳动耗费之间的矛盾。价值规律之引起小商品生产者的分化，正是在这一矛盾的基础上实现的。由于生产者的生产条件与劳动技巧不同，有的在商品生产上的个别劳动耗费高于社会必要劳动耗费，有的则低于社会必要劳动耗费，而商品都是按社会必要劳动耗费来交换的，因此，前者的劳动耗费就得不到全部补偿，而后者则处于有利的地位，不仅其全部劳动耗费得到了补偿，并且还获得了

---

① 马克思：《资本论》第 1 卷，人民出版社 1958 年版，第 962-963 页。

额外的货币。这样发展下去，前者必将日趋贫困和破产，后者则日益富有。

到了封建社会末期，无论城市手工业者和乡村农民，都在经历着这一分化过程，并且他们的分化日益扩大和加深着。

当城市手工业还不很发达的时候，行会在一时还能给手工业者的竞争和分化以一定的限制。但随着商品经济的发展，行会本身是阻止不住竞争和分化这一客观经济规律的作用的。一部分实力较大较强的师傅力求废止行会的种种限制，或者干脆置之不理。行会的作用完全失去效用以后，竞争就更剧烈起来，生产者的分化也就愈来愈加速了。有些富裕的师傅逐渐上升为资本家，贫穷的师傅、学徒和帮工逐渐地变成了雇佣工人。

农村方面，随着商品经济的发展，货币的权力越来越大。农民为了缴纳货币地租，就经常需要货币。农民获得货币，一方面靠出卖其产品，另一方面则往往不得不求借于高利贷者。商人和高利贷者就利用这一点来盘剥农民。由于货币关系的发展，小农的分化过程更趋扩大和加速了。结果，少数人上升为富农，大多数的农民则日趋穷困和破产，变为农村中的雇佣劳动者，或者走向城市，成为工业方面的雇佣工人。

在封建社会里，前面曾说过，还曾存在过以剥削农奴劳动为基础的商品生产，这是一种大生产。由于大经济的优越性，它所生产出来的商品的劳动耗费就一定比小生产者的少。因此它就必然在市场上排挤着小生产者。这就更加加深了小生产者的分化。

此外，商业资本在从封建主义生产方式过渡到资本主义生产方式这一发展中也起着重大的作用。我们知道，商业资本起初不过是小生产者（农民和手工业者）交换商品时的媒介，也是封建主出卖其从农奴那里剥削来的一部分剩余产品的媒介。后来，商人则定期向小生产者收购他们的产品，而变成了包买主。包买主通过以低价收购小生产者的成品、以高价卖给他们原材料这种不等价交换的办法，或者以高利贷给他们现金的办法，对小生产者进行种种盘剥。因此，广大小手工业者的地位发生了变化，他们越来越在经济上依附于商业资本了。再往后，破产了的手工业者就直接地由包买主供给他们原料，乃至劳动工具，为包买主制成产品，从而获得一定的酬金。这样，手工业者就丧失了独立的小私有者的外貌，而变成雇佣工人了，包买主则变成了工业资本家。

这便是以生产资料私有制为基础的商品经济发展的客观规律性。

列宁根据马克思主义的经济理论，引用了大量实际材料，详细地研究和阐述了以私有制为基础的商品生产发展的这一规律性。列宁在他的《俄国资本主义的发展》这一经典著作中，在批判了民粹派的错误理论的同时，即一再指出：价值规律在私有制条件下，就是资本主义发生与发展的规律。大商品生产是从小商品生产中自然地成长起来的。简单商品生产是资本主义的根深蒂固的基础。

毛主席也曾根据马克思列宁主义，分析了我国的历史材料，指出了以私有制为基础的商品生产发展的这一规律性："中国封建社会内的商品经济的发展，已经孕育着资本主义的萌芽，如果没有外国资本主义的影响，中国也将缓慢地发展到资本主义社会。"①

三、价值规律在资本主义自由竞争阶段中的作用

（一）资本主义生产方式的形成及其特征

前面我们已经提到，在封建社会的内部，商品生产逐渐发展起来，城市手工业日益扩大，农民经济日益卷入交换之中。到了封建社会末期，随着商品经济的进一步发展，商品生产的基本矛盾日益扩大和加深，由于价值规律的作用，通过竞争，小生产者发生了分化，这样就促进了资本主义关系的产生。

15 世纪末期，由于世界地理的发现，商品交换突破了国界。随着世界贸易的发展和世界市场的逐渐形成，手工业已不能满足日益增长的对商品的需求。因此，就加速了由小手工业生产向剥削雇佣工人的大规模资本主义生产的过渡。

但是，资本主义经济之能够得到完全的发展，或者说资本主义生产方式之能够确立，必须具备两个基本条件：1. 要有大批的无产者，他们有人身自由（法律上），但被剥夺了生产资料和生活资料，因而不得不出卖自己的劳动力，为资本家进行劳动，受资本家的剥削；2. 要积累起建立资本主义大企业所必需的货币财富。马克思曾经指出，资本主义生产，是以资本及劳动力已经有较大量存在于商品生产者手中为前提。上述两个基本条件，在封建社会

---

① 《中国革命和中国共产党》，《毛泽东选集》第 2 卷，人民出版社 1952 年第 2 版，第 620 页。

内部，由于商品与货币经济的发展，小生产者的分化，即已开始产生了。根据马克思的说法，资本主义生产的最初萌芽，在 14 世纪 15 世纪，已经稀疏地可以在地中海沿岸的若干城市中看到了。但是，当时已出现的雇佣劳动者，不论是在城市或是在农村为数都还是很少的。而且，这一发展过程又非常缓慢，不适合 15 世纪末各种伟大发现所造成的新的世界市场的需要。因此新兴的资产阶级就借助于暴力和野蛮的掠夺等方式，在较短时期内造成上述资本主义生产方式确立的条件。这就是资本原始积累的过程。资本原始积累就是通过暴力使大批的生产者（农民）与生产资料相分离，并通过殖民制度等等残暴的手段积聚了大量的货币财富，它加速了封建主义生产方式向资本主义生产方式的转化过程。

资本主义生产在工业中的发展经过了三个主要阶段，即：资本主义的简单协作，工场手工业时期和大机器工业时期。但只有到了大机器工业时期，劳动才在实质上隶属于资本。

资本主义生产是商品生产的最高形式。因为在这里商品生产具有了普遍的性质，一切产品都是作为商品而生产的。此外，更重要的是这时连劳动力本身也成为商品了。

资本主义生产所反映的是资本家阶级对雇佣工人阶级进行剥削的关系，这种生产关系的基础是生产资料的资本主义所有制。资本家投资于某种商品的生产，其目的是为了剥削工人在生产过程中所创造的剩余价值。因此，资本主义生产不同于一般的商品生产，它是剩余价值的生产。资本主义生产的商品已不是一般的商品，而是作为资本的生产物，在其中蕴藏着剩余价值的商品了。它的出卖已不只是单纯地为了实现其价值，而且还要实现其中所包含的剩余价值。剩余价值的生产就是资本主义的基本经济规律。

但在资本主义社会中，资本家所占有的剩余价值却是以利润的形式表现的。实际上，利润完全是由工人劳动创造出来的剩余价值。但在作为资本之人格化的资本家看来，利润只是他垫支的总资本的产物，利润就是同投入生产的全部资本相比的、成为这个资本产物的价值。因而，剩余价值也就转化为利润了。剩余价值与垫支总资本之比就是利润率。利润率的高低是资本家所最关心的。影响利润率高低的主要因素是：剩余价值率的大小，资本有机构成的高低，以及资本周转速度的快慢。资本家就是从这些方面来想尽各种办法获得更高的利润率和更多的利润。

（二）资本主义自由竞争阶段价值规律的表现形式

资本主义生产的商品，其价值的构成是：不变资本＋可变资本＋剩余价值。但是，在资本主义的自由竞争阶段，商品的出卖并不是以其价值为基础，而是以其生产价格为基础了。商品价值之转化为生产价格，这是在资本主义生产发展到一定阶段，即垄断前的自由竞争阶段，由于利润率趋向于平均化，利润转化为平均利润的必然结果。

我们知道，资本主义的各个不同生产部门的企业的资本有机构成是不相等的。由于不同生产部门的资本有机构成的不等，如果没有部门间的竞争，则利润率就会发生差异。资本有机构成高的部门利润率低，资本有机构成低的部门利润率高。很显然，利润率低的部门的资本家决不会甘心于这种情况的，他必定会将资本撤出，转投到有更高利润率的部门中去。资本在不同诸生产部门间的这种不断移出和移入，使得不等的利润率有均衡化为同一的和一般的水准的趋势，即形成一般利润率或平均利润率。随着平均利润率的形成，利润也就转化为平均利润。所谓平均利润，就是照这个一般利润率计算应归于一定量资本（不问其有机构成如何）的利润。它是最低限度的赢利，再低下去，资本家就不再继续投资于该部门的商品生产，而要转投到别的部门去了。因为资本家要使他的垫支资本起码和别个同样大的资本带来等量的剩余价值或利润。由此可见，利润率的平均化，或者等量资本（不问其有机构成如何）要带来等量利润，这是在资本主义一定阶段下经济发展过程的一种客观必然性或规律性。在这种情况下，商品就不能按照它的价值来出卖，而要按照生产费用加平均利润的生产价格来出卖了。假设不同生产部门中的一切商品，都仍然依照它们的现实价值来出卖，那就如同前面的说明，不同诸生产部门的利润率就会不同，而这又是客观上不能维持与存在的。正如马克思所说："在资本主义的生产中，……成为问题的，是至少当作最低限，要依照那种供给平均利润的价格，即生产价格，来售卖商品。"[①]

随着平均利润率的形成，利润转化为平均利润，从而，商品价值转化为生产价格，每个部门的商品价格都由生产费用加平均利润构成。这只有在资本主义发展到一定高度才会发生。马克思说过："商品依照它们的价值，或近似依照它们的价值进行的交换，比之依照生产价格进行的交换，要求一个更

---

① 马克思：《资本论》第 3 卷，人民出版社 1958 年版，第 225 页。

低得多的阶段。要依照生产价格来交换，资本主义发展到一定的高度，就是必要的。"①由此可见，商品价值转化为生产价格是商品生产历史发展的一个必然结果。

一般地说，价值是适合于简单商品生产条件下的范畴，生产价格则是适合于资本主义生产方式，特别是发展到一定阶段的资本主义生产方式的范畴。所谓资本主义生产发展的一定阶段，那是指资本主义的大机器工业时期而言。在资本主义的简单协作和工场手工业这两个时期，也就是在资本主义发展的初期阶段，资本家所获得的利润在量上与剩余价值是一致的，商品按照其价值来交换也还是当时的主要现象。在资本主义工场手工业时期才发生了利润向平均利润的转化或过渡，这时，虽然已经有了自由竞争，但是，资本主义生产的范围还不很普遍。只有到了资本主义的机器时期，资本主义生产方式取得了社会生产的统治地位，社会分工高度地发展了，各个生产部门之间的竞争剧烈地展开了，生产价格形成的一些必要的经济条件才得以具备。在资本主义的机器时期，这时，资本更有能动性，能更容易更自由地由此一部门此一地点转投到另一部门另一地点；劳动力能更迅速地由一个部门一个生产地点转移到别个部门别个地点；信用制度也高度地发达了，某些部门暂时不用而闲置或游离出来的资本，由信用机构集中起来，将它转到别个企业，使之发挥职能资本的作用；由于大机器工业技术装备的日益提高，资本主义生产中物化劳动所占的比重越来越大，活劳动所占的比重相对的越来越小，资本对劳动力的需求也就相对地降低，并有可能用不熟练的劳动代替较熟练的劳动，用幼年劳动代替成年劳动，用妇女劳动代替男子劳动，等等。就在这个阶段上，剩余价值或利润才转化为平均利润，价值才转化为生产价格。这个阶段从资本主义机器时期开始，一直发展到 19 世纪末资本主义开始向垄断阶段过渡时为止，也就是我们通常所说的垄断前资本主义的自由竞争时期。

在这一阶段中，竞争和生产无政府状态规律的作用更加扩大了，资本主义生产方式所特有的基本经济规律——剩余价值规律是通过平均利润率规律来发生作用了。因而，价值规律也就以它的转化形式——生产价格规律的形式发生作用。

在资本主义的自由竞争阶段商品价值转化为生产价格，生产价格又长期地与价值相背离（只有资本有机构成与社会资本平均有机构成相同的部门，

---

① 马克思：《资本论》第 3 卷，人民出版社 1958 年版，第 201 页。

它的商品价值才与生产价格相一致），但这不是价值规律消失了。平均利润与生产价格的形成，不外是在资本主义的基本经济规律及竞争和生产无政府状态规律的作用下，剩余价值按照等量资本要带来等量利润这一原则进行重新分配的结果。剩余价值的分配是以它的总量为限界的。从一些企业部门来看，生产价格与商品价值，虽不一致，但从整个社会范围来看，生产价格的总和则与所有商品价值的总和相等。平均利润的高低也是以社会所生产剩余价值总额的多少为转移。因此，剩余价值总额与平均利润总量，商品价值总额与生产价格总和都是完全一致的。商品价值降低，就会使商品的生产价格下降，商品价值增长，就会使商品的生产价格上涨。马克思曾指出："利润的均衡即总剩余价值在不同资本间的分配……不会影响价值法则。这种事情，会影响剩余价值加到不同各种商品价格去的加额，但不会废止剩余价值自身，也不会废止商品的总价值，那是这各种不同的价格成分的源泉。"①所以说，平均利润率的形成，价值转化为生产价格，它不仅不与价值规律相违背，而且是以价值规律为基础的。

（三）资本主义自由竞争阶段价值规律的作用

价值规律在资本主义自由竞争阶段已有着广阔的作用范围，这是因为：第一，商品生产已成为社会生产的普遍形式。第二，国内市场已经形成了。第三，信用制度已经有了高度的发展。第四，劳动力成为商品，并且这一商品的自由市场也已经形成了。

价值规律在资本主义的自由竞争阶段是以生产价格规律的形式发生着作用。其表现形式是：以生产价格为核心，市场价格围绕着生产价格上下摆动。这是由于在生产资料的资本家所有制条件下，生产是无政府状态的，资本的转投是盲目自发的缘故。虽然利润率趋向于平均化，但是平均利润率并不能以确定的数字呈现出来，马克思称之为"不断的不平衡之不断的平衡"。它"……总只是依一种极错综而近似的方法，作为不绝变动中永远不能确定的平均，而当作统治的倾向来贯彻"②。因此，生产价格也只能是通过市场价格经常与其发生背离，市场价格并围绕着它发生变动，在这样不实现中而实现的。

价值规律通过上述生产价格规律的表现形式，在发展资本主义的生产上

---

① 马克思：《资本论》第 3 卷，人民出版社 1958 年版，第 1108 页。

② 马克思：《资本论》第 3 卷，人民出版社 1958 年版，第 182 页。

起着很大的作用，这些作用是在资本主义基本经济规律的作用和要求下，并在竞争和生产无政府状态规律同时发生作用的情况下实现的。

首先，生产价格规律是资本主义生产的自发调节者。

所谓生产调节者的作用，就是把社会劳动和生产资料，分配在各个不同的生产部门中，从而使社会各个部门的生产维持一定的比例关系。

我们知道，在任何社会形态下，社会经济各个部门之间都要维持一定的比例关系，这是社会生产与再生产能够进行的必要条件，是社会生产发展过程中的一种客观规律性。生产越是社会化，也就越加要求保持这种比例关系。马克思曾指出："社会劳动必须依一定的比例分割。这种必要性，不会由社会生产的一定形态被废止，却只会因此改变它的现象形态。一般说来，自然法则是不能废止的。能够在历史上不同的各种状态下变化的，只是那种法则依以发生作用的形态。一个社会状态，如在其内，社会劳动的联系，是当作个人劳动生产物的私人交换来实行，劳动的比例分配依照来实行的形态，就是这个生产物的交换价值。"[①]在生产高度社会化的资本主义社会里，社会生产也必然要遵守着这一原则和要求。同时，因为生产资料是被各自分散独立经营的资本家私人所占有，社会生产是无政府状态的，生产者劳动的社会性质不能直接表现出来，社会劳动的联系只能通过商品的交换而实现。因此，在资本主义条件下，社会劳动的比例分割依以实现的形态，也就只能是生产物的交换价值或价值，在资本主义的自由竞争阶段，那就是商品的生产价格了。

所谓自发地调节生产，那就是社会劳动和生产资料按照一定的比例关系分配在各个不同的生产部门中，并不是当作一种被认识了的规律性而有意识地有计划地实现的，而是"当作一种内部的无言的自然必然性来发生作用。那就是当作一种可以在市场价格的晴雨表一样的变动中知觉到，并且把商品生产者们的无规律的随意行动控制着的自然必然性。"[②]

我们知道，平均利润和生产价格虽然在理论上是存在的，但实际上每个部门的商品的市场价格并不恰好等于生产价格，它所获得的利润率也并不恰好等于平均利润率。譬如有甲乙两个生产部门，甲部门的利润率低，乙部门的利润率高，因而甲部门的资本就向乙部门转投。但在资本主义的竞争和生产无政府状态下，这一转投并不能适可而止，甲部门的资本往往转出去太多了，因而这一部门的商品供低于求，于是市场价格就上升，甚至升到生产价

---

① 马克思：《资本论》第 1 卷，人民出版社 1958 年版，第 998 页。

② 马克思：《资本论》第 1 卷，人民出版社 1958 年版，第 429 页。

格以上，甲部门的利润率就高于平均利润率。由于资本纷纷投入乙部门，以致资本投入过多了，这一部门的商品就供过于求，于是市场价格下降，甚至降到生产价格以下，乙部门的利润率就低于平均利润率。这一情况又会使资本向同原来相反的方向移动。总之，某一部门的商品的市场价格高于生产价格，因而其利润率高于平均利润率，资本就投入，反之，资本就转出。另一方面，由于资本大量地从甲部门移出，甲部门内各个企业为了获得额外利润而力求改进技术的竞争逐渐削弱下来，于是资本有机构成的增长延缓了。相反地，由于资本纷纷向乙部门投入，乙部门的企业单位增加了，使得乙部门内的竞争加强了，该部门内的各个企业就不得不竞相改进技术，以降低本企业产品的个别价值来打击竞争对手，获取额外利润，于是资本有机构成较迅速地提高了。这样一来，甲部门的利润率下降的速度比乙部门低。以上这两种情况（当然不止这两种，因为实际影响利润率变化的有着多方面的因素），如果继续发展下去，则必然会引起资本又向与原来相反的方向转投，即又从乙部门移出而向甲部门移入。由于生产的无政府状态，盲目自发的资本转投，市场价格围绕着生产价格上下摆动。资本不断往复转投，利润率不断趋向于平均化，生产价格不断形成，而现实的市场价格又与它背离，因而现实的利润率又与平均利润率背离，等等。生产价格的规律就这样地调节着各个部门的生产，把社会劳动和生产资料分配到各部门中去，使各部门维持一定的比例关系。

同时，我们还应看出，价值规律以生产价格规律的形式自发地调节着资本主义生产的作用，在于：资本涌向提供高利润率的生产部门。其标准就是平均利润率，低于平均利润率则资本移出，高于则资本移入。所以，马克思说："这个平均利润必须已经当作标准，……必须已经当作生产的调节器来形成。"①并且它是在竞争和生产无政府状态规律的作用下，使得市场价格背离生产价格，不断地发生着资本的转投实现的。

在考察和理解价值规律在资本主义条件下的调节生产的作用的时候，必须明确这样一点，即：不能因此而产生这样一种认识，好像由于价值规律的调节生产的作用，就可以避免资本主义社会生产所固有的无政府状态了，从而使得社会生产可以在大体上维持一定的对比关系的情况下发展下去了。实际并非如此。把价值规律的这一调节生产的作用夸大到不切实际的地位是不

---

① 马克思：《资本论》第 3 卷，人民出版社 1958 年版，第 1022 页。

对的。资产阶级经济学家,或者是由于他的所处的时代及其阶级局限性(如古典经济学家),或者是由于故意掩盖资本主义的矛盾,并企图使资本主义制度永恒化,而都大肆宣扬"价格机构"(即价值规律作用的表现)的自发调节的伟大力量,甚至加以神秘化。例如,亚当·斯密即曾把价值规律的自发调节生产的作用,称之为"看不见的手",它具有把社会资源和劳动分配到各个生产部门中去的"神功与奇能"。这是因为撇开了资本主义生产的这一具体条件,撇开了资本主义的基本矛盾,撇开了竞争和生产无政府状态等规律,而孤立地看价值规律的作用的结果。因此,我们认为,在考察价值规律的调节生产的作用时,必须同时注意到资本主义生产的基本矛盾及竞争和生产无政府状态等经济规律的作用,正是由于资本主义的基本矛盾,由于竞争和生产无政府状态规律的作用,等等,资本主义必然爆发周期性的经济危机,经过危机使得资本主义社会生产的不均衡强制地归于均衡。可见,在资本主义社会生产中的一定秩序的维持,不能完全归之于价值规律的调节生产的作用,而是还有经济危机这样一种具有破坏性的强制力。

其次,生产价格规律在调节资本主义生产的过程中促进了资本主义生产力的进一步发展。

这一作用也是在资本主义基本经济规律的作用和要求下,并通过部门内与部门间的竞争来实现的。

竞争首先是从部门内开始的。我们知道,在生产同一种商品的部门内的各个企业,它们的生产条件并不是完全一致的。生产条件较优于当时该部门一般水平的少数企业,它所生产的商品的个别价值就低于社会价值,于是获得了额外利润,即较平均利润为大的超额利润,同一部门的各个企业单位都力图改进技术,为获得这一额外利润而竞争。经过这样的竞争,各个企业就形成各种不同的利润率。由于各个企业的技术普遍改进的结果,这一整个部门的资本有机构成提高了,技术较发达的企业也得不到超额利润,于是利润率普遍下降。其他部门内也都同样地进行着竞争,产生着同样的发展和变化。但各部门有机构成提高的速度是不等的,因而其利润率下降的速度也是不等的。这就引起了部门间的竞争。部门间的竞争反转来影响着部门内的竞争。总的趋势是:先是个别企业,然后每个生产部门,再后是社会一般的技术水平的改进与资本有机构成的普遍提高。这样就促进了社会生产力。

价值规律促进社会生产力发展的这一作用,既然是在资本主义基本经济规律的作用和要求下实现的,并且是始而个别资本家获得额外利润、继而额外利润消失了、再而额外利润又产生、继而又消失了，这一发展过程的结果，因此，我们认为，就这个意义上可以说价值规律是在被作为资本人格化的资本家的认识和利用了的情况下发生着这一作用的。

最后，生产价格规律在调节着资本主义生产与促进社会生产力发展的过程中，还同时推动着资本主义的生产关系的扩大。这一作用是在资本主义的剧烈的竞争中实现的。在部门内的竞争过程中，大企业的生产优于小企业，从而排挤着中小企业，使得中小企业主被击败而破产，终于加入了无产者群。此外，在资本主义社会中，仍存在有大量的小私有者和小生产者，他们的生产条件远不及资本主义企业，因此在资本主义企业的竞争之下，更迅速地走向贫困和破产。总之，资本主义生产的发展规律就是：资本积累和扩大再生产的规律；资本有机构成提高与相对人口过剩的规律；资本的积聚与集中的规律；无产阶级和广大劳动群众日益贫困，以及小生产者乃至中小资本家日益破产的规律。也就是：在一端财富日益集中在少数资本家手中，而另一端则是多数人贫困、破产、饥饿与痛苦的规律。

由于上述这些作用，随着资本主义生产的发展，资本主义的一切矛盾也就日益扩大和尖锐化了。

首先，从促进生产力并扩大着资本主义生产关系的作用这方面看，它越来越加深着资本主义生产方式的生产力与生产关系的矛盾。资本主义生产力发展了，生产高度社会化了，但生产资料却仍是私人资本家占有的，而且越来越为少数资本家所集中和独占，资本主义生产关系越来越不适合生产力性质了。这就是资本主义极其深刻的矛盾所在。资本主义世界从 1825 年起连续不断爆发的经济危机就是这一矛盾的表现。这一矛盾发展的必然结果，正如马克思所说的："生产资料的集中和劳动的社会化，达到了与它们的资本主义外壳不能相容之点。这种外壳会被破裂。资本主义私有制的丧钟响起来了。剥夺者被剥夺。"[①]

其次，资本家对工人阶级进行剥削，以及工人阶级所创造的剩余价值在各个资本家集团之间的瓜分，都是以价值规律为基础的。并且，由于价值规律的作用，资本家扩大和加重了对工人阶级的剥削。例如，由于价值规律促进了生产力的发展，社会劳动生产率提高了，相对剩余价值增加了，工人阶级在国民收入中所占的份额就越来越减少了。随着资本主义的发展，失业者

---

① 马克思：《资本论》第 1 卷，人民出版社 1958 年版，第 964 页。

人数大量增加，实际工资不断下降等等，工人阶级也就越来越绝对地贫困化了。这一切就不断加深着资产阶级和无产阶级之间的矛盾，不断扩大着生产与消费之间，剩余价值的生产和剩余价值的实现之间的矛盾。

最后，生产价格规律调节资本主义生产这一作用是在竞争和生产无政府状态规律发生作用的情况下实现的，它在调节着资本主义生产的过程中，不仅不会削弱竞争和生产的无政府状态，反而使之更加深化和加强了，并且不可避免地要造成社会上人力和物力的巨大浪费。资本主义社会生产各个部门间的比例关系的维持，正是在不断强制地克服了不均衡来实现的。马克思说："在社会内，商品生产者和他们的生产资料，是如何在不同诸社会劳动部门之间分配，却是让偶然性，随意性，去发挥它们的杂乱的作用。"①又说："各生产范围保持平衡的不断的趋势，只是当作这个平衡不断破弃的反应来实行。"②

以上这些矛盾都根源于并且反映着资本主义的基本矛盾，即生产的社会化与生产资料的私人资本主义占有之间的矛盾。这些矛盾的加深和发展，正反映了资本主义的基本矛盾的进一步加深和尖锐化。

以上所说的价值规律的这些作用及其作用的后果，都是由于资本主义基本经济规律的作用和要求而发生的。由于资本主义的基本经济规律与竞争和生产无政府状态规律的作用，资本家必然要进行资本积累，扩大生产规模。资本积累的结果是资本的积聚。而资本的积聚又促进着资本的集中。资本的积聚和集中为生产积聚，即为生产集合于大企业开辟了广大的可能性。生产集中到达一定的水平，就必然要产生垄断。资本主义的自由竞争阶段的进一步发展就是资本主义的垄断阶段。

四、价值规律在垄断资本主义条件下的作用

（一）垄断价格与价值规律

19 世纪 60 年代到 70 年代是资本主义自由竞争阶段达到最高发展的时期。由于资本主义基本矛盾的进一步发展和尖锐化，在 1873 年资本主义又爆

---

① 马克思：《资本论》第 1 卷，人民出版社 1958 年版，第 429 页。
② 马克思：《资本论》第 1 卷，人民出版社 1958 年版，第 429 页。

发了一次很深刻的世界性的生产过剩危机；这一次危机大大地加速了资本的积聚和集中。自此，垄断组织开始比较广泛地发生和发展起来。1900 年至 1903 年间的危机过去以后，垄断组织已成为资本主义社会全部经济生活的基础。资本主义发展到了它的最高阶段——帝国主义了。

垄断统治代替了自由竞争，是帝国主义的经济实质。

垄断资本主义时期，平均利润或稍高的超额利润已不能满足资本主义扩大再生产和竞争的需要，只有垄断高额利润的追逐和获得才与资本主义现阶段的条件和要求相适应。因此，决定着垄断资本主义生产的实质及其发展的一切主要方面和一切主要过程就不再是随便什么利润，而是垄断高额利润了。这时，资本主义基本经济规律是通过垄断高额利润规律发生着作用。

但是，垄断资本主义的生产仍是商品生产，垄断高额利润必须通过商品的出售来实现。这时，商品的出售价格已不再是只能提供平均利润的生产价格，而是能提供垄断高额利润的垄断价格了。把商品按照垄断价格出卖才能保证获得垄断高额利润。

垄断价格是超过生产价格乃至超过商品价值的一种价格。其构成是：生产费用加上远超过平均利润的垄断高额利润。

垄断价格的出现，从表面看来，似乎已经打破了价值所规定的界限，因而价值规律的作用就不复存在了。事实则不然，垄断价格的存在并没有而且也不能废除商品价值所规定的界限。马克思曾说过："如果剩余价值到平均利润的均衡，在不同生产部门，会在人为的或自然的独占上，……遇到障碍，以致独占价格成为可能的，提高到那种受独占影响的商品的生产价格以上乃至价值以上，由商品价值给予的限界，也仍然不会因此废止。"[①]

问题在于商品垄断价格中超出生产价格乃至价值的部分是哪里来的。关于这一点，马克思也曾有过说明："某一些商品的独占价格，不过把别一些商品生产者的利润的一部分，移转到这些有独占价格的商品上面来。在剩余价值在不同生产部门间的分配上，因此会间接发生一种局部的扰乱，但这个剩余价值自身的限界照旧不变。如果有独占价格的商品，会加到劳动者的必要的消费上去，那就只要劳动者照旧得到他的劳动力的价值，它就会把工资提高，并由此把剩余价值减少。那也可能会把工资压到劳动力的价值以下，但这种情形要在工资在它的物理最低限界以上的时候，才会发生。在这场合，

---

① 马克思：《资本论》第 3 卷，人民出版社 1958 年版，第 1128 页。

独占价格将由实际工资（即劳动者由同量劳动得到的使用价值量）的扣除和别个资本家的利润的扣除来支付。"①这里所说的由工资来扣除，意思是指使劳动力的价格降低到劳动力价值以下，从而相应地增加了剩余价值。所谓由别个资本家的利润来扣除，那就是说垄断部门以高昂的垄断价格出售产品给非垄断部门，提高了非垄断部门的生产费用，而非垄断部门又不能按照垄断价格或者比垄断价格稍低的价格出卖它们的商品，于是这些非垄断部门的资本家所得到的剩余价值或利润就减少了，就被转移到垄断部门资本家的手中去了，这是一种情况；另一种情况是垄断部门以压低的垄断价格购买非垄断部门的产品作为生产资料，从而使非垄断部门的资本家也只能得到较少的利润。不论是哪种情况，"归结起来总不过表示加在某种商品内的剩余价值过多，加在某他种商品内的剩余的价值过少"②。

马克思生活的时代，垄断价格还只是不起决定性作用的例外现象。但是他的天才分析对于垄断时期依然适合，只不过在垄断时期问题更加复杂化了。因为垄断资本主义的垄断价格中除了工资的扣除和别个资本家利润的扣除以外，还包括对农民一部分收入的掠夺，对殖民地落后国家劳动人民所创造的一部分价值的掠夺；并且，随着垄断资本主义的发展，特别是到了一般垄断资本主义发展到国家垄断资本主义之后，通过国家垄断资本主义的种种措施，进行着有利于垄断资产阶级的国民收入的再分配，从而又把工人阶级及其他劳动群众的一部分收入，流入垄断资本家的腰包，构成他们的垄断高额利润。

对于农民收入的掠夺，主要是垄断组织通过压低农产品的收购价格、抬高工业品的出售价格来实现的。以第二次世界大战后的美国实际情况为例即可以说明这一点，如下表：

农民收付价格指数③（1910—1914＝100）

年份	收入价格			支付价格	
	全部农产品	谷物	畜类及产品	生活资料	生产资料
1947	276	263	288	237	224
1948	287	255	315	251	250
1949	250	224	272	243	238

---

① 马克思：《资本论》第 3 卷，人民出版社 1958 年版，第 1128-1129 页。

② 马克思：《资本论》第 3 卷，人民出版社 1958 年版，第 182 页。

③ 资料来源："Historical Statistics of the United States, Colonial Times to 1957"。资料中所称"农民"，实际上包括农场主。——引者注

续表

	收入价格			支付价格	
1950	258	233	280	246	246
1951	302	265	336	268	273
1952	288	267	306	271	274
1953	255	240	268	269	256
1954	246	242	249	270	255
1955	232	231	234	270	251
1956	230	235	226	274	250
1957	235	225	244	282	257

在农产品和工业品价格的剪刀差日益扩大的情况下，结果，一方面是垄断利润的增长，一方面是农民收入的下降。例如，从 1947 年到 1952 年这一期间，美国农民净收入的下降情况如下：

年份	1947	1948	1949	1951	1952
美国农民净收入（单位：10 亿美元）	13.3	11.4	10.3	9.6	9.4[①]

垄断利润中来自殖民地和落后国家劳动人民所创造的一部分价值，主要是通过两种手段攫取的：

1. 在国际贸易的伪装下，通过不等价交换进行掠夺。

马克思已经注意到了：由于各国经济发展水平的不同，不发达国家"会在实物形态上，比所受的，给予更多的对象化劳动"[②]。马克思曾指出："较先进的国家出售自己的商品，价格虽然低于竞争国家，但仍高于价值。大部分农业民族不得不以低于价值的价格出售自己的产品。"[③]

帝国主义时代，帝国主义国家依靠它在经济上的优越地位和政治上的统治地位，迫使殖民地和附属国经济的发展日趋片面，日益具有殖民地和半殖民地的性质，日益成为帝国主义国家的原料产地与工业品销售市场，从而在经济上不能不越来越依赖帝国主义国家。帝国主义国家迫使殖民地与落后国在对外市场上不得不接受一种不公正的价格，使得垄断资本家集团能够利用垄断价格来竭力加强不等价交换，也就是说，使殖民地与落后国必须按垄断

---

① 《保证最大限度的资本主义利润的办法》，《新华月报》1953 年 10 月号，第 161 页。

② 马克思：《资本论》第 3 卷，人民出版社 1958 年版，第 281 页。

③ 马克思：《剩余价值学说史》第 2 卷，俄文版，第 159 页。

组织所操纵的低于商品价值的价格出售原料产品给帝国主义国家，而帝国主义国家又以高于商品价值的垄断价格出售工业产品给殖民地与落后国家，以便从这种所谓"剪刀差"中来获得垄断高额利润。根据联合国所公布的数字，从 19 世纪末至第二次世界大战前夕这一时期内，原料价格与工业品的价格之间的比例发生了有利于工业品的变化。1876—1880 年原料与工业品的比价为 1 比 1，而 1936—1938 年的比价为 0.64 比 1。[①]从 1939 到 1948 年，第二次世界大战前后这一期间，帝国主义国家和不发达国家之间交换的不等价情况，有了进一步的加剧。例如，美国和洪都拉斯两国之间不等价交换的发展情况如下表[②]：

	1939 年	1948 年
为交换美国的一公尺棉织品洪都拉斯输出的香蕉数量（指数）	100	350

英国和新西兰之间的情况如下表[③]：

	1938 年	1950 年
为交换英国的一公尺棉织品新西兰输出的肉类的数量（指数）	100	260

据巴西的《经济情况》杂志 1954 年 7 月号报道：1910—1953 年这一时期内巴西同美国的不等价交换中所受的损失达 30 亿美元（主要是在出售石油方面）；平均每年损失出口总值的 24%。[④]在 1956—1960 年期间，拉丁美洲的哥斯达黎加、萨尔瓦多和危地马拉三个不大的国家，在美国垄断组织的不等价交换的掠夺之下，由于咖啡价格的低落，即损失了 4.8 亿美元。这相当于肯尼迪提出的作为控制拉丁美洲的新工具——"争取进步联盟"的 5 亿美元的基金。[⑤]

2. 通过资本输出进行直接剥削。

资本输出是帝国主义的经济特征之一。垄断组织通过资本输出、特别是对外直接投资，攫取了巨额利润。根据美国商务部的数字（显然是缩小了的），

① 《不发达国家进出口的相对价格》，联合国，纽约，1949 年 12 月。参阅格列切夫：《第二次世界大战后的美国殖民政策》，世界知识出版社 1960 年版，第 182 页。

② 苏联科学院经济研究所：《第二次世界大战后资本主义国家的经济》，立信会计图书用品社 1954 年版，第 190 页。

③ 苏联科学院经济研究所：《第二次世界大战后资本主义国家的经济》，立信会计图书用品社 1954 年版，第 190 页。

④ 参阅格列切夫：《第二次世界大战后的美国殖民政策》，世界知识出版社 1960 年版，第 182 页。

⑤ 参阅《美国吸血鬼在拉丁美洲》，1961 年 3 月 21 日《人民日报》。

美国在 1920 年到 1940 年期间，从对外贷款与直接投资中取得的利润，比同一期间的美国国外投资（包括 1920 年以前的投资在内）还多出 88 亿美元。[①]

第二次世界大战后，美国更变本加厉地实行了扩张政策和掠夺政策，加紧了资本输出。美国已成为当前世界上最大的国际剥削者。从 1940 年到 1959 年，美国对外私人投资及所得利润增长情况如下表[②]：

年份	国外私人直接投资（亿美元）	所得利润（亿美元）
1940	73	6
1945	84	6
1950	118	16
1952	148	18
1953	163	19
1954	176	22
1955	193	24
1956	222	27
1957	253	29
1958	271	29
1959	296	30

美国垄断组织从对外直接投资中获得了远较国内投资为高的利润率。例如：1951 年，美国私人国内外投资的利润率如下表[③]：

部门	国内投资的利润率（%）	国外投资的利润率（%）
采矿业	6.4	16.7
石油工业	11.5	24.2
制造业	10.4	16.0
商业	8.3	16.2
农业	9.1	21.8
平均	9.0	17.1

其中，在亚洲和非洲的殖民地和落后国家直接投资的利润率更高，例如：

[①] 参阅万光：《美帝国主义——最大的国际剥削者》，1961 年 7 月 8 日《人民日报》。

[②] 参阅 1960 年 12 月 13 日《人民日报》。

[③] 格列切夫：《第二次世界大战后的美国殖民政策》，世界知识出版社 1960 年版，第 169 页。

1955 年，据美国官方宣布（缩小了的数字），利润率高达 30%—35%。①这种高额利润主要是靠对殖民地和落后国家的雇佣工人的残酷剥削得来的。以美国垄断组织在中东的石油业投资为例：美国石油公司每年从每个美国石油工人身上可以剥削到 4500 美元，但是它们从每个委内瑞拉石油工人身上可以剥削到 13000 美元；从每个沙特阿拉伯石油工人身上就可以剥削到近 30000 美元；从每个科威特石油工人身上就可以剥削到 40000 美元，几乎九倍于从每个美国工人身上剥削来的利润。②

至于在国家垄断资本主义条件下，把工人阶级及其他劳动群众的一部分收入又转归垄断集团，构成他们的高额利润，这主要是通过国民收入的再分配及国家定货的方式实现的。以第二次世界大战后的美国为例，最突出的表现在军事预算和军事定货上。第二次世界大战后，美帝国主义为了实现其独霸世界的野心，而加紧扩军备战，把国民经济进一步导向军事化的轨道。美国国家预算的 70% 左右用作军事开支。而庞大军事开支的主要资金来源是：广大劳动群众的纳税。国家从军事预算中拨出巨额款项用作军事定货，即购买垄断企业的产品（各种军事物资）。而购买价格是十分高昂的。例如，在自由市场上，每磅钛的价格是 2.25 美元，而美国政府却根据其战略储备计划，竞按每磅 4.5 美元的高价向垄断企业去购买，比自由市场上的价格高出一倍。又如美国前财政部长汉弗莱曾保证与他自己有密切勾结的汉纳公司按照每磅二角的价格去取得一项 12500 万磅镍的订货，在每磅价格中竟有一角六分，即 80% 代表公司的净利！第二次世界大战期间及战后，美国军用品价格的上涨有远较其他商品价格的上涨为速的趋势，例如，在 1939—1943 年期间，军用品价格指数上涨了 62%，而一般批发物价指数只增长了 34%。又如，侵朝战争以后，购买一架轰炸机的预算支出增加了 120%，一架战斗机增加了 450%，一艘航空母舰增加了 120%，一艘潜水艇增加了 100%，而同期一般批发物价指数只上涨了 10% 左右。③可见，在国家垄断资本主义及国民经济军事化的条件下，正如列宁所指出："给工人（和一部分农民）造成军事苦役营，给银行家和资本家建立起天堂。"④

---

① 以上参阅格列切夫：《第二次世界大战后的美国殖民政策》，世界知识出版社 1960 年版，第 169-170 页。

② 参阅张振亚：《美英对中东石油的掠夺》，1958 年 9 月 3 日《人民日报》。

③《Wall Street Journal》，1957 年 10 月 14 日。转引自 R. Entov：《Military Spending and Monopoly Profits》，《International Affairs》，1961 年 2 月。

④《大难临头，出路何在？》，《列宁全集》第 25 卷，人民出版社 1958 年版，第 324 页。

垄断组织依靠其资本实力和统治地位，压低中小企业的利润而增加它自己的垄断利润，则主要是通过垄断资本家采取有利于自己的价格规定实现的。这种情况通常发生在有购销关系的企业之间。例如，在美国，在许多大公司的周围，存在着大量的为它服务的中小企业，大公司向这些中小企业购买商品和劳务，如生产零件、构件、绘图和包装材料等，而中小企业实际上是在执行着辅助垄断组织的职能。第二次世界大战期间和战后广泛发展起来的副承包制度，更大大地促进了这一情况的发展。这就是大公司得到军事定货后，再向中小企业转包，让它承做零件、构件及产品的包装工作。而大公司在转包时，即大大压低了中小企业的承包价格，从而实现着有利于垄断组织的利润的再分配。例如，在摩根集团控制下的通用电气公司就强迫向它供应灯泡生产设备的小公司，按低于其他买主的购价的价格向它出售这种设备。①

从以上所述可见，垄断价格是超出商品的生产价格乃至超出商品价值的价格，垄断利润是垄断组织凭借着自己的独占地位攫取来的劳动人民的剩余劳动所创造的价值和一部分必要劳动所创造的价值。这是在总价值的基础上所进行的一种重新分配。因此我们说，垄断价格的存在并不能废除商品价值所规定的界限，垄断价格的出现并不排斥价值规律的作用，垄断价格只不过是商品价值在垄断资本主义条件下依以表现的一种形式而已。

当我们肯定价值规律在垄断资本主义时期仍然起着作用的同时，必须强调指出，价值规律仍然是受着资本主义基本经济规律所制约的。这一点很重要，因为，这样才有可能说明价值规律在新的历史条件下的作用及其作用的表现形式和特点。例如垄断资本家主要是通过对国内劳动人民的剥削和压迫，对殖民地和附属国人民的奴役和掠夺，以及国民经济军事化的办法来攫取垄断高额利润的。我们不可想象垄断资本家采取这些办法攫取垄断高额利润可以不在价值规律的基础上进行。因为不论把资本投在国内还是投在国外，不论生产的产品是与国民生计有关的物质资料还是与国民生计无关的大炮坦克，反正都是作为商品来生产的，而价值规律又正是商品生产的经济规律。

另一方面，我们还必须强调指出，在垄断资本主义时期，垄断虽然代替了自由竞争，但并没有消灭竞争，竞争反而更加剧烈。虽然由于垄断组织的形成，非垄断企业的资本向存在有垄断组织的生产部门，特别是向垄断程度很高的生产部门转投，受到了阻碍，并且由于为垄断资本服务的上层建筑——

---

① 参阅鲁宾斯坦等：《第二次世界大战后的美国垄断资本》，世界知识出版社 1960 年版，第 98 页。

国家机构也以种种人为的措施在某些方面便利垄断资本家，这从表面上看来似乎可以用人为的办法来阻止和改变资本的转移了。但我们认为，这一切并不等于说价值规律就失去了作用，因为只要是商品生产，就会有价值规律的作用存在，只不过在新的条件下，价值规律作用的形式有所不同罢了。

在国家垄断资本主义条件下，资产阶级国家机器进行着干预社会生产与流通的种种活动。针对这种情况，资产阶级的奴仆——资产阶级经济学家和修正主义者们大肆宣扬什么"资本主义制度的本质已经变了""现代资本主义已成为可调整的、有计划的资本主义了"等等。这些都是歪曲国家垄断资本主义的实质、为现代资本主义辩护的论调。照他们的说法，好像在帝国主义阶段，特别是在国家垄断资本主义条件下，资产阶级国家已经可能有计划地调节社会生产，已经可能在生产资料资本家私人所有制的基础上消除生产无政府状态了；作为资本主义社会生产自发调节者的价值规律的作用也已消失了。显然，这些都是根本错误的。我们知道，只要生产资料还掌握在私人手中，竞争和生产无政府状态的规律就仍然发生作用。正如斯大林所说："如果不从资本家下面解放出来，如果不废除生产资料私有制原则，那么你就不能建立计划经济。"①因此，国家垄断资本主义虽然旨在保证和提供垄断集团的高额利润而干预着社会经济，但它不仅不可能消灭社会生产的无政府状况，而且使得资本主义企业的发展不平衡性更加扩大了，社会经济的混乱状态更加加剧了。庞大的资本主义社会生产的自发调节者，没有而且也不可能有任何其他的经济因素，而只能通过价值规律的自发作用来调节社会生产和流通。

（二）价值规律在垄断资本主义阶段的作用

在垄断资本主义阶段，由于经济条件发生了重大变化，特别是一般垄断发展到国家垄断之后，资产阶级国家干预社会经济的作用日益加强，在这种错综复杂的情况下，价值规律的作用的表现也就不能不发生一定的变化，而且具有一些新的特点，这就是它的作用的显现更带有长期性和隐蔽性了。

在垄断资本主义阶段，价值规律仍然是社会生产和流通的自发的调节者。这主要表现为以下几方面：

首先，在不同生产部门大垄断组织之间剧烈的竞争，刺激资本流向利润最高的部门。

---

① 斯大林：《与英国作家威尔斯的谈话》，人民出版社 1953 年版，第 3 页。

垄断的统治与固定资本的增长,固然使资本在部门间的转投受到阻碍,然而这并不是绝对的。垄断虽然阻止了自由竞争,但并没有消灭竞争,而且使得竞争更加剧烈。任何垄断组织的统治地位不论如何巩固和长久,但不可能永远保持。况且,随着发展不平衡的加剧,垄断组织的实力对比在不断变化,加以科学技术的不断发展,必然发生一些生产方法和产品不断为另一些新的生产方法和产品所代替,一些公司衰落下去,另一些公司兴旺起来。因此,实际上资本的转投是不会停止的,只不过资本的转移更加不"自由"。斗争更加剧烈、资本转移的实现更加带有长期性罢了。

例如,20 世纪初,美国福特汽车公司利用自己在生产和市场上的统治地位来规定垄断价格,因而获得了巨额利润(1904 年的利润额达到资本的 283%,1907 年达到 378%)。在这种巨额利润的刺激下,终于引起了摩根和杜邦集团的资本渗入和竞争,于是出现了通用汽车公司和由克莱斯勒与道奇合并的新的汽车托拉斯。福特被排挤到第三位。又如,洛克菲勒财团的美孚石油公司在 19 世纪末控制了美国炼油企业的 95%,并且垄断了石油的运输,从而按垄断价格销售石油,获得了高额垄断利润。1897—1906 年平均每年的利润率为 61%。在这种高额利润的引诱下,摩根、梅隆集团以及英荷皇家壳牌石油托拉斯的资本便纷纷投入美国的石油工业中去。自此美孚石油公司的投资在石油工业总投资中的比重逐渐降低。①

不仅由自由竞争完成向垄断阶段过渡的 19 世纪末和 20 世纪初是这样,就是在垄断统治已高度发展的现阶段也同样如此。例如,第二次世界大战后,在美国由于国民经济的军事化,与军事生产有关的化学工业和有色冶金工业的利润率水平很高,因而使得许多纺织公司的企业也制造起化学产品来了,许多农业机器制造公司也制造起有色金属制品及其他产品来了。在这方面,最明显的一个例子,是控制着美国绝大部分铜矿、其他有色金属以及稀有金属的开采的三个巨大炼铜公司,于第二次世界大战后,即开始向其他部门渗入,特别是向炼铝业投入大量资本。例如,属于摩根集团势力范围的肯纳科特铜矿公司于 1953—1954 年买进了凯塞铝公司的巨额控制股;属于第一花旗银行集团势力范围的安纳康达铜公司于 1955 年建成了一座炼铝厂。而过去几十年来,美国的炼铝工业一向是由梅隆集团的美国制铝公司所垄断的,它一直阻止着竞争者的渗入,但是实际上,独占的局面终于被突破。

① 参阅《世界市场行情》(第 1—5 题),中国人民大学出版社 1952 年版,第 196 页。

在垄断阶段，价值规律调节生产的作用，并不再如同自由竞争阶段那样，总表现为部门间的竞争和资本转投，而往往表现为垄断组织内部的不同产品的消长这种隐蔽的形式了。因为资本主义发展到最高阶段，正如列宁所指出的："有一个极重要的特点，就是所谓联合制，即把各种工业部门联合成一个企业，其中有些部门依次对原料加工（如把矿石炼成生铁，把生铁炼成钢，可能还用钢制造各种成品），有些部门对另一些部门起辅助作用（对废物或副产品加工；生产包装用品等等）。"①垄断组织有各种形式，除去暂时的价格或市场协定这种最低级的垄断联合组织形式而外，还有不同程度的联合制或垄断组织形式，如卡特尔、辛迪加和托拉斯等，它们标志着个别企业或个别资本相对独立性的逐步削弱，乃至成为一个企业。原来独立的个别资本现在成为同一垄断企业的股东了（如托拉斯）。但是，不论哪种形式，都与原来分散的、完全独立的那种情况有所不同了。在结成垄断联合以前，它们的生产和经营完全是各自为政的，它们之间的经济联系是通过商品交换来实现的，利润率的平均化或等量资本要带来等量利润的原则的贯彻是通过部门间的竞争和资本的转投来实现的。在这种情况下，价值规律调节生产的作用，也就很明显地得以表现出来。而结成垄断联合，特别是高度发展的组织形式——托拉斯之后，生产和经营是统一管理了，在垄断企业中等量资本要带来等量利润的原则不再是通过部门间的竞争、利润率平均化的形式来贯彻了，而是作为一个垄断企业的不同资本部分，按照同一利润率来获取红利了。在这种情况下，价值规律调节生产的作用，也就以同一垄断企业内部不同产品的消长这种隐蔽的形式来表现了。形式虽然不同，但从调节生产的角度看，实质上是没有什么区别的。以美国的实际情况为例即可以说明这一点。第二次世界大战后，美国的垄断资本主义有了更进一步的发展，列宁早就指出的联合制这一重要特点有了更广泛的发展和扩大，具体表现就是：工业中的生产联合和多样化广泛地推行和实施。例如，福特汽车公司的迪尔博恩工厂，就设有发电厂、炼焦炉、高炉、平炉、轧钢车间、铸造车间、玻璃厂、造纸厂以及工具车间和冲压车间等，这就是说，从炼焦、炼铁开始直到制造工具、汽车零件再到汽车装配等一系列的生产都包括在内了。又如，专门制造橡胶产品的公司也生产塑料，农业机器制造公司也生产各种电工器材了；杜邦公司所属的企业生产着1200多种产品，有的企业从肥料开始直到尼龙袜子和尼龙

---

① 《帝国主义是资本主义的最高阶段》，《列宁全集》第22卷，人民出版社1958年版，第190页。

衬衣都生产；通用汽车公司不仅生产汽车，而且还生产机床和吸尘器等。诸如此类的实例很多。问题是为什么呢？很显然，垄断企业之实行联合，或者垄断企业之实行生产多样化，其目的主要有二：一是，当某些产品的需求下降时，可以不太费力地扩大其他制品的生产；二是，把资本由某一部门向另一有发展前途和比较有利的部门流入。在这一点上，最明显的例子是：1867年成立的生产铁路车辆的大公司——普尔曼卧车公司，于第二次世界大战后同经营石油加工业的克洛格公司实行了合并，并成立了普尔曼标准车辆厂，从事运送石油产品的自动拖车的生产（该厂现为美国全国生产该种自动拖车的第二大厂）。结果，普尔曼卧车公司由于它的主要产品——卧车的减产所受到的损失得到补偿。①

以上的举例和分析再明显不过地说明了：在垄断资本主义时期，价值规律仍旧依据资本主义基本经济规律的要求在自发地调节着生产。

其次，我们再分析一下非垄断部门或垄断程度较低部门之间一般企业的竞争与资本的转投问题。

在一些垄断程度较低的生产部门中，除了极少数的大垄断组织外，同时还存在着千百个中小企业。正如列宁指出的所谓纯粹的帝国主义是不存在的。

在这些部门之间的竞争，以及资本转移的情况基本上和垄断前是一致的。利润率也呈现平均化的趋势。例如1951年，美国纺织、制革、服装等部门的利润率大致摇摆在12%—17%之间。

当然，由于极大部分的利润已被垄断集团所攫取，因此，在垄断资本主义时期出现的平均利润率，已不同于自由竞争时期的平均利润率。各个部门中的中小企业的利润率低于各该部门总的利润率，例如美国制造工业中的中小企业的利润率在1950年和1951年都是17.2%，与纺织、制革部门的利润率大体一致。而美国制造业的利润率在1950年平均是28%，1951年是27.9%。由于部门间竞争的结果，在一般中小企业之间仍旧会形成平均利润率，这种平均利润率既大大低于各该部门剩余价值总量与各该部门总资本的比例，也大大低于社会剩余价值总量与社会总资本的比例。尽管如此，利润率平均化趋势的存在，仍足以说明各个生产部门之间，特别是垄断程度较低的部门之间中小企业资本转投的情况。所以，平均利润率规律的作用在垄断资本主义时期也并没有消失。

---

① 参阅鲁宾斯坦等：《第二次世界大战后的美国垄断资本》，世界知识出版社 1960 年版，第 37-39、65 页。

再次，价值规律在世界资本主义经济体系中也起着调节作用，这种调节作用的表现便是资本输出和商品输出。

世界资本主义经济体系的形成是资本主义发展到一定程度的必然结果。这一体系是建筑在少数"文明"国压迫与剥削广大殖民地附属国基础上的。商品输出以及在垄断时期起着主要作用的资本输出，就是这种压迫和剥削的表现形式。商品输出与资本输出本身就要受为最大限度利润规律所制约的价值规律所调节。

马克思在论不同的资本构成以及由此而引起的利润差异时，曾就投资在"先进"国与投资在落后地区所产生的不同结果作过详尽的分析，他说："如果互相比较的，是国际的[①]利润率，这一点是特别重要。假设在欧洲某国剩余价值率为100%……；在亚洲某国，剩余价值率为25%……但在欧洲某国，国民资本的构成为 84c+16v；在亚洲某国，因机器等物使用较少，一定量劳动力在一定时间内生产地消费掉的原料比较少，其构成为 16c+84v。这样，我们就得到如下的计算：

在欧洲某国，生产物价值＝84c+16v+16m＝116；利润率＝16/100＝16%。

在亚洲某国，生产物价值＝16c+84v+21m＝121；利润率＝21/100＝21%。

所以，亚洲某国的利润率，比欧洲某国的利润率多25%，虽然前者的剩余价值率，比后者的剩余价值率小四倍。"[②]

由此可见，以同量的资本向落后的地区投资，由于有机构成较低，因而可以获得较高的利润。由于在落后地区可以得到廉价的原料和劳动力，因而把在落后地区的投资所生产的商品拿到世界市场上出售，垄断资本家就可以得到超额利润。列宁指出："在这些落后的国家里，利润通常都是很高的，因为那里资本少，地价比较低。工资低，原料也便宜。"[③]

这一点可从美国在殖民地附属国以及落后国家直接投资的利润率指数中得到充分证明：

美国在不同地区投资的利润率（指数）[④]

	1946—1950 年（平均数）	1951 年
在美国加工制造业中投资的利润率	100	100

---

① 马恩列学院 1932 年出版的德文本，认为这显然是一个笔误，"国际的"改订为"各国的"。——译者
② 马克思：《资本论》第 3 卷，人民出版社 1958 年版，第 168 页。
③《帝国主义是资本主义的最高阶段》，《列宁全集》第 22 卷，人民出版社 1958 年版，第 233 页。
④《保证最大限度的资本主义利润的办法》，《新华月报》1953 年 10 月号，第 163 页。

	1946—1950 年（平均数）	1951 年
在拉丁美洲投资的利润率	119	166
在马歇尔化国家殖民地投资的利润率	125	145
在其他殖民地和附属国投资的利润率	119	214

正由于掠夺殖民地落后国家人民是保证最大限度利润的重要手段之一，所以各帝国主义国家就力图扩大本国的资本输出。私人直接投资由国内流向国外利润率更高的地区，正是价值规律在国际范围内调节生产的作用的一种表现。

现在再进而从私人垄断资本对外直接投资的地区和部门的分布来看，更能充分说明价值规律的作用。

正是由于在殖民地和落后国家的直接投资能提供更高的利润率，因此，帝国主义国家的国外直接投资就必然主要集中在有廉价劳动力和丰富的原料资源的地方，也就是主要投在工业不发达的国家。在第一次世界大战到第二次世界大战这一期间内，美国国外私人投资地区的分布情况如下表[①]：

年份 投资额（单位：百万美元） 地区	1914 年		1929 年		1935 年	
	总额	其中直接投资	总额	其中直接投资	总额	其中直接投资
拉丁美洲	1648.7	1281.1	5429.9	3705.3	4551.0	3261.2
欧洲	691.8	573.3	4600.5	1340.3	3026.0	1369.6
加拿大和纽芬兰	867.2	618.4	3660.2	1657.4	3657.6	1892.4
亚洲	245.9	119.5	1040.4	446.5	915.3	487.6
澳洲	17.0	17.0	403.0	161.8	413.1	159.8
非洲	13.2	13.0	119.2	117.0	125.8	123.6
国际银行	30.0	30.0	140.1	125.0	151.9	125.0
短期贷款			1617.0		853.0	
总计	3513.8	2652.3	17009.6	7553.3	13693.7	7219.2

第二次世界大战后，美国的国外投资急剧地增加了。以 1957 年的美国国

---

① 格列切夫：《第二次世界大战后的美国殖民政策》，世界知识出版社 1960 年版，第 159 页。

外直接投资为例，其地区的分布同样还是集中在不发达的国家，如下表[①]：

	投资（单位：百万美元）	占总数的%
全世界	25252	100.0
其中：		
加拿大	8332	33.0
拉丁美洲	8805	34.8
西欧	3993	15.8
西欧国家的殖民地	906	3.5
其他国家	3216	12.9

再从投资部门的分布情况看，正是由于石油开采是世界上提供高利润率的部门，因此，英美等主要国家，投资于石油业的资本占着相当大的比重（除去这种经济原因以外，还有另外一个重要的政治原因，就是石油具有重要的军事战略意义）。例如，在第一次世界大战到第二次世界大战这一期间内，美国国外私人投资在各部门的分布情况如下表[②]：

直接投资（单位：百万美元）	1914 年	1929 年	1935 年
商业	178.5	378.1	345.0
银行	30.0	125.0	125.0
石油工业	343.0	1341.0	1381.5
采矿业	719.7	1226.8	1281.5
农业	355.8	985.8	586.6
制造业	478.0	1821.0	1870.9
铁路	255.1	308.7	260.5
公用事业企业	133.2	1025.2	1088.0
其他企业	159.0	341.7	344.5
间接投资	861.5	7839.3	5621.5
短期贷款	—	1617.0	853.0
总计	3513.8	17009.6	13693.7

第二次世界大战后，美国国外石油业的投资更有急剧地增长，到 1957 年，石油工业的投资已在国外直接投资总额中占到第一位，如下表。

---

① 格列切夫：《第二次世界大战后的美国殖民政策》，世界知识出版社 1960 年版，第 164 页。
② 格列切夫：《第二次世界大战后的美国殖民政策》，世界知识出版社 1960 年版，第 160 页。

美国的私人国外直接投资（单位：百万美元）[1]

年度	总额	加工制造业	采矿业	石油工业	商业	农业	公用事业
1945	8369	2671	1064	1538	671	518	1357
1950	11788	3831	1129	3390	762	589	1425
1954	17626	5711	2078	5270	1166	662	1547
1955	19185	6322	2195	5792	1289	—	1588
1957	25252	7918	3634	8981	1589	—	1817

第二次世界大战后，美国国外石油工业投资有很大的增长，并且还取得了压倒的优势。这是在与其他帝国主义国家的垄断资本进行着剧烈的竞争中取得的。例如，在占全世界石油储藏量70%以上和全世界石油开采量24%的中东，美、英两个帝国主义国家垄断势力的消长情况如下表[2]：

	美国	英国
1946年控制了全部石油生产的%	35.3	49.9
1955年控制了全部石油生产的%	58.4	28.4

除去石油以外，另一种有着愈来愈大的经济意义和军事战略意义的国外投资部门是橡胶业。世界上最富饶的橡胶资源大都为英国和荷兰所垄断，这为两国的垄断资本提供了巨额垄断利润。美国本国没有天然橡胶，而美国却是橡胶消耗量最大的一个国家（约占资本主义世界橡胶消耗量的50%），这就不能不引起美国垄断资本向橡胶业的渗入，为争夺橡胶资源而与英国垄断资本展开剧烈的斗争。第二次世界大战以前，美国对殖民地和不发达国家的橡胶园投资不多，约有6000万美元，其中在印度尼西亚的投资为2800万美元，马来亚1100万美元，利比里亚800万美元，巴西500万美元。1937年，美国公司只控制世界天然橡胶生产的6%左右。但在第二次世界大战期间及战后，美国垄断组织不仅在它们占统治地位的那些地区（拉丁美洲和利比里亚）增加了自己的投资，而且在印度尼西亚和马来亚也增加了自己的投资。[3]

谈到美国垄断资本向橡胶业的渗入时，必须注意到另外一方面极其重要的情况，这就是美国垄断集团把大量资本投入人造橡胶的生产。1950年到

---

① 1945—1955年参阅鲁宾斯坦等：《第二次世界大战后的美国垄断资本》，世界知识出版社1960年版，第546页（该书所列单位为10亿美元，显然是错误的。——引者）；1957年参阅格列切夫：《第二次世界大战后的美国殖民政策》，世界知识出版社1960年版，第166页。

② 格列切夫：《第二次世界大战后的美国殖民政策》，世界知识出版社1960年版，第171页。

③ 格列切夫：《第二次世界大战后的美国殖民政策》，世界知识出版社1960年版，第177页。

1952 年世界天然橡胶和人造橡胶的生产情况如下表[①]：

	1950 年	1951 年	1952 年
世界天然橡胶总产量（单位：千吨）	1890	1905	1808
世界人造橡胶总产量（单位：千吨）	543	923	892

世界人造橡胶总产量中的绝大部分为美国企业所生产。1937 年，美国人造橡胶的生产只 500 吨，而到 1955 年时即达到 1097000 吨了，占资本主义世界人造橡胶生产量的 90%。[②]

代用品生产部门以及国际市场上代用品的出现，也表明了价值规律在世界商品生产范围内的调节作用。

最后，大量资本涌入军火生产部门，也是价值规律对生产所起调节作用的结果。

随着垄断资本主义的发展，帝国主义国家的内外矛盾空前尖锐化。帝国主义国家为了挽救其垂死的命运，为了加紧实行扩张政策以及侵略、奴役和掠夺殖民地与落后国家的政策，以攫取高额垄断利润，为了摆脱日益频繁和加深的经济危机，而不断地加强着国家垄断资本主义，把国民经济引上了军事化的轨道。由于国民经济的军事化以及国家的大量高价军事定货，使得军用品以及与此有关的生产部门获得了高额利润。在军需物资价格上升与利润不断增长的刺激下，私人资本就必然涌向军用品的生产。

在这方面表现得最突出的是美国。美国这个工业最发达的资本主义国家已成为当前世界上一个最畸形的军事化经济的国家。

第二次世界大战后，美国国家预算中的军费支出急剧增长，情况如下表：

美国军备支出的发展[③]

年度	1950	1951	1952	1953	1954	1955	1956	1957	1958
预算总支出（10 亿美元）	49.9	72.0	82.1	76.3	73.6	77.2	82.1	86.9	96
军备支出：									
指数（1950＝100）	100	196	226	215	189	187	199	202	211
占总支出的百分比	44.9	60.8	61.2	62.7	57.2	54.2	54.1	51.8	49.0
占国民收入的百分比	9.2	15.7	17.2	15.5	14.0	12.2	12.7	13.3	12.8

---

① 《1953 年世界经济统计资料汇编》，三联书店 1954 年版，第 112-113 页。

② 参阅格列切夫：《第二次世界大战后的美国殖民政策》，世界知识出版社 1960 年版，第 177 页。

③ 《国际问题译丛》1960 年第 4 期，第 33 页。

在有国家保证了销路和高额利润的条件下，几乎所有美国最大的垄断集团都把军火生产变成为它们除去发家的行业之外的最主要的支柱。还在第二次世界大战进行期间，美国秘密建立的原子能工业的真正领导权，从一开始就被洛克菲勒会同摩根、杜邦和其他垄断资本集团所掌握。同洛克菲勒、摩根财团都有关系的通用动力公司，是美国目前生产导弹、军用飞机、潜水艇的最大的公司。由洛克菲勒财团操纵的马丁飞机公司，现在专门制造导弹。属于杜邦财团的通用汽车公司，其总产量中军用生产（喷气式飞机发动机、坦克、大炮、自动火器操纵仪器等等）所占的比重，由 1950 年的 3％升到 1955 年的 7％（在侵朝战争期间达到 19％）。属于摩根财团的通用电气公司，军事生产（喷气式飞机发动机、潜水艇用的原子能发动机、导弹、电子设备等等）在其总产量中所占的比重，在 1955 年达到 21％，如果把核武器的生产再计算在内，所占比重自然就会更高。[1]

第二次世界大战前后对比，美国的武装力量、军事企业和军事机关的人数也有了巨大的增长，如下表（单位：千人）[2]：

年度	武装力量人数	军事企业和军事机关的人数	武装力量、军事企业和军事机关的总人数	占就业人数的百分比
1929	255	300	555	1.1
1948	1446	2800	4246	7.0
1953	3590	7300	10890	16.2
1954	3350	5762	9112	13.4
1955	3048	5207	8255	11.9
1956	2857	5179	8036	11.4

除去军火的价格不断上升外，与军事生产有关的产品的价格也在不断增长，情况如下页表：铜锡铝价格的上升。

与上述情况发展的同时，反映在生产结构上的变化是：

1. 用于军事生产的投资的增长远较一般产品生产的投资的增长为速，如下表：美国固定资本投资动态。

---

① 参阅鲁宾斯坦等：《第二次世界大战后的美国垄断资本》，世界知识出版社 1960 年版，第 413-414 页。
② 参阅鲁宾斯坦等：《第二次世界大战后的美国垄断资本》，世界知识出版社 1960 年版，第 402 页。

铜、锡、铝价格的上升（百磅的平均价格，单位：美元）①

年份	电解铜	锡	铝
1946	13.8	54.5	15.0
1947	20.9	77.9	15.0
1948	22.0	99.2	15.7
1949	19.2	99.3	17.0
1950	21.2	95.5	17.7
1951	24.2	127.0	19.0
1952	28.7	120.4	19.4
1953	29.6	95.8	20.9
1954	37.4	91.8	21.7
1955	41.8	94.7	23.5
1956	—	101.4	26.0

美国固定资本投资动态②（单位：百万美元）

年度	1949	1950	1951	1952	1953
加工工业	7149	7491	10853	11633	11908
其中：					
有广泛军事用途的产品	5134	5595	8667	9689	9905
黑色金属	596	599	1198	1511	1210
有色金属	151	134	310	512	1428
没有广泛军事用途的产品	2015	1896	2186	1944	2003
副食品	875	760	853	769	812
纺织工业产品	471	450	531	434	376

2. 工业生产发展的不平衡性加强，军用品以及与其有关的生产大幅度地增加，而民用品以及与其有关的生产则日益减少。

例如：

美国工业部门发展的不平衡③

产品	1955 年的生产水平比 1947 年增加（+）或减少（-）的百分数
飞机	+417

---

① 参阅鲁宾斯坦等：《第二次世界大战后的美国垄断资本》，世界知识出版社 1960 年版，第 316 页。

② ［美］《商业概览》1956 年 6 月号，《商业日报》1957 年 3 月 14 日。

③ 鲁宾斯坦等：《第二次世界大战后的美国垄断资本》，世界知识出版社 1960 年版，第 53 页。

产品	1955 年的生产水平比 1947 年增加（+）或减少（-）的百分数
铝	+172
收音机和电视机	+150
塑料	+133
合成纤维	+102
汽车	+99
电气设备	+90
钢	+40
橡胶制品	+51
玻璃和陶瓷制品	+26
精铜	+22
家具	+17
皮革	-17
毛织品	-30
铁路设备	-38

以上的举例和分析，充分说明了在国民经济军事化的条件下，在高额垄断利润规律的作用下，价值规律调节生产的作用。

在上述各个方面价值规律调节生产的作用的过程是非常错综复杂的。因为它不仅牵涉到国内的商品生产和商品交换的问题，而且还牵涉到整个资本主义世界体系范围内的商品生产和商品流通的问题；它不仅涉及一个国家内的各个企业、各个部门、各个垄断组织内部、各个垄断组织之间以及垄断部门和非垄断部门之间的种种竞争，而且还涉及国际垄断组织之间以及帝国主义国家垄断组织与殖民地落后国家土著资本主义企业之间的竞争。并且，由于竞争的日益剧烈，虽然垄断价格经常处在高于生产价格乃至商品价值的水平之上，但是市场价格波动的幅度更加大了。一般地说，市场价格虽然总是处在保证提供垄断高额利润的水平之上，但有时为了竞争，击败强有力的对手，往往以低于生产价格低于价值，乃至低于生产费的价格出卖，其目的在于排挤自己的竞争者，从而独占原料产地和商品销售市场；等独占了原料产地和商品销售市场后再急剧提高垄断价格，以弥补竞争中的损失，并进而攫取巨额利润。

（三）价值规律作用的后果

从以上的分析不难看出，价值规律刺激生产力发展的作用在垄断阶段受到了严格的限制；而破坏生产促进社会矛盾加深的作用却更为突出了。

首先，建立在私有制基础上通过竞争而发生着作用的价值规律，在垄断资本主义时期必然导致生产力的更大量破坏，必然使生产力的发展极其缓慢而且到处充满着尖锐的矛盾。这是由垄断高额利润规律所决定的，因为，垄断组织的一切活动，都以实现垄断高额利润为目的，只有在能够满足其对于垄断高额利润贪欲的情况下，它才对于新科学技术的利用以及生产组织的改进感到兴趣。因而，垄断资本主义的生产日益落后于科学技术的发展所提供的促进生产力提高的广大可能性。在帝国主义国家，新的技术发明只是在军火生产上才得以广泛利用就是这个道理。

垄断组织还经常采用人为地缩减生产的办法，来维持市场上的垄断价格。例如国际锡业公司在 1932—1940 年几乎将资本主义世界锡的生产缩减了一半。

其次，价值规律的盲目作用加剧了生产各部门之间以及生产与消费之间的不平衡性，因而危机的破坏性也就愈益严重。特别是在国家垄断资本主义和国民经济军事化的条件下，由于垄断高额利润规律及价值规律的作用，军用品生产扩张了，民用品生产萎缩了。军用品是这样一种产品，它既不能在生产上也不能在消费上给予社会再生产以物质补偿。因此，随着国民经济军事化的发展，社会再生产过程中的物质补偿和价值补偿的统一就愈来愈遭到破坏，从而使得社会再生产中部类之间和部门之间的对比关系不能很好地维持。这正是第二次世界大战后，美国经济危机频繁发生的重要原因之一。至于由于资本主义基本经济规律和价值规律的作用，资本涌向军事生产，从而加深了生产与消费的矛盾，也是显而易见的。因为军用品的销售主要是靠国家定货来实现的，而国家定货的资金又主要是来自预算拨款，而军事预算又主要是来自广大劳动群众的纳税。因此，随着国民经济军事化的加强，军用品生产的增长，国家定货和军事预算的扩大，必然造成劳动群众的实际收入日益减少、生活日益贫困化。由此可见，价值规律刺激军用生产增长的作用，是在资本主义基本经济规律和资本主义积累的一般规律的作用下实现的，并且由于价值规律的这一作用，反转来，更加深着资本主义所固有的矛盾。

最后，垄断时期价值规律的作用更加速了小生产者和农民的破产，加速了中小企业主的破产，从而促进了农民和小生产者的两极分化，使阶级矛盾日益尖锐。

我们知道，与垄断组织同时存在的还有许许多多的"野生"企业以及千百万的小生产者。在垄断资本主义时期更加剧烈的竞争中，垄断组织必然处于绝对优势，因而加速了中小企业和小生产者的破产过程。例如，1953 年一年中美国倒闭的工商业公司就有 8862 家，超过了 1945 年倒闭的数目的 10 倍。[①]至于小生产者的命运就更加悲惨了。垄断组织对于小生产者的无情的掠夺造成了基础薄弱的小农经济的大量破产，使大批的农民变成了失业后备军。美国在 1945—1950 年破产的农户就有 713000 户。我们从美国农场分化的情况中，也可以看出这一趋势。

美国农场的分化（按农场数及土地面积数）[②]

农场规模（公顷）		与 1935 年比较增减（%）	
		1945	1950
小型农场	1.3—3.6	−11.3	−20.5
	3.7—19.9	−21.5	−29.7
	20—40	−20.0	−27.3
中型农场	40.1—72.4	−14.0	−9.8
大型农场	72.5—201.9	−3.0	−9.8
	202—404	+4.0	+10.3
	404 以上	+48.5	+59.7

这一趋势，在 1950 年以后不仅没有缓和，反而更加剧了。例如，据 1959 年 11 月美国《华尔街日报》的一篇报道称，从 1950 年以来，中小农场减少了 100 万个。而与此同时，农业生产和土地日益集中到农业垄断资本控制的高度机械化和雇佣大批农业工人的大农场中。根据 1954 年美国官方普查数字，1000 英亩以上的大农场只占全国农场总数的 2.7%，但却占有全国耕地面积 45.9%；而占全国农场总数 10.1% 的 10 英亩以下的小农户，只占有全国耕地面积的 0.2%。[③]

---

① 参阅伏·苏钦科：《垄断组织统治条件下的竞争和生产无政府状态的法则》，《学习译丛》1954 年第 12 期，第 97 页。

② 苏联科学院经济研究所：《第二次世界大战后资本主义国家的经济》，立信会计图书用品社 1954 年版，第 111 页。

③ 参阅林龙铁：《美国农业危机的真相》，1960 年 4 月 13 日《人民日报》。

随着中小资本主义企业和小生产者的破产，无产者的队伍日益扩大，而无产阶级及广大劳动群众又日益贫困化，这就使得帝国主义国家的阶级矛盾日益尖锐。

阶级矛盾的加深，使得无产者的阶级觉悟逐渐提高，革命热情不断高涨，革命意志益趋坚定，这一切都为冲击资本主义制度准备了精神前提。这一切又都说明腐朽而反动的资本主义生产关系必须由更高级的社会主义生产关系来代替。

五、结束语

价值规律的理论在马克思主义政治经济学中占有极重要的位置。这不仅由于它曾存在于商品生产的几个不同的历史发展阶段，在这几个阶段中都曾发生过作用；而且还由于资本主义生产是商品生产的最高阶段，价值规律只有在资本主义制度下才具有极其广阔的作用场所。因此对价值规律在资本主义各个阶段中的作用及其表现形式的研究无疑地将帮助我们更好地认识资本主义制度。

商品经济曾存在于奴隶社会、封建社会和资本主义社会，在社会主义社会也还存在着商品经济。由于这几个社会的经济条件不同，因此也就决定了商品经济以及与它相联系的价值规律的作用的不同。即使在同一的资本主义社会的各个不同发展阶段，由于经济条件也存在着局部质的差别，因而价值规律的作用也是有所不同的。

就作用的形式而言，当商品经济和自由竞争尚未充分发展起来的时期，价值规律的作用是通过市场价格围绕商品价值的摆动而实现的；到了资本主义自由竞争阶段，市场价格以生产价格为中心而上下摆动则成了价值规律发生作用的基本形式；资本主义发展到垄断阶段以后，垄断价格出现了，并在经济生活中居于统治的地位，于是价值规律的作用便又取得了新的形式。

价值规律作用的变化不仅表现在形式上，而且也表现在作用的范围和程度上。一般地说，商品经济愈广泛，自由竞争愈发达，价值规律的作用场所就愈广阔，它的作用程度就愈深刻。因此，在资本主义自由竞争阶段，价值规律的作用可以说已达到了顶峰。在简单商品经济时期，商品生产在整个社会经济中还只是一个局部的现象，加以封建行会的约束，竞争尚未充分发展起来,价值规律对生产的调节作用还只是被限制在一个比较狭窄的范围之内。在垄断阶段,虽然商品生产已经发展到包罗万象的地步,但自由竞争已被垄断所代替,加以国家垄断资本主义的发展,资产阶级反动的政治统治对经济生活的干预,又不能不对价值规律的作用起一定的限制作用。因此,可以说价值规律的调节社会生产的作用只有在资本主义自由竞争阶段才具有最充分的意义。

在资本主义发展的各个阶段上,价值规律的作用都带有自发的性质。虽然就每个资本主义企业单位而言,它也意识到个别价值与社会价值之间的差额,并利用这个差额来改进生产技术,缩减生产费用,从而达到获取额外剩余价值的目的;但是,社会生产力的提高作为一个社会现象来看,却完全是自发的。至于说到它的作为社会生产的调节者的作用则更是完全自发地实现的。尽管资产阶级反动政权为了防止资本主义的经济危机,也曾采取种种措施,妄想实现所谓有计划的调节,但是,这种种措施除了对经济生活发生一定程度的干扰作用以外,任何有计划有意识的调节是根本不可能的。这从第二次世界大战以后以美国为首的资本主义世界经济危机的频繁发生便可以得到证明。

价值规律作用的变化并不说明价值规律本身有什么差别,只是说明它所存在的经济条件的变化。当垄断阶段到来时,价值规律刺激生产的作用受到限制,它的消极性的后果却日益突出起来,这充分地反映出资本主义的生产关系对生产力的阻碍作用,反映出资本主义制度已进入了自己的最后阶段。只有消灭了生产资料的私有制,并建立起社会主义的公有制以后,价值规律才能被人们深刻地加以认识并学会利用它和掌握它,利用它的积极的一面为社会谋福利,并消除它的消极性的后果。

再论"社会必要劳动的第二含义"*

——答王章耀、萨公强两同志

关于"社会必要劳动"我们提出的另一方面的理解，王章耀与萨公强两同志提出了不同的意见。这个问题是值得争论的，因为它实质上反映了对价值规律这一范畴的理解。不久以前展开的关于价值规律在社会主义条件下的作用的讨论中，就曾出现过对价值规律本身理解上的分歧。

我们的论点是在上海人民出版社出版的《价值规律在资本主义各个阶段中的作用及其表现形式》一书中提出的。当时的重点不在于此，所以在这个问题上并未充分地加以阐述，现在正可借此机会较详细地说明一下我们的理解，以与王、萨两同志研讨，并就教于读者。

首先应该指出，这一提法并不是我们新的创造，而是马克思早已在他的著作中提出了的，只是通常不为人们所注意罢了。或者虽然有人可能已注意到，但由于体会不同，从而也可能产生意见的分歧。既然如此，我们为了阐述清楚起见，就不能不将马克思关于这个问题的最有关的论述部分，择引几段如下，以为说明时的参考和根据。引文可能多些，但却是必要的。

马克思说："价格是商品价值量的指数。商品所有者纯粹主观上的计算错误，我们可以不管；因为，这种错误，可以立即在市场上得到客观的纠正。他应该只在他的生产物中，支出劳动时间的平均。……"[①]这里，很显然是从单位商品所包含的社会必要劳动量而言的。之后，马克思紧接着又说："假使市场上每一块麻布所包含的劳动时间，都只包含社会必要的劳动时间。但投在全数麻布上的劳动时间，依然可以过多。假定市场的胃口不能依每码 2

---

* 此文是对王章耀、萨公强两同志发表在《学术月刊》1958 年第 2 期上的《关于"社会必要劳动时间"问题》一文的答辩，与谷书堂同志合写。

① 马克思：《资本论》中译本，第 1 卷，第 97–98 页。

先令的标准价格吸收麻布的全量,那就证明,在总社会劳动时间中,有过大的部分,支出在麻布织造的形态上了。其结果,无异各个织造业者,都在他的个别生产物上,支出了社会必要劳动时间以上的劳动时间。"这里,很显然又是从支出在某种商品生产上的社会劳动的总耗费而言的。由此可见,单位产品的劳动耗费与全部某种产品的劳动总耗费是制约着商品价值量之规定的两方面的因素。所以,马克思好像小结似的说:"在这里是捉在一处,绞在一处了。所有的麻布,在市场上是只当作一个商品;每一块麻布都只当作整除的部分。并且在事实上,每一码的价值,也只是同一个社会地规定的同种人类劳动量的体化物"。(按照上述引文下面的注:马恩列学院版在这里有一个注解:"在 1878 年 11 月 28 日致《资本论》俄文译者丹尼尔孙信中,马克思把最后一句改成如下:'并且在事实上,每一码的价值,也只是支出在麻布总量上的社会劳动量的一部分的体化物。'"这样意思就更明显了)

马克思在《剩余价值学说史》第一卷,第 224—225 页第 33 附注中[①]同样地说过:

"就令一码麻布只费一小时,并且就令这就是社会为要满足其对一码麻布的需要所必需应用的必要劳动时间,我们也不能由此便推论:如果要生产 120 万码麻布,那就是如果要有 120 万小时劳动,或要有 100 万劳动日,或 100 万劳动者,当作麻布织者被使用,社会也就'必然'会在它所有的劳动时间内,把这样大的一部分,用在麻布织造业上。已知必要劳动时间,已知在一日内能够生产的麻布量。我们还要问,实际有几多这样的日数,用在麻布生产上。……虽然生产物的每一个可除部分,只包含生产它必要的劳动时间,虽然所用劳动时间的每一个可除部分,都是生产总生产物中与此相应的可除部分所必要的,但用在一定生产部门上的劳动时间的总量,对于全部社会所支配的劳动时间,仍可以比正当的比例更高或更低。从这个观点出发,必要劳动时间取得了一种别的意思。于是,我们要问,必要劳动时间是以怎样的量,分配在不同诸生产部门之内。

"竞争不断破坏这种分配,又不断调节着这种分配。假设有过大量的社会劳动时间被用在一个部门了,那也只会被支付以这样多的代价,好像所用的量恰好相当一样。一个部门的总生产物——即总生产物的价值——在这场合,将不等于其包含的劳动时间,只等于其总生产物与其他部门的生产保持比例

---

① 三联书店译本,我们并参照苏联马恩列斯研究院编译本对该注作了某些修正。

时，比例上应使用的劳动时间。——若已知商品的使用价值，则其价格低在其价值以下的事实，便指示了，虽然生产物的每一部分，都只费社会必要的劳动时间（这里假设生产条件是保持不变的），但用在这一部门内的社会劳动是过多了，超过必要的总量了。"

到这里，问题已经明确得多了。

马克思在《资本论》第三卷更进一步地这样说过：

"虽然直接生产生活资料的人的劳动，对于他们自己，也分为必要劳动与剩余劳动，但对于社会，它是代表必要劳动，只是生产生活资料所必要的劳动。并且，这种情形在全社会内部的一切分工（要和个别工场内的分工相区别）上面都会发生。它是生产特殊物品——满足社会对特殊物品的特别需要所必需的劳动。只要这种分工是依比例进行，不同各类生产物就会依照它们的价值……来售卖。事实上，这就是价值法则，不过这里说的，不是个别商品或物品，而是特殊的由分工而独立化的社会各生产部门各个特殊场合的总生产物；所以不仅在每个个别的商品上要只使用必要的劳动时间；并且在社会的总劳动时间中，也要只把必要的比例量，用在不同各类的商品上。因为条件仍然是使用价值。既然就个别商品说，使用价值是依存于它本身是否满足一种需要，所以就社会的生产物总量言，也看它是否适合于社会对各种特殊生产物已经在数量上确定的需要；并且看劳动是否比例于这种在数量上已经规定的社会需要，按比例分配于不同各生产部门。……对于社会劳动时间可以用到不同各特殊部门去的分量这个量的限界，不过是价值法则一般的进一步发展了的表现；虽然必要劳动时间，在这里，包含着另外一种意义。只有这样多才是满足社会需要所必要的。限界在这里是由使用价值引起。社会在一定的生产条件下，只能把它的总劳动时间这么多的部分，用在这一种生产物上。"

马克思、恩格斯关于价值规律的阐述分散在他们的著作中的绝不只是这些，以上只不过是引证了几个比较突出的部分而已。

现在来谈谈我们的体会。

首先，最重要的一点，我们认为价值规律既然是商品生产的经济规律，而商品交换和商品生产又有着不同的发展阶段；因此，价值规律的要求，或者"社会必要劳动"的含义也必然随着商品经济的发展而有所不同。也就是说，我们应该依据历史的观点去考察价值规律所要求的内容。恩格斯批评某些庸俗的资产阶级经济学者说：

"他是立足在这种误解之上，即错误地，把马克思有所阐明的地方，认为是马克思要加定义的地方，好像在马克思的著作中，人们应当做的，就是寻求固定的完成的永远适用的定义。实则，这是自明的，在事物及其相互关系不被理解为固定的，而被理解为可以变动的地方，它们的思想上的反映、概念，也同样会发生变化与转形。我们不把它们封在硬结的定义中，而是要在它们的历史的或逻辑的形成过程中阐明它们。"①

如上述引文，马克思说："对于社会劳动时间可以用到不同特殊部门去的分量这个量的限界，不过是价值法则一般的进一步发展了的表现；……"正是这个意思。马克思在《资本论》中是比较分散地谈价值规律的。而我们在马克思论述价值规律的地方，必须注意其要求和他所依据的商品经济的历史阶段为何，只有如此，才能确切地全面地理解价值规律要求的内容或含义。例如，恩格斯曾这样说过：

"马克思的价值法则，在一般地有经济法则发生作用的限度内，是一般地适用于简单商品生产的全期，二直到它由资本主义生产形态侵入而发生一个变化的时候。一直到那时候，价格都是向着那种依照马克思的法则决定的价值，而在这个价值周围摆动，以致简单商品生产越是完全地展开，较长的不为外部强力扰乱所间断的时期的平均价格，就越是在可以忽略的限界内，与价值相一致。"②

恩格斯在这里虽然说价值规律一般地适用于从开始有商品交换时起到资本主义商品生产发生时为止这一整个时期，但他同时也注意到了发展的阶段性。如"简单商品生产越是完全的展开，……平均价格，就越是在可以忽略的限界内，与价值相一致"。我们试从发展的不同阶段来看，事实上很显然，在刚刚有商品交换的时候，交换纯粹是偶然的，商品交换的比例虽然也可能大体上考虑到劳动的耗费，但这时对劳动耗费的判断在很大程度上是带有主观臆测的。并且，当时所依据的劳动耗费也只能是生产者的实际劳动耗费或个别劳动耗费。因为商品生产还未发达，生产同一种商品的生产者或单位还不是很多。因此，社会必要劳动还不可能形成。所以，在此阶段，严格说来，依照马克思的法则决定的价值，即依照社会必要劳动量决定的价值进行交换的规律还未发生作用。只有商品生产和商品交换发展到一定程度，每一种商品的生产者或单位增多起来，竞争初步展开了，这时社会必要劳动才逐渐形

---

① 马克思：《资本论》第3卷，第16页。
② 马克思：《资本论》第3卷，第1176页。

成，于是商品不再依照个别的实际劳动耗费而是依照社会必要的劳动耗费进行交换也才成为一种客观必然性或规律性了。正如马克思所说：

"必须有商品生产的充分的发展，科学的洞见才能由经验，看出互相独立经营但在社会分工体系中当作一个自然发生的部门必须相互依靠的各种私人劳动，会不断还原为它的社会的比例尺度……"①

在简单商品生产条件下，商品正是以价值（不像资本主义条件下以生产价格）为基础进行交换的。但这时，由于社会分工和商品生产还不是很发达，交换的最终目的还是为了使用价值以满足其消费需要，独立经营的生产者或单位在生产上的联系还不是很紧密，因此，价值规律的要求侧重于商品交换必须以社会必要的简单平均劳动为基础。也就是说，在此阶段，价值规律的要求或"社会必要劳动"的含义主要是如同我们一般所理解的，即商品的价值是由在现有的社会标准的生产条件下，用社会平均的劳动熟练程度与强度，生产一个单位产品所必要的劳动时间决定的，这是通过同一种商品的不同生产者之间的竞争而形成或实现的。同时，不同商品的交换，又必须将各种劳动还原为简单的平均劳动，而这又"是在生产者背后由社会过程决定的"②。在这里所强调的是单位产品的劳动耗费的问题。因为在简单商品生产条件下，价值规律所反映的是小商品生产者彼此对等地交换其劳动的关系；是在社会分工体系中独立经营的生产者的私人劳动与社会劳动，生产单位产品的个别劳动耗费与社会必要劳动耗费之间的矛盾统一的关系。所以这时的价值规律又可以说主要还是商品交换过程中的规律性，是不以人们意志为转移而按照社会所规定了的价值为基础来确定不同商品的交换比例的客观必然性。至于社会劳动在不同生产部门间必须维持一定的比例分割，以便社会再生产能够正常进行的这一要求，则在此阶段，由于生产尚未高度社会化，不同生产者在生产和再生产上的联系还不很紧密，因而并不是十分迫切的。因此，价值规律要求的内容或"社会必要劳动"的含义主要是从单位产品的劳动耗费这一角度出发的。

但是，到了资本主义阶段，商品生产与商品交换高度发达了，独立化出来的生产部门增多了。它们之间在生产上紧密地联系在一起而相互制约着。个别资本的运动不外是社会总资本运动的一个环节，而社会总资本的运动又是个别资本运动的有机的总和。现在是社会化的大生产了。正因如此，所以

---

① 马克思：《资本论》第 1 卷，第 57 页。
② 马克思：《资本论》第 1 卷，第 58 页。

就要求各个生产部门之间必须维持一定的比例关系，以使社会再生产顺利进行。但在资本主义条件下，社会生产是无政府状态的。于是只有通过价值规律对社会生产之自发地调节者的作用，在不实现中来实现社会化大生产的要求。当然，这种要求的实现也还是在不断发生经济危机的过程中而贯彻的。因此这时，作为社会生产之自发调节者的价值规律的要求（实际上这时已经是以生产价格规律的形式出现了），或者"社会必要劳动"的含义就必须适应这一客观情况而增加了新的内容，即谓社会必要劳动不仅要从单位产品的角度看，而且还必须从某种产品之劳动耗费的总量是否符合社会再生产所要求的各个部门之间以比例分割这另一角度来看。这时的劳动耗费总量受两方面的因素制约，一是单位产品社会必要劳动耗费的总和，一是社会劳动在不同部门的比例分割。总之，这时商品价值量的变化，一方面会由于劳动生产率的变化和单位产品内劳动耗费的改变而有所变化；另一方面，随着不同部门间社会劳动分割的比例不同也会发生变更。因为一种商品生产物的总价值终究是该种单位产品价值的总和，前者离开了后者，就失去了物质内容；同时单位商品价值又不能离开该种商品的总价值而孤立地存在，因为它只是后者的一个组成部分。①

由此可见，在社会化大生产条件下，社会劳动在不同部门的一定的比例分割是维持社会再生产正常进行所必要的。并且，在一定时期，这一比例分割的量的限界在客观上也是一定的。但是，在资本主义社会里，社会资本（实际代表着社会劳动）实际上在各个部门的投入并不是有计划的，它不是比客观要求的量过大就是过小。这一点仍然通过价格的变动而表现出来。由于价格的变动，利润率的高低，在资本主义基本经济规律的作用和要求下（实际是平均利润率规律），通过资本转投，部门间的竞争，从而使得社会劳动在各个部门的实际支出大体上符合于客观要求的比例分割。当然，随着客观情况的变化，社会劳动的比例分割又有了新的量的规定，因而再次发生价格变动与资本转投，如此发展变化不已。但毕竟在一定时期，社会劳动的比例分割也是一定的，从而使它成为一个客观存在的核心力量。因此，我们不认为像王章耀、萨公强同志所说，这只是与价值实现有关的社会必要劳动时间。

以上是从不同的历史发展阶段来考察的。从而说明了某种商品生产的劳动总耗费是否符合社会再生产所要求的社会劳动在各个部门的比例分割也应

---

① 参考《剩余价值学说史》第 1 卷，第 224-225 页第三注。

视为价值规律的要求或"社会必要劳动"的含义，是商品经济发展到更高阶段的必然结果。

其次，从同一时期来看，"社会必要劳动"的两个方面又是紧密联系着的。王章耀、萨公强两同志认为我们把两种根本不同的概念混淆了。而我们却认为王、萨两同志正是把它们割裂了。为了说明它们的关系，必须联系到使用价值。如前面引文中马克思所说："不仅在每个个别的商品上要只使用必要的劳动时间，并且在社会的总劳动时间中，也要只把必要的比例量，用在不同各类的商品上。因为条件仍然是使用价值。"依照我们的理解，各部门之间的联系，首先是物质联系。例如，在某一时期，有一万家织布工厂，生产一千万匹棉布。如果每匹棉布需要棉纱 20 磅，则为了维持全部棉布的生产，就必须同时有 2 亿磅棉纱的生产。这时，如果按当时一般的劳动熟练程度和强度，生产每匹布要一小时社会必要劳动（物化劳动不计，只算活劳动，以下同），生产每磅纱也需要一小时，则社会劳动用在生产布上的必须是 1000 万劳动小时，用在生产纱上的必须是 2 亿劳动小时。这是在劳动生产率为一定，即生产每单位产品所需要的社会必要劳动为一定时，为了保证布与纱两个生产部门在物质上的联系不悖，则社会劳动在两个部门就必须如上的分割。现在，假定棉布的劳动生产率提高了，1000 万劳动小时能生产 2000 万匹布了，从而需要的棉纱也增加为 4 亿磅了。这时如果棉纱的劳动生产率不变，而为了适应棉布生产的需要，就非将分配到棉纱生产部门去的社会劳动总量增加到 4 亿劳动小时不可。这 4 亿劳动小时是一个客观必要的量。如果社会劳动分配到棉纱部门去的量不可能增加，或者不必通过增加劳动之绝对量的办法，则也可以通过提高棉纱的劳动生产率，提供更多的棉纱。这样，社会劳动在这两个部门的比例分割就可以维持不变，而社会再生产也并不受到任何影响或破坏。

最后，有人可能这样认为，即这样一来好像有点供求决定价值了。其实不然，这里我们和资产阶级经济学的供求价值论是根本不同的。他们所谈的不是价值而是价格。同时，更重要的是他们并不是立足在劳动价值论这一基本的前提上。这是我们所考虑的是从社会再生产正常进行的角度，是从社会化大生产条件下，各个部门在生产上的联系这一角度为着眼点的。这里所说的各个部门的对比关系，在一定时期是一定的，是一种客观存在，它通过市场上的供求状况反映出来，但并不完全一致。资本主义农产品的价值的形成即是很好的例子可资说明。我们都知道，资本主义农产品价值的规定是以某一时期提供生产率最差的土地或资本的劳动耗费为标准的。为什么呢？马克思回答说："这就是由市场价值决定。它在资本主义生产方式的基础上；是通过竞争来贯彻的；……这是由市场价值的法则发生的。土地生产物要受这个法则支配。生产物（也包括土地生产物在内）的市场价值的决定，是一种社会的行为，虽然那是社会一种不自觉并且没有预见地完成的行为……"

以上就是我们关于这个问题的一些意见。这里主要是正面地阐述了我们的看法，并没有针对王章耀、萨公强两同志的论点一一加以分析和商讨。这样也可以算作答复王、萨两同志了吧！

这个问题还是相当复杂的，我们的意见可能很不成熟，如果因此而引起更广泛的讨论，使这个问题得到更明确更全面的解决，是我们所企望的。

关于商品价值量的规定问题[*]

——对《资本论》第 3 卷第 10 章的理解

商品价值学说在马克思主义政治经济学中占有重要地位。什么是价值？为什么劳动要表现为价值？为什么由劳动时间测量的劳动量要表现为价值量？商品价值在量上是如何规定的？这些又是商品价值学说中的最基本的问题。

关于商品价值量的规定问题，目前在我国经济学界中，引起了一些争论。争论的焦点在于：第二种涵义的社会必要劳动是否也与商品价值量的规定有关。

我们的意见是肯定的。我们准备比较全面地说明一下我们的意见。这里先从对《资本论》第 3 卷第 10 章的理解谈起，因为这应该说是解决问题的主要根据；同时，大家对于这一章的内容的理解也颇不一致，因此有必要认真地体会一下马克思在这里关于商品价值的论述，以便得出正确的结论。

不当之处，希望同志们批评指正。

---

[*] 本篇与下篇《再论关于商品价值量规定问题》，是我和山西省委党校的周学曾同志于 1963—1964 年在中央党校学习时合写的。关于社会必要劳动的第二含义，最先是在 1956 年我和谷书堂同志合写的《价值规律在资本主义不同阶段上的作用及其表现形式》小册子中提出的。其后，引起了一些争论，1963 年还有的同志写文章不同意这种观点，这两篇手稿就是针对这些文章而写的。写成后，本来打算投在报纸或杂志上发表，以便进一步展开讨论，但因当时形势所迫，匆匆离开了中央党校，我将稿子带在身边，准备有机会发表，但我回到南开大学后，先是参加"四清"，后来又搞半工半读，根本无暇顾及这两篇稿子的问题。"文化大革命"中当然更谈不到了，然而稿子却保存了下来，并庆幸"文化大革命"中竟没有破损和散失。最近整理旧物时，才从故纸堆中捡出来依次发表，未同周学曾同志联系商量。

一

马克思在《资本论》第 3 卷第 10 章里（第 203 页到第 224 页），关于商品价值及其量的规定问题的论述，可分为两大部分：（1）第 203 页到 204 页，是第一部分，是关于商品市场价值或社会价值这一范畴的总纲性的说明。（2）第 206 页到 224 页，是第二部分，是说明商品依照价值出售的条件。这第二部分，又分为两部分：一是"第一"部分（从第 206 页到 211 页），是说明商品依以出售的价值，不是个别价值，而是市场价值或社会价值，于是马克思在这里考察和阐明了市场价值的确立方法。二是"第二"部分（从第 212 页到 224 页），是说明商品要依照价值出售，那用在生产这种商品总量上的社会劳动的总量，就必须与这种商品的社会需要的量相适合；但是，在资本主义条件下，是要通过竞争、与供求比例变动相适合的市场价格的变动，才还原为这个标准的；因此，这是一个供求比例和市场价格不断变化和均衡化的运动过程，在这个过程中，市场价值也发生了重新规定。可见，这"第一"和"第二"两部分，虽然都是说明商品依照价值出售的条件的，但同时也都说明了市场价值的规定的问题；不过，"第一"部分，照马克思的说法，是抽象地叙述，"第二"部分，则是结合实际运动过程来考察。

现在，就按照这个结构来说明我们的理解。

首先，把关于市场价值这一范畴的说明和市场价值之确立方法的抽象地叙述，结合起来作为一部分来谈。因为关于市场价值的说明是总纲性的，因此比较概括和抽象。为了更好地理解和说明它的内容，有必要和以后的分析结合起来。

马克思指出：商品依以出售的价值，不是个别价值，而是市场价值或社会价值。市场价值是一个重心，市场价格就是围绕着它来摆动。这对于单位商品来说是如此，对于一个部门生产的商品总量来说，也是如此。对于一个部门的商品总量来说，"商品个别价值与其社会价值相符这件事，现在是像这样实现或进一步规定的；商品总量包含着它生产上必要的社会劳动，并且这个总量的价值＝它的市场价值。"

什么是市场价值呢？

马克思写道："市场价值，一方面，要视为是一个部门所生产的商品的平均价值，另一方面，要视为是在该部门平均条件下生产的商品（在该部门生产物中，占着显著的大量）的个别价值。仅仅在异常的结合下面，才会用那种在最不利条件或最有利条件下生产的商品，来规定市场价值。"

对于这段话的理解，目前大家的意见并不是一致的。这里主要有两个问题：一是什么是"平均价值"和"平均条件"，二是什么是"异常的结合"。

骆耕漠同志认为："平均价值"和"平均条件"联系起来看，就是指的中位条件占大量的情况，这是通常的情况；"异常的结合"指的是生产条件的异常结合，即优等条件或劣等条件占大量（大小小或者小小大）的情况，这不是通常的情况①。

我们认为，骆耕漠同志的这种解释，是值得商榷的。我们的理解是这样的：

第一，所谓"平均价值"，就是加权平均价值。所谓"平均条件"，就是在一定时期内，一个生产部门的一般生产条件，也就是在当时占着显著大量的条件；它既可以是中位条件，也可以是优等或劣等条件，不论哪种条件占大量，它都代表平均条件或者一般条件，只不过平均或者一般的水平有所不同而已。当然，在通常情况下，中位条件总是占大量的。但是，我们认为，马克思在这里并不是只以中位条件占大量的这种通常的情况为基础，来概括出市场价值的定义的；相反地，马克思在以后关于市场价值之确立方法的抽象地叙述中，却例举了中位、优等或劣等条件分别占大量的三种代表性的情况，以与前面市场价值的定义相印证。

第二，这里所谓"异常的结合"不是指生产条件的异常结合，而是指供求状况的异常结合，也就是供给大于需求，或者需求大于供给的情况。理由是：

（1）马克思在以后关于市场价值之确立方法的叙述中，是把中位条件、优等条件和劣等条件分别占大量的三种情况并列起来，同等地看待的，都是用来印证前面关于市场价值的定义的（即"一方面"和"另一方面"）。这里不包含有中位条件占大量是通常情况，而优等或劣等条件占大量则是"异常的结合"这种区分的意思在内。

（2）马克思在以后关于市场价值之确立方法的叙述中，采用了抽象法，即假定供给和需要是相适应的。但同时，对于供求不一致时市场价值的确立

---

① 参见骆耕漠同志在《经济研究》1964 年第 4 期上的《"价值决定"在量上的诸种规定性》一文。以后凡是提到骆耕漠同志的意见的地方，都是指同一文章而言。

方法，也进行了一些分析。这正好与前面所提出的"异常的结合"相呼应。

（3）更重要的一点，是马克思在第203—204页上的一段话对此已经作了解释。马克思写道："说最不利条件下生产的商品的卖出，证明这样的商品为供给的充实所必需，是没有益处的。在假定场合，如果价格比中位市场价值高，那就是需要更大了。……但若需要这样强，以致在价格受最不利条件下生产的商品的价值规定时，需要也不收缩，这种商品就会决定市场价格。但这情形，只在需要超过通常的需要，或供给少于通常的供给时，方才有可能。最后，如所生产的商品量，竟比依照中位市场价值可以找到销售的商品量更大，那就会由最有利条件下生产的商品来规定市场价值。"

把马克思的这段话同"仅仅在异常的结合下面，才会用那种在最不利或最有利条件下生产的商品，来规定市场价值，成为市场价格摆动的中心"这句话联系起来看，就很清楚地可以看到：为什么市场价值会由在最不利或最有利条件下生产的商品的个别价值来规定呢？这是由于需要大于供给或者供给大于需要的缘故；至于是否有利条件或不利条件占着大量，马克思在这里并没有明确指出，即或是，这也只是一个既定的情况，而在这种既定的情况下，直接影响市场价值之规定的，还是供求状况。因此，这里所说的"异常的结合"，显然指的是供求状况的异常结合。这一点，在马克思以后的分析中，即可以得到证明。

现在就来看看马克思是如何阐明市场价值的确立方法的。

马克思先是抽象地叙述了市场价值的确立方法。所谓"抽象地"，根据马克思的说明，是指：假设所生产的商品量保持不变，变化的只是这个总量中按照不同各种条件生产的各个部分的比例；并假定这个商品量就是普通的供给量，对于这个总量的需要也是普通的需要，供给与需要是相适应的。但是，必须注意：马克思在这里，对于供求不一致情况下的市场价值的确立，也还是进行了一些分析的。

马克思是分为三种情况来说明的：

第一种情况是，"假设这些商品有显著的大量是大约在相同的通常的社会条件下生产的，……其中纵然有一个比较小的部分是在这个条件以下生产，别一个比较小的部分是在这个条件以上生产，……但这二极端会互相均衡，……在这场合，市场价值是由按照中位条件生产的商品的价值决定"。

第二种情况是，假设按照较劣条件生产的商品形成比较显著的大量，则"规定市场价值或社会价值的，就是按照较劣条件生产的大量"。

第三种情况是，假设按照较优条件生产的商品量形成显著的大量，则"规定市场价值的，就是按照最优条件生产的部分"。

从这里可以看到：在这三种情况中，贯彻着市场价值确立方法的二个统一的原则，就是哪种生产条件的商品占大量，它的个别价值就规定为市场价值。但是，这就产生了一个问题，即：以占大量的某种生产条件的商品的个别价值作为市场价值，则依此计算的商品总量的价值量就会与各个商品价值的现实总和不一致。这是需要解决的一个矛盾或问题。因此，马克思对上述三种情况又作了进一步的分析和说明。

在第一种情况下，由于中位条件占大量，同时又假定优等和劣等条件的可以相互均衡，因此，以中位条件的商品的个别价值作为社会价值而计算出来的总商品量的价值，和全部个别商品合计的价值的现实总和，是相等的。这时，商品总量的市场价值或社会价值，即必然会在其中包含的劳动时间，就是由中位大量的价值来决定。

马克思在这里是假定优等条件和劣等条件正好可以均衡。而实际上并不见得如此。如果优等条件的比劣等条件的所占比重较大，则平均价值稍低于中位大量的个别价值；如果劣等条件的比优等条件的所占比重较大，则平均价值稍高于中位大量的个别价值。这时，市场价值将如何规定呢？马克思对这一点没有进行分析和说明。

参照马克思对其他两种情况的分析，我们认为，可以作这样的论述，即：在中位条件占着显著大量的情况下，不论优等或劣等哪种条件的所占比重稍大，而如果供求是相适应的，则市场价值将是由中位大量的个别价值来规定。只有当中位条件占大量，而优等条件比劣等条件的所占比重较大，并且供给大于需要时，市场价值才会由低于中位大量个别价值的平均价值来规定；同样地，也只有当中位条件占大量，而劣等条件的比优等条件的所占比重较大，并且供给低于需要时，市场价值才会由高于中位大量个别价值的平均价值来规定。

在第二种情况下，由于劣等条件的商品占大量，则平均价值虽然接近于劣等条件的商品的个别价值，但二者不能恰好相一致。这就是马克思所说的："在第二种情形内，按照二极端生产的个别的价值总量不会互相均衡，而由按照较劣条件生产的商品，决定一切。严格地说来，各个商品（或总量的各个可除部分）的平均价格或市场价值，是要由这个总量的总价值（等于按各种不同条件生产的商品的价值相加起来），并且要由这个总价值分归各个商品的可除部分来决定。这样得到的市场价值，不仅比那种按照有利极端生产的商品的个别价值更高，并且比那种属于中位的商品的个别价值更高；但它仍然可以比那种按照不利极端生产的商品的个别价值更低"。这时，市场价值如何规定呢？马克思指出：这一方面要看按照劣等条件生产的商品量，在该商品部门内，占着怎样大的范围；另一方面，还要看供求状况。如果劣等条件的商品占着显著的大量，并且商品总量（包括中位条件与优等条件的）与需要相适合，则市场价值将由平均价值来规定；但"如果需要只是稍微占优势，就会由那种按照不利条件生产的商品的个别价值，来规定市场价格"，这就是说，当供给低于需要时，市场价格将围绕劣等条件的商品的个别价值来摆动了，这也就表明劣等条件的商品的个别价值成为市场价值了。

在第三种情况下，由于优等条件的商品占大量，则平均价值就会低于劣等条件的商品的个别价值，也低于中位价值，但高于优等条件的商品的个别价值。这时，市场价值如何规定呢？马克思指出，这也是一方面要看优等条件的商品占有怎样大的比重，同时还要看供求状况。如果优等条件的商品占着显著的大量，并且商品总量（包括中位条件和劣等条件的）与社会需要相适合，则市场价值将由平均价值来规定。"如果需要与供给相比显得微弱，按照有利条件生产的部分，无论怎样大，也会把它的价格收缩到它的个别价值，以便强制地占得一个地位。但市场价值，无论如何不能与按照最优条件生产的商品的个别价值相一致，除非供给极其厉害地超过需要"，这就是说，如果供给超过需要，但只是稍微超过需要，则市场价格就会落到平均价值以下，并接近于优等条件的商品的个别价值；但如供给特别厉害地超过需要，则不仅是市场价格接近于或者甚至等于优等条件的商品的个别价值，而且是市场价值就要由该种个别价值来规定了。

从以上我们对于马克思的论述的理解中，可以看到这样三点：

第一，在商品总量为一定的前提下，由于生产条件构成的不同，市场价值会有中位、低位、高位以及种种中间类型的规定。

第二，规定为市场价值的有两种可能性：一是由平均价值来规定，二是由占大量的某种生产条件的商品的个别价值来规定。究竟由何者来规定，这要视两种情况如何而定：一是某种生产条件的商品在总量中占有怎样显著的大量，二是供求状况。

第三，市场价值不论如何规定，在资本主义条件下，都是通过竞争来实现的，也就是说，市场价值规律总是在竞争中贯彻的。

二

从第 212 页"第二"起，到第 224 页，马克思由市场价值之规定的抽象地叙述转入结合实际运动过程的具体地分析。

马克思在这一部分里，虽然要说明的是商品依照价值来出售的条件，即供求要一致，但是，在资本主义条件下，由于生产无政府状态，供求总是不能完全一致的，因而供求的相适应只是一种趋势，并且是在竞争中，通过与供求比例变动相适合的市场价格的变动以及资本的转投等等运动过程来实现的。这就是马克思所说的："要使一个商品能够依照它的市场价值来售卖，那就是，比例于它所包含的社会必要劳动来售卖，用在这种商品总量上的社会劳动的总量，必须与这种商品的社会需要的量相适合，那就是，必须与有支付能力的社会需要的量相适合。竞争，与供求比例变动相适合的市场价格变动，不断要把用在各种商品上的劳动总量，还原到这个标准。"

马克思的这段话，照通常的理解，是说：市场价值是一个重心，商品要依照它来出售，供求就必须一致；如果供求不一致，市场价格就与市场价值发生差离，而由于市场价格与市场价值的差离，反过来，又会调节着供求，从而使供给和需要、市场价格和市场价值趋向于一致。这是一种比较概括、比较简单的说明，同时，也只是适用于一个短期内的市场状况的变化过程。但是，如果从长期的实际运动过程看，从部门内的竞争同部门间的竞争相互结合、相互影响的观点看，从市场价格与市场价值的背离调节着供求的过程中必然发生着生产条件的变化的角度看，问题就不是如此简单，就不仅是市场价格发生适应于市场价值的变化，而是也会发生市场价值自身的变化。

马克思在第 219 页上所说的一段话，即非常深刻而且全面地说明了这一点。这就是："需要与供给的关系，一方面只说明市场价格与市场价值的差离，另一方面只说明这种差离归于抵消的趋势，就是供求关系的作用归于抵消的趋势。……需要与供给可以在极相异的形态上，抵消由供求不等引起的作用。例如，如果需要降落，从而市场价格降落，资本就会被撤去，并且供给就会减少。但也可能是市场价值自身由缩短必要劳动时间的发明而减低，并由此而与市场价格归于均衡。反之，如果需要增进，市场价格提高到市场价值之上，那就能招致过多的资本流入该生产部门，生产就会因此增加，以致市场价格甚至会落到市场价值以下。或是在另一方面，引起价格腾贵，致使需要自身缩减。它还会在这个或者那个生产部门，在一个或长或短的期间内，把市场价值自身提高，因为在这个期间内所需要的生产物一部分，必须在较劣条件下生产出来。"

现在结合着实际例子来加以说明。

假定以中位条件占大量并且优等条件和劣等条件的又能相互均衡的情况为出发点。这时，如果商品总量与社会需要量相适应，则市场价值就由中位价值来规定，同时商品也就能够正好依照这个价值来出售。如果由于种种原因，需要增加了，致使供给低于需要了，则市场价格就会上升到市场价值（中位价值）以上。这时，将会发生两种变化过程：一是由于市场价格的上升，使需要有缩减的趋势；另一是由于市场价格上升，利润率提高，其他部门的资本将会转投到这个部门里来，从而使商品的生产增加，供给量增大，市场价格逐渐趋向下落。由于这些变化，就使得供给适应于需要、市场价格适应于市场价值而趋于均衡，也就是使得它们之间的差离逐渐消失。但是，在这当中，还会发生另外一种变化，这就是：由于市场价格上升，劣等条件的生产也能站住脚了，甚至有一些新的生产者也参加进来了，这就是说，随着生产的增加，生产条件的构成发生了变化，劣等条件的商品所占的比重逐渐增加起来。如果需要并不因为价格的上升而缩减，则市场价格不会降低，劣等条件的生产能够继续进行，这表明劣等条件的商品的劳动耗费也是社会必要的劳动耗费，这时，市场价值将会从由中位价值来规定推移到由高于中位价值的平均价值来规定。这就等于前面所说的中位条件占大量、劣等条件比优等条件的所占比例较大、而供给又低于需要时的情况。

相反地，如果由于种种原因，需要减少了，或者由于生产的盲目扩大，致使供给大于需要了，则市场价格就会下降到市场价值（中位价值）以下。这时，也将发生两种变化过程：一是由于市场价格下降，使需要有增加的趋势；另一是由于市场价格下降，利润率降低，则该部门的资本将会转投到其他部门中去，从而使该种商品的生产和供应量减少，结果价格又逐渐上升。由于这些变化，使得供给和需要、市场价格和市场价值都趋向于均衡。但是，在这当中，也还会发生另一种变化，这就是：由于市场价格下降，促使生产者必然谋求技术的改进和劳动生产率的提高，从而使一些中位条件的生产逐渐上升为优等条件的生产，劣等条件的生产者如果不能改进技术，提高劳动生产率，就会被排挤了。这就是说，随着市场价格的下落，生产的发展，生产条件的构成发生了变化，即优等条件的商品所占的比重逐渐增加起来。这时，如果需要不因为价格下落而有所增加，则市场价格不会上升，这表明比劣等乃至中位条件的劳动耗费更低的劳动耗费才是社会必要的劳动耗费了，才为社会所承认而肯于支付的了。这时，市场价值将从由中位价值来规定推移到由低于中位价值的平均价值来规定。这就等于前面所说的中位条件占大量、优等条件比劣等条件的所占比重较大、而供给又大于需要时的情况。

可见，在资本主义条件下，由于资本主义基本经济规律，通过竞争，通过与供求比例变动相适应的市场价格的变动，不断地把社会劳动用在各种商品生产上的总量调整到与社会对各该种商品的需要量相适合的标准。同时，在这当中，市场价值并不是固定不变的，而是发生着重新规定的。影响市场价值之规定的，有两个因素：一是生产条件构成的变化，另一是供求的状况。

骆耕漠同志非常强调要从实际运动过程中来把握市场价值的重新规定。我们认为这是对的。他认为从实际运动过程来看，影响市场价值之重新规定的，是生产条件构成的变化，我们认为这也是对的。但是，他认为在这个过程中，供求状况对于市场价值的规定只起"触媒"的作用，而不起直接的影响作用，这是我们认为值得商榷的。我们认为，在这个过程中，供求关系对于市场价值的规定，具有着直接的影响作用。这一作用表现在：随着生产的发展，随着生产条件构成的变化，出现了平均价值与中位大量的个别价值不一致的现象，这时，供求关系将直接影响市场价值是由平均价值还是由个别价值来规定。全部说明与前面所说的第一种情况的分析相同，所以就不在这里赘述了。

三

根据上述的理解，我们的几点结论如下：

第一，在商品的供给量和生产条件的构成为一定的前提下，供求状况对于市场价值将由加权平均价值来规定，还是由占大量的生产条件的个别价值来规定，具有着直接的影响作用。正是因为如此，所以我们认为第二种涵义的社会必要劳动，也与市场价值之规定有关。

这是什么意思呢？

首先，所谓第二种涵义的社会必要劳动，是指与社会需要相适合的用在某一生产部门或者商品总量上的劳动量。

如果供给大于需要了，这表明用在某一部门的实际劳动量超过了社会必要劳动量。这时，一部分劳动耗费将不表现为价值。而这一点，又将由市场价值之规定来体现。例如，在中位条件占大量、优等条件相对于劣等条件来说占较大比重的情况下，当供给大于需要时，市场价值不是由中位大量的个别价值来规定，而是由低于中位价值的平均价值来规定；又如，在优等条件占大量的情况下，当供给特别大于需要时，市场价值不是由平均价值来规定，而是由低于平均价值的优等条件的个别价值来规定。这些都表明，在供给大于需要时，较优条件的，也就是较少的劳动耗费体现为社会必要劳动耗费；这也就是说，某些较大的劳动耗费体现为较小的价值量，同时，这也制约着劳动生产率的提高和一部分劳动的被排除（劣等条件的被竞争掉或者资本转投出去），从而使商品生产的劳动量与社会需要量相适合。

如果供给低于需要了，这表明用在某一部门的实际劳动量低于社会必要劳动量。这时，一部分劳动耗费将表现为更大的价值量。而这一点，也将由市场价值之规定来体现。例如，在中位条件占大量、劣等条件相对于优等条件来说占较大比重的情况下，当供给低于需要时，市场价值不是由中位大量的个别价值来规定，而是由高于中位价值的平均价值来规定；又如，在劣等条件占大量的情况下，当供给低于需要时，市场价值不是由平均价值来规定，而是由高于平均价值的劣等条件的个别价值来规定。这些又都表明，在供给低于需要时，较劣条件的，也就是较大的劳动耗费体现为社会必要劳动耗费；这也就是说，某些较小的劳动耗费可以体现为较大的价值量，同时，劣等条件的再生产能够维持了，甚至一些原来不从事生产的，现在也参加进来了（资本转投进来），从而使商品生产的劳动量与社会需要相适合。

所谓第二种涵义的社会必要劳动对于市场价值之规定也有关的含意就是如此。

第二，第一种涵义的社会必要劳动，也就是我们通常所说的："用社会现有的标准生产条件，用社会平均的熟练程度和强度，生产任何一个使用价值的必要的劳动时间"，总是以占大量的某种生产条件的商品的个别劳动耗费为代表；因此，它体现着生产条件的构成对于市场价值之规定的直接影响；它表明在一定劳动生产率（一个部门的一般的劳动生产率，以占大量的生产条件为代表）的基础上，为生产一定量的商品需有一定量的社会劳动耗费的一种客观必要性或必然性。

第二种涵义的社会必要劳动，则体现着供求关系对于市场价值之规定的影响；它表明，在不同的供求状况下，可以把商品总量的平均劳动耗费体现为社会必要劳动耗费，由它来规定市场价值，也可以是某种占大量的生产条件的商品的个别劳动耗费体现为社会必要劳动耗费，由它来规定市场价值。

第三，一定量的劳动的凝结是价值的实体，而劳动的凝结或者价值的形成是在生产过程中实现的，这也就是说，价值是在生产领域中扎下了根的。但是，我们都知道，并不是任何的劳动耗费都会表现为价值，而只是符合社会必要的劳动耗费，才会成为价值。可见，劳动耗费是价值的基础，而哪种个别劳动耗费体现为社会必要劳动，哪种个别价值规定为社会价值，这却是社会地规定的，是独立于生产者的主观意志以外的一种客观的、自发的社会行为或者过程。在这点上，第二种涵义的社会必要劳动和第一种涵义的社会必要劳动，都是一样的。

第四，市场价值不论如何规定，它总是通过竞争来贯彻的。

有的同志认为，主张第二种涵义的社会必要劳动对于市场价值的规定也有影响作用，这是把"价值的决定"和"价值的实现"混为一谈了，是把"供求论"引进来了。这是必须予以回答和阐明的问题。我们将在另一篇文章里，专门来谈谈这些问题。

再论商品价值量的规定问题

——评所谓"供求论"与"价值实现"问题

在《关于商品价值量的规定问题》一文中，我们通过对《资本论》第三卷第 10 章的分析,阐明了第二涵义的社会必要劳动时间对商品价值量的规定的影响，那就是由于供求状况不同，商品的市场价值会有诸种不同的规定。

对于这个问题，在过去的讨论中，一些同志提出了不同的看法。把他们的意见集中起来，不外有两点：第一，他们认为，如果第二涵义的社会必要劳动时间也影响商品价值量的规定的话，那就等于说供求关系决定商品的价值，这样一来，也就违背了马克思的劳动价值学说，变成了供求决定价值论。第二，他们认为，第二涵义的社会必要劳动时间，只与价值的实现有关，而与价值的规定无关。"马克思讲到价值问题时，凡是提到与社会需要相适合的社会劳动量的地方，都是把它作为价值或剩余价值实现的条件来考察的，而没有把它作为决定价值的因素。"[1]我们认为，这两种意见都是值得商榷的。现在我们就来分别讨论一下这两种意见。

关于第一种意见

承认第二涵义的社会必要劳动时间也影响商品的价值量的规定，是不是就是供求决定价值论呢？我们的答复是否定的。我们觉得这些同志混淆了资产阶级庸俗经济学的供求论和马克思所主张的供求关系影响商品价值的规定的区别。

---

① 卫兴华：《商品价值与两种涵义的社会必要劳动》，1964 年 1 月 27 日《光明日报》。

我们知道，资产阶级庸俗经济学的供求论，根本否定劳动是创造价值的唯一源泉。他们认为，商品的价值与人类的社会劳动是无关的，而是与供给和需要有关。供过于求，商品的价值就低，求过于供，商品的价值就高。因此，他们把供求关系看成是决定商品价值的唯一源泉。

马克思所主张的供求关系会影响商品价值量的规定却完全相反，它与庸俗资产阶级的供求论有本质区别。首先，马克思肯定了商品的价值是在劳动中创造的，价值的实体是凝结了的抽象人类劳动。商品的价值（社会价值）无论是以平均价值或某种条件生产的商品的个别价值来规定，它总是以生产商品的劳动耗费为基础的。这里根本不存在着否定马克思的劳动创造价值学说的问题；这里的问题是，在不同的供求状况下，是以哪种劳动耗费作为社会必要劳动耗费，或者是以哪种个别价值作为社会价值的问题。

反对上述观点的同志，引证了马克思的一些说法，企图证明承认供求关系对商品价值量的规定发生影响就是供求决定价值论。我们认为这些引证并不能证明这点。下面我们就来讨论一下这些引证。

（一）关于《工资、价格和利润》中的一段话。马克思说："你们如果以为劳动和其他任何一种商品的价值归根到底仿佛是由提供和需求来决定，就未免大错特错了。提供和需求只调节着市场价格一时的变动。提供和需求可以说明为什么某一商品的市场价格高涨到它的价值以上或降低到它的价值以下，但是决不能说明这个价值本身。……所以在研究这种价值的本质时，我们完全不必讲到提供和需求对市场价格发生的那种一时的影响。"①有些同志根据这段话断定：供求关系对市场价值的规定是不发生任何影响的，如果供求关系对市场价值的规定发生影响，那就是供求决定价值论，或者是"错误地把供求因素引入价值决定"。我们认为这种解释是不符合马克思的本意的。马克思的本意是说，商品的价值归根到底不是由供给与需要来决定的，而是由劳动来决定的。因此，"如果以为……商品的价值归根到底仿佛是由提供和需求来决定，就未免大错特错了"，这也就是庸俗的供求决定价值论。我们所说的供求关系对商品价值的规定发生影响与马克思在这里所说的供求关系并不决定商品的价值是不是矛盾呢？我们认为这两者之间并不矛盾。因为前边已说过，所谓供求关系影响商品价值的规定，归根到底总是以其中耗费的劳动量为基础的。因此，在这里还是劳动价值论而不是离开了劳动创造价值的

①《马克思恩格斯文选》两卷集，第1卷，中文版第392页。

庸俗供求论。这是一。其次，马克思在这里强调"归根到底"，这一点很重要。这正是骆耕漠同志所常说的那种"始基性"。这就是说，从商品价值的根基上看，这是劳动创造的，由劳动决定的。但是，并不是任何劳动耗费都会形成商品的市场价值或社会价值。因此，我们认为，马克思在这里使用"归根到底"一词，只是表明价值是劳动创造的，而并不表明它排斥其他因素（如供求状况）对商品社会价值的规定的影响。

（二）关于《资本论》第三卷第219页的一段话。马克思在那里说："需要与供给的关系，一方面只说明市场价格与市场价值的差离，另一方面只说明这种差离归于抵消的趋势，那就是供求作用归于抵消的趋势。"有的同志认为，既然马克思在这里指出需要与供给的关系只说明市场价格与市场价值的背离，和这种背离归于抵消的趋势，简言之，即只说明市场价格的变动，那也就是说，供求关系不会影响市场价值的变动，因此，如果说供求关系会影响市场价值的重新规定，那就是供求决定价值论。我们认为，这种看法也是对马克思的这段话的误解。

马克思的这段话是对从第213页第2段开始的关于供求关系与市场价格变动的关系的分析的一个总结。马克思这里所指出的是供求关系怎样使市场价格与市场价值发生差离以及又怎样使它们互相均衡化的过程。马克思在分析这种均衡化的过程的时候，不仅指出了供求关系能够通过市场价格的变动，引起资本的转移，使供给减少或增加，从而使市场价格与市场价值归于均衡；而且还指出了供求的变动，也可能使"市场价值自身由缩短必要劳动时间的发明而减低，并由此而与市场价格归于均衡"，或者"会在这个或者那个生产部门，在一个或长或短的期间内，把市场价值自身提高，因为在这个期间内所需要的生产物一部分，必须在较劣条件下生产出来"。这就是说，供求的变动，可以引起生产条件发生变化，从而使市场价值自身也发生变化。这就清楚地告诉我们：供求的不平衡，不仅能够改变市场价格，使它围绕着市场价值上下摆动，能够使这种差离归于抵消，而且，在这种均衡化的过程中，它还可以通过生产条件的变化，提高或降低市场价值，使市场价值自身发生变化。因此，认为马克思的这段话没有说明供求关系会引起市场价值的变动，只是说明了供求关系引起市场价格的变动是不符合马克思的原意的。

当然，马克思在这里说明供求关系对市场价值的影响，只是谈到通过生产条件的变化引起市场价值的重新规定这种情况，至于供求关系直接引起市场价值的重新规定的情况，他在这里是没有说的，那是他在此以前论述过了的。但这一点对于我们在这里要说明的问题并没有影响。

（三）关于《资本论》第三卷第 221 页的一段话。马克思在那里说："……需要与供给的比例不说明市场价值，不过反过来市场价值却说明需要与供给的变动。"有的同志认为，这段话更加表明供求关系对市场价值的规定不发生影响，从而第二涵义的社会必要劳动时间并不影响市场价值的规定。我们认为，这样理解马克思的这句话是不正确的。马克思的这句话是在评论英国资产阶级的"普通的经济学者"时说的。但马克思在这里是持赞同的态度的，所以我们不妨就把它看成是代表了马克思的观点。马克思的这句话和我们前边引证的《工资、价格和利润》中的那段话是一个意思，即市场价值归根到底不是由供求关系决定的，而是由劳动决定的。马克思在这句话的下面引证了《观察》的著者的一段话之后继续说："……在同一个商品在不同时期有两个不同自然价格的地方，……既然在需要与供给的比例上没有差别，不过在自然价格的大小上有差别，所以很明白，自然价格是和需要与供给相独立决定的，并且是不能由它们决定的。"这就是说，市场价值决不像庸俗资产阶级经济学所想的那样，是由供求关系来决定，恰恰相反，它是同供给和需要相独立决定的，那就是由人类的抽象劳动来决定的。但是正如我们在前面迭次指出的，这并不排斥供求状况对市场价值规定的影响。因为当我们要问，商品的市场价值为什么有时会由平均价值规定，有时又会由某种生产条件的商品的个别价值规定时，这总是与供求的不同状况有关的。可见，马克思的这句话也不能证明供求关系或第二涵义的社会必要劳动时间对市场价值的规定不发生影响。

关于第二种意见

第二种涵义的社会必要劳动是否只与价值实现有关而与价值规定无关呢？我们认为不是这样。

关于商品价值是怎样规定的问题，恩格斯在《反杜林论》中讲过这样一段话："……当我说，某一商品具有一定的价值，那我就是说：……它虽然是私人劳动的生产品，但同时，好像不为生产者所知地、而且违反生产者意志地，它又是社会劳动的生产品，而且是一定数量的社会劳动的生产品，这一数量，是以社会方法，通过交换来规定的；"①恩格斯的这段话很清楚地说明：商品价值是社会劳动的凝结；但生产商品的劳动首先是私人的个别劳动，这是在生产过程中的实际劳动耗费；而这种私人的个别的实际劳动耗费要成为社会必要劳动耗费，必须通过社会行为，通过交换来规定。这就是说，一种商品的"始基性"的价值，是在生产过程中形成的，或者"扎了根"的；但它要转化为社会价值，就还与社会交换过程或市场关系有关。可见，商品社会价值的形成，既与生产过程有关，也与市场状况或交换领域有关。

这里涉及什么是价值决定、价值规定和价值实现的问题。明确这三个范畴的含义及其所体现的经济过程，对于说明所讨论的问题是必要的。根据我们的理解，马克思和恩格斯在用价值决定这一概念时，所包括的含义比较广，它既指商品价值归根到底是由劳动创造的，又指商品价值在量上是由社会必要劳动规定的；而在用价值规定这一概念时，则只是指商品价值在量上是如何规定的，也就是何种劳动耗费被规定为社会必要劳动耗费，或者何种个别价值被规定为社会价值。从价值的创造方面说，显然这是属于生产过程的问题，因为劳动凝结是在生产过程中形成的，它既是价值的实体又是社会价值的基础。从价值（社会价值）在量的规定方面说，显然这是以劳动耗费为前提，而又要在市场上通过社会行为使得个别劳动耗费规定为社会必要劳动耗费，因此，这是属于流通领域的问题。有些同志对价值决定和价值规定不加以区别，并且认为它们都完全属于生产领域，我们认为这是不正确的，是不符合实际经济过程的。至于价值实现，很简单这是指价值被创造并在市场上被规定为社会价值之后，商品要依此来出售的问题，显然这纯粹是流通领域中的问题。商品是否正好按照社会价值来出售，这与供求状况有关。在资本主义条件下，由于供求的经常不一致，因而市场价格不是高于社会价值，就是低于社会价值。那么，这里就产生了一个问题，即：供求关系既与价值实现有关，而从第二涵义的社会必要劳动影响着商品价值的规定方面看，供求关系又与价值规定有关，这如何解释呢？关于这个问题，我们的理解是这样的：当供求变动引起市场价格受最不利条件或最有利条件下生产的商品的个别价值制约时，需要或供给仍不发生变动，这时的价格就不单纯是价格问题而是体现着作为价格之基础的价值发生了重新规定的问题了；反之，当供求变动引起市场价格的变动，而市场价格的变动又引起供求的变化，这时的价

---

① 《反杜林论》，人民出版社1957年版，第324页。

格就只是围绕着既定的社会价值上下摆动的市场价格问题，而不体现社会价值的重新规定。这里的关键在于供求背离的程度及其维持不变的时间的长短。

一些同志为了证明供求关系只与价值实现问题有关的论点，他们也引证了马克思的一些文句。下面我们就来讨论一下这些文句。

（一）关于《资本论》第三卷第221—222页的一段话。马克思说："要使一个商品能够依照它的市场价值来售卖，那就是，比例于它所包含的社会必要劳动来售卖，用在这种商品总量上的社会劳动的总量，必须与这种商品的社会需要的量相适合，那就是，必须与有支付力的社会需要的量相适合。"卫兴华同志据此说："从这里可以看出，马克思是先把市场价值作为既定的量，然后再把与社会需要量相适合的社会必要劳动量，作为价值实现的条件加进来说明的，这种说明方法显然表明，另一意义的社会必要劳动是不决定商品价值的。"①

怎样理解马克思的这段话呢？卫兴华同志有两点是说对了：第一，马克思在这里是先把市场价值作为既定的量的；第二，马克思在这里也是把与社会需要量相适合的社会必要劳动量，作为价值实现的条件来加以说明的。但是，卫兴华同志据此就认为"另一意义的社会必要劳动是不决定商品价值的"这一结论却是错误的。为什么呢？因为这里作为既定的市场价值，已经不是随便一种市场价值，而是已经按照马克思的市场价值确立方法（参见《资本论》第三卷第208—212页）规定好了的市场价值。在这种市场价值的确立上，已经包含着供求关系这一因素的影响在内了，或者说，第二涵义的社会必要劳动时间已经在市场价值的确立上发生作用了。在这里，我们和卫兴华同志的分歧在于：卫兴华同志认为，这种市场价值在它规定的时候，就不受第二涵义的社会必要劳动时间的影响，而只是由第一涵义的社会必要劳动时间决定的②；我们认为，这种市场价值在它规定的时候，就已经受到第二涵义的社会必要劳动时间的影响了。

（二）关于《资本论》第三卷第290页的一段话。马克思在那里说："这个剩余价值的获得，形成直接的生产过程。……可以榨出的剩余劳动量一经

---

① 1964年1月27日《光明日报》。
② 其实，卫兴华同志在他的《商品价值量的决定问题》（《经济研究》1962年第12期）一文中也承认供求关系对商品价值量的规定的影响作用。不过他虽然承认了供求关系对商品价值量规定的影响，但是却否定了第二涵义的社会必要劳动时间对商品价值量规定的影响作用。这是自相矛盾的。

对象化在商品内，剩余价值就被生产了。但和剩余价值这种生产一起终了的，只是资本主义生产过程的第一种行为，直接的生产过程。……现在是过程的第二种行为了。总商品量，总生产物……是必须售卖的。如果没有卖掉，或仅卖掉一部分，或不过依照生产价格以下的价格卖，劳动者固然受剥削了，但对于资本家，这种剥削会不照原样实现出来。榨出的剩余价值，可以完全不能实现，或仅实现一部分，甚至与资本一部分损失或全部损失的情形结合在一起，也不是不可能。直接剥削的条件和它实现的条件，不是相同的。它们不仅在时间和空间上分开；在概念上，它们也是分开的。"邓维翰同志认为，马克思在这里所谈的价值形成也就是价值决定。因此，价值决定是生产过程中的问题，价值实现是流通过程中的问题；前者取决于第一涵义的社会必要劳动，后者则与第二涵义的社会必要劳动有关。①我们认为，以此为论据来否定第二涵义的社会必要劳动与社会价值之规定有关，是不能成立的。

我们都知道，马克思在这里所揭示的是剩余价值的生产和剩余价值的实现的矛盾。这是资本主义制度固有的深刻的内在矛盾。这一矛盾由于资本主义积累的一般规律和利润率下降趋势规律的作用而日益扩大和加深。至于个别劳动耗费是否符合社会必要劳动耗费，或者个别价值是否符合社会价值，这不是马克思在这里所要考察的课题。这如同我们通常说，价值是在生产过程中创造的，但却是在流通过程中实现的，这是关于价值的创造和价值的实现的最基本的说明；至于商品依以出售的是社会价值，社会价值又是如何规定的等等，则是另外需要进一步分析和说明的问题。因此，用不是说明商品社会价值如何规定的论述来否定关于商品价值的规定的论断，这是不能解决问题的。

（三）关于《资本论》第一卷第 85—87 页、第三卷第 830—831 页、《剩余价值学说史》第一卷第 224 页附注的几段话。这几段话的内容基本上相同，所以我们把它们集中在一起分别加以解释。

1. 关于《资本论》第一卷第 85—87 页的一段话。马克思的这段话是分析商品的第一形态变化，即 W—G。他指出这种形态变化是非常困难的。这种困难大体上分为三种情况：第一种情况是，他的商品是否为社会所需要，如果不为社会所需要，它的卖出就成了问题。马克思列举了五种情况来说明这种困难。第二种情况是，假定他的商品能够卖出，但究竟能卖多少钱呢？

---

① 《经济研究》1963 年第 6 期。

马克思指出，"问题的答复已经预示在商品价格中"了。但是，这里又发生了一个问题：商品的个别价值和社会价值的矛盾。由于生产条件的变化，体现为商品价值的社会必要劳动时间在不同时期是不同的。"这样多的劳动时间，虽然在昨日，还毫无疑问是生产一码麻布社会必要的劳动时间，但在今日可以不是社会的必要劳动时间。"因此，尽管商品能够按照社会价值去卖，但对于那些个别价值高于社会价值的生产者，仍然不免要吃亏。因此，这个问题所反映的主要不是价格与价值间的矛盾，而是个别价值与社会价值间的矛盾，也就是说，这里的问题，主要不是价值实现的问题，而是价值规定的问题。

第三种情况是，一个部门生产的商品所实际耗费的劳动总量尽管符合第一种涵义的社会必要劳动了，但不见得符合第二种涵义的社会必要劳动时间。这也是人们争论最多的一段话。马克思指出："假设市场上现有的每一块麻布，都只包含社会必要的劳动时间"，那就是说符合第一涵义的社会必要劳动时间，但是，"全部麻布仍然可以有过多的劳动时间已经在其中支出"，即超过了社会需要，因而不符合第二涵义的社会必要劳动时间。怎样证明是超过了社会需要呢？那就是"如果市场的胃口不能按每码 2 先令的标准价格吸收麻布全量，那就证明，在社会总劳动时间中，有过大的部分支出在亚麻织布业的形式上了"。这样做的结果将会怎样呢？"其结果，无异每一个织布业者都在他个人的产品上，支出了社会必要劳动时间以上的劳动时间"。这就是说，总劳动量过多了，也就等于每一个织布业者都在他个人的产品上，多支出了一部分劳动时间。我们知道，在个别商品上超过社会必要劳动时间的部分是不形成商品的社会价值的，因而，从一个部门来看，其超过部分也不能算社会必要劳动时间，从而也不能体现为这一部门商品的总的社会价值。为什么呢？因为"在市场上，所有的麻布只是当作一个商品来发生作用；每一块麻布都只当作其中的一个整除部分。"既然在麻布的总劳动量上超过社会需要的部分不被计算，那么每一码的价值也不会被计算，"每一码的价值，也只是支出在麻布总量中的社会劳动量的一部分的体化物"。（这一句系根据该文附注）从这里我们可以看出，如果供给超过了社会需要，市场价值将不等于商品中原来所包含的社会必要劳动时间，而将等于符合社会需要的总劳动量在每个商品上的一个整除部分。当然，马克思在这里并没有具体说明商品价值究竟怎样规定，那需要把生产条件、供求状况等因素结合起来才能加以说明，这是马克思在《资本论》第三卷第 10 章里分析了的。[①]

骆耕漠同志说第 85—87 页这段话谈的是价值实现问题[②]，从总的方面来看，这当然是对的。但是，马克思关于上述第二种和第三种情况的分析显然并不仅仅是指价值实现的问题。在第二种情况下，马克思是以价值实现为前提，分析了个别价值和社会价值的矛盾，指出商品即或按照社会价值来卖，在社会价值以上的个别价值仍然不免要吃亏。在第三种情况下，指出了如果供给超过了社会需要，市场价值将会重新规定[③]。与此相适应，这种商品也将会以较低的价格来卖出。因此，这里所谈的问题，决不仅仅是价值实现的问题，它同时还是价值规定的问题。

2. 关于《资本论》第三卷第 830—831 页的一段话。一些同志看到这段话中好几处提到"售卖""实现"这些字样，就误认为这段话谈的只是价值实现的条件。因此认为所谓另一意义的社会必要劳动时间只与价值实现有关而与价值规定无关。我们不同意这种看法。

我们同意骆耕漠同志提出的这样一个观点，即分析这段话的时候，应该把它和前后文联系起来。只有这样，才能正确地把握其中的含义。

马克思的整个这段话（第 828—831 页）是说明分析地租时应当避免的一个错误，即因为一切地租都是剩余价值，是剩余劳动的生产物，因此好像"只要把剩余价值和利润一般的一般存在条件解释清楚，就已解释清楚"。马克思指出，剩余价值的一般存在条件有二：一个是主观条件，即直接生产者必须做剩余劳动；一个是客观条件，即他们也能够做剩余劳动。在商品生产的社会里，这种剩余劳动必然通过价值的形式表现出来。那么这种价值是怎样规定和实现的呢？马克思在第 830—831 页分析的正是这个问题。

马克思首先指出："只要这种分工是依比例进行，不同各类生产就会依照它们的价值来售卖"。这就是说，随着农业、特别是作为必要生活资料（如粮食）的农产品的劳动生产率的提高、工业和农业的分离以及工业和农业内部的分工的扩大，社会劳动就分配到不同的各个部门当中去，而各部门之间的联系是通过劳动生产物成为商品，劳动表现为价值来实现的。在资本主义条

---

① 参见拙作《关于商品价值量的规定问题》。

② 参见《江汉学报》1964 年第 4 期。以下所引骆耕漠同志的文章，凡未注明出处者，均见该文。

③ 应当指出的是，并不是任何一种供求变动都会引起市场价值的重新规定。社会需要量和社会供给量，在一定时期里总是一定的。只有供给超过通常的供给，或需要超过通常的需要，才会引起市场价值的重新规定。在一般的情况下，供求变动只能引起市场价值的变化。马克思在这里以及他在第三卷第 830-831 和《剩余价值学说史》第 1 卷第 224 页注中的假定，都是指的供给超过了通常的供给而言的。

件下，各部门的商品是否能按照它的价值来出售，从而其中所包含的剩余价值是否能得到实现，这要看社会分工是否依比例进行。

因此，我们同意马克思的那段话，是说明按比例分配社会劳动与价值实现的关系的。然而，是否仅限于此呢？按比例地分配社会劳动是否与价值量的规定也有关呢？关于这个问题，马克思在下边紧接着展开了进一步的说明。马克思写道："事实上，这就是价值法则，不过这里说的，不是个别商品或物品，而是特殊的由分工而独立化的社会各生产部门各个特殊场合的总生产物；所以不仅在每个个别的商品上要只使用必要的劳动时间；并且在社会的总劳动时间中，也要只把必要的比例量，用在不同各类的商品上。"马克思的这句话就是由价值实现进而谈到价值规定的。因为价值规律不仅包含着商品要按照价值来售卖的问题，同时也包含着这种价值是由生产它的社会必要劳动时间来决定的问题。不过，这里所谈的不是单位商品，而是一个部门的商品总量。从商品总量上看，生产它们的所谓社会必要劳动时间，一方面是指在一定劳动生产率的前提下，生产一定量的商品所必要的总劳动，另一方面是指用在各该部门的劳动量要符合社会必要的比例量。所以，马克思在说完这就是"价值法则"之后，紧接着说："所以不仅在每个个别的商品上要只使用必要的劳动时间；并且在社会总劳动时间中，也要只把必要的比例量，用在不同各类的商品上。"这里的"使用"和"用在"是一个意思，即都是指生产商品的劳动耗费的意思。

为什么从商品总量上看，社会必要劳动又要加上一个"必要的比例量"这一限界呢？马克思紧接着说明了这个问题。马克思指出："因为条件仍然是使用价值"，"在这里，社会的需要，即社会尺度上的使用价值，对于社会总劳动时间分配不同各特殊生产部门的分量，好像是决定的因素。"骆耕漠同志在谈到这段话的时候，引证了《资本论》第一卷第 13 页的一段话，即"任一物，要不是使用对象，就不能有价值。如果它是无用的，其中包含的劳动就也是无用的，不算作劳动，并从而不形成任何价值。"骆耕漠同志对这一点还解释说："如果有用，耗费在其内的社会平均必要劳动就形成价值；如果无用，就根本不能形成价值。"这就是说，骆耕漠同志在谈到个别商品时，也是把使用价值看成是形成价值的前提的。但是，在谈到总生产物时，他却说使用价值不是形成这种总生产物的价值的前提，"而是已经形成的价值能否实现"。这种解释与马克思在这里的说法是相矛盾的。马克思在这里说："已经在个别商品上表现的，也只是这个法则，那就是：商品的使用价值，是它的交换价值的前提，从而，也是它的价值的前提。"显然，马克思在这里的意思是说，无论是个别商品还是总生产物，使用价值都是价值形成的前提；而且从总生产物来看，使用价值对于用在各该生产部门的必要劳动的量的规定更是决定的因素。可见，符合社会"必要比例量"的劳动量不仅是制约着商品价值实现的界限，同时也是制约着价值规定的界限。

往下，马克思进而指出："要是这种比例破坏了，商品的价值，从而其中所含的剩余价值，就会不能实现。"这显然又是说的价值实现问题了。

最后，马克思对以上的分析，总结性地指出："对于社会劳动时间可以用到不同各特殊部门去的分量这个量的限界，不过是价值法则一般的进一步发展了的表现。"人们对于这段话有着不同的理解。骆耕漠同志认为这是指：以第一涵义的社会必要劳动所规定的价值为中心，通过市场价格围绕着价值的上下摆动，从而把社会劳动大体上按比例地分配到各个部门当中去；也就是说，社会劳动用到不同各特殊部门去的必要比例量，不是价值规定的限界，而是价值规律调节社会商品生产的结果①。我们不同意这种解释。我们认为，用在各个特殊生产部门的社会劳动的必要比例量这个量的限界，也是价值规定的一个因素，正是从这个意义上说，这"不过是价值法则一般的进一步发展了的表现。"过去（例如第一卷），当我们说到价值规律时，那总是就在个别商品的生产上要只使用社会必要劳动时间（第一涵义）而言的。现在，当我们说到总生产物时，在它的生产上，还必须把社会劳动的必要的比例量（第二涵义）用在各种特殊总生产物上。

为了说明这个问题，有必要作进一步的解释。马克思曾指出：在"一个自由人的公社"中"劳动时间将会起二重作用。劳动时间按社会计划进行的分配，将会对不同种劳动职能和不同需要的适当比例进行调整。另一方面，劳动时间会同时作为一种尺度，以计量各生产者个人在总劳动中加入的部分，因此也计量各生产者个人在共同产品中可得而用在个人消费上的部分。"实际上，在任何社会形态下，这一基本原理都是适用的，只不过表现形式有所不同罢了。在商品生产的条件下，生产物采取了商品的形式，生产商品的劳动表现为价值。这时，社会劳动时间在各个部门的分配也采取了价值的形式。这就是说，市场价值的规定要受第二涵义的社会必要劳动的影响，这一规律本身实际上也正是体现了社会劳动时间在各个部门中的分配这个基本问题。

---

① 马克思：《资本论》第 1 卷，人民出版社 1963 年版，第 55 页。

而社会劳动时间在各个部门的分割要维持一定的比例，这又是由各部门、特别是有着直接生产联系的各部门进行再生产的要求所决定的。马克思在谈到企业内部的分工时写道："很明白，各种劳动，从而各种工人直接互相依赖的性质，使每一个人在他的功能上，都只许使用必要的时间……"但是当企业内部的分工扩大为社会分工，即过去是企业内部的不同加工阶段，而现在成为不同的生产部门，这时将如何呢？马克思紧接着写道："对一般的商品生产而言，一种商品生产上仅只使用社会必要劳动时间云云，不过表现为竞争的外部强制，因为，表面地说，任何一个生产都必须按照商品的市场价格来售卖商品。"（以上引文见《资本论》第一卷，第366、367页）可见，社会劳动在不同部门间的比例分割是社会化的生产过程本身的一个内在要求或规律，只不过在商品生产条件下，它要通过市场价值规律的形式来表现而已；同时，在以私有制为基础的商品生产的条件下，社会劳动的比例分配，也只是在市场价值规律的自发作用下，在不实现中来实现而已。总之，我们认为社会劳动分配在各个部门的必要比例性不是市场价值规律作用的结果，而是市场价值规律的一个内在要求，也就是说，它是市场价值规定的一个因素或者限界。

3. 关于《剩余价值学说史》第一卷第224页的附注。马克思在这个注里进一步发挥了他在前两处的观点，文字不仅通俗易懂，而且观点也更明确。但是，由于马克思在这里是把价格变化和价值变化结合在一起来谈的，所以往往引起人们的一些误解。有人说这里谈的只是价格的变化，根本没有说明价值的变化；有人说这里谈的只是价值的变化，而根本否认有什么价格变化的问题。我们认为这两种理解都是片面的。

马克思在这个注里首先说明了两种涵义的社会必要劳动时间以及它们之间发生不一致的可能性。他说："虽然生产物的每一个可除部分，只包含生产它的必要的劳动时间，虽然所用劳动时间的每一个可除部分，都是生产总生产物中与此相应的可除部分所必要的（以上即第一涵义的社会必要劳动时间——引者），但用在一定生产部门上的劳动时间总量，对于全部可以使用的社会劳动，仍可以比正当的比例更高或更低。从这个观点出发，必要劳动时间取得了一种别的意思。"

接着马克思说明了如果投入到一个部门的劳动总量超过了社会需要量，那么，社会也只会支付给与社会需要量相适合的那么多的代价。他说："假设有过大量的社会劳动时间被用在一个部门了，那也只会被支付以这样多的代价，好像所用的量恰好相当一样。"这就是说，当供给超过需要时，首先引起的将是市场价格的变化。按照马克思在下面所举的例子，即如果社会需要的是 4000 码麻布（每码价格 2 先令，共 8000 先令），现在却生产了 6000 码麻布，社会也只会支付给 8000 先令，而不会支付给 12000 先令（6000 码麻布的价格总和）。这样，每码的价格也就由原来的 2 先令降低为 $1\frac{1}{3}$ 先令。因此，这段话所讲的确实是价格的变化而不是价值的变化。但是，如果这种价格的变化在一个相当长的时期内保持不变，并且，社会的需要也不因价格的降低而有所增加，这时，商品的价值就要重新规定，即由较优生产条件的商品的个别价值来规定商品的社会价值了。

正因如此，所以马克思在下一句紧接着指出："（一个部门的）总生产物——即总生产物的价值——在这场合，将不等于其内包含的劳动时间，只等于其总生产物与其他部门的生产保持比例时，比例上应使用的劳动时间。"在这里，马克思明白无误地指出了是"总生产物的价值"发生了变化，而不是"总生产物的价格"发生了变化。我们绝不能因为上边一句谈的是总生产物价格，而把这句中的"总生产物的价值"也武断地说成是"总生产物的价格"。这样做显然是违背马克思的本意的。

到此为止，马克思已经把他的由于另一意义的社会必要劳动时间引起商品价值的变化情况全部交待完毕了，其基本观点已经作了最概括最明确的说明。往下马克思不过是通过一个具体的例子说明了上面的基本思想，即说明了商品价格降低到价值以下的事实，表明了有过多的劳动时间被支出在一个部门了。"若已知商品的使用价值，则其价格低在其价值以下的事实，便指示了，虽然生产物的每一部分，都只费社会必要的劳动时间……但用在这一个部门内的社会劳动是过多了，超过必要的总量了。"因此，这个例子不是直接说明当供给超过社会需要时，"总生产物的价值"将会发生如何变化的问题，而只是说明当供给超过社会需要时商品的价格将会降低，但是，商品价格的这种变化，无疑是反映了商品价值的变化，因为任何事物的本质总是通过现象表现出来的。

这里我们想顺便谈谈如何理解马克思的著作的问题。我们觉得，在马克思的著作中，除了他的一些早期著作还包含着某些不成熟的地方之外，像《资本论》这样的著作，应该说是非常成熟的。因此，在这些著作里，马克思在用语上是非常审慎和严谨的。除了个别的明显的笔误之外，每一个词句都是明白无误地表明了这些词句本来所代表的思想的。马克思绝不会把本来是"价格"却写成是"价值"。把这一个概念弄成另一个概念。这样，就岂不是真正成了"逻辑矛盾百出和不能一读的文章"了吗？所以，我们决不能根据自己的"需要"去理解它，而应当按照它的本来面目去理解它。遇到有些词句似乎和上下文相矛盾的地方，我们应当很好地去体会、去捉摸，只有这样，才能够正确地领会马克思的这些话句的本来意义。

以上我们讨论了在商品价值量的规定问题上的争论主要之点。有些同志还提出了马克思的一些其他论述，试图证明第二涵义的社会必要劳动时间是不影响价值量的规定的。我们认为这些论据是并不充分的，所以在这里就不再一一加以讨论了。

从上述分析中我们可以看出什么问题呢？

第一，商品的价值归根到底是由劳动决定的，但是，这并不排斥供求关系对商品价值量的规定的影响。这种影响与庸俗的供求决定价值论有本质的区别。因为无论供求关系怎样影响商品价值量的规定，它总是以一定的劳动量为基础的。

第二，在各个部门按比例地分配劳动时间（即第二涵义的社会必要劳动）既与价值实现有关，又与价值规定有关。要使商品按照它的市场价值来售卖，使用在各个部门的劳动量必须与社会需要量相适合。同样的，按比例地分配社会劳动时间，也是各种特殊商品的价值量的规定的限界。

第三，假若用在一定生产部门的劳动总量，比正当的比例更高或更低，这首先将通过市场价格的变化而表现出来，而后才会引起市场价值的重新规定。这说明市场价值的变化是一个由价格变化到价值变化的过程。在这里，既不能把价格变化看成是价值的变化，也不能不看到在一定条件下这种价格变化正是反映着价值的变化。

在这篇文章里，我们只是就不同意第二涵义的社会必要劳动时间影响商品价值量的规定的两种主要意见，进行了讨论。关于两种涵义的社会必要劳动时间在商品价值的规定上如何统一起来，我们计划另文专门予以讨论。

关于价值到生产价格的"转形"问题[*]

"转形"或称"转化"（Transformation），即商品价值到生产价格的转化。

平均利润和生产价格学说，是马克思主义政治经济学的重要理论之一。在这个问题上，长期以来，资产阶级经济学同马克思主义经济学展开了激烈的论争。有些资产阶级经济学者总是在这个问题上大作文章，利用商品价值转化为生产价格来攻击和否定马克思的劳动价值论。同时，在一些资产阶级经济学者之间，在这个问题上也存在着分歧和争论。了解这些论争并对其中的一些重要理论问题进行研究评析，这对于我们深入理解、捍卫和发展马克思关于平均利润和生产价格学说，是有重要理论意义的。

论争与探讨

1895 年，《资本论》第三卷出版后的第二年，意大利资产阶级庸俗经济学家阿基尔·洛里亚即对马克思的价值转化为生产价格的理论进行了攻击。他在意大利自由派刊物《新文选》上的一篇名为《卡尔·马克思的戏剧性遗著》的文章里写道："马克思在这部著作开头（指《资本论》第一卷）就说过，交换所以能使两种商品相等，只是因为它们里面包含有一个同种的并且同样大的要素，这就是同样大的劳动量；现在（指《资本论》第三卷）马克思又极其庄严地否定了自己的主张，断言商品不是按照它们里面包含的劳动量的比例，而是按照完全不同的比例进行交换。"这是"重大的理论上的破产"，是"科学上的自杀行为"[①]。

1896 年，奥地利学派的主要代表人物之一庞巴维克发表了他的《马克思

---

* 本文原载于《南开学报》1983 年第 4 期。

① 《马克思恩格斯全集》第 25 卷，第 1009 页。

体系的终结》一书，向马克思的劳动价值论和平均利润与生产价格学说发动了进攻。他写道："马克思在第一卷中强调指出，一切价值都以劳动而且仅仅以劳动为基础。商品价值之比等于生产这些商品的必要劳动时间之比。商品交换，就其实质来说，是凝结在其中的等量劳动相交换。……现在，马克思在第三卷中简单明确地向我们指出，……单个商品之间不再按凝结在商品中的劳动的比例相交换"。因为马克思的观点"是支持资本利润平均化"。"如果产品按照凝结在其中的劳动量的比例进行交换，那么资本利润就不能平均化；如果资本利润平均化，那么产品就不能按照凝结在其中的劳动量的比例进行交换"。"相等的利润率，只有通过一部分商品高于而另一部分商品低于它的价值的价格出售，即按照与商品中所凝结的劳动量相偏离的比例相交换才有可能"。"可见，马克思的第三卷否定了第一卷"[1]，从而建立在劳动价值论基础上的整个《资本论》的理论体系终结了，崩溃了。

1906—1907 年，俄国经济学家和统计学家丰·伯特基维奇发表了两篇论文：（1）《马克思体系中的价值计算与价格计算》；（2）《关于〈资本论〉第三卷中马克思的基本理论结构的纠正》[2]。在这两篇论文中，他批判了庞巴维克对马克思的攻击，认为马克思的价值论同生产价格理论并不矛盾。但是却认为，马克思的计算必须加以纠正。他指出：在马克思的转化公式 $P=(1+\pi)(C+V)$ 中（P 代表生产价格，π 代表平均利润率），实际转化的只是商品的价值，而生产这个商品的投入——生产手段和劳动力——并没有转化，仍然保持着它们的价值表现形式 C 和 V。但是，这个资本家当他购买生产手段的时候（以及购买劳动力，而劳动者又购买生活必需品的时候），是按生产价格而不是按价值支付的。因此，必须予以纠正，即价值到生产价格的转化必须是产出和投入同时转化，而不能只是转化产出[3]。伯特基维奇试图用一组联立方程式来纠正所谓马克思计算上的错误，同时实现商品和生产商品的成本价格由价值到生产价格的转化。他所设计的联立方程式如下：

---

① 以上引自王成稼摘译《马克思体系的终结》。

② 第一篇发表在德国《社会科学和社会政治文献》1906 年第 22 期和 1907 年第 23 期上，50 年代初译成英文，才为更多的人们所知；第二篇发表在德国《国民经济和统计年鉴》（1907 年）上，1948 年被美国经济学家斯威齐（《每月评论》主编）译成英文，并作为附录发表在他的《卡尔·马克思及其体系的终结》一书中，因而较早地为人们所熟悉。

参见 Maghnad Desai：《Marxian Economics》，1979；Karl Kühne：《Economics and Marxism》，1979 英文版。

③ 参见 Michio Morishima and George Gatephores：《Value Exploitation and Growth》，1978。

部类 Ⅰ $(1+\pi)(C_1X+V_1Y) = (C_1+C_2+C_3)X$ (1)

部类 Ⅱ $(1+\pi)(C_2X+V_2Y) = (V_1+V_2+V_3)Y$ (2)

部类 Ⅲ $(1+\pi)(C_3X+V_3Y) = (S_1+S_2+S_3)Z$ (3)

部类 Ⅰ 是生产全部生产手段的，部类 Ⅱ 是生产全部工人生活必需品的，部类 Ⅲ 是生产供全部资本家享受的奢侈品的。π 代表平均利润率。X、Y、Z 分别代表三个部类产品的价值同生产价格相背离的系数。C_1、C_2、C_3 乘以 X，V_1、V_2、V_3 乘以 Y，$(C_1+C_2+C_3)$、$(V_1+V_2+V_3)$、$(S_1+S_2+S_3)$ 分别乘以 X、Y、Z，表明 C_1、C_2、C_3，V_1、V_2、V_3 和 $(C_1+C_2+C_3)$、$(V_1+V_2+V_3)$、$(S_1+S_2+S_3)$ 这些价值都转化成生产价格了。方程式（1）表明，在简单再生产条件下，部类 Ⅰ 全部产品的生产价格总额等于三个部类投入的按生产价格计算的生产手段的总和。方程式（2）表明，部类 Ⅱ 全部产品的生产价格总额等于三个部类投入的按生产价格计算的工人必要生活资料的总和。方程式（3）表明，部类 Ⅲ 全部产品的生产价格总额等于三个部类按生产价格计算的资本家所消费的奢侈品的总和。在这里，关键是 X、Y、Z 这些系数的计算。而在三个方程式中有四个未知数（X、Y、Z、π）。那么，如何求解呢？为了克服这个困难，伯特基维奇假定黄金的生产属于部类 Ⅲ。黄金是一般等价物，它本身作为一个计量单位不存在生产价格同价值的背离，因此 Z 可以假定为 1。这样，未知数的数量同方程式的数量一致了，未知数在联立方程式中可以求解了。但是，这样一来，只有部类 Ⅲ 的 Z 等于 1，其产品的价值同生产价格相等，而部类 Ⅰ 的 X 和部类 Ⅱ 的 Y 不等于 1，它们的产品的价值和生产价格不相等，因此在总利润等于总剩余价值的情况下，三个部类的产品也即社会总产品的价值总额同生产价格总额不相等了。因而认为马克思的总价值＝总生产价格，在计算上也是错误的[①]。

美国经济学家保罗·斯威齐在他出版的《资本主义发展的理论》（1942）和《卡尔·马克思及其体系的终结》（1948）这两本著作中，都曾阐述了"转形"问题，他也批判了庞巴维克对马克思的攻击。在计算上，他完全赞同伯特基维奇的观点，即认为在马克思的计算中，C 和 V 都是按价值计算的，换句话说，就是投入是按价值计算的，而产出却是按生产价格计算的。但大部分今天的产出会变成明天的投入，因此很明显，它们在计算上应该是一致的，也就是产出和投入都应该实现由价值到生产价格的转化。同时，斯威齐也认

---

① 以上参见 Michio Morishima and George Gatephores：《Value，Exploitation and Growth》，1978。

为社会产品的总价值不等于总生产价格[①]。此外，斯威齐并没有提出什么新观点。但长期以来不为人们所熟悉的伯特基维奇的两篇论文以及没有引起更多注意和讨论的"转形"问题，由于斯威齐著作的发表和这个问题的重新提出，而引起更多的人们的注意和探讨。

1948 年，英国经济学家温特尼茨在《经济学杂志》上发表了一篇题为《价值与价格：一种对所谓转形问题的解决办法》的文章。他采取了基本上和伯特基维奇相类似的观点从三个部类的价值图式出发展开分析。即：I. $C_1+V_1+S_1=a_1$ II. $C_2+V_2+S_2=a_2$ III. $C_3+V_3+S_3=a_3$，a_1、a_2、a_3 分别代表全部生产手段、工人必要生活品和资本家享受的奢侈品的价值。

但是，温特尼茨比伯特基维奇更进了一步，强调价值总和等于生产价格总和这个论断，从而解决了伯特基维奇所没有解决的、认为马克思在这一点上计算有错误的问题。他指出："依据马克思体系的精神，这是一条明显的定理（指价值总和等于生产价格总和——引者）"。温特尼茨也假定三个部类产品的价值同生产价格背离的系数分别为 X、Y、Z。则上述价值图式转换成生产价格图式为：

I　　$(C_1X+V_1Y)+r(C_1X+V_1Y)=a_1X$
　　　或 $(C_1X+V_1Y)(1+r)=a_1X$

II　　$(C_2X+V_2Y)+r(C_2X+V_2Y)=a_2Y$
　　　或 $(C_2X+V_2Y)(1+r)=a_2Y$

III　$(C_3X+V_3Y)+r(C_3X+V_3Y)=a_3Z$
　　　或 $(C_3X+V_3Y)(1+r)=a_3Z$

然后，温特尼茨根据以下两个等式，解出 X、Y、Z 和 r 四个未知数。这两个等式是：

$$\frac{a_1X}{C_1X+V_1Y}=\frac{a_2Y}{C_2X+V_2Y}=\frac{a_3Z}{C_3X+V_3Y}=1+r$$

$$a_1X+a_2Y+a_3Z=a_1+a_2+a_3$$

第二个等式即生产价格总额等于价值总额。温特尼茨就是这样解决了这

---

① 以上参见 Karl Kühne：《Economics and Marxism》，Vol.1，p. 124，1979 英文版。

个问题的[①]。

然而实际上，温特尼茨并没有解决两个总量相等的问题。即：生产价格总额＝价值总额，平均利润总额＝剩余价值总额。是他假定 $a_1X+a_2Y+a_3Z=a_1+a_2+a_3$ 的。原籍日本的英国伦敦经济学院教授森岛通夫指出："为了确定利润率和价格与价值的偏离，必须使用另一个条件，温特尼茨选择的条件是：总价格应等于总价值。但是，这是作为一个额外的勉强条件引入方程体系中的。它具有使其他额外的勉强条件成为多余的作用。所以，温特尼茨的解决方案导致了和伯特基维奇一样的困难：你可以得出总价格等于总价值，可以得出总利润等于总剩余价值，但是你不可能使二者同时都成立。"[②]

1957 年，英国经济学家塞顿在《经济研究评论》上发表了题为《转形问题》的文章[③]。在这里，他不同意把社会生产分为生产资本财货、工资消费品、奢侈品三个部类，因为马克思是用五个部门的模式来进行分析的。他认为："经济最通常是分为 n 层，其中每种产品可在数种或全部可能的用途中进行分配。"[④]因此，他采用了与列昂惕夫投入产出相类似的矩阵公式，"第一次以一个解决任何数量部门的正确形式"[⑤]来求得一种解法。他以 K_{ij} 表示工业 j 的产品对工业 i 的"成本投入量"（按劳动价值计算），并将整个社会经济结构表示为：

$$K_{11} + K_{21} + \cdots\cdots K_{n1} + e_1 = a_1$$
$$K_{12} + K_{22} + \cdots\cdots K_{n2} + e_2 = a_2$$
$$\cdots\cdots$$
$$K_{1n} + K_{2n} + \cdots\cdots K_{nn} + e_n = a_n$$
$$S_1 + S_2 + \cdots\cdots + S_n = S$$

图中 e 代表消费性工业。塞顿在这里没有展开说明这一部分的结构。

塞顿以 P_i 代表工业 i 产品（每单位劳动价值）的价格，π 代表全部工业中的平均利润率（这里的利润率定义为利润对总产值的比率），P 代表平均"成本率"，$P=1-\pi$。于是，他将上述价值公式转换成如下的价格公式：

① 以上参见米克：《劳动价值学说的研究》，商务印书馆 1962 年版，第 219-220 页。

② 参见 Michio Morishima and George Gatephores：《Value，Exploitation and Growth》。

③ F. Seton. The "Transformation Problem"，Review of Economic Studie, June 1957.

④ 引自塞顿文章的中译文，载于《经济学译丛》，1982 年第 6 期。

⑤ 参见 Michio Morishima and George Gatephores：《Value，Exploitation and Growth》。

$$K_{11}P_1 + K_{12}P_2 + \cdots\cdots K_{1n}P_n = Pa_1P_1$$
$$K_{21}P_1 + K_{22}P_2 + \cdots\cdots K_{2n}P_n = Pa_2P_2$$
$$\cdots\cdots$$
$$K_{n1}P_1 + K_{n2}P_2 + \cdots\cdots K_{nn}P_n = Pa_nP_n$$

如何解决生产价格总额等于价值总额和利润总额等于剩余价值总额这两个伯特基维奇和温特尼茨都没有解决的问题呢？塞顿认为关键在于确定选择不变性公式的标准，这个标准是能"使数个或全部公式在同一时间内共同存在。"[①] 根据这个标准，塞顿选定的不变性公式是：$\dfrac{\sum a}{\sum S} = \dfrac{\sum aP}{\sum SP}$，即产出物÷剩余部分的比率不变性。因为"它使我们能同时假设全部三个不变性公式（指伯特基维奇的 Z=1，温特尼茨的 $a_1+a_2+a_3=a_1X+a_2Y+a_3Z$ 或 $\sum a=\sum aP$，米克的 $\sum S=\sum Sp$ [②]），……因而……使转形问题具有完全确定性，同时又能满足了全部马克思所预想到的有关解决方法的性格。"[③]

在这篇文章中，塞顿还论证了资本有机构成高于社会平均构成的部门，其产品的生产价格将超过其价值；反之，资本有机构成低于社会平均构成的部门，其产品的生产价格将低于其价值。此外，他还指出："价值转化为价格不仅是逻辑的而且也是历史的进展。因此，在资本主义的早期阶段，当这种转化尚未开始时，资本财货产业（'有机构成'被认为是相对高的）所取得的利润率尚不可能达到与消费品产业相等的利润率。因而，资本家们宁愿将其资源投入消费品产业，直到转化为足以使各处的利润率相等。因而，在马克思的思想体系内，资本主义工业化一定要从发展轻工业（如纺织业、糖业等）开始，而推迟重工业（金属、工程等）的起飞，直至达到较为先进阶段。"[④]

1960 年，原籍意大利的英国剑桥大学经济学家皮罗·斯拉法出版了他的名著《用商品生产商品》。在这里，"斯拉法本人完全没有致力于马克思的价值价格问题的研究"[⑤]，但是"他的体系应当构成马克思经济理论的基础"[⑥]，

---

① 塞顿文章的中译文。

② 罗纳德·米克，英国经济学家，《劳动价值学说的研究》的作者。1956 年，他写了一篇文章《Some Notes on the Transformation Problem》，登在英国《Economic Journal》上，这个公式就是在这篇文章中提出的。

③ 塞顿文章的中译文。

④ 塞顿文章的中译文。

⑤ Maghnad Desai. Marxian Economics,1979.

⑥ Maghnad Desai. Marxian Economics,1979.

认为用他的"标准商品""标准体系"和"不变的价值尺度"可以解决价值到
生产价格的转化问题。

斯拉法认为，商品要用商品来生产，"每种商品既是产品又是生产资料；
其结果，每种商品直接或间接参加所有其他商品的生产，并且每种商品在价
格的决定中都发生作用。"只有"奢侈"产品，"它在生产其他产品中，既不
作为生产工具之用，也不作为生存用品之用"。他假定社会有商品 a、b、……
k；A、B、……K 为 a、b、……k 商品的年产量；A_a、B_a……K_a 为生产 A 所
使用的 a、b、……k 的数量；A_b、B_b……K_b 为生产 B 所使用的 a、b……k 的
数量。所有这些数量都是一定的，它们决定于社会生产的技术结构。但是，
在商品生产条件下，A、B、……K 还是有价值或价格的，它们还代表一定的
价值量或价格总额的。它们的价值或价格要由生产它们所使用的商品 a、
b、……k 的价值或价格决定的。设 P_a、P_b、……P_k 为商品 a、b、……k 每单
位的价值，则生产体系可由以下方程式来表示：

$$A_aP_a + B_aP_b + \cdots\cdots K_aP_k = AP_a$$
$$A_bP_a + B_bP_b + \cdots\cdots K_bP_k = BP_b$$
$$\cdots\cdots$$
$$A_kP_a + B_KP_b + \cdots\cdots K_kP_k = KP_k$$

那么，P_a、P_b……P_k 如何决定呢？斯拉法认为，必须考虑到剩余（或利
润）的问题。而"剩余（或利润）必须按照每一生产部门垫支的生产资料（或
资本）的比例进行分配"，而这一比例（换言之，即利润率），在我们知道商
品价格之前，是不能决定的。另一方面，"我们不能把剩余的分配推迟到价格
决定之后，因为，……在求出利润率之前，价格是不能决定的。结果是，剩
余分配的决定，必须和商品价格的决定，通过相同的机构，同时进行。"而"利
润率对所有生产部门必须划一"，以 r 来表示，则上述生产体系的价格方程式
如下：

$$(A_aP_a + B_aP_b + \cdots\cdots K_aP_k)(1+r) = AP_a$$
$$(A_bP_a + B_bP_b + \cdots\cdots K_bP_k)(1+r) = BP_b$$
$$\cdots\cdots$$
$$(A_kP_a + B_KP_b + \cdots\cdots K_kP_k)(1+r) = KP_k$$

生产 A、B、……K 商品，除去使用 a、b、……k 等生产要素以外，还

要投入新的劳动。设 L_a、L_b……L_k 为生产 A、B……K 分别使用的劳动量，w 为每单位劳动所得工资（假定劳动在质量上是一致的，因此每一单位劳动所得工资相同），则上述方程式变成：

$$(A_aP_a+B_aP_b+……K_aP_k)（1+r）+L_aw=AP_a$$

$$(A_bP_a+B_bP_b+……K_bP_k)（1+r）+L_bw=BP_b$$

$$……$$

$$(A_kP_a+B_KP_b+……K_kP_k)（1+r）+L_kw=KP_k$$

在上述体系中，有 K+2 个变量（K 个价格，工资 w 和利润率 r），而只有 K+1 个方程（斯拉法还规定 L_a、L_b……L_k 是社会全部年劳动量的各个部分，社会年劳动量等于 1，所以 L_a、L_b……$L_k=1$），这样，就只有再增加一个方程式，或者减少一个变量，方程才能有解，也就是价格才能确定。斯拉法认为利润率和工资之间有 r＝R（1-w）的关系，R 是全部产品超过它的生产资料总量或者纯产品对生产资料的比率，所以，他又增加了这一个方程式。就这样，生产价格可以得到确定地计算了。

斯拉法的这个体系是建立在一种合成商品作为"标准商品"，作为"不变价值尺度"基础上的。这种标准商品，当工资上升或下降时，相对于其他商品的价格都不会发生变化[①]。

除去斯拉法以外，整个 60 年代，关于转形问题的论争和探讨都是比较沉寂的。到了 70 年代，探讨和争论又比较广泛、深入和激烈地展开了。这个时期，首先在这个问题上向马克思主义发动进攻，引起探讨和论争的是当代美国乃至西方经济学界的权威人物保罗·A.萨缪尔森。

萨缪尔森在 1970 年和 1971 年先后发表了两篇关于转形问题的文章：第一篇是 1970 年刊登在美国《国家科学院记录汇编》上的《马克思的"价值"到竞争"价格"的"转形"：一个抛弃和替换过程》；第二篇是 1971 年发表在美国《经济文献杂志》上的《理解马克思的剥削概念：马克思的价值与竞争价格间所谓转形问题的概述》。

在第一篇文章里，萨缪尔森重弹庞巴维克的老调，认为《资本论》第一卷和第三卷有矛盾，并且价值和生产价格之间是不能转化的，而是一种相互排斥和替代的关系。他把价值到生产价格的转化，歪曲为这样一种单纯的程

---

① 以上参见斯拉法：《用商品生产商品》，商务印书馆 1979 年版。

序问题：（1）先写上价值关系，（2）用橡皮把它擦去，（3）最后写上价格关系。因而认为，这完全是一种不必要的、迂回的过程。这等于：

$$任何事物＝其他任何事物 \times \frac{任何事物}{其他任何事物}$$

在第二篇文章里，萨缪尔森除去重述了上一篇文章的观点外，还重复了伯特基维奇认为马克思在计算上的一个错误，即产出实现了由价值到生产价格的转化，而投入并没有实现这一转化。他写道："批评者和拥护者一样，毫无例外地都承认马克思在所有这些方面是前后不一致的。因为，他错误地把同一个不变资本，C_j，既计算在价格之中，也同样计算在价值中。但是，这些'C'是什么呢？它们是在较早阶段已经生产出来的项目，而且使价值变成价格的同一逻辑要求它们的价值也必须转化成价格。这样，据论证，马克思只走了这条路的一段，并且通向他的价格时错误地保留了价值计算的某些因素。"[①]

自从萨缪尔森的上述两篇文章发表以后，在西方经济学界引起了广泛的争论。在美国《经济文献杂志》1974 年第 1 期上，特为此开辟了专栏。在这里，首先发表了美国普林斯顿大学和纽约大学教授鲍莫尔的文章，题为《价值的转形：马克思真意的一个解释》。在这篇文章里，他写道："《资本论》中所阐明的价值与价格的关系的含意被大大地误解了。像罗宾逊夫人、萨缪尔森教授这样著名的评论者在转形的讨论中所提出的问题，从来就不包含在马克思的原意中。自从伯特基维奇以来，'转形问题'的作者们大都把注意力集中在表面问题上，而像庞巴维克等人，则断言在第一卷和第三卷的分析中存在着矛盾。其实，这里并不存在矛盾。"鲍莫尔认为，马克思对转形问题分析的兴趣不在于定价问题上，而在于非工资收入如何被生产出来，以及这个总量是如何被再分配的。他把马克思关于平均利润和生产价格的理论用一个简单的比喻概括为：社会经济像是一个由各种行业组成的集合体，每个行业都向剩余价值总量的仓库提供份额，提供的份额同该行业所使用的劳动量成比例。全社会的剩余价值则通过竞争进行分配，竞争使得每一行业从总剩余价值仓库中取得一定份额，这个份额同它们各自的资本投入量成比例。他还指出："我们的经济学家们总是有点儿偏爱第 3 卷，而一直倾向于把第 1 卷看成

[①] 引自《现代国外经济学论文选》第 3 辑，第 118 页，商务印书馆 1982 年版。

是阐明竞争定价问题的一个'不必要的弯路'。但是，这恰恰表明我们自己作为资产阶级（或者可说是'庸俗'的）经济学家的偏见。"

萨缪尔森写了一篇答鲍莫尔的文章，题为：《剥削理论中的见识和弯路》，刊登在鲍莫尔的文章之后。在这里，萨缪尔森恶狠狠地对马克思的价值到生产价格的转化理论进行了攻击，根本否定马克思的劳动价值和剩余价值论。他写道："鲍莫尔教授提出的关于合理解释马克思的论题值得仔细分析。""从任何实用意义上讲，我否认'剩余价值是利润的源泉'。我认为马克思（或者森岛通夫，或者鲍莫尔）根本不曾提出过令人信服的理由，使我们能够相信一个人只有在了解了剩余价值规律之后才能了解利润。我接受鲍莫尔的挑战。用我的'抹掉和替代'法来说明转形问题，不仅适用于从'价值'到'价格'的转化，也同样适用于'剩余价值到利润'的转化。"鲍莫尔"用一个简单的比喻，解释非工资收入是如何产生的，然后这笔总额又是如何再分配的。这种观点没有说服力。在现实中，并不存在先确定总非工资剩余价值，然后这笔总额才能再分配的情况。"

原籍日本的英国伦敦经济学院教授森岛通夫参加了鲍莫尔同萨缪尔森的争论，在1974年第1期《经济文献杂志》上也发表了他的题为《马克思的基本定理：答萨缪尔森》的文章。在这里，森岛通夫也否定马克思的劳动价值论，他写道："在我的书（指1973年出版的《马克思的经济学》——引者）第14章中，我重新检查了价值理论（即对凝结在商品上的劳动量的技术计算的说明），发现：一旦考虑到联合生产和技术选择，价值计算就没有必要和可能了。"但是，他认为，《资本论》第一卷的价值和剩余价值分析同第三卷的生产价格和平均利润分析并不矛盾，其中体现了一种历史的和逻辑的推演过程。他写道：马克思认为，只有在简单商品生产或者资本主义生产发展较低的阶段，价值方程式才可以被当作价格方程式，而在资本主义或者资本主义发展的阶段则不是这样。《资本论》第一卷代表资本主义发展较低的阶段，第三卷则代表资本主义发展的阶段。他还写道：马克思首先在第一卷把整个资本主义经济作为一个部类来进行分析，然后再逐步转化为第二卷和第三卷中的两个、三个或多个部类的分析。这就是说，在整个第一卷中贯穿着一个假定：把各个部门当作一个部类，从而所有企业具有相同的资本有机构成，以致价值同价格相一致，剩余价值同利润相一致。而一当马克思否定了集中为一个部类的条件，进入第二卷和第三卷的分析时，多部门的企业就不再具有相同的资本有机构成，从而价值和价格、剩余价值和利润也就不一致了。

之后，鲍莫尔针对萨缪尔森的文章写了一篇短短的《评论》进行了反驳。他写道：萨缪尔森的文章，似乎是回答一篇我从未写过的文章。"我认为，在我们肯定我们所批评的确实是某人说过的，而不是猜想他可能说过，或者应该说过，或者有人说他可能说过的之前，就批评一个人是不恰当的。"对于马克思的批评也应该是如此。

最后，萨缪尔森又进行了反驳。他写道："如果鲍莫尔教授和森岛通夫教授能够对我大伤脑筋的问题——只有掌握了马克思的新奇的价值画面之后，才能理解这个被观察的现实世界的价格画面——提供论证，我会把这看成是当今经济学的一个重要发现。"他引用了一段新发现的比庞巴维克的《马克思体系的终结》还早一年对《资本论》第三卷进行攻击的文献作为回答。这段话说："在经济学文献中令人惊奇的是，在最近出版的《资本论》第三卷中，马克思的剩余价值理论遭到了被推翻的命运。马克思经济学的拥护者、解释者和评论者们为使这个理论同明显的现实协调起来独出心裁地进行了努力，而这个作者本人却用这样的信念打掉了他们的意图：整个的谜将在第三卷得到解释和弄清楚。现在很明显，要把剩余价值率同现实的利润率协调起来，是把马克思的剩余价值学说拙劣地、毫无理由地误用于一个它根本回答不了的问题上。整个剩余价值理论实际上被认为是毫无意义的废物。"①

1978 年，森岛通夫发表了他与 G. 凯特福尔斯合著的《价值、剥削和经济增长》一书。在其第 6 章"转形问题：马尔可夫过程"中，他再一次根本否定马克思的劳动价值论，认为在联合生产和生产技术发展条件下，可以直接导出生产价格，而不必以价值为基础。但是，他用马尔可夫过程即迭代过程数学计算方法解决了转形问题：产出和投入都实现由价值到生产价格的转化，生产价格总额等于价值总额，平均利润总额等于剩余价值总额。

森岛通夫指出：马克思的确意识到了投入和产出这两者都必须从按价值计算转化为按生产价格计算，但是，马克思没有在计算上完成这种转化。"其部分原因是由于这个问题的困难，部分原因是他缺乏数学工具。""当马克思写《资本论》的时候，既没有佛罗宾诺斯关于非负数矩阵的定理，也没有马尔可夫的迭代理论。"

森岛通夫认为，马克思的生产价格公式：P＝（C+V）（1+π）（P 代表生

---

① 以上参见《Journal of Economic Literature》，March 1974，Vol.Ⅶ，No.1.

产价格，r 代表平均利润率，C+V 代表成本价格）所体现的价值到生产价格的转化关系过于直接，而没有体现出这是一个转化过程；同时，（C+V）究竟是按价值计算的，还是按生产价格计算的，也不明确。既然价值已经转化为生产价格，则用价值计算的成本价格（C+V），也必须重新加以计算，使之成为 C^P+V^P（即用生产价格表示的成本价格），并把生产价格 P 改为 $P'=(1+\pi)(C^P+V^P)$。为了表示出由 P 到 P' 是一个转化过程，森岛通夫根据马尔可夫过程原理，把马克思的 $P=(C+V)(1+\pi)$ 生产价格公式，改为一个迭代过程公式：$P_{t+1}=(1+\pi)MP_t$。式中 P_{t+1} 和 P_t 分别代表经过 t 和 t+1 次迭代计算后所得的生产价格，π 代表所有基本商品生产部门（指生产直接间接参加所有其他商品生产的商品的部门）的总剩余价值除以这些部门的总资本（均以劳动价值计算）所得到的利润率，即 $\pi=\dfrac{S_1+S_2+\cdots\cdots S_n}{(C_1+V_1)+(C_2+V_2)+\cdots\cdots(C_n+V_n)}$

（S 代表剩余价值）；M 代表增大了的投入系数矩阵（A+DL），A 代表物质投入（实即 C）系数矩阵，DL 代表劳动投入（实即 V）系数矩阵。这个公式表明，生产价格是无数次迭代的结果，它可以直接从劳动价值开始，把最原始的商品价格设定在初始位置 P_0（劳动价值）上，当这种商品作为生产要素投入另一种商品的生产过程，而以产品形式再现在市场上时，包含在产品中的这种生产要素的价值便达到了一个与生产价格较为接近的点 P_1 上。当生产出来的产品再作为生产要素投入并以新的产品形式再现在市场上时，包含在其中的这种生产要素的价格就更接近生产价格了。如此连续迭代下去，当迭代次数趋于 t+1 时，π 就成为一般利润率，P_{t+1} 就成为现实的生产价格。森岛通夫认为，迭代过程使人们确信从 $P_0=\lambda$（价值）开始，经过连续迭代，就可以使"生产价格收敛为绝对标准的长期均衡生产价格向量"，也就是实现了产出和投入同时由价值到生产价格的转化；同时，"在这个特殊标准下，两个条件——'总价值等于总价格'和'总剩余价值等于总利润'，也都得到满足。"[①]

几个理论问题

从上述在转形问题上资产阶级经济学家对马克思的歪曲和攻击，以及在

---

① 以上参见 M. Morishima and G. Catephores: Value, Exploitation and Growth, 1978。

这方面的探讨和争论看，主要集中在以下几个基本理论问题上。而这几个问题，是我们必须回答和搞清楚的。

（一）关于价值和生产价格的关系问题

资产阶级经济学家们总是说《资本论》第一卷同第三卷发生了矛盾，马克思的价值和价格概念很混乱，不必以价值为基础也可以直接导出生产价格，等等，从而根本否定马克思的劳动价值论。这从理论上说来，是因为他们根本不懂得价值和生产价格之间的内在联系。

马克思认为，价值是生产价格的基础，没有价值和剩余价值的形成，就不可能有剩余价值的分配，从而也就不可能有平均利润和生产价格。马克思指出："在任何一个较短的时期内（把市场价格的波动完全撇开不说），生产价格的变化显然总是要由商品的实际的价值变动来说明，也就是说，要由生产商品所必需的劳动时间的总和的变动来说明。"①

价值是生产价格的基础，这无论从历史发展过程来看，还是从一个时期经济运动过程来看，都是如此。马克思关于价值转化为生产价格的理论，反映了这种历史的、一个时期内经济运动的客观过程或规律性。从历史上看，价值转化为生产价格是一个历史发展过程。正如马克思所说："商品按照它们的价值或接近于它们的价值进行的交换，比那种按照它们的生产价格进行的交换，所要求的发展阶段要低得多。而按照它们的生产价格进行的交换，则需要资本主义的发展达到一定的高度。"②这是因为：第一，随着资本主义的发展，资本主义的基本经济规律即攫取剩余价值或利润的规律越来越发生作用；第二，竞争越来越发展；第三，"社会内部已有完全的商业自由，消除了自然垄断以外的一切垄断，即消除了资本主义生产方式本身造成的垄断；其次，信用制度的发展已经把大量分散的可供支配的社会资本集中起来，而不再留在各个资本家手里；最后，不同的生产部门都受资本家支配。"从而，"资本有更大的活动性，也就是说，更容易从一个部门和一个地点转移到另一个部门和另一个地点"；第四，"废除了一切妨碍工人从一个生产部门转移到另一个生产部门，或者从一个生产地点转移到另一个生产地点的法律；工人对于自己劳动的内容是无所谓的；一切生产部门的劳动都已最大限度地化为简单劳动；工人抛弃了一切职业的偏见；最后，特别是工人受资本主义生产方

---

① 《马克思恩格斯全集》第 25 卷，第 186 页。
② 《马克思恩格斯全集》第 25 卷，第 197-198 页。

式的支配。"从而，"劳动力能够更迅速地从一个部门转移到另一个部门，从一个生产地点转移到另一个生产地点。"①从一个时期的经济运动来看，也首先是通过部门内的竞争，形成商品的社会价值，市场价格受这种社会价值的调节，从而各个部门表现出不等的利润率，这就引起了部门间的竞争，形成了平均利润率，市场价格就不再以价值为调节者，而要受提供平均利润的生产价格的制约了。而各个企业为了追求额外剩余价值或利润，仍在继续不断地改进技术和生产设备，不断地提高劳动生产率，于是展开了部门内的价格低廉化的竞争，从而形成了新的社会价值，这时，市场价格逐渐脱离原来的生产价格，而受新的社会价值的制约，各个部门就又表现为不等的利润率，又展开了部门间的竞争，形成了新的平均利润率和新的生产价格。社会经济就是先是部门内的竞争形成价值，然后是部门间的竞争形成生产价格，进而又是部门内的竞争形成新的社会价值，然后又是部门间的竞争形成新的生产价格，如此运动不已。在这个运动中，价值始终是生产价格的基础。

由于价值转化为生产价格，价值规定的基础本身被掩盖起来。这时，利润好像是某种存在于商品的内在价值以外的东西。马克思透过现象揭露了事物的本质，揭示了价值和生产价格的内在联系。而资产阶级经济学家只是表面看问题，"在放弃这个价值规定的同时，也放弃了对待问题的科学态度的全部基础。"②他们不愿"也不能透过假象来认识这个过程的内在本质和内在结构。"③

（二）关于产品和成本价格同时实现价值到生产价格的转形问题

伯特基维奇、斯威齐、温特尼茨、森岛通夫等都认为，马克思没有实现产出和投入同时由价值到生产价格的转形，并试图用数学方法来解决这个问题，森岛通夫便运用马尔可夫过程原理提出了一种新解。然而实际上，马克思不仅意识到了这个问题，而且也作了一些分析。马克思写道："在资本主义生产中，生产资本的要素通常要在市场上购买，因此，它们的价格包含一个已经实现的利润，这样，一个产业部门的生产价格，连同其中包含的利润一起，会加入另一个产业部门的成本价格"④。又写道："我们原先假定，一个

---

① 《马克思恩格斯全集》第 25 卷，第 219 页。
② 《马克思恩格斯全集》第 25 卷，第 189 页。
③ 《马克思恩格斯全集》第 25 卷，第 189 页。
④ 《马克思恩格斯全集》第 25 卷，第 179 页。

商品的成本价格，等于该商品生产时所消费的各种商品的价值。但一个商品的生产价格，对它的买者来说，就是成本价格，并且可以作为成本价格加入另一个商品的价格形成。因为生产价格可以偏离商品的价值，所以，一个商品的包含另一个商品的这个生产价格在内的成本价格，可以高于或低于它的总价值中由加到它里面的生产资料的价值构成的部分。必须记住成本价格这个修改了的意义，因此，必须记住，如果在一个特殊生产部门把商品的成本价格看作和生产该商品时所消费的生产资料的价值相等，那就总可能有误差。"①可见，马克思对于成本价格不再以价值计算而是以生产价格计算这一点，是说明得很清楚的。

那么，在这个问题上，为什么马克思没有作进一步更详细的分析，在量上给以数学计算呢？其实，这个问题做到像马克思已经说明的那样也就够了。当然，在量上给以数学计算和分析更好一些。不过，不进行计算也无损于其理论概括。关于这一点，马克思也作了明确的交待："对我们现在的研究来说，这一点没有进一步考察的必要。"②因为，"无论如何，商品的成本价格总是小于商品的价值"，"无论商品的成本价格能够怎样偏离商品所消费的生产资料的价值，这个过去的误差对资本家来说是没有意义的。商品的成本价格是既定的，它是一个不以资本家的生产为转移的前提，而资本家生产的结果则是一个包含剩余价值的商品，也就是一个包含超过商品成本价格的价值余额商品。"③这就是说，资本家关心的是超过成本价格以上的余额，即剩余价值或利润，不管成本价格是价值还是生产价格。马克思的平均利润和生产价格学说，其主要任务也是在于揭露资本主义生产关系，揭示平均利润和生产价格的本质以及它们同剩余价值和价值的内在联系，而不是在于价值转化为生产价格当中的单纯量的数学计算。正是通过平均利润和生产价格理论，马克思揭示了资本主义商品的本质："商品不只是当作商品来交换，而是当作资本的产品来交换。这些资本要求从剩余价值的总量中，分到和它们各自的量成比例的一份，或者在它们的量相等时，要求分到相等的一份。"④并揭示了资本主义的剥削关系，不单纯是资本家剥削其直接雇佣的工人的关系，而是资本家阶级对工人阶级的剥削关系。有的资产阶级经济学家也还看到了这一点。

①《马克思恩格斯全集》第 25 卷，第 184-185 页。
②《马克思恩格斯全集》第 25 卷，第 184-185 页。
③《马克思恩格斯全集》第 25 卷，第 184-185 页。
④《马克思恩格斯全集》第 25 卷，第 196、179 页。

例如，森岛通夫写道：由于剩余价值转化为利润，利润转化为平均利润，利润和平均利润的真正性质和起源完全被掩盖起来，"于是，马克思把他关于这个转形问题的结论看作是他发现资本主义制度剥削性的一个非常重要的依据。实际上，这个结论激励他得出了著名的资本家阶级对工人阶级集体剥削的社会学定理。"[①]

（三）关于生产价格总额等于价值总额、平均利润总额等于剩余价值总额的问题

马克思在分析了价值转化为生产价格后指出：从每个特殊生产部门看，其产品的生产价格同价值发生了差离，不是高于价值，就是低于价值，只有其资本有机构成同社会平均有机构成相一致的部门，其产品的生产价格才与价值相等。但是，"把社会当作一切生产部门的总体来看，社会本身所生产的商品的生产价格的总和等于它们的价值的总和。"[②]而生产价格总额等于价值总额，根源于平均利润总额等于剩余价值总额。这两个总额相等是同时成立的。然而，资产阶级经济学家们则认为，这两个总额相等，在计算上是错误的。他们有的认为，两个总量根本不可能相等；有的认为，其中一个总量可以相等，同时成立不可能。

这个问题确实是一个问题，在计算上有一定的困难。这当中的主要问题或关键在于：某些生产部门如 A、A′、A″……等等的产品，其生产价格成为另一些生产部门如 B、B′、B″……等等的产品的成本价格，这些成本价格作为 B、B′、B″……等部门预付资本，又要按照平均利润率获取平均利润。假定 A 部门的产品为 B 部门所需要的生产资料，A′ 部门的产品为 B 部门的工人所需要的生活资料。设社会平均利润率为 P'，A 部门产品的生产价格为 $C_1+V_1+P_1$ 或者 $(C_1+V_1)(1+P')$，A′ 部门产品的生产价格为 $C_2+V_2+P_2$ 或者 $(C_2+V_2)(1+P')$，则 B 部门产品的生产价格 $=C_3+V_3+P_3=(C_1+V_1+P_1)+(C_2+V_2+P_2)+[(C_1+V_1+P_1)+(C_2+V_2+P_2)]P'=[(C_1+V_1+P_1)+(C_2+V_2+P_2)](1+P')=[(C_1+V_1)(1+P')+(C_2+V_2)(1+P')](1+P')$。这样，就产生了两个问题：第一，把 A、A′ 和 B 部门的产品的生产价格加起来，必然发生成本价格和平均利润的二重计算问题；第二，把 B 部门产品的生产价格公式展开来，会出现 P' 的平方，从而使 P' 很难计算。

---

① M. Morishima and G. Catephotes. Value, Exploitation and Growth, 1978.

② 《马克思恩格斯全集》第 25 卷，第 196、179 页。

这个问题如何解决呢？

实际上，马克思已从两个方面分析和解决了这个问题。

第一，一个部门的产品作为生产要素进入另一个部门的生产，这个产品虽然采取商品买卖的形式实现了它的生产价格，但实际上，这是生产过程的继续。该种产品不是最终产品，它的生产价格不能算在生产价格总额中，而只是把以之作为生产要素的生产部门的产品的生产价格计入生产价格总额中，如果这个产品是最终产品的话。这样，就避免了某些产品的生产价格的二重计算。马克思指出："从总的计算来看，只要一个生产部门的利润加入另一个生产部门的成本价格，这个利润就已经算在最终产品的总价格一方，而不能再算在利润一方，如果这个利润算在利润一方，那只是因为这个商品本身已经是最终产品，它的生产价格不加入另一种商品的成本价格。"[①]"如果有一个总额 P 表示生产资料的生产者的利润，加入一个商品的成本价格，又有一个利润 P_1 加到这个成本价格上，总利润 P 就＝$P+P_1$。商品的总成本价格，抽去一切代表利润的价格部分以后，就是这个商品本身不包括 P 在内的成本价格。把这个成本价格称为 K，很清楚，$K+P＝K+P+P_1$。……把这计算方法应用到社会总产品上，必须作一些修改，因为就整个社会来看，例如，亚麻价格中包含的利润不能出现两次，不能既作为麻布价格的部分，同时又作为亚麻生产者的利润的部分。"[②]

第二，一个产品的生产价格同它的价值相偏离，是因为其中的剩余价值由于再分配而转化成平均利润，实现的平均利润有的大于其自身生产时所包含的剩余价值，有的小于其自身的剩余价值。从形成这个产品的价值或生产价格的不变资本部分和可变资本部分来看，也会是这样，即"不变部分本身等于成本价格加上剩余价值，在这里等于成本价格加上利润，并且这个利润又能够大于或小于它所代替的剩余价值。……可变资本……等于工人为生产必要生活资料而必须劳动的小时数的价值产品；但这个小时数本身，由于必要生活资料的生产价格同它的价值相偏离又不会原样反映出来"[③]，那么，总计起来，不过是加入某些商品的剩余价值多些，加入另一些商品的剩余价值少些，"加入某种商品的剩余价值多多少，加入另一种商品的剩余价值就少

① 《马克思恩格斯全集》第 25 卷，第 179-180 页。

② 《马克思恩格斯全集》第 25 卷，第 179-180 页。

③ 《马克思恩格斯全集》第 25 卷，第 181 页。

多少，……商品生产价格中包含的偏离价值的情况互相抵消。"①因此，生产价格总额等于价值总额，平均利润总额等于剩余价值总额。当然，这两个总量相等是经过一系列运动的结果，是一种在不实现中而实现的趋势。正如马克思所说："总的说来，在整个资本主义生产中，一般规律作为一种占统治地位的趋势，始终只是以一种极其错综复杂和近似的方式，作为从不断波动中得出的、但永远不能确定的平均情况来发生作用。"②

总之，从整个社会来看，价值转化为生产价格，是剩余价值的分配问题。生产价格是以既定的价值为界限，平均利润以既定的剩余价值为界限。因此，不论从个别部门来看，其生产价格和平均利润如何同价值和剩余价值相偏离，但总体来看，生产价格总额必然等于价值总额，平均利润总额必然等于剩余价值总额。同时，还应看到，资本主义社会经济是十分复杂的，又是不断运动和发展变化着的，不可能用单纯的数学计算来准确地把现实反映出来。资产阶级经济学家是不可能理解这当中的辩证运动规律的。

---

① 《马克思恩格斯全集》第 25 卷，第 181 页。
② 《马克思恩格斯全集》第 25 卷，第 181 页。

再谈关于商品价值到生产价格的"转形"问题[*]

　　我曾写过一篇题为《关于价值到生产价格的"转形"问题》的文章，发表在《南开学报》1983 年第 4 期上。在其中，除去概要地介绍了自从 1894 年《资本论》第三卷出版以来围绕着"转形"问题所展开的论争之外，虽然也针对在论争中所涉及的几个基本理论问题作了些论述，但没有深入地展开。同时，1984 年 2 月间，中国社科院经研所学说史研究室、北京大学、中国人民大学、复旦大学、武汉大学、四川社科院、四川财院和南开大学经济系等单位主要搞《资本论》的一些同志在南开大学举行了一次"转形"问题的学术讨论会，会上的发言对我有很大启发和教益，促使我对这个问题又进行了进一步的思考和探讨。因此在这里，想就这个问题再作一些论述。

　　这里主要是想针对两个人的论点进行一些论评。一是，关于 20 世纪初俄国经济学家和统计学家伯特基维奇的论点，因为关于"转形"问题的论争虽然是庞巴维克挑起的，但全面论争和深入探讨的展开是从伯特基维奇的方程解开始的，后来的论争也几乎大都是以他的方程解为基础进行的。英国著名的研究马克思主义经济理论的经济学家莫里斯·多布（Maurice Dobb）称伯特基维奇的方程解为"奇妙的解式"^①。英国伦敦大学经济学和政治科学学院著名的研究《资本论》的经济学教授麦赫纳德·德塞（Maghnad Desai）称"伯特基维奇的解答在数学上是极妙的"^②。可见伯特基维奇在"转形"问题上的地位和影响。二是，关于日籍英国伦敦大学经济学和政治科学学院著名的已故经济学教授森岛通夫（Michio Morishima）的论点。当代美国著名经济学家萨缪尔森（Paul A. Samuelson）称森岛通夫为马克思经济学数理分析

---

　　* 本文原载于《南开经济研究》1986 年第 6 期。

　　① 莫里斯·多布：《马克思的〈资本论〉及其在经济思想上的地位》，《现代国外经济学论文选》第 3 辑，第 10 页。

　　② 麦赫纳德·德赛：《马克思的价值与价格问题讨论》，《现代国外经济学论文选》第 3 辑，第 76 页。

的高等权威。我也觉得，森岛通夫虽然是资产阶级经济学家，但他对这个问题的论述，特别是在数学分析上，还是颇有深度和启发的。

一、伯特基维奇的方程解

伯特基维奇为西方经济学家所推崇的，主要是他对"转形"问题的方程解。

伯特基维奇认为，马克思关于商品价值转化为生产价格在理论上未可非议，但在计算上有错误，必须予以纠正。这就是：马克思的商品价值公式是（C+V+M），生产价格公式是（C+V）+（C+V）×P′，P′为平均利润率，（C+V）×P′为按平均利润率计算的平均利润。在这里，只是剩余价值 M 转化为平均利润（C+V）×P′，（C+V）没有实现转化，仍然是按价值计算的。

为了纠正所谓的马克思在计算上的错误，实现剩余价值到平均利润、成本价格从价值到生产价格的转化，从而实现产品由价值到生产价格的真正转化，伯特基维奇设计了一组联立方程式。他把社会生产分为三个部类：部类Ⅰ，是生产全部生产手段的；部类Ⅱ，是生产全部工人的生活必需品的；部类Ⅲ，是生产全部资本家所享受的奢侈品的。这样，他所设计的联立方程式如下：

部类Ⅰ　$(1+\pi)(C_1X+V_1Y) = (C_1+C_2+C_3)X$

部类Ⅱ　$(1+\pi)(C_2X+V_2Y) = (V_1+V_2+V_3)Y$

部类Ⅲ　$(1+\pi)(C_3X+V_3Y) = (S_1+S_2+S_3)Z$

式中，π 代表平均利润率，X、Y、Z 分别代表三个部类产品的价值同生产价格背离的系数。这样，C_1X、C_2X、C_3X、V_1Y、V_2Y、V_3Y、$(C_1+C_2+C_3)X$、$(V_1+V_2+V_3)Y$、$(S_1+S_2+S_3)Z$ 就都转化成生产价格了。

三个方程式中有四个未知数 X、Y、Z、π，如何求解呢？

伯特基维奇是这样解决的：他把作为一般等价物的黄金归属于部类Ⅲ的产品，而黄金作为一般等价物，作为一个计量单位，它本身不存在生产价格同价值的背离，因而 Z 可以假定为 1。这样，在三个方程式中 X、Y、π 三个未知数就可以求解了。

由于 Z＝1，也即部类Ⅲ的产品价值同生产价格相一致；而 X、Y 都是大于或小于 1，也即部类Ⅰ、Ⅱ的产品价值同生产价格不一致。因此三个部类

的全部产品的价值总额就同生产价格总额不相等了。然而，由于平均利润率

$$\pi = \frac{\sum S}{(C_1 + C_2 + C_3)\, X + (V_1 + V_2 + V_3)\, Y}$$，因而 $(C_1X+V_1Y)\,\pi + (C_2X+V_2Y)\,\pi +$

$(C_3X+V_3Y)\,\pi = \sum S$，也即三个部类或者全社会的平均利润总额等于剩余价值总额。因此，马克思关于平均利润总额等于剩余价值总额、生产价格总额等于价值总额两个总量同时相等的结论不能成立了。

以上就是所谓伯特基维奇的"奇妙"的方程解。

然而，首先，伯特基维奇的方程解妙就妙在假定 Z=1。

其实，这是根本错误的。假定本身就是不科学的。理论分析和研究怎么能建立在假定基础之上呢？再者，在资本主义社会里，作为一般等价物的黄金也是一种商品，它的生产也是资本主义的一种商品生产或者生产部门之一，它同样也要受平均利润率规律的支配，它的价值并不总是等于生产价格，而有可能不是大于生产价格，就是小于生产价格，这要看黄金生产部门的资本有机构成是高于还是低于社会平均构成而定。只有黄金生产部门的资本有机构成正好是社会平均构成，黄金产品的价值才和生产价格相一致。况且，黄金也只是部类Ⅲ产品的一种，黄金的生产也只是部类Ⅲ的生产部门之一。那么，即使黄金的价值等于生产价格，也不能因此概括为整个部类Ⅲ的 Z 等于1，从而部类Ⅲ的全部产品都是价值等于生产价格。只有部类Ⅲ的各个生产部门高低不等的资本有机构成均衡化为等同于社会平均构成的资本有机构成，整个部类Ⅲ的 Z 才等于1，其全部产品的价值才等于生产价格。

其次，伯特基维奇方程解的另一个"妙"处，就在于他把资本和成本价格混同，其实在计算上有错误的并不是马克思，而恰恰是伯特基维奇他自己。

我们都知道，成本价格只是资本价值的消耗部分。而利润率是按预付总资本计算的。利润是相对于预付总资本的剩余价值。"剩余价值不仅对进入价值增殖过程的预付资本部分来说是一个增加额，而且对不进入价值增殖过程的预付资本部分来说也是一个增加额；因而，不仅对用商品的成本价格来补偿的所耗费的资本来说是一个价值增加额，而且对生产中所使用的全部资本来说也是一个价值增加额。"[1] "剩余价值，作为全部预付资本的这样一种观念上的产物，取得了利润这个转化形式。"[2]

利润率通常都是指年利润率。如果资本一年周转一次，则一年中所生产

[1]《马克思恩格斯全集》第25卷，第42页。

[2]《马克思恩格斯全集》第25卷，第44页。

的产品的成本价格或者一年中资本价值消耗的部分同预付资本价值是一致的，按成本价格计算的利润率和按资本价值计算的利润率是一样的。马克思在《资本论》第三卷第 9 章中，分析平均利润率的形成和商品价值转化为生产价格时，首先就是用资本有机构成不同的五个部门其资本都是一年周转一次来说明按成本价格也即按资本价值计算利润率的。[①]如果资本不是一年周转一次，其中不变资本的固定部分一年只耗费了一部分，这样，成本价格就和资本价值不一致了。但利润率仍按资本价值来计算。马克思在《资本论》第三卷第 9 章中同时也举例说明了五个资本有机构成不同的部门当它们的固定资本一年只耗费一部分时利润率不是按成本价格计算，而是仍按资本价值计算。[②]

如果成本价格的物质要素都是按生产价格购买的，由于周转的关系，在一年中，仍然会存在有预付资本同资本消耗部分即成本价格在量上的差别，而利润率也仍然按预付资本来计算。伯特基维奇并没有明确区分这一点，而是把资本价值同资本价值的消耗部分混同了，他按成本价格来计算利润率，即平均利润率，$\pi = \dfrac{\Sigma S}{(C_1 + C_2 + C_3)\, X + (V_1 + V_2 + V_3)\, Y}$，部类 I 的平均利润为（$C_1 X + V_1 Y$）$\pi$，部类 II 的平均利润为（$C_2 X + V_2 Y$）$\pi$，部类 III 的平均利润率为（$C_3 X + V_3 Y$）$\pi$，这些都只有在资本一年周转一次时才能成立。

至于伯特基维奇否定马克思关于平均利润总额和剩余价值总额、商品价值总额和生产价格总额两个总量同时相等的结论，这也表明计算错误的不是马克思，而是伯特基维奇自己。

首先，伯特基维奇之所以认为商品的生产价格总额不等于价值总额，正是由于他没有考虑到资本周转问题，把资本价值和成本价格混同了。前面已经谈过，如果资本一年周转一次，资本价值和成本价格在量上一致，这时，不论是以资本价值为基础还是以成本价格为基础，其结果计算出来的生产价格总额必然和价值总额相等。相反，如果资本不是一年周转一次，从而成本价格和资本价值在量上不一致，则以成本价格为基础计算出来的生产价格总额必然和资本价值为基础计算出来的生产价格总额也就不一致，而且前者同价值总额不相等，后者则相等。

其次，马克思在分析了商品价值转化为生产价格并得出"如果把社会当

---

① 《马克思恩格斯全集》第 25 卷，第 174 页。

② 《马克思恩格斯全集》第 25 卷，第 175 页。

作一切生产部门的总体来看，社会本身所生产的商品的生产价格的总和等于它们的价值的总和"①的结论之后，紧接着写道："这个论点好像和下述事实相矛盾：在资本主义生产中，生产资本的要素通常要在市场上购买，因此，它们的价格包含一个已经实现的利润，这样，一个产业部门的生产价格，连同其中包含的利润一起，会加入另一个产业部门的成本价格"②，这就是说，商品价值转化为生产价格以后，各个生产部门的成本价格的物质要素都是按生产价格买来的，这样就会发生三种情况：一是，商品 A 的成本价格可以包含 B、C、D 等等商品的利润，A 的利润也可以再加入 B、C、D 等等的成本价格，从而利润可能发生多重计算；二是，A 商品的生产价格成为 B、C、D 等等商品的成本价格，也即它们的资本价值的一部分，A 的生产价格中的平均利润作为 B、C、D 等等商品生产部门的资本的一部分又去获取平均利润，这样就会出现平均利润率的多次方；三是，各个商品的成本价格的物质要素的价值转化成生产价格，从各个部门看，价值和生产价格在量上发生了背离（只有资本有机构成为社会平均构成的部门的产品价值才与生产价格相等）。这样，社会产品的生产价格总额是否就不再等于它们的价值总额了呢？

关于第一、二两种情况，马克思是这样解决的："如果我们把全国商品的成本价格的总和放在一边，把全国的利润或剩余价值的总和放在另一方，那么很清楚，我们就会得到正确的计算。……举例来说，如果有 n 个生产部门，每个部门的利润都等于 P，所有部门合起来计算，成本价格就等于 K-nP（K 为总成本价格，实即生产价格总和——引者）。从总的计算来看，只要一个生产部门的利润加入另一个生产部门的成本价格，这个利润就已经算在最终产品的总价格一方，而不能再算在利润一方。如果这个利润算在利润一方，那只是因为这个商品本身已经是最终产品，它的生产价格不加入另一种商品的成本价格。"③关于第三种情况，马克思是这样解决的："我们原先假定，一个商品的成本价格，等于该商品生产时所消费的各种商品的价值。但一个商品的生产价格，对它的买者来说，就是成本价格，并且可以作为成本价格加入另一个商品的价格形成。因为生产价格可以偏离商品的价值，所以，一个商品的包含另一个商品的这个生产价格在内的成本价格，可以高于或低于它

---

① 《马克思恩格斯全集》第 25 卷，第 179 页。

② 《马克思恩格斯全集》第 25 卷，第 179 页。

③ 《马克思恩格斯全集》第 25 卷，第 179-180 页。

的总价值中由加到它里面的生产资料的价值构成部分。"①这不过是"因为实现在 B（资本或生产部门——引者）中的剩余价值可以大于或小于加入 B 的产品价格的利润，除此之外，在形成资本 B 的不变部分的商品上，以及在作为工人生活资料因而间接形成资本 B 的可变部分的商品上，也会发生同样的情况。"②但是，总的看来，这一切不过是："加入某种商品的剩余价值多多少，加入另一种商品的剩余价值就少多少。因此，商品生产价格中包含的偏离价值的情况会互相抵消。"③商品的生产价格总额必然等于它们的价值总额。当然，在整个资本主义生产中，这种规律作为一种趋势，"始终只是以一种极其错综复杂和近似的方式，作为从不断波动中得出的、但永远不能确定的平均情况来发生作用。"④

苏理同志在 1986 年第 4 期《南开经济研究》上发表的题为《生产价格总额与价值总额相等吗？》的文章中，也是认为这两个总量不一定相等。他用了数学分析的方法来加以论证，这是很有价值、很有启发意义的。但我不想多加评论，只是指出一点，即一系列计算的某些基础有错误，因此总结论就不好说了。错误主要是在第（3）式中的（$\Sigma C_1 - \Sigma C_1'$）上。ΣC_1 和 $\Sigma C_1'$ 本来是一回事，在量上完全相等。因为 ΣC_1 单位货币，是第 I 部类生产过程中实际耗费转入新产品中的生产资料部分，$\Sigma C_1'$ 是第 I 部类生产完成后全部新产品的价值量中已消耗的生产资料的价值量，二者完全相同。

二、森岛通夫的数学分析

商品价值到生产价格的转化，并不是简单地一次完成，而是社会资本互激互荡运动的一个过程。马克思的生产价格公式：$P = (C+V)(1+\pi)$（P 代表生产价格，π 代表平均利润率，$C+V$ 代表成本价格）所体现的价值到生产价格的转化关系过于直接，而没有体现出这是一个转化过程。前面谈到，虽然马克思也曾指出价值到生产价格的转化规律，不过是一种极其错综复杂和近似的趋势，在不断的波动中来发生作用，但是并没有展开阐述，没有用一

①《马克思恩格斯全集》第 25 卷，第 184-185 页。
②《马克思恩格斯全集》第 25 卷，第 180 页。
③《马克思恩格斯全集》第 25 卷，第 181 页。
④《马克思恩格斯全集》第 25 卷，第 181 页。

种具体的方式表现出来。

日籍英国伦敦大学经济学和政治科学学院著名的已故经济学教授森岛通夫在这方面作出了很好的探讨。他运用迭代原理的数学分析方法，把价值到生产价格的转化过程描述成一个迭代过程。他和凯特弗尔斯（G. Catephores）合著的《价值，剥削和增长》一书中，专用了一章即第 6 章来阐明这个问题。该章的标题是："转化问题：马尔可夫过程"。

森岛通夫是否定马克思的劳动价值论的。因为他认为，当考虑到联合生产所使用的熟练劳动和非熟练劳动问题时，价值体系的计算会发生无法克服的困难。但是，他还是把马克思的商品价值公式改用劳动价值的矩阵来表示，从而使得商品劳动价值的形成和实现作为一个过程来体现，就更接近于实际。

马克思的价值公式是 W＝C+V+M，森岛通夫的价值公式是 $\lambda_i = \sum_{j=1}^{n} a_{ji}\lambda_i + L_i$。

如果把 L_i 分为有偿劳动和无偿劳动，就可以把森岛通夫的价值公式还原为马克思的价值公式。假定用 V′代表直接劳动量中归工人所有的比率，则 $V' =$

$\dfrac{V}{V+m} = \dfrac{1}{1+\dfrac{m}{V}} = \dfrac{1}{(1+m')}$。假定用 $V'L_i$ 表示有偿劳动，则（$1-V'$）L_i 就表示

无偿劳动。代入森岛通夫的价值公式，就得到：$\lambda_i = \sum_{j=1}^{n} a_{ji}\lambda_j + V'L_i + (1-V')L_i$。

式中 $\sum_{j=1}^{n} a_{ji}\lambda_j$ 相当于商品价值中不变资本 C 的价值消耗部分。所以，森岛通夫的价值公式可以写成 $\lambda_i = Ci + Vi + Mi$。

马克思的价值形式是 W＝C+V+M。它的生产价格形式是 P＝（C+V）+（C+V）π＝（$1+\pi$）（C+V）。森岛通夫把马克思的这种一次转形改为一个连续不断的迭代过程，从商品价值 λ_i 出发，经过若干次的迭代，达到接近于生产价格的向量。同时，（C+V）也通过迭代实现了由价值到生产价格的转化，使生产价格总额等于价值总额的命题成立。

为了实现（C+V）中各种物质要素由价值到生产价格的转化，森岛通夫将（C+V）采取了矩阵形式，即令 A 和 DL 分别代表物质投入（实即 C）系数矩阵和劳动投入（实即 V）系数矩阵。令 Y 表示产出数量的列向量。为生产任一数量的商品 Y_0，需要（A+DL）Y_0 数量的其他各种商品。用 M 代表（A+DL），则需要的商品的数量为 MY_0。Y_0 是一种产品的总产量，其价值为

（C+V+M）的总产量。MY_0 是生产 Y_0 总产量所消耗的各种产品的总额，即价值为（C+V）的产品总消耗量。那么 $Y_0 - MY_0$ 即剩余产品向量。总剩余价值即为 $\Lambda Y_0 - \Lambda MY_0$。为生产 Y_0 所需要的产品总消耗 ΛMY_0 相当于总资本，于是剩余价值总额 $\Lambda Y_0 - \Lambda MY_0$ 与总资本 ΛMY_0 之比为剩余产品产出率，即

$$\frac{\Lambda Y_0 - \Lambda MY_0}{\Lambda MY_0}$$。实际上，有些部门是以较大的比率生产剩余产品，另一些部门则以较小的比率生产剩余产品。为了消除这种不等的比率，必须调整产出向量，以使得那些高比率（或低比率）生产剩余产品的部门的新的活动水平变得小于（或大于）过去的产出。使用的调整公式是：

$$Y_1 = \frac{\Lambda Y_0}{\Lambda MY_0} MY_0$$

如果 Y_1 还不是按一个同等的比率生产剩余产品，则还需要做同样的调整，调整公式为：

$$Y_2 = \frac{\Lambda Y_1}{\Lambda MY_1} MY_1$$

如此类推下去，直到从 Y_t 算出 Y_{t+1}，就可以得到一个产出向量序列 $[Y_t]$。这时，Y_{t+1} 接近按同等的比例生产剩余产品。这时，$Y_{t+1} = \frac{\Lambda Y_t}{\Lambda MY_t} MY_t$（t=0、1、2、3……、n）。

由 Y_0 开始，经过无限序列 $[Y_t]$ 收敛于 M 的特征向量 $\overline{Y}$，即 $\lim_{t \to \infty} Y_t = \overline{Y}$。$\overline{Y}$ 是与具有最大绝对值的特征根 $\overline{\rho}$ 相联系，在这里 $\overline{\rho}\overline{Y} = M\overline{Y}$。同时，还可以证明 $\lim_{t \to \infty} \frac{\Lambda Y_t}{\Lambda MY_t} = \frac{1}{\overline{\rho}}$。

$\overline{Y}$ 意味着各个部门都按相等的比率生产剩余产品。森岛通夫把那些在 $\overline{Y}$ 中有正数分量的部门叫基础部门，其余的叫非基础部门。

森岛通夫通过部门规模的标准化，将特征向量 $\overline{Y}$ 变成特征向量 u，于是 $\overline{\rho}\overline{Y} = M\overline{Y}$ 变成 $\overline{\rho}u = Mu$。特征向量 u 的分量对于基础部门是 1，对于非基础部门是 0。

根据 $\overline{\rho}u = Mu$，则 $\overline{\rho} = \frac{Mu}{u}$

$$\frac{1}{\overline{\rho}} = \frac{u}{Mu} = \frac{\Lambda u}{\Lambda Mu}$$

分别用 C、V、S 表示不变资本 ΛA，可变资本 ΛDL 和剩余价值。考虑到 Λ＝C+V+S，ΛM＝C+V，部门规模标准化以后，可以得出：

$$\frac{1}{\bar{\rho}}=1+\frac{Su}{(C+V)u}$$

$\frac{1}{\bar{\rho}}-1=\frac{Su}{(C+V)u}$，即用所有基础部门的总资本去除全部基础部门的总剩余价值，实即平均利润率，用 π 表示之，则可以得到一个迭代过程：$P_{t+1}=$ $(1+\pi)P_tM$

运用这个迭代过程可以说明价值到生产价格的转化。其过程是：

出发点是价值，$\lambda_i=Ci+Vi+Mi$。假定按价值出售的价格为 P_0，$P_0=$ C+V+M。

由 P_0 迭代到 P_1，$P_1=(1+\pi)P_0M$，P_1 和价值或 P_0 背离了，但还没有形成生产价格。

由 P_1 迭代到 P_2，$P_2=(1+\pi)P_1M$，P_2 和价值背离更大了，但仍没有达到生产价格。

如此类推，无限地迭代下去，由 P_1 迭代到 P_{t+1}，$P_{t+1}=(1+\bar{\pi})P_tM$，这时，生产价格就收敛为绝对标准的长期均衡生产价格向量，也就是实现了产出和投入同时由价值到生产价格的转化。

当 t 为无限大时，P_{t+1}，达到 $\bar{P}$

$$\bar{P}=(1+\bar{\pi})\bar{P}M$$

其中

$$\bar{P}=\lim_{t\to\infty}P_t$$

极限向量 $\bar{P}$ 就是生产价格向量。

用 u 乘　　　$P_{t+1}=(1+\bar{\pi})P_tM$，得

$$P_{t+1}u=(1+\bar{\pi})P_tMu$$

因 $\frac{1}{\bar{\rho}}-1=\frac{Su}{(C+V)u}=\bar{\pi}$，同时 $\bar{\rho}u=Mu$，$u=(1+\bar{\pi})Mu$，因此，$P_{t+1}u=$ $(1+\bar{\pi})P_tMu$，可写成 $P_{t+1}u=P_1u$ 这适用于所有的 t。所以，$\Lambda u=P_1u=P_2u\cdots$ $\bar{P}u$，因为 $\Lambda=P_0$，$\lim_{t\to\infty}P_t=\bar{P}$，所以 Λu 和 $\bar{P}u$ 分别表示所有基础部门的总价值和总生产价格，从而说明价值总额和生产价格总额相等的命题成立了。

根据 $P_{t+1}u=(1+\bar{\pi})P_tMu$ 和 $\Lambda u=P_1u=P_2u\cdots\bar{P}u$，可得 $\Lambda Mu=P_tMu$，从 $\Lambda u=P_1u=P_2u\cdots\bar{P}u$ 减去 $\Lambda Mu=P_tMu$，就得到 $Su=\pi_1u=\pi_2u\cdots\bar{\pi}u$，其中，$S=\Lambda-\Lambda M$，$\pi_t=P_t-P_tM$，$Su$ 是剩余价值总量，$\bar{\pi}u$ 是利润总量，$Su=\bar{\pi}u$ 表明，只要非基础部门排除在总量计算之外，总剩余价值就等于总利润。

以上就是森岛通夫关于"转形"问题的数学分析。

森岛通夫虽然否定马克思的劳动价值论，但他的迭代过程，实际是从价值 P_0 或 λ 开始的。

森岛通夫把价值到生产价格的转化描绘成一个过程，在这个过程中实现转化的不仅是产品，而且有构成成本价格的各种物质要素或产品的转化，并且证明了平均利润总额和剩余价值总额、价值总额和生产价格总额两个总量相等的命题。这些都表明森岛通夫对"转形"问题的研究颇有深度，把"转形"说成是一个运动和互激互荡的过程，这是符合实际的，也是基本上接近于马克思的思想的。

但是，森岛通夫的这种数学分析仍然存在着很多的缺陷。

首先，他的计算是把非基础工业排除在外，这就失去了真实性。这同伯特基维奇把生产黄金和奢侈品部类的产品价值与生产价格背离系数假定为 1 是一样的问题。实际上，在资本主义社会里，任何一个生产部门都参加利润率的平均化。

其次，迭代过程只是数学上的计算，反映不出资本主义社会再生产过程中影响价值、生产价格、利润率、利润率平均化多方面因素的作用。

关于垄断价格问题*

　　垄断价格不是随心所欲任意定价的意志范畴，而是一个客观经济范畴。考察垄断价格，不能只从单位产品来看，而应该从多种产品或同一种产品不同生命周期综合起来看，它是为一个垄断企业提供高额利润总量的价格体系。垄断价格等于成本价格加平均利润再加垄断利润，它虽然一般高出生产价格和价值，但仍然以商品价值（总量）为界限，它是商品价值的一种转化形式。垄断价格不是市场价格，而是市场价格的调节者。在垄断资本主义条件下，从长期看，利润率依然有平均化的趋势，因此，生产价格还会存在，垄断价格还要受生产价格的影响。

　　垄断价格是垄断资本主义条件下的一个重要范畴，是垄断资本攫取垄断利润的一种重要手段。对于它的研究，无论在理论上，还是在加深对垄断资本本质的认识上，都具有重要意义。

　　关于垄断价格，过去我们的了解比较一般，一深究，就感到许多问题并不十分清楚。诸如：究竟什么是垄断价格？垄断价格是一种市场价格，还是一种市场价格的调节者，如同自由竞争阶段生产价格是市场价格的调节者那样？垄断价格的构成及其不同构成部分同垄断价格的关系如何，同生产价格相比，在这方面发生了什么变化？生产价格是商品价值的转化形式，垄断价格同商品价值的关系又是怎样？在垄断资本主义条件下，生产价格是否依然存在，如果还存在，则垄断价格同生产价格的关系如何？等等这些问题，截至目前，国内经济学界有所论述的还不多，国外（主要是苏联）经济学家虽然不断有所论述，但有的问题仍然没有得到很好的解决，有的还存在着分歧和争论。

　　本文就是想对这些问题进行一些初步的探讨。这里只是从我所看到的不

---

　　* 本文原载于《南开学报》1980 年第 1 期。

多的实际材料中初步形成的一些观点。

一、什么是垄断价格

有一种看法，就是把垄断价格说成是一种随心所欲任意定价的意志范畴。例如，早在 1923 年，苏联的亚·波格丹诺夫在其《经济科学简明教程》一书中谈到垄断价格和垄断利润时，就曾这样看待垄断价格。他写道：垄断组织，确定一定的价格，作为市场的独一无二的主人，强迫市场接受它们的条件，辛迪加和托拉斯在这方面类似手里集中有'官方支配销售'的沙皇'国营酒铺'。"[1]这种观点显然是不对的。垄断价格是一个客观经济范畴。在高度生产集中和资本集中的基础上产生的垄断，是垄断价格形成的经济基础。垄断资本的本质是攫取尽可能多的利润，垄断价格是实现高额利润的一种手段，而垄断统治则为实行垄断价格创造了条件和可能。同时，垄断虽然限制了自由竞争，但没有消灭竞争，而是使竞争更加剧烈，因此，垄断价格总还要受市场和竞争规律的制约。美国耶鲁大学教授卡萨迪（R. Cassady）在他的一本关于石油工业定价问题的著作中，曾引用美国一家大石油公司经理的话说："健全市场价格的建立依赖于对能索取高价的各种因素有一个详尽的了解。……定价时，销售者所考虑的近期因素有：索取的价格对销售量的影响，对将来的成本标准的影响，可能出现的竞争反应，竞争者将来打入市场的可能性等等"[2]。

关于垄断价格，马克思曾写道："如果剩余价值平均化为平均利润的过程在不同生产部门内遇到人为的垄断或自然的垄断的障碍，特别是遇到土地所有权的垄断的障碍，以致有可能形成一个高于受垄断影响的商品的生产价格和价值的垄断价格，那么，由商品价值规定的界限也不会因此消失。某些商品的垄断价格，不过是把其他商品生产者的一部分利润，转移到具有垄断价格的商品上。剩余价值在不同生产部门之间的分配，会间接受到局部的干扰，但这种干扰不会改变这个剩余价值本身的界限。如果这种具有垄断价格的商品进入工人的必要的消费，那么，在工人照旧得到他的劳动力价值的情况下，这种商品就会提高工资，并从而减少剩余价值。它也可能把工资压低到劳动

---

[1] 转引自《经济学动态》1978 年第 3 期，第 42 页。

[2] ［美］R. 卡萨迪：《石油工业的价格制定与价格行为》，1954 年英文版。

力的价值以下，但只是工资要高于身体最低限度。这时，垄断价格就要通过对实际工资……的扣除和对其他资本家的利润的扣除来支付。垄断价格能够在什么界限内影响商品价格的正常调节，是可以确定和准确计算出来的。"①马克思在这里论及垄断价格，自然是以他所处的自由竞争资本主义时代为背景的。同时，马克思特别谈到垄断价格形成条件之一的自然垄断。所谓自然垄断，是指由于优良的耕地、建筑地段和矿山的有限性所造成的经营上的垄断性。这说明马克思在这里的分析是围绕资本主义地租为着眼点的。而由于这种垄断所形成的垄断价格，显然不同于垄断资本主义条件下以高度生产集中和资本集中产生的垄断为基础所形成的垄断价格。但是，马克思在这里也明确地提出了人为的垄断。所谓人为的垄断，我理解，就是指由于所有制所造成的垄断。在资本主义条件下也就是资本主义的垄断。因此，从这个方面看，我觉得马克思的这段论述基本上还是适合于说明垄断资本主义条件下的垄断价格的一些问题的。以下几点基本思想就是完全适合的：（1）垄断价格是在一定客观经济条件下形成的，它受着一定客观经济规律的支配；（2）垄断价格是高于生产价格和价值的价格，它提供了大于平均利润的垄断利润；（3）垄断价格最终以商品价值、垄断利润最终以剩余价值为界限，垄断价格高于生产价格和价值、垄断利润大于平均利润的差额，主要是由其他资本家的利润的一部分转化而来；（4）垄断价格不同于市场价格，它是影响商品价格的正常调节者。

长期以来，关于垄断价格的论述，包括列宁和斯大林在内，其基本点都没有超乎马克思的这些分析和论断。

苏联《政治经济学教科书》中关于垄断价格就是这样表述的："垄断组织所生产的商品，不是按照生产价格出售，而是按照更高的垄断价格出售。垄断价格等于生产费用加上垄断高额利润。垄断价格高于生产价格，而且照例超过商品价值。"②

以上是截至目前为止，关于什么是垄断价格的一般的、最基本的理解。

然而，这种一般的、最基本的理解，现在看来，并不能完全地、具体地说明问题。

这里首先需要明确的一个问题是：是否只有垄断高价才是垄断价格？垄断价格是就单位产品而言的价格，还是就总体而言的一种价格体系？

通常一谈到垄断价格，就意味着是垄断高价。这一般说来是对的，也是

---

① 《马克思恩格斯全集》第 25 卷，第 973-974 页。

② 苏联《政治经济学教科书》修订第 3 版，1959 年中译本，第 226 页。

符合多数实际情况的。美国经济学家芝加哥大学教授大卫·什瓦兹曼（David Schwartzman）就曾根据 1954 年美国政府对美国制造业的普查资料，计算出该年制造业的垄断价格平均高于竞争价格 8.3%[①]。

但是，问题并不如此简单。垄断价格是实现高额垄断利润的价格，这是没有问题的。问题在于这个高额垄断利润如何实现。这有两种可能的方式：一是，通过一件件单位产品都按垄断高价出售来实现；二是，考虑到实际销售总量和能够实际得到的高额利润总量，也可能按垄断低价出售。前一种方式，如果能保持最大的销售量的话，固然能获得最大的利润总量。但问题是，这样往往会影响销售总量。因此，为要获得最大限度的利润总量，就不一定非按垄断高价出售不可。况且，一个垄断企业一般地并不是单纯从事一种产品的生产，而是大都从事多种产品的生产。在这种情况下，为了获取高额利润总量，各种产品更不见得都按垄断高价出售，而往往是有高有低。

列宁在分析到一个垄断组织为了获取高额垄断利润而根据不同的产品和市场情况采取不同的价格手段时指出："在'正常的'销售和垄断的销售之间……存在着一定的比例关系。""由特权的和垄断的销售所得的额外利润来抵偿'正常'销售的低额利润。"[②]

美国著名的研究大企业定价问题的经济学家卡普兰（A. D. H. Kaplan）、德拉姆（J. B. Dirlam）和兰扎伊洛蒂（R. F. Lanzillotti）等，根据他们对美国一些大企业定价的实例考察，曾对上述情况作了一定的透露。他们以美国铝公司为例写道："同大多数在不同市场上销售其产品的多种产品公司一样，美国铝公司也根据其产品的性质、需求的特点、竞争的激烈程度和市场的特殊性等来改变其定价目标。"他们还以杜邦公司为例揭露说：杜邦公司宣称其价格政策的目标是"撑满肚子"（Stick to our ribs，即获取高额利润）。公司的执行委员会完全按此目标行事。但是，他们意识到不同产品的获利能力是不一样的。不能期望从不同产品的销售中得到相同的利润率。因此，他们的做法是：从总体着眼，把高利润产品和低利润产品混合起来取得高额利润总量。例如，他们在制定尼龙和赛璐珞的价格时，就采取了这种办法[③]。

高额垄断利润不仅是不同产品按不同价格目标而综合起来获得的一个总量，也是同一种产品在不同时期按不同价格目标而综合起来获得的一个总量。

---

① 转引自[美]瓦桑（D. S. Watson）：《价格理论在实行》，1973 年英文版。

② 《列宁全集》第 39 卷，第 194 页。

③ 卡普兰等著：《大企业的定价——实例探讨》，1958 年英文版。

例如，美国的一些垄断企业实行一种所谓"生命周期定价"政策（Life—Cycle Pricing），即按产品的初生、全盛和衰老三个不同阶段来考虑定价目标。产品的初生期，即新产品，根据不同情况，又实行两种政策：一种叫做"撇奶脂政策"（Skimming Policy），另一种叫做"渗透政策"（Penetrating Policy），美国经济学家把这两种政策称之为一般新产品的最合乎逻辑的定价政策[1]。杜邦公司、联合碳化物公司、美国铝公司、国际收割机公司等就是实行这种政策的典型代表[2]。所谓"撇奶脂政策"，是一种高价政策，即新产品上市初期，利用需求弹性小的特点而高价出售，如同撇取浮在市场上层的奶脂一样，往后再陆续降价，巩固和扩大市场地盘，以获取高额利润总量。所谓"渗透政策"，是一种低价政策，即新产品上市初期，先按低价目标出售，等打开局面市场地位稳定之后再陆续提高价格目标，以取得高额利润总量。至于全盛阶段，一般是维持较高的定价目标，衰老阶段则一般实行低价目标。战后以来，在一些发达的资本主义国家，垄断企业为了扩大销路，产品式样不断翻新，品种日趋多样化、现代化和"摩登化"。因此，新产品的定价问题在垄断价格的研究中占有重要地位。

由上可见，垄断价格不能只从单位产品来看，而更主要的应从一个垄断企业的总体来看。从垄断企业总体看，应该说垄断价格是综合起来提供高额利润总量的一种价格体系。这个体系包括不同水平的定价目标，其中有的高于生产价格或价值，有的甚至可能低于生产价格或价值，但综合起来，它们都同高额利润总量相联系，因而都应属于垄断价格这个范畴。

其次，关于什么是垄断价格，还有另外一个值得研究的问题，就是：垄断价格是一种市场价格，还是一种市场价格的调节者。

不少苏联经济学家认为垄断价格是一种市场价格。例如，阿·格·阿干别疆在他专门论述垄断价格的《以美国为例的垄断价格理论问题》一书中，即把垄断价格解释为在垄断组织影响下大大偏离生产价格和价值的市场价格的变种[3]。

实际情况如何呢？

实际上，垄断企业的产品售价一般是先制订一个价格目标，实际售价则以此为基础，视市场情况而有所升降。据美国一些书刊透露，美国一些垄断

---

[1] [美]奥克森费尔特（A.R. Oxenfeldt）：《定价策略》，1975 年英文版。

[2] [美]兰扎伊落蒂（R.F. Lanzillotti）：《大公司的定价目标》，《美国经济评论》1958 年 12 月号。

[3] 莫斯科大学出版社 1961 年俄文版，第 46 页。

企业的定价目标（pricing objectives），主要有：（1）为了取得一个预定的投资利润率（to achieve a target return on investment）；（2）为了价格和成本与售价差额的稳定（for the stabilization of price and margin）；（3）为了维持和加强市场地位（to maintain or improve market position）；（4）为了对付和开展竞争（to meet or follow competition）；（5）遵循产品差别的原则（pricing subordinated to product differentiation）。例如，前面曾提到的美国经济学家兰扎伊洛蒂对美国 20 家大工业公司的定价目标曾作过实际考察，其情况如表一（择其主要的）。

表一　美国大工业公司的定价目标

公司	主要目标	附属目标
美国铝公司	纳税前投资利润率 20％，纳税后 10％（新产品更高些）	1. 促进新产品 2. 稳定价格
美国制罐公司	维持市场份额	1. 对付竞争（用代用品成本定价） 2. 稳定价格
杜邦公司	取得预定投资利润率（具体数字不定）	1. 维持情况许可的高价 2. 对新产品取得最大利润（"生命周期"定价）
新泽西美孚石油公司	取得理想的投资利润率	1. 维持市场份额 2. 稳定价格
通用电气公司	纳税后投资利润率 20％，纳税后销售额利润率 7％	1. 促进新产品 2. 稳定价格
通用汽车公司	纳税后投资利润率 20％	维持市场份额
固特异轮胎橡胶公司	对付竞争	1. 保持市场地位 2. 稳定价格
国际收割机公司	纳税后投资利润率 10％	维持市场份额
约翰斯—曼维尔公司	纳税后投资利润率 15％（大于过去 15 年的平均），新产品更高些	1. 维持市场份额 2. 稳定价格
克罗克公司	维持市场份额	纳税前投资利润率 20％
联合碳化物公司	取得预定投资利润率（具体数字不定）	促进新产品，一般化学制品采取"生命周期"定价
美国钢铁公司	纳税后投资利润率 8％	1. 维持市场份额 2. 稳定价格 3. 稳定成本与售价差额

资料来源：［美］R. F. 兰扎伊洛蒂：《大公司的定价目标》，《美国经济评论》1958 年 12 月号，第 924-926 页。

不同的垄断企业或同一垄断企业的不同时期，可以变换定价目标。但是，不论采取哪种定价目标，其最终压倒一切的目的都是为了获取最大限度的利润（to take profit maximlzation as overriding goal）①。直接体现这一目的的定价目标是上述第一种，即所谓"预定投资利润率指标"定价原则（target return on investment pricing）。按此原则规定的目标价格等于成本价格加上按预定投资利润率计算的利润。

根据前面提到的卡普兰等三人对美国大工业公司定价的实际考察材料，这些大公司依以定价的成本是一种预定的成本（predetermined cost）②。这种成本是根据对现有的生产能力、技术装备、开工程度、劳动生产率水平、竞争对手的生产和成本状况等方面的计算和了解，以及对这些方面将来发展趋势的预测而确定的。同时，依以定价的投资利润率也是一种预定性的、指标性的。这种预定投资利润率是从获取高额利润出发，考虑到市场状况、需求弹性、有无代用品、竞争对手的经济实力和价格政策等影响销售量的各种因素而确定的。

显然，这样制定的垄断价格具有目标性，也就是说，它是一种价格目标或目标价格。

那么，垄断企业产品的实际售价是否同这种目标价格完全一致呢？或者说，这种目标价格是否就是实际售价或市场价格呢？

如果正好按照这样规定的价格目标出售商品，则市场状况、实际需求量等就必须同预计的相符。然而实际情况并不会同预计的完全一致。这就势必发生价格波动，有时按高于或低于目标价格的价格出售。美国经济学家韦斯顿（J. F. Weston）、奥恩斯太因（S. I. Ornstein）曾写道：即使在垄断价格条件下，"实际价格的灵活性（flexible）也比通常所设想的大得多"③。

垄断价格一般的虽然已经很高，但在需求大大超过供给的情况下，也即资产阶级经济学家所谓有大量买主的"卖主市场"（oligopoly）的条件下，产品就会按高于垄断价格的价格出售。第二次世界大战后初期，美国各汽车公司就曾按照供求不平衡的价格出售其产品。一些汽车大王更是按照比企业主规定的价格表高出很多的价格出售汽车④。但一般说来，较多的是按低于垄

---

① 卡普兰等著：《大企业的定价——实例探讨》，1958 年英文版。
② 卡普兰等著：《大企业的定价——实例探讨》，1958 年英文版。
③ 韦斯顿等著：《大公司对美国经济的影响》，1973 年英文版。
④ ［苏］H. H. 伊诺泽姆采夫：《现代垄断资本主义政治经济学》上册，1978 年中译本，第 205 页。

断价格的价格出售。这主要是因为战后以来竞争不断加剧的缘故。这种降价出售多采取变相的方式，例如：给予买主回扣，减免服务费和包装费，高质产品按低质产品价格出售等。前述韦斯顿和奥恩斯太因曾列举过一些这方面的典型情况：（1）汽车工业一般认为是"卖主市场"的模型（the archetype of disciplined oligopoly），价格制度非常严格。但个别企业主还是采取多种方式对其顾客变价出售。例如，汽车商销售汽车超过批售定额或者推销了某些特产品时，即给予特殊奖金（bonus）。（2）在制铝工业中，标价（list price）同实际价格不同，实际价格是标价的若干折扣。例如 1972 年初，标价每磅铝锭是 29 美分，而实际价格每磅则是 22 美分，低于标价将近 30%。有些产品的价格甚至经常变动而不列在价目表中。（3）在钢铁业中，例如伯利恒钢铁公司就在许多额外收费上（extra）给予减免，或者采取其他处理办法[①]。

韦斯顿和奥恩斯太因还在兰扎伊洛蒂关于美国 20 家大公司定价目标的考察的基础上，对这些大公司的预定利润率同实际利润率进行了对比，表明它们在量上是不一致的。这在一定程度上反映了实际价格同目标价格的不一致性，如表二[②]。

表二　1947—1967 年美国 20 家大工业公司预定投资利润率和实际投资利润率（均为纳税后）对比（择其主要的）

公 司	兰扎伊洛蒂提出的预定投资利润率	平均实际投资利润率	
		1947—1955 年	1956—1967 年
美国铝公司	10%	13.8%	8.5%
通电电气公司	20%	21.4%	16.6%
通用汽车公司	20%	26.0%	19.9%
国际收割机公司	10%	8.9%	7.4%
约翰斯—曼维尔公司	15%	14.9%	10.2%
克罗克公司	10%	12.1%	12.2%
美国钢铁公司	8%	10.3%	8.2%
20 家平均		14.1%	11.9%

由上可见，垄断价格首先具有价格目标或目标价格的性质，实际价格或市场价格是以它为基础的，它是市场价格的调节者。

---

① 韦斯顿等著：《大公司对美国经济的影响》，1973 年英文版。
② 韦斯顿等著：《大公司对美国经济的影响》，1973 年英文版。

把以上所谈的两个方面综合起来，可以说：垄断价格是垄断企业为了从不同产品和同一产品不同时期的销售中获得高额利润总量，而以价格目标为基础，环绕着它奉行灵活的市场价格，这样所形成的一种价格体系。

二、垄断价格的构成

按照一般的说法，垄断价格由成本价格和垄断利润两部分构成。用 P 代表垄断价格，C 代表成本价格，P_m 代表垄断利润，则 $P = C + P_m$。

在这里，P_m 是高额利润，这是没有问题的。但是，它是否全都是垄断利润呢？究竟什么是垄断利润？它的内容如何？这还是值得分析的一个问题。

关于垄断利润的内容，主要有以下几种看法：

1. 认为垄断利润是指超过平均利润以上的那部分利润。过去曾有一个时期，许多苏联经济学家持有这种看法。例如，索·维戈德斯基在他的《从现代资料看马克思平均利润和生产价格理论》这本著作中写道："垄断高额利润无非是一般平均利润的附加，无非是特种超额利润或额外利润。"[1]

2. 认为垄断利润包括平均利润和垄断超额利润。苏联经济学家叶·斯·瓦尔加和索·勒·维戈德斯基等都持有这种看法。维戈德斯基认为垄断利润包括平均利润和变态的额外利润。所谓变态的额外利润，是指垄断组织享有技术进步的优越性，并能仗其垄断地位把额外利润固定在比较长的时间内，从而把额外利润变成垄断利润。[2]

3. 认为垄断利润包括平均利润、一般超额利润和垄断超额利润。苏联经济学家米·萨·德拉吉列夫即持有这种看法[3]。

4. 以苏联经济学家格·科兹洛夫为代表的一种看法，即认为垄断利润除了一般平均利润外，还包括：来自垄断低额生产费用的利润，该资本由于对某些生产技术条件实行垄断化而取得的剩余利润，由于把该商品的销售价格提到生产价格（或价值）以上而得到的利润[4]。

我同意第一种看法。我认为，垄断利润是指全部利润中超过平均利润的

---

① 转引自《经济学动态》1978 年第 3 期，第 43 页。
② 转引自《经济学动态》1978 年第 3 期，第 44 页。
③ 转引自《经济学动态》1978 年第 3 期，第 44 页。
④ 转引自《经济学动态》1978 年第 3 期，第 45 页。

那部分利润，而不应该把平均利润也包括在内。因此，上述公式中的 P_m 并不都是垄断利润，而是等于平均利润加垄断利润。用 P_A 代表平均利润，P_E 代表垄断利润，则上述公式应为 $P＝C+P_A+P_E$。这里的关键在于：垄断利润是垄断资本的本质及其统治在经济上的体现。因此，只有由于垄断统治所形成的那部分利润才能算作垄断利润。

有一种意见认为，在垄断资本主义条件下利润率平均化的规律不发生作用了，平均利润不存在了，因而不必再区分什么平均利润和垄断超额利润了，垄断价格大于成本价格的差额都可以视之为垄断利润。例如，苏联莫斯科大学经济系政治经济学教研室编写的《政治经济学教程》（1973 年第 3 版）即强调，在帝国主义阶段不存在对所有的资本都一样的利润率。这时，平均利润和生产价格只能作为平均统计数来看待，不再有什么实际意义。因此，垄断利润的结构问题没有必要分析和探讨了[1]。这种看法，我觉得是值得商榷的，理由是不充分的。首先，在垄断资本主义条件下，利润率平均化规律是否不再发生作用，这个问题还值得研究（后面要专门谈这个问题）。其次，即使这个规律不再发生作用，平均利润和生产价格只是作为一种平均统计数而存在，并且垄断资本家在对待其利润收入时，实际上也无需分开哪些是平均利润，哪些是垄断超额利润，但是，在理论上还是应该区分开的。垄断利润是以垄断资本的统治为基础的。这种区分如同个别资本由于采用了先进技术，其商品的个别价值低于社会价值，从而得到了额外利润，这就要区分开哪是一般利润，哪是额外利润，而不能因为都是利润就混在一起统称之为利润一样。

至于垄断利润的内容，我认为包括：

1. 来自垄断低额成本价格的利润。垄断企业依仗其垄断统治地位，往往压低其所需原材料的购买价格，从而使其成本价格降低，获得额外利润。这种原材料，有的来自非垄断企业，有的来自国外，有的来自小生产者。这样，其他资本家的一部分利润，或者小生产者创造的一部分价值，就转化成垄断企业的一部分垄断利润。

2. 来自技术优越性的利润。马克思曾指出："机器生产相对剩余价值，不仅由于它直接地使劳动力贬值，使劳动力再生产所必需的商品便宜，从而间接地使劳动力便宜，而且还由于它在最初偶而被采用时，会把机器所有主

---

[1] 转引自《经济学动态》1978 年第 3 期，第 46 页。

使用的劳动变为高效率的劳动，把机器产品的社会价值提高到它的个别价值以上，从而使资本家能够用日产品中较小的价值部分来补偿劳动力的日价值。因此，在机器生产还被垄断的这个过渡时期，利润特别高"①。马克思在这里所讲的还是资本主义自由竞争阶段的情况。到了垄断阶段，巨大的垄断企业更是具有优越的生产技术条件，它们的产品的个别价值总是低于同种产品的社会价值。然而这时，优越的生产技术条件不再像自由竞争阶段那样，只是短暂的"被垄断的过渡时期"了，而是垄断企业依仗其垄断统治地位，能够在较长的时期内固定地保持着这种生产技术上的优越性和垄断性了，因而也就能够在较长的时期内固定地保持着其产品的个别价值低于社会价值所形成的额外利润了。这种额外利润就构成垄断利润的一部分。

3. 来自垄断高价的利润，即垄断企业由于按高于生产价格或价值的垄断价格出售其商品所得到的超额利润。这是垄断利润的主要构成部分。一般所说的垄断利润，主要就是指的这种超额利润。

垄断利润是垄断价格的重要组成部分。它同垄断价格之间有着直接的依存关系，在垄断价格的形成中起着越来越大的作用。在发达的资本主义国家里，长期以来，价格水平的上升趋势，除去通货膨胀因素以外，同高额垄断利润的追求所决定的垄断价格的提高是分不开的。

成本价格是垄断价格的另一组成部分，它们之间也存在着直接的依存关系。但是，同自由竞争阶段生产价格与成本价格之间的关系相比，这种关系发生了某些质的变化。

首先，如前面已说明过的，垄断价格（目标价格）中的成本价格具有预定性（predetermined）。

其次，在资本主义自由竞争阶段，生产价格的量的变化随着成本价格量的变化而变化。在垄断资本主义条件下，虽然总的说来，垄断价格的量的变化也是以成本价格的量的变化为转移，但这时，出现了一种新情况，这就是：垄断价格并不总是随着成本价格中某些费用的量的变化而变化，而是成本价格中的某些费用虽然降低了，但垄断价格却反而上升了；成本价格中的某些费用增加了，这又更会成为垄断企业用来进一步提高垄断价格的借口。

成本价格中某些费用同垄断价格按相反方向或同一方向不同比例的变化，可以从以下两种实际情况中反映出来：

① 《马克思恩格斯全集》第 23 卷，第 445-446 页。

（1）劳动生产率不断提高，这会使成本价格或其中的某些费用降低，从而使产品价格下降，但实际上，产品的价格水平却呈现上升趋势（这当中，自然有通货膨胀的影响在内）。例如美国，战后长期以来劳动生产率和物价变动情况如表三：

表三

年份	制造业劳动生产率指数（每人一小时产量）1967＝100	制造业批发物价指数 1967＝100	年份	制造业劳动生产率指数（每人一小时产量）1967＝100	制造业批发物价指数 1967＝100
1970	108.0	110.2	1958	74.4	93.8
1969	107.4	106.2	1957	74.4	92.8
1968	104.7	102.6	1956	72.9	90.0
1967	100.0	100.0	1955	73.7	86.6
1966	99.9	99.1	1954	69.5	85.7
1965	98.4	96.3	1953	68.4	85.0
1964	94.5	94.8	1952	66.2	85.1
1963	90.1	94.3	1951	65.9	87.0
1962	86.6	94.5	1950	64.4	78.4
1961	81.9	94.4	1949	60.1	75.5
1960	79.9	94.8	1948	58.0	78.2
1959	78.6	94.6	1947	54.9	72.8

资料来源：[美]《美国历史统计——从殖民地时代到1970年》第Ⅰ部分，第202页；第Ⅱ部分，第949页。

（2）原料价格的上升幅度低于制成品价格的上升幅度（二者都同样受通货膨胀的影响）。例如战后美国，把产品按其在加工过程中所处的不同阶段分为原料（crude material）、中间产品（intermediate material）和制成品（finished goods）三类，它们的价格变动情况如表四。

第三，工人的工资是成本价格的重要组成部分。前面引用的马克思论述垄断价格的那段话中指出："如果这种具有垄断价格的商品进入工人的必要的消费，那么，在工人照旧得到他的劳动力的价值的情况下，这种商品就会提高工资，并从而减少剩余价值。它也可能把工资压低到劳动力的价值以下，但只是工资要高于身体最低限度。这时，垄断价格就要通过对实际工资……的扣除……来支付。"这在垄断资本主义阶段基本上是适用的。但是，情况也发生了一定的变化。特别是战后以来，在发达的资本主义国家里，由于广大工人群众不断要求增加工资的斗争和垄断资产阶级为了缓和阶级矛盾、维护垄断资本主义制度而打起了所谓"福利经济""福利社会"的旗号，工人的实际工资有所增长。这就产生了二重作用：一是，垄断资本家以工资增加为借口而提高垄断价格；二是，像马克思所指出的，由于"剩余资本暂时超过它所支配的工人人口"所造成的工资的提高，"会使创造相对剩余价值的方法（机器的采用和改良）得到采用"①，同样，战后随着工人工资的提高，垄断资本家就更加依赖于采用先进技术的办法来攫取更多的剩余价值，即扩大相对剩余价值了。这时，劳动生产率提高了，垄断价格水平上升了，尽管工人的工资增加了，也会使得垄断资本家能够用日产品中较小的部分来补偿增加了的劳动力的日价值。这是垄断资本主义现阶段，工资成本同垄断价格之间的关系的一个新特点。

表四　美国批发物价指数（1967＝100）

年份	原料	中间产品	制成品	年份	原料	中间产品	制成品
1970	112.2	109.8	110.4	1958	102.0	94.3	93.2
1969	108.3	105.9	106.6	1957	99.8	94.1	91.1
1968	101.6	102.3	102.9	1956	97.6	92.0	87.9
1967	100.0	100.0	100.0	1955	97.1	88.1	85.5
1966	105.7	99.2	98.8	1954	101.0	86.5	85.3
1965	99.3	96.8	95.7	1953	101.9	86.0	85.1
1964	94.5	95.5	94.1	1952	110.3	85.5	86.0
1963	95.4	95.2	93.7	1951	120.1	88.1	86.5
1962	97.5	94.9	94.0	1950	104.6	78.6	79.0
1961	96.5	95.0	93.7	1949	96.0	75.2	77.6
1960	97.0	95.6	93.7	1948	110.9	78.3	79.9
1959	99.4	95.6	93.0	1947	101.2	72.4	74.0

资料来源：［美］《美国历史统计——从殖民地时代到 1970 年》，第Ⅰ部分，第 203 页。

最后，战后以来，例如在美国，除去通货膨胀因素以外，在成本价格方面，还由于以下一些原因而造成了物价水平的不断上升。同过去相比，这也可以说是成本价格同垄断价格之间的关系，所发生的一种变化。

1. 战后，随着生产集中、资本集中的不断提高和生产规模的不断扩大，建筑费、设备费、管理费等固定费用日益增大，它们在成本价格中所占比重

---

① 《马克思恩格斯全集》第 25 卷，第 243 页。

不断提高，因而单位产品所负担的这些费用就会剧增。特别在生产停滞和周期性缩减的情况下就更是如此。

战后，随着资本主义基本矛盾的加剧，垄断资本家为了适应相对缩小的社会需求，又往往采取缩减生产、调节供给的办法，以求达到供求平衡，保持价格的相对稳定，防止其下降。因此，企业设备的利用率有降低的趋势。这样，单位产品负担的建筑费、设备费等费用就因而会更进一步增加了。（见表五）

表五　战后美国制造业设备利用率下降情况

年　份	设备利用率（%）	年　份	设备利用率（%）
1950	82.8	1971	78.0
1960	80.1	1975	73.6
1970	79.2		

资料来源：美国《联邦储备公报》1976 年 11 月号。

2. 战后，随着生产技术的发展和竞争的加剧，工艺上的费用、研究费用以及广告推销费用等急剧增长。据统计，1945 年美国企业的广告费用约为29 亿美元，1950 年增至 57 亿美元，1955 年为 92 亿美元，1960 年为 119 亿美元，1965 年 153 亿美元，1970 年达 197 亿美元，1970 年为 1945 年的将近7 倍[①]。

3. 战后美国政府，为了"刺激"经济和鼓励投资，实行了"加速折旧法"。这对于垄断资本家来说是极为有利的。它可以减少因科学技术的发展对生产设备造成的精神耗损；它可以大大减少垄断资本家的纳税额，因为作为折旧的那部分收入可以按未分配利润看待，免除所得税；它扩大了所使用的资本和所消费的资本之间的差额，某些生产设备的价值虽然通过加速折旧和产品销售已经全部实现并收回来了，但它仍然可以继续使用，就像是"自然力如水、蒸汽、空气、电力等等那样，提供无偿的服务。"[②]由于加速折旧，分摊到单位产品上去的这种费用剧增。

①《美国统计摘要》1971 年。
②《马克思恩格斯全集》第 23 卷，第 667 页。

三、垄断价格同商品价值和生产价格的关系

垄断价格既然高于生产价格和价值，那么首先，这是否意味着垄断价格不再以商品价值为基础，不再受商品价值的制约了？垄断价格同商品价值的关系究竟怎样？其次，这时，生产价格这个范畴还存在不存在？如果还存在，则垄断价格同生产价格的关系如何？

前面引用的马克思关于垄断价格的那段话说得很清楚，虽然"一个高于受垄断影响的商品的生产价格和价值的垄断价格"形成了，但"由商品价值规定的界限也不会因此消失"。这就是说，从社会整体来看，各种产品的垄断价格和非垄断价格以及小商品生产产品的价格的总和等于商品价值的总和；就资本主义企业来说，垄断和非垄断价格的总和等于商品生产价格的总和。垄断价格高于生产价格和价值的差额，不外是由其他资本家的利润和小商品生产者创造的价值的一部分转化而来。这里的问题（仅就资本主义企业而言），同商品价值转化为生产价格一样，仍然是剩余价值在不同资本家集团之间的分配而已。所不同的是，商品价值转化为生产价格是以平均利润为限，而垄断价格则突破了平均利润的界限，包含着大于平均利润的垄断利润。虽然如此，却仍然像马克思所说的："这一切总是这样解决的：加入某种商品的剩余价值多多少，加入另一种商品的剩余价值就少多少"[①]。因此，可以说垄断价格也不外是商品价值的一种转化形式。

生产价格是商品价值的转化形式，垄断价格也是商品价值的转化形式，那么，它们二者的关系怎样？

为了说明这个问题，首先需要说明在垄断阶段生产价格这个范畴还存在不存在。

前面曾谈到，在苏联，有些经济学家认为在垄断阶段，利润率平均化的规律不再发生作用，平均利润和生产价格范畴不再存在了。而另一些经济学家则认为，平均利润和生产价格依然存在。例如，沃·叶·莫蒂列夫在他所著《财政资本及其组织形式》一书中强调指出：垄断组织的统治使部门间的利润率的差别在帝国主义时代加深了，但垄断组织并不能阻止资本从利润率

---

① 《马克思恩格斯全集》第25卷，第181页。

低的部门流到利润率高的部门，因此，形成一般利润率的趋势在帝国主义制度下还在继续起作用。持这种看法的人认为，生产价格是垄断价格的调节者。还有一些经济学家认为，在垄断范围内，由于垄断企业和部门之间的竞争，形成了一种垄断平均利润和垄断生产价格，垄断生产价格是市场价格的调节者。再有一些经济学家则认为，生产价格和垄断价格都存在，都是市场价格的调节者[①]。

最近，美国经济学家保罗·斯威齐（Paul M. Sweezy）在美国《每月评论》杂志上发表了一篇题为《马克思的价值理论与危机》的文章，他明确提出：在垄断资本主义条件下，平均利润率规律不发生作用了，平均利润率只是作为数学上的观念而存在，它不再支配剩余价值的分配了。这时，代替生产价格的是垄断价格。垄断价格是生产价格的转化形式，就像生产价格是价值转化的形式那样。当然，因而也就可以说，垄断价格是价值的转化形式。在分析垄断价格时，不能否定价值理论。但是，由生产价格转化为垄断价格不像由价值转化为生产价格那样，有着一般规律[②]。

我认为，在垄断资本主义条件下，在较长的时期内，利润率的平均化作为一个趋势仍然继续发生作用，生产价格还依然会形成，作为市场价格调节者的垄断价格，一方面以商品价值为基础和界限，同时另一方面也还要受生产价格的影响和调节。

一般都知道，垄断虽然限制了自由竞争，但并没有消灭竞争，只是竞争的性质、形式、方法和手段都发生了重大变化。这时的竞争更加剧烈、更加残酷。正像列宁所说："从自由竞争中成长起来的垄断并不消除竞争，而是凌驾于竞争之上，与之并存，因而产生许多特别尖锐特别剧烈的矛盾、磨擦和冲突。"[③]

既然在垄断资本主义条件下，竞争规律依然存在，那么，资本在不同部门间的转投就不会绝对终止。利润率平均化趋势的规律也就必然继续发生作用。因此，生产价格这个范畴还会依然存在。

当然，由于垄断统治，利润率的平均化和生产价格的形成又不能不具有一些新的特点。它具有长期的、曲折的、隐蔽的形式了。

从一个时期来看，可能出现三种不同的利润率水平：一是，垄断程度高

---

① 转引自《经济学动态》1978 年第 3 期，第 43—44、45 页。
② [美]《每月评论》，1979 年 7—8 月号，第 9 页。
③《帝国主义是资本主义的最高阶段》，人民出版社 1971 年版，第 79—89 页。

的部门，或者大企业占较大比重的部门，具有高水平的利润率（高于社会平均利润率）。二是，非垄断部门，或者中、小企业占较大比重的部门，具有低水平的利润率（低于社会平均利润率）。以上这两类部门的利润率，在一定时期内，都可能稳定地偏离社会平均利润率。三是，介乎前两者之间的部门（一般来说，可能占大多数），具有接近于社会平均利润率水平的利润率。但是，这三者之间的界限并不是也不可能是绝对的、永恒的、根本不可逾越的。经过一个较长时期的竞争、激荡和发展，它们之间会有接近的趋势。这是长期性和曲折性的表现。

所谓是隐蔽的，主要表现在两个方面：一是，资本主义发展到垄断阶段，垄断企业的经营有多样化的趋势。这在第二次世界大战以后更有了进一步的发展。在这种情况下，一个垄断企业为了取得高额利润总量，往往把资本多投在定价高、利润率高的产品上，少投在定价低、利润率低的产品上。如果情况变了，投资的分配也将随之相应地发生变化。这样，过去部门间的资本转移现在表现为企业内部投资的重新分配了。二是，随着信贷事业的发展和企业经营依赖于外部资金（主要是金融机构贷款和发行债券）程度的提高，资本的转投表现为信贷资金的流动。

尽管具有长期性和隐蔽性，然而生产价格和利润率的平均化作为一个客观范畴和规律，总还是存在的。这里有一些实际资料可以说明这个问题。据卡普兰等统计，1947—1955 年美国整个制造业的年平均利润率（纳税后）为 7.8%，而 22 家大工业公司的年平均利润率为 11.6%，高于整个制造业的平均水平。在这 22 家大工业公司中，通用汽车公司为 24%，通用电气公司为 17.9%，杜邦公司为 17.6%，肯尼科特铜公司为 15.5%，海湾石油公司为 12.2%，国民钢铁公司为 12.1%，等①。又据美国联邦贸易委员会（Federal Trade Commission）关于 1947—1962 年美国制造业利润率的统计，在 1955—1962 年期间（有些项目只有这几年的数字），整个制造业（除去新闻业）纳税后的年平均利润率为 10.3%，其中资产在 100 万美元以下的公司为 7.2%，资产在 100 万—500 万美元的为 7.7%，这两类都属于较小的企业，年平均利润率都低于整个制造业的 10.3%；资产在 5000 万—1 亿美元的为 9.9%，资产在 1 亿—2.5 亿美元的为 10.6%，这两类都属于中等企业，每年平均利润率都接近于整个制造业的 10.3%；资产在 2.5 亿—10 亿美元的为 10.7%，资产在 10

---

① 卡普兰等著：《大企业的定价——实例探讨》，1958 年英文版。

亿和 10 亿以上美元的为 12.3%，这两类都属于较大的企业，年平均利润率都高于整个制造业的 10.3%，详情见表六[1]：

表六　美国制造业按股本计算的纳税后年利润率（%）

按资产大小 ＼ 年份	1947	1948	1949	1950	1951	1952	1953	1954	1955	1956	1957	1958	1959	1960	1961	1962
整个制造业（新闻业除外）	15.6	16.0	11.7	15.4	12.1	10.3	10.5	9.9	12.6	12.3	11.0	8.6	10.4	9.2	8.8	9.8
100 万美元以上	16.3	12.6	7.0	12.4	9.0	7.9	7.0	5.4	7.5	10.4	7.6	4.4	8.3	5.6	5.6	8.4
100 万—500 万美元	18.5	14.8	9.0	13.8	11.0	8.0	7.5	5.6	9.0	10.2	8.3	5.8	8.4	5.7	6.1	7.7
500 万—1 亿美元	16.2	16.2	10.9	15.1												
1 亿和 1 亿以上美元	13.3	16.8	13.5	16.4	13.3	11.8	12.1	11.1								
500 万—1000 万美元					11.4	8.8	9.2	7.4	9.7	10.5	8.9	7.2	8.8	6.9	6.9	7.9
1000 万—5000 万美元					12.2	9.7	9.9	8.7	11.0	11.6	9.8					
5000 万—1 亿美元					13.0	9.9	9.4	8.7	11.5	11.9	10.5	8.6	10.8	8.7	8.3	8.6
1000 万—2500 万美元									11.0	11.6	9.8	7.7	9.8	7.5	7.0	8.0
2500 万—5000 万美元									11.0	11.6	9.8	7.3	9.7	8.4	7.7	8.6
1 亿—2.5 亿美元									14.6	11.6	10.6	9.2	11.4	9.3	8.4	9.4
2.5 亿—10 亿美元									14.6	12.8	10.9	9.1	9.2	9.6	9.3	9.2
10 亿和 10 亿以上美元									14.6	14.2	13.9	10.3	11.6	11.3	10.9	11.9

注：原为季度数字，这里用四个季度平均数代表年平均利润率。

从表六来看，仅就 1955—1962 年这几年而言，资产大小不同的企业的年利润率有着下降和接近的趋势。

再根据上述资料，从不同的生产部门来看，垄断程度比较高的一些部门，如汽车、电机、化学制品、石油等，它们的利润率一般都比较高，高过整个制造业的平均利润率；垄断程度比较低的一些部门，如食品、纺织、服装、造纸、皮革等，它们的利润率一般都比较低，低于整个制造业的平均利润率；而且在较长的时期内，这两大类别部门之间的利润率的差额始终保持着。但是，仅就 1947—1962 年这个期间来看，这些部门的利润率的发展变化呈现出两个特点：一是，利润率普遍地有下降趋势；二是，利润率的差额保持着比较稳定的状态，也就是说，没有扩大的趋势。这第二个特点，可以说是在垄断资本主义现阶段，利润率平均化趋势的一种反映或特有的一种表现形式。因为在垄断阶段，不可能出现完全一致的利润率。即使在自由竞争阶段，部门间利润率的差额也总会多少存在的。上述情况详见表七[2]。

---

① 美国联邦贸易委员会：《1947—1962 年制造业公司的利润率》，1963 年英文版。

② 美国联邦贸易委员会：《1947—1962 年制造业公司的利润率》，1963 年英文版。

表七 美国制造业按股本计算的纳税后年利润率（%）

部门 \ 年份		1947	1948	1949	1950	1951	1952	1953	1954	1955	1956	1957	1958	1959	1960	1961	1962
整个制造业（新闻业除外）		15.6	16.0	11.7	15.4	12.1	10.3	10.5	9.9	12.6	12.3	11.0	8.6	10.4	9.2	8.8	9.8
垄断程度较高部门	汽车和设备	16.4	19.9	22.0	25.3	14.4	13.9	13.9	14.1	21.7	13.1	14.2	8.2	14.6	13.5	11.4	16.3
	电机	19.1	16.1	13.6	20.8	14.0	13.7	13.1	12.4	12.3	11.4	12.6	10.2	12.5	9.5	8.9	10.1
	化学品	16.0	15.8	13.2	17.8	11.3	10.9	10.8	11.6	14.7	14.2	13.3	11.4	13.7	12.2	11.8	12.4
	石油及石油制品	14.8	19.8	11.9	13.9	15.2	13.2	13.3	12.5	13.2	13.8	12.4	9.9	9.9	10.1	10.3	10.1
垄断程度较低部门	食品	17.6	12.8	11.8	12.3	8.2	7.6	8.1	8.1	8.9	9.3	8.6	8.7	9.3	8.7	8.9	8.8
	纺织品	19.5	18.9	7.6	12.6	8.3	4.2	4.6	1.9	5.7	5.8	4.3	3.5	7.6	5.9	5.0	6.2
	服装	18.9	12.1	7.6	10.1	3.0	4.7	5.1	4.5	6.2	8.1	6.3	4.9	8.6	7.7	7.1	9.1
	造纸及纸制品	22.1	16.4	10.7	16.1	14.0	10.5	10.1	9.9	11.5	11.7	8.9	8.0	9.5	8.5	7.8	8.1
	皮革及制品	14.1	10.5	6.2	10.9	2.1	5.8	6.0	5.9	8.5	7.2	7.0	5.6	8.4	6.3	4.4	6.9

注：原为季度数字，这里用四个季度的平均数代表年平均利润率。

英国的经济学家罗伯特·肖恩（Robert Shone）在其所著《价格与投资的关系——应用经济学研究》一书中对于利润率问题有所论述，他指出：巨大的企业除去自有的资本以外，每年要借入大量外来资本。这些资本可以在部门间自由转移。因此，他写道：在存在"自由资本市场情况下，资本在相当程度上具有流动性。这些资本按大体上相应的冒险程度追求相应的利润率，利润率相差不是很大。在过去20年中有迹象表明，按净产额计算的利润率的差距日渐缩小。"他还引用潘尼克和麦洛斯二人研究所得的结果，具体地说明了这种趋势，即：纳税后利润率差别的幅度，1952年为1.9%，1961年下降为1.4%，1969年更下降为0.7%[①]。

事实上，垄断资本家在心目中总是要考虑不同部门的一般利润率，围绕着它来制订预定利润率的。例如，前面提到的韦斯顿和奥恩斯太因所计算的美国20家大工业公司纳税后的平均利润率为14.1%[②]。这个利润率起着调节者的作用。

既然在垄断资本主义条件下，利润率平均化的规律还依然发生作用，生产价格还依然存在，那么，垄断价格和生产价格的关系如何？

这个问题比较复杂，需要进行专题研究。这里只从理论上提出一点初步看法。基本想法是：在一个较短的时期内，垄断价格水平有一定的稳定性，市场价格环绕着它波动。在一个更长的时期内，利润率呈现接近的趋势，垄

---

① [英]R. 肖恩：《价格与投资的关系——应用经济学研究》，1975年英文版。

② 韦斯顿等著：《大公司对美国经济的影响》，1973年英文版。

断价格逐渐向生产价格靠近。往后，随着垄断的进一步发展，背离生产价格的新的垄断价格水平逐渐形成，它又成为市场价格的调节者。再经过一个较长的时期以后，利润率又趋接近，垄断价格又靠近新的生产价格。如此运动不已。

最近一个时期，国内经济学界在涉及这方面的问题时，有这样一种看法，即认为存在两种平均利润率和两种生产价格：一是，垄断平均利润率和垄断生产价格；另一是，非垄断平均利润率和非垄断生产价格。这种看法无论在理论上还是在实际上都是可以成立的。但未免有静态分析和忽视竞争规律的作用的缺点。在一定时期内，垄断和非垄断部门之间可以有不等的、稳定的利润率。但是，在一个更长的时期内，由于竞争规律的作用，不等的利润率还是有接近的趋势。这里的关键问题在于：竞争规律还存在，资本的转投不可能绝对地被阻止，而且资本的转移采取了企业内部投资的重新分配和信贷资金流动的形式。

再论垄断价格问题*

1980 年我在《南开学报》上发表了一篇题为《关于垄断价格问题》的文章，针对垄断价格的一些基本问题，提出了一些新的、不成熟的看法，为的是抛砖引玉，引起较广泛的探讨，以使这个重要的基本理论问题能够得到进一步较深入、较全面、较准确的理解和解决。自从拙文发表后，不少同志著文同我进行商榷。有的同意我的观点，有的不同意。在不同意我观点的同志中，论点又各自不尽相同。现在我想针对某些不同意见，就这个问题再进行一些论述，借以就教于某些同志，并使问题的探讨得以逐步深入下去。

一、所谓垄断生产价格

在不同意我的看法的同志中，我觉得以李达昌同志最具有代表性。他的论点很值得注意和研究。李达昌同志在《四川财经学院学报》1981 年第 2 期上发表了一篇题为《也谈垄断价格》的文章。他不同意我的观点，认为垄断价格不是市场价格，而是具有价格目标或目标价格的性质，实际价格或市场价格是以这种目标价格为基础的，它是市场价格的调节者。他认为，生产价格应该是理论的出发点，但在垄断资本主义条件下，由于垄断和竞争的并存，生产价格发生了扭曲或变形，形成了垄断生产价格，这是市场价格的价值基础或调节者。

所谓垄断生产价格，是一个颇新颖而很值得研究的一个概念或范畴。那么，什么是垄断生产价格，它同我所说的作为市场价格调节者的具有目标价格性质的垄断价格之比较如何？

---

* 本文原载于《南开学报》1986 年第 5 期。

在分析和论述这些问题之前，首先应该指出或者明确的一点，就是所谓垄断价格不是市场价格，是说垄断价格不单纯是指市场价格，而且还包括市场价格的基础或调节者，并且我们所要着重研究的还主要是后者。为了将二者区分开，就简单地称前者为市场价格，称后者为垄断价格，如同自由竞争阶段，商品出售的实际价格为市场价格，它的基础是价值的转化形式生产价格。当然，在垄断资本主义条件下的市场价格也可以称之为垄断市场价格。垄断市场价格也是随着供求关系和市场状况的变化而不断地变化的，而且它也总是有个基础、有个调节者、有个变动的中心。这个基础、调节者或变动中心是一个客观的经济范畴，而不是主观的、随心所欲、任意定价的意志范畴；不是价格范畴，而是价值范畴，只不过它是价值的一种转化形式，如同生产价格是价值的转化形式一样。以上这些，我想大家应该是认识一致的。

问题是作为垄断市场价格之基础或调节者的价值的转化形式为何？是我所说的具有目标价格性质的垄断价格，还是李达昌同志所说的垄断生产价格？它们又是如何形成的？

先从垄断生产价格谈起。

李达昌同志认为，生产价格是考虑垄断价格的历史的和理论的出发点，因为垄断资本主义是自由竞争资本主义的直接继续。由于垄断的产生和发展，利润率的平均化受到阻扰，同时又由于垄断阶段竞争仍然存在，垄断对利润率平均化的阻扰不可能是永恒的、全面的、持久的，也就是说利润率依然有平均化的趋势。这样，就形成了一种扭曲和变形的生产价格，即垄断生产价格，它是垄断市场价格的客观价值基础或调节者。

这种考虑问题的方法是可取的。但问题是，所谓的垄断生产价格的内涵或构成不具体、不明确，不知终究为何物，不知如何区别于自由竞争阶段的生产价格。

这里首先一个问题，就是垄断生产价格是否是在全社会范围内起作用的一个范畴。从李达昌同志的文章来看，似乎是（至少没有明确不是）。如果是这样，那就会产生两个问题：一是，在垄断阶段，虽然垄断占了统治地位，但垄断并没有囊括一切生产部门，还有大量非垄断企业存在，它们的产品并不是按垄断价格出售的。二是，必然要形成一个社会平均利润率，而这一点李达昌同志也认为是不可能的。他写道："由于垄断的力量居于主导的地位，它不断克服着竞争所造成的对平均利润的回归，终究不可能像自由竞争资本主义（原文是垄断资本主义，显然是笔误或印刷有误——引者）那样，形成一个全社会平均的一般利润率"①。

关于这个问题，我有一个进一步的、新的看法。在前一篇《关于垄断价格》一文里，我曾经写道："既然在垄断资本主义条件下，竞争规律依然存在，那么，资本在不同部门间的转投就不会绝对终止，利润率平均化趋势的规律也就必然继续发生作用"，"生产价格还会依然形成"。"当然，由于垄断统治，利润率的平均化和生产价格的形成又不能不具有一些新的特点。它具有长期的、曲折的、隐蔽的形式了。"又写道："从一个时期来看，可能出现三种不同的利润率水平：一是，垄断程度高的部门，或者大企业占较大比重的部门，具有高水平的利润率（高于社会平均利润率）。二是，非垄断部门，或者中、小企业占较大比重的部门，具有低水平的利润率（低于社会平均利润率）。……三是，合乎前二者之间的部门（一般来说，可能占大多数），具有中等的或者接近于社会平均利润率水平的利润率。但是，这三者之间的界限并不是也不可能是绝对的、永恒的、根本不可逾越的。经过一个较长时期的竞争、激荡和发展，它们之间会有接近的趋势。"这是利润率平均化在垄断阶段的具体表现。现在看来，这种论断也不是绝对不可以成立，但这里所说的"长时期"究竟长到什么程度是个问题，因而可以存而不论，或者可以把这种情况舍象掉。而经常比较明显存在的是三种不同水平的利润率。这三种不同水平的利润率，概括起来，属于两大类部门：一是，垄断部门，即垄断企业占主导地位的部门；二是，非垄断部门，大都是中、小企业。这两大类内部的部门间的竞争是很激烈的，因而各自会有利润率的平均化和生产价格的形成。垄断部门范围内形成垄断生产价格；非垄断部门范围内形成非垄断生产价格，或者叫做一般的生产价格，它同自由竞争阶段一样，只不过它不是在全社会范围内形成的，而是在非垄断部门这个局部范围内形成的。非垄断生产价格或者一般生产价格问题不大，它如同在自由竞争阶段，是非垄断部门产品市场价格的基础和调节者。这不是我们所要分析的主要问题，我们需要考察的是垄断部门形成的垄断生产价格。

垄断部门的企业之间，虽然由于垄断的存在和发展，自由竞争和资本转移受到限制，但竞争依然存在，而且更为尖锐和激烈，资本在部门间的转移也并未完全受阻或终止，因而利润率平均化的规律在垄断部门这个范围内仍然发生着作用，只不过在垄断阶段，特别是二次大战后，混合兼并的大量发

---

① 《四川财经学院学报》第 1981 年第 2 期，第 41 页。

展，垄断企业的经营趋向多样化，因而资本的转移采取了一种隐蔽的形式，即由部门间的资本转投表现为垄断企业内部产品投资的比重调整了。

垄断企业之间的激烈竞争、资本的增减和实力的变化，一个明显的表现就是它们的实力地位的消长变化。以美国的大工业公司为例，从历年美国《幸福》杂志公布的美国最大 500 家工业公司的名单所反映的情况看，它们的名次变化是很大的。1954 年的 500 家大工业公司中在 1979 年的名单上仍然出现的只有 262 家，有 238 家在 500 家大公司的名单中消失了。在名单中仍然被保留的 262 家公司，排列的名次也有很大变化。1954 年的前 100 家，到 1979 年时只剩下 3/4；1954 年的前 10 家，到 1979 年时只剩下 5 家。据统计，美国平均每年从 100 家大工业公司的名单中消失的有 2.4 家，如下表。

年　份	由于各种原因平均每年从 100 家大工业公司的名单中消失的数目（单位：家）
1909—1919	4.0
1919—1929	3.1
1929—1935	2.7
1935—1948	1.5
1948—1958	1.6
1958—1977	1.7

资料来源：［美］F. M. 斯彻尔：《工业市场结构和经济作为》，1980 年原文版，第 56 页。

由于激烈的竞争，垄断部门之间的利润率必然有平均化的趋势。例如：根据美国《幸福》杂志有关各期的资料计算，美国最大 500 家工业公司中一些主要行业纳税后的股本利润率（％）如下表：

年份 行业	1961	1965	1970	1975	1980	1961—1970 平均	1970—1980 平均
采矿及原油	9.3	13.9	13.8	16.3	21.0	12.3	17.0
石油精炼	8.4	10.4	10.3	11.9	19.4	9.7	13.9
电子产品	8.8	12.5	10.2	11.2	16.2	10.5	12.5
工农业设备	8.6	14.0	9.5	11.9	13.3	10.7	11.6
金属制品	6.9	11.3	10.1	13.1	15.3	9.4	12.8
化学产品	8.3	12.6	8.7	12.6	13.9	9.9	11.7
汽车	7.2	13.6	6.0	5.8	8.1	8.9	6.6
金属冶炼	6.7	10.6	5.7	8.1	12.9	7.7	8.9
所有行业平均	9.6	13.0	9.6	11.4	15.0	10.7	12.0

　　由上表可见,美国 500 家最大工业公司所有行业 1961—1970 年平均纳税后年股本利润率为 10.7%,主要几种行业中的最低利润率(金属冶炼 7.7%)和最高利润率(采矿及原油 12.3%)同所有行业的平均数上下相差不过 1.6%—3%;1970—1980 年所有行业平均纳税后年股本利润率为 12.0%,主要几种行业中的最低利润率(汽车 6.6%)和最高利润率(采矿及原油 17.0%)同所有行业的平均数上下相差为 5%—5.4%。

　　又据统计,美国制造业资产在 5000 万美元以上的大公司纳税后的股本利润率相差无几,如下表:

美国制造业不同资产大小的公司 1963—1977 年平均纳税后股本利润率(%)

资产大小＼年份	1963—1965	1966—1969	1969—1971	1975—1977
10 亿美元以上	13.5	12.7	10.3	13.2
250—1000(亿)	11.0	12.1	10.4	13.0
100—250(亿)	11.2	12.0	9.7	12.1
50—100(亿)	10.4	11.2	8.6	12.0

资产来源:[美]F. M. 斯彻尔:《工业市场结构和经济作为》,1980 年原文版,第 92 页。

　　再如,据统计,1961—1965 年美国一部分主要工业公司的股本利润率如下表:

公　司	利润率(%)	公　司	利润率(%)
西部电器公司	10.8	孟山都公司	11.7
通用汽车公司	21.7	道公司	11.6
福特汽车公司	13.8	联合飞机公司	8.1
克莱斯勒汽车公司	13.5	波音飞机公司	14.3
国际商用机械公司	19.5	通用动力公司	19.1
通用电器公司	15.4	洛克希德飞机公司	20.9
威斯汀豪斯电器公司	6.8	阿尔科炼铝公司	6.8
新泽西美孚石油公司	12.1	凯瑟炼铝公司	8.2
德士古石油公司	15.5	雷诺兹炼铝公司	7.0
莫比尔石油公司	8.7	安纳康达炼铜公司	5.2
海湾石油公司	11.1	肯奈科特炼铜公司	9.3
美国钢铁公司	6.0	费尔普斯·道奇铜公司	11.3
伯利恒钢铁公司	7.4	柯达摄影器材公司	18.8
共和钢铁公司	7.7	固特异轮胎公司	11.7

公 司	利润率（%）	公 司	利润率（%）
阿尔科钢铁公司	9.0	美国橡胶公司	7.8
杜邦公司	22.9	美国制罐公司	9.3
联合碳化物公司	15.4	大陆制罐公司	9.5

资料来源：[美]威廉·格·谢佩德：《市场势力与经济福利导论》，中译本，商务印书馆 1980 年版，第 287-289 页。

上表所列公司的利润率平均为 12%。只有 9 家公司的利润率同这个 12% 的平均利润率差距较大，多数（25 家）则较接近于 12%，最低者为 6.8%，最高者为 15.5%，上下相差 3.5%—5.2%。

由于垄断部门利润率的平均化，形成了垄断部门范围内的生产价格即垄断生产价格。这种垄断生产价格作为价值基础调节着垄断企业产品的市场价格。

我在前一篇文章《关于垄断价格问题》里，称作为市场价格之基础或调节者的垄断价格为具有目标价格性质的价格。当时，没有明确这种目标价格就是垄断部门范围内的生产价格，但我曾写道："最近一个时期，国内经济学界在涉及这方面的问题时，有这样一种看法，即认为存在两种平均利润率和两种生产价格；一是，垄断平均利润率和垄断生产价格；另一是，非垄断平均利润率和非垄断生产价格。这种看法无论在理论上还是在实际上都是可以成立的。"当时，之所以没有明确我所说的目标价格就是垄断生产价格，是因为一提到生产价格我认为就是指的全社会范围内的生产价格，而在垄断部门这个局部范围内不存在生产价格。现在，我明确了一点，即在垄断部门范围内也可以有局部的利润率的平均化和生产价格的形成；我所说的目标价格就是垄断生产价格。这可以由以下几点来论证：

首先，我所说的目标价格，不是主观范畴，而是一种客观范畴。因为我在说明目标价格时，所依据的一个很主要的资料，就是美国经济学家兰扎伊洛蒂对美国 20 家大工业公司定价的实际考察材料。这些大公司定价的成本是一种预定的成本。这种成本是根据对现有的生产能力、技术装备、开工程度、劳动生产率水平、竞争对手的生产和成本状况等方面的计算和了解，以及对这些方面将来发展趋势的预测而制定的。同时，目标价格中所包括的投资利润率也是一种预定性、指标性的。这种预定投资利润率是根据市场状况、需求弹性、有无代用品、竞争对手的经济实力和价格政策等影响销售量的各种因素而确定的。这里的成本和投资利润率虽然都是预定性的，但是符合实际的，因而是客观的范畴。

其次，预定投资利润率实际就是起调节作用的平均利润率。如下美国 20 家大工业公司的预定投资利润率和实际投资利润率的对比表明，实际利润率就是以预定利润率为基础或调节者的。

1947—1967 年美国 20 家大工业公司预定投资利润率和实际投资利润率（均为纳税后）对比（择其主要的公司）

公　　司	兰扎伊洛蒂提出的预定投资利润率（%）[①]	平均实际投资利润率（%）	
		1947—1955 年	1956—1967 年
美国铝公司	10	13.8	8.5
通用电气公司	20	21.4	16.6
通用汽车公司	20	26.0	19.9
国际收割机公司	10	8.9	7.4
约翰斯—曼维尔公司	15	14.9	10.2
克罗克公司	10	12.1	12.2
美国钢铁公司	8	10.3	8.2
20 家平均		14.1	11.9

资料来源：[美]J. F. 韦斯顿、S. I. 奥恩斯太因：《大公司对美国经济的影响》，1973 年原文版。

二、西方经济学中所谓的垄断均衡价格

有的同志不同意我在《关于垄断价格问题》一文中的观点，认为边际收益等于边际成本时所决定的价格，也即由最大利润均衡点所决定的价格，才是垄断价格，因为这种垄断价格是客观的，而不像我所说的具有目标价格性质的垄断价格是一种主观的产物。这实际上是搬用了西方经济学中的垄断均衡价格理论。

西方经济学中所谓的垄断均衡价格，是一种提供最大利润的价格。美国经济学家萨缪尔森在他的《经济学》中写道：这种说法"是极其错误的：想要得到最大利润的厂商总是索取情况所许可的最高价格，即索取尽可能高的价格。"然而，实际上，"索取尽可能高的价格，g（指产品——引者）就一点

---

① 见[美]R. F. 兰扎伊洛蒂：《大公司的定价目标》，《美国经济评论》1958 年 12 月份，第 924-926 页。

儿也卖不出去"。"只有厂商的边际（或增加的）收益等于它的边际（或增加的）成本时，最大利润才会出现。"这就是说，提供最大利润的垄断均衡价格是由边际收益等于边际成本时所决定的。边际收益等于边际成本即垄断的最大利润均衡点。

这种垄断均衡价格理论，最早是在 20 世纪 30 年代初由美国的经济学家张伯伦和英国的经济学家 J. 罗宾逊提出来的，特别是张伯伦更是垄断竞争均衡价格理论的主要创立者。

张伯伦在 1933 年发表了他的代表作《垄断竞争理论》。他认为，过去的经济学都是建立在纯粹竞争的假定之上的。然而，事实上不存在纯粹竞争，都是真正的不完全竞争。纯粹竞争必须具备两个条件：一是，必须是大量的买者和卖者；二是，一切生产者都生产同样的产品，并且在同一市场上出售。实际上，这两个条件并不是都具备的，特别是产品总要有些差异，这就不可避免地产生了垄断。因此，多数情况是垄断竞争。此外，有些产品是少数卖者和多数买者，而且产品又多少有些差异，这就形成了一种寡头垄断。至于独自一个卖者的纯粹垄断也是不存在的。所以，张伯伦着重分析了垄断竞争和寡头垄断条件下的均衡价格，特别是前者。

垄断竞争条件下厂商的最大利润均衡又有短期和长期之分，短期是指厂商数量、规模、技术以及生产要素都来不及变更的较短的时间，长期则与此相反。而短期又是微观经济学均衡价格理论分析的一般或主要依据。垄断竞争条件下厂商短期均衡价格的决定如下图：

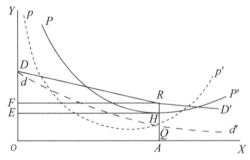

上图，OY 代表成本和价格，OX 代表产量，pp′代表边际成本，PP′代表平均成本，dd′代表边际收益，DD′代表平均收益，即需求曲线或需求价格。Q 是边际收益与边际成本相交或相等之点，也即最大利润均衡点，这时的价格为 AR，大于平均成本 AH，也即在正常利润之外，提供了超额利润，即EHRF。

由于有超额利润，就必然把投资者吸引进该部门，从而竞争加剧，导致价格下降，并迫使原有厂商压缩其产品销量，结果使需求曲线 DD′ 向左下方移动，直到与平均成本曲线 PP′ 相切于 R 点，达到均衡为止，形成垄断竞争条件下厂商的长期均衡。这时，价值 AR 与平均成本相等也即 AR，超额利润消失。如下图：

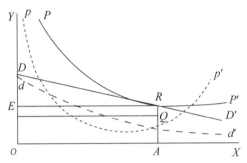

以上就是西方经济学关于垄断均衡价格的简要内容。

这种垄断价格虽然也称之为提供最大利润的价格，但是，它和我们马克思主义政治经济学所说的垄断价格根本是两回事，根本不能相提并论。

首先，西方经济学所说的垄断均衡价格，虽然比纯粹竞争条件下的均衡价格一般也偏高，而且也是由于垄断所造成，因为他们认为，在纯粹竞争条件下，任何一个卖者都不能对市场和价格施加任何影响，都不能左右和控制价格，完全听凭自由竞争的市场上大量买主和卖主供求力量的均衡所决定，而在垄断竞争条件下，则卖者可以不顾其他卖者的行为而影响和控制价格。但是，张伯伦认为，垄断的产生是由于产品有差异，这种"差别性可能是根据产品本身的某种特点，如独有的专利权，商标，商店名称，包装特点等的不同；或是品质，设计，颜色，式样等的特点。同时它也可以根据环绕于售卖者周围的各种不同条件。例如在零售交易中，这些条件所包括的因素如售卖地址的便利，该商店的一般风尚和特点，做生意的方法，公平交易的信誉，对人接物和工作效率，以及一切无论他本人或他的店伙们对顾客的招待情况等。"[①]这种观点完全掩盖了垄断的本质，而且照此说法，则沿街叫卖的小商贩和具有独特技艺的手工业者也都会成为"垄断者"了。显然这是极其荒谬的。

我们认为，垄断是在资本主义生产集中和资本集中发展到一定高度的基础上产生的。垄断资本是由巨型企业联合起来形成的、归少数大资本家所掌

① 张伯伦：《垄断竞争理论》，中译本，三联书店 1958 年版，第 55 页。

握的巨额资本。它同自由资本相比较，不仅在数量上是巨大的，而且更重要的是它体现了资本主义生产关系的新发展。少数垄断寡头在国内集中掌握了极大部分的自然资源、生产资料、科学技术成果、劳动力和产品，控制着生产和销售；在国外，支配着相当大部分的世界资本主义经济，在现代资本主义的经济和政治中起着决定性的作用。基于这种垄断统治地位，垄断资本更加残酷地对无产阶级和其他劳动群众进行剥削和奴役，对中、小资本乃至一些较大的资本加以打击、排挤、控制和剥夺，并对世界上大多数民族和人民实行侵略和掠夺以攫取高额垄断利润，这就是垄断资本的本质。

其次，西方经济学所说的垄断均衡价格，虽然也说是能够提供最大利润，其中还包含有超额利润（垄断竞争条件下厂商的短期均衡），但是，他们认为，超额利润是平均收益或需求价格大于平均成本的差额，而为什么需求价格大于平均成本呢？张伯伦认为，在成本中除去生产成本外，还有销售成本，为广告费用、推销人员的薪资、售卖部门的开支、给予零售商和批发商的回扣、橱窗陈设和新产品展销等等，销售成本可以创造需求，增加需求，从而改变需求曲线的位置和形状，使需求曲线处于平均成本曲线之上，产生了需求价格大于平均成本的差额。他们还认为，需求价格大于平均成本的差额之所以称为超额利润，是因为平均成本中包括正常利润，大于平均成本即大于正常利润，即为超额利润。而正常利润，他们认为是企业家经营（生产要素之一）的报酬。这样，他们就把利润、超额利润、垄断利润的实质及其真正来源掩盖起来了。

我们认为，垄断利润是超过平均利润的超额利润。平均利润和超额利润或垄断利润都是剩余价值的转化形式。垄断利润的来源主要是：（1）垄断资本对雇佣劳动者剥削的加强。在垄断阶段，主要是通过发展科学技术提高劳动生产率，也即通过相对剩余价值生产的方法实现的。（2）通过资本输出和不等价交换，对国外特别是殖民地、半殖民地和不发达国家进行剥削和掠夺，把这些国家的劳动人民创造的价值和剩余价值的一部分转化为垄断利润。（3）来自先进技术和设备的垄断占有。垄断企业都拥有优越的生产技术条件，它们的产品的个别价值低，但往往以维持中小企业为借口，或者实行"领价制"，以较高的产品价值作为基础来定价，从而获取超额利润。（4）垄断资本依仗其垄断统治地位，压低某些所需原材料的价格，同时按照垄断高价出售其产品，从而将小生产者创造的价值的一部分以及非垄断资本剥削的剩余价值的一部分转化为垄断利润。（5）垄断企业通过高价向政府出售军火和其他军用物资赚取高额垄断利润。

号称凯恩斯左派的英国新剑桥学派的代表人物罗宾逊，作为垄断均衡价格理论的创立者之一，她的不完全竞争理论的一个特点就是也大讲其垄断和对劳动的剥削。那么，什么是她所说的剥削呢？她在其《不完全竞争经济学》一书中写道："如果一个生产要素是按小于它的边际纯生产力的价格雇用的，该生产要素就遭到剥削。"对于劳动来说，"剥削通常是指工资小于劳动的边际物质产品按其售价所估计的价值。"[1]至于为什么会产生剥削，她认为："产生剥削的根本原因是在于劳动供给或商品需求缺乏完全弹性。"[2]而劳动供给或商品需求缺乏完全弹性，则又是由于"商品市场的不完全和劳动市场的不完全"[3]。"从商品市场方面看，由于竞争的不完全，从而对一个企业的商品的需求缺乏完全弹性（即不能按照现定价格出售任何数量的商品），那就会使该企业对它所雇用的劳工付出较低的工资，即低于劳动的边际物质产品按其售价所估计的价值，于是就产生了剥削。从劳动市场方面看，由于劳动市场属于买主市场，即少数工商业主购买，众多劳动者出卖，这种买方垄断决定了劳动市场的不完全，劳动供给缺乏完全弹性，因而"工资小于边际物质产品乘商品的价格，……剥削就产生了"[4]。

罗宾逊的这套所谓"剥削论"，完全是捏造的，根本站不住脚的。它完全掩盖了资本主义剥削的实质，只字不提作为资本主义剥削基础的生产资料的私人占有。她的"如果一个生产要素是按小于它的边际纯生产力的价格雇用的，该生产要素就遭到剥削"的观点，会导致极为荒谬的结论，例如，如果资本家经营的报酬小于资本的边际纯生产力的话，那么，该资本家也遭受剥削了。真是荒唐至极！

第三，张伯伦的垄断竞争价值理论，虽然打破了以马歇尔集大成的所谓新古典派的传统的关于纯粹竞争或完全竞争的假定，以垄断竞争或不完全竞争取而代之，但仍然没有脱离马歇尔的窠臼，也未超越新古典派的体系，仍然是以庸俗的边际效用论、生产费用论和边际生产力论为基础的。

最后，也是最根本的一点，就是西方经济学所说的垄断均衡价格单纯是价格问题，根本与价值无关。他们也根本不谈价值，而且根本否定价值的存

---

① 罗宾逊：《不完全竞争经济学》中译本，商务印书馆1961年版，第234-235页。
② 罗宾逊：《不完全竞争经济学》中译本，商务印书馆1961年版，第234页。
③ 罗宾逊：《不完全竞争经济学》中译本，商务印书馆1961年版，第235页。
④ 罗宾逊：《不完全竞争经济学》中译本，商务印书馆1961年版，第236-237页。

在。而我们讲价格，是价值的货币表现，是价值形式。价值是价格的基础。在商品经济条件下，不论它的发展阶段如何，不论价格本身的发展和形式如何，价格和价值的基本关系都是如此，只不过随着商品经济的发展，这种关系越来越复杂化而已。在简单商品经济条件下，商品以价值为基础进行交换，价格就直接是价值的表现形式，价值规律就直接以市场价格围绕着价值上下摆动而发挥着作用。到了资本主义阶段，这时，"商品不只是当作商品来交换，而是当作资本的商品来交换。这些资本要求从剩余价值的总量中，分到和它们各自的量成比例的一份，或者在它们的量相等时，要求分到相等的一份。"①因此，商品就不能再以价值为基础，而是要在利润率平均化规律的作用下，遵从等量资本带来等量利润的原则，以提供平均利润的生产价格为基础来进行交换了。于是，价值规律也就以生产价格规律的形式（市场价格围绕着生产价格上下摆动）发挥作用。在这当中，存在着市场价格、价值和生产价格的复杂关系：（1）市场价格直接以生产价格为基础，但其变化的最终基础是价值。（2）生产价格是价值的转化形式，价值是生产价格的基础。这又包含有两方面的含义：第一，从个别部门来看，其产品的生产价格同价值发生了背离（资本有机构成高的部门，生产价格高于价值；资本有机构成低的部门，价值高于生产价格；中位资本有机构成的部门，价值和生产价格大体一致或接近），但"如果把社会当作一切生产部门的总体来看，社会本身所生产的商品的生产价格的总和等于它们的价值的总和。②也就是说，从整体看，生产价格总额仍然以价值总额为基础或界限；第二，在价值转化为生产价格以后，价值仍然会形成（一般地好像觉得，价值转化为生产价格以后，价值就不存在了，就不再形成了，这是一种误解，是不符合实际的），"在任何一个较短的时期内（把市场价格的波动完全撇开不说），生产价格的变化显然总是要由商品的实际的价值变动来说明，也就是说，要由生产商品所必需的劳动时间的总和的变动来说明。"③实际上，在资本主义经济的运动中，首先是通过部门内的竞争形成社会价值，然后通过部门间的竞争形成生产价格；再往后，随着科学技术和劳动生产率的发展，通过部门内的竞争形成新的社会价值；之后在此基础上，通过部门间的竞争又形成新的生产价格。现实就是这样互激互荡、交相变化和发展运动着的。

---

① 《马克思恩格斯全集》第 25 卷，第 196 页。
② 《马克思恩格斯全集》第 25 卷，第 179 页。
③ 《马克思恩格斯全集》第 25 卷，第 186 页。

　　以上是资本主义自由竞争阶段的基本情况。到了垄断阶段，情况就更复杂了。这时，在一个较短的时间内，仅就垄断部门范围内来说（非垄断部门的情况，同资本主义自由竞争阶段基本相同），就存在着垄断市场价格、垄断生产价格和价值的复杂关系（从长期看，还有可能形成一个社会生产价格，这样，就存在着垄断市场价格、垄断生产价格、社会生产价格和价值的更加复杂的关系）：（1）垄断市场价格直接以垄断生产价格为基础，最终的基础也还是价值。（2）垄断生产价格是价值的转化形式，价值是垄断生产价格的基础，这也包含有两方面的含义：第一，个别部门的垄断生产价格与价值相背离，但从总体看，垄断生产价格总额加非垄断生产价格总额还是等于价值总额。第二，仍然是首先通过部门内的竞争形成社会价值，然后在此基础上通过部门间的竞争形成垄断生产价格。垄断价格的变化也总要以价值的变化为基础。

　　随着资本主义的发展，价格同价值的关系显得越来越远，这恐怕也是只在表面现象上打转转的西方庸俗经济学只讲价格而抹煞和否定价值的一个原因吧！然而与此同时，也正是从市场价格（包括垄断市场价格）、生产价格（包括垄断生产价格、社会生产价格）和价值的关系的分析，显示出马克思主义政治经济学理论的科学与深刻！

II 现代资本主义

美元霸权地位的垮台*

一、"停止美元兑换黄金"标志着美元霸权地位的垮台

美国总统尼克松宣布"停止美元兑换黄金",这充分表明美元危机已经达到空前严重的地步。它标志着作为美国"金元帝国"象征的美元霸权地位从此垮台了,第二次世界大战后所实行的以美元为中心的资本主义世界货币制度也随着崩溃了。

西方资本主义世界的舆论界,在评论这一措施时,也都公开承认和指出了这一点。法国《今日巴黎报》在一篇评论中写道:从此,"美元的神话破产了。西方世界的货币和金融的整个结构也同它一起破产了"。西德《南德意志报》在一篇社论中指出:由于尼克松的这一行动,"美元作为一种主要货币已经跌倒在地"。意大利《环球报》就这一措施发表评论时,用的标题就是"美元从货币宝座上摔了下来"。美国的报刊也发表了不少有关美元处境的报道,并为此而哀叹。例如,1971 年 8 月 30 日出版的一期《美国新闻与世界报道》周刊,刊载了一篇法国巴黎和英国伦敦街头见闻报道,报道说:"八月中旬[①]对在国外的上百万美国旅客来说是惊心动魄的,他们忽然发现他们口袋里的美元大大不可爱了";在巴黎,人们可以看到,"在汽车上,甚至在乞讨者的帽子上,都写着这样的字样:'不要美元'";在伦敦"市民们所见到的一种新景象"是,美国旅客排长队等待把他们手中的美元换成其他货币。这个报道还借一个在伦敦的美国人的话,哀叹道:"银行、旅馆和商店(的人们)都瞪着眼看我们的美元,好像它们是细菌的传播者似的"。美国《国际先驱论坛报》

---

* 此文原系为天津市党政军领导干部所作的专题讲座讲稿,后应商务印书馆之约,于 1972 年出版为单行本。当时是以集体名义署名的。

① 这里说八月中旬,是因为尼克松在 1971 年 8 月 15 日宣布的"新的经济政策"。

在 1971 年 12 月 16 日发表的一篇社论中，面对美元霸权地位的衰落，写道：如今"美元不再是这个世界权威的、属支配地位的货币了！"甚至连尼克松自己，实际上也承认了美国这个"金元帝国"的霸权地位已经消亡。1971 年 12 月 18 日，在"十国集团"华盛顿会议①结束后举行的记者招待会上，他说：1944 年确定以美元为支柱的资本主义世界货币体系的布雷顿森林协议②，"是在美国在第二次世界大战结束后不久在世界经济事务中居支配地位的时候达成的。"而"我们现在处于一个新的世界上"，"在这个世界上，不是只有一个经济上的强国，而是欧洲的各国、日本、亚洲、加拿大和北美——所有这些国家都是在经济上强大的"。

为什么说"停止美元兑换黄金"标志着美元霸权地位的垮台和以美元为中心的资本主义世界货币制度的崩溃呢？为了说明这一点，就需要谈一谈有关现行的资本主义世界货币制度的问题。

现行资本主义世界货币制度的基本内容

所谓现行的资本主义世界货币制度，它的基本内容，概括地说就是：（1）美元同黄金直接挂钩；（2）各国货币同美元挂钩。

1. 美元同黄金直接挂钩

第一次世界大战以前，资本主义国家实行金本位制，即金铸币本位制，它的主要特点是：国内有金币流通，金币可以自由铸造，银行券③可以自由兑换为金币或黄金，黄金可以自由输出和输入。第一次世界大战期间，金铸币本位制崩溃了。第一次世界大战后，英国恢复了金本位制，叫金块本位制，即国内流通的只是英格兰银行发行的银行券，它只能和金块兑换，并且至少要达到 400 盎司④黄金即约 1700 英镑才能兑换。德国和意大利实行了金汇兑

---

① "十国集团"，又称"十国俱乐部"，是由美、英、法、西德、意大利、加拿大、荷兰、比利时、瑞典和日本在 1961 年 11 月组成的一个国际组织。其主要目的是"协调"这些国家在贸易、金融方面的矛盾。这次华盛顿会议，是指十国财政部长于 1971 年 12 月 17 日至 18 日在美国华盛顿举行的一次会议。在这次会议上，经过一番激烈的争吵和斗争，达成了关于调整主要资本主义国家货币兑换率的协议，美国同意了美元贬值。

② 布雷顿森林协议，是指 1944 年 7 月在美国新罕布什尔州的布雷顿森林举行的"国际货币金融会议"上通过的"国际货币基金协定"。这次"会议"，因为是在布雷顿森林举行的，所以通常又称之为"布雷顿森林会议"；这个"协定"又称为布雷顿森林协议。

③ 金本位下的银行券是银行发行的可随时兑换为黄金的钞票。通常所说的纸币，是指不能兑现的钞票。

④ 盎司，也称英两，是英、美计算重量的单位之一。在黄金重量的换算中，1 金衡盎司＝31.103481 克＝0.995312 市两（16 两制）＝0.62207 市两（10 两制）。

本位制，国内没有金币流通，纸币也不能兑换黄金，而是把它们的货币同金本位制国家的货币按固定汇率①联系起来，并可以自由兑换为金本位制国家的货币，用以向这个国家兑换黄金。1929—1933 年资本主义世界经济大危机以后，金块本位制和金汇兑本位制都停止实行，金本位制也就崩溃了。

从此以后，资本主义各国使用的货币，都是由国家发行、在国内具有强制通用力的纸币。这些纸币，虽然各国政府都明令规定具有一定的含金量，但是在国内根本不能兑换为黄金。对外，除去美元可以兑换黄金以外，其他各国的货币也都不能兑换黄金。这时，纸币只是一定金量的代表或符号。资本主义各国政府所以规定本国纸币的含金量，主要是以它作为决定本国货币同外国货币兑换比率的基础和国际清算的尺度，以便进行国际贸易和资金往来。所以，黄金仍然是资本主义各国货币的基础，这些国家的纸币发行都要有一定数量的黄金作为担保。特别是国际贸易及其他对外债权债务的最后清算和支付，一般都不能使用本国货币，而必须用黄金，资本主义各国又都要有一定数量的黄金用来应付国际清算和支付的需要。由于以上的需要，资本主义各国政府所储存的黄金叫做这个国家的黄金储备。由于美元对外可以兑换黄金，所以美国政府还需有一定的黄金储备，以应付外国用美元兑换黄金的需要。

1934 年 1 月，美国实行了币制改革：将金币收回，使用美元纸币，全部黄金集中于国库，并宣布美元贬值。改革前，1 美元银行券代表 1 个金币，每个金币的含金量为 1.504632 克，这也就是每 1 美元银行券所代表的金量或者它的含金量；按此计算，合 20.6 美元＝1 盎司黄金。改革后，1 美元纸币的含金量规定为 0.888671 克，合 35 美元＝1 盎司黄金。1 盎司黄金＝35 美元，这叫做黄金的官定美元价格，简称黄金官价。每 1 美元纸币的法定含金量 0.888671 克，叫做美元的金平价。黄金官价和美元金平价，都体现着美元同黄金的一定量的比例关系。当时，外国政府或中央银行都可以把它们所持有的美元按上述黄金官价向美国政府兑换黄金。

第二次世界大战后，美国的这种货币制度不仅延续下来，而且还把它强加于资本主义世界，即在资本主义世界范围内，美国单方面所规定的 1 盎司黄金＝35 美元的黄金官价得到了国际公认，并把它作为资本主义世界货币金融体系的基础。这个黄金官价，非经美国政府同意，不能改变。同时，为了

---

① 汇率又叫汇价，即一国货币同他国货币相兑换的比率。

使黄金官价免受自由市场黄金价格的冲击，资本主义各国政府还要协同美国政府干预市场金价，使它稳定在黄金官价的水平上。美国则维持资本主义各国政府或中央银行可随时用美元按黄金官价向美国政府兑换黄金。

由于确立了固定的美元金平价和黄金官价，美元对外又可以自由兑换为黄金，这就使美元成为资本主义世界中唯一同黄金直接联系起来的货币，从而被当作黄金的代表或等价物。

2. 各国货币同美元挂钩

既然只有美元同黄金建立了直接联系，其他资本主义国家的货币没有这种直接联系，那么，这些国家为了维持本国货币的信用和币值的稳定，就只有同美元建立固定的汇率关系，从而间接地同黄金联系起来。资本主义各国货币同美元以及它们之间的汇率关系是这样确定的，即以含金量为 0.888671克的美元为基准，各国政府对本国货币也规定出一定的含金量，以含金量为基础计算出各国货币同美元的汇率，同时也就计算出各国货币之间的汇率。例如，尼克松宣布"新的经济政策"以前，英国英镑的法定含金量为 2.13281克，法国法郎为 0.16 克，西德马克为 0.242806 克，日本日元为 0.00246853克；也就是 1 英镑＝2.40 美元或 1 美元＝0.416667 英镑，1 美元＝5.55419 法国法郎＝3.66 西德马克＝360 日元；1 英镑＝13.330056 法国法郎＝8.784 西德马克＝864 日元，等等。按照货币法定含金量计算出来的汇率，叫做法定汇率。法定汇率，是市场上一国货币实际兑换他国货币的比率，即外汇行市的基础。

资本主义各国货币同美元的法定汇率以及这些国家货币之间的法定汇率，都要保持相对的固定。首先，各国货币不得轻易改变它的含金量，如变动超过 10%时，必须得到实际由美国所控制的联合国"国际货币基金"组织的同意；其次，各国政府之间进行即期外汇交易或黄金买卖，其汇率和金价的变动不得超过法定汇率或黄金官价的 1%；第三，各国政府干预外汇行市，使它保持稳定，不得背离法定汇价过远。

黄金是资本主义各国的"世界货币"。以黄金为基础，美元同黄金直接挂钩，同时又以美元为中心，资本主义各国货币同美元保持相对固定的汇率关系，这样，就形成了一个资本主义世界货币金融体系，也就是现行的资本主义世界货币制度。在这当中，美元处在资本主义世界货币金字塔的顶端，取得了成为资本主义世界主要国际储备货币的特殊地位和操纵国际货币金融的霸权地位。

第二次世界大战后长期以来，资本主义世界贸易的 60％ 以上是由美元结算。资本主义各国都用美元代替黄金作为清偿国际债务的支付手段。许多国家都把美元作为主要外汇储备，即只要掌握足够的美元，就可以应付国际贸易和国际支付的需要，而无须掌握其他国家的货币。有些资本主义国家还用美元代替黄金作为发行纸币的准备金。西方世界各国的黄金外汇储备，主要是由黄金和美元所构成，而且美元在其中占的比重很大，甚至有些国家全部都是美元。

第二次世界大战后资本主义世界货币制度和美元霸权地位的形成

美元的霸权地位和以美元为中心的资本主义世界货币制度，是在第二次世界大战后初期（1946—1949 年）形成起来的。

首先，这是由于美国的经济实力及其在资本主义世界中的经济地位所造成的。

第二次世界大战期间，美国发了横财。战后，美国的垄断资本又得到了进一步的膨胀，从而使得美国在资本主义世界中，取得了政治上、军事上的霸主地位和经济上的压倒优势。

1948 年，美国的工业生产占资本主义世界工业生产的 53.4％，即占一半以上。1947 年，美国的出口占资本主义世界出口总额的 32.4％，即约占 1/3。1949 年，美国的黄金储备达 246 亿美元，占资本主义世界黄金储备的 70％ 以上。[1]黄金储备在资本主义世界各国分配的不平衡，绝大部分集中于美国，这是只有美元能够同黄金直接挂钩的一个重要条件。

第二次世界大战后初期，英、法等西欧资本主义国家的经济极端虚弱，生产下降，物资和资金匮乏。为了恢复和发展经济所需资金，只有依靠美国的贷款。战争结束后不久，1946 年 7 月，英国一次就向美国借款 37.5 亿美元。同时，还需要从美国进口大量的商品，以满足生产和生活上的需要。这就使得西欧资本主义各国同美国的贸易出现了巨额逆差[2]。欧洲（主要是西欧）资本主义国家对美国的贸易逆差，战前 1938 年，为 7 亿美元；战后 1947 年，猛增至 51 亿美元[3]。清偿这些债务，必须用黄金或美元。当时，西欧资本主

---

① 《美国的经济实力大大下降》，1971 年 8 月 28 日《人民日报》。

② 贸易逆差，是指一个国家在一年当中，进口支出大于出口收入的差额，它构成该国的对外负债。反之，出口收入大于进口支出，叫贸易顺差。

③ 联合国"国际货币基金"组织：《国际收支年鉴》第 1、2、3、4 卷，1949—1952 年。

义各国的黄金外汇储备数量比较少。因此，这些国家感到特别缺少和需要美元，形成了所谓"美元荒"。这是造成英镑、法郎等这些主要货币也不能不依附于美元的原因之一。

其次，美元所以取得资本主义世界的货币霸主地位，也是美国为实现它称霸世界的野心而极力推行扩张政策和大国霸权主义政策的结果。

美国为了在政治上和军事上称霸世界，就需要在经济上称霸世界。而在国际货币金融领域中取得霸权地位，又是它在经济上称霸世界的重要方面。

早在 54 年前的 1917 年，列宁在他的《战争与革命》这篇著作里，曾引用过当时美国一家亿万富翁在报纸上的一段话，这段话说："要想称霸世界需要两件东西：美元和银行。美元我们是有的，我们要建立银行，我们将要称霸世界。"[①]

第二次世界大战后的美国，就是倚仗它在资本主义世界中的经济、金融优势，千方百计地要树立起美元的霸权地位，使美国成为资本主义世界的银行，建立一个人类有史以来空前的大帝国——"金元帝国"，以称霸于全世界，对全世界进行奴役、掠夺和统治。

1944 年 7 月，正当第二次世界大战即将结束的时候，就在美国的一手策划和操纵下，召开了一次"国际货币金融会议"。会上通过了"国际货币基金协定"，并决定设立"国际货币基金"组织。这个组织于 1945 年 12 月正式成立，1947 年 3 月开始业务活动。这个组织名义上是联合国的一个专门机构，并以"稳定国际金融，促进国际贸易"相标榜，但实际上是美国借以对外进行经济、金融扩张和掠夺的一个工具。美元的霸权地位和以美元为中心的资本主义世界的货币制度，主要就是通过"国际货币基金协定""国际货币基金"组织的各项规定和种种活动而确立起来的。

"协定"规定："每一会员国通货之平价[②]，应一律以黄金或根据 1944 年 7 月 1 日之重量及成色为准的美元表示之"。这就是说，资本主义各国货币的价值要通过同黄金或者美元建立一定的比率关系来表示和确定。在当时资本主义各国普遍缺少黄金储备和货币不能兑换为黄金的情况下，所谓各国货币要同黄金确定一定的比率关系，只是一种形式，实际上就是要各国货币同美元建立一定的比率关系来表示和确定它们的价值。规定中所说的"1944 年 7

---

① 《列宁全集》第 24 卷，373 页。

② 所谓平价，是指一国货币价值的相对表现和确定。一国货币的含金量，即一国货币的价值用一定金量来表示和确定，叫做该货币的金平价。

月 1 日之重量及成色为准的美元”，就是指“国际货币金融会议”召开时的美元，也就是 1934 年 1 月币制改革后规定含金量为 0.888671 克的美元。就这样，通过这项规定，美国单方面规定的 35 美元＝1 盎司黄金的黄金官价和美元的金平价，即为国际所公认，美元也就成了资本主义各国货币确定它们的币值的标准。同时，“协定”还规定：资本主义各国货币同美元的法定汇率，不经“基金”组织的同意，不得随意改变。这就把资本主义各国的货币，在保持固定汇率的基础上同美元联系起来，比较固定地钉住在美元上了。

“国际货币基金”组织还采取了种种措施来尽力巩固美元的霸权地位。例如在战后初期，这个组织就千方百计地为维持 35 美元＝1 盎司黄金的黄金官价而效劳。

美国为了树立美元的霸权地位，在第二次世界大战后初期，还采取了一系列扩张政策和霸权主义政策。在经济上，美国对西欧资本主义国家实行了所谓“马歇尔计划”[①]，即以帮助西欧国家恢复和发展经济为名，通过贷款和“援助”，竭力对它们进行经济渗透和控制。在贸易上，实行了保护贸易政策和关税壁垒政策，即限制外国商品的进口和提高进口关税；而同时则竭力扩大美国的出口，并威胁逼迫其他国家取消或者减少对美国商品进口的限制和降低关税。在金融上，主要是通过贷款和打击、削弱其他主要货币等手段，使各国货币从属于美元，把它们置于美元的支配之下。

这里值得特别提出的，是美元对英镑的斗争。第二次世界大战前，英镑是资本主义世界的主要货币，绝大部分的国际贸易和债权债务的清算，都是用英镑来进行的。第二次世界大战期间，英国遭到了极大削弱。随着大英帝国的衰落，英镑在资本主义世界货币金融领域中的地位也急剧下降，而为美元所代替。但是，英镑仍然是资本主义世界的主要货币之一。资本主义世界贸易的 40％ 左右还是用英镑结算。特别是由于英镑区的存在，英镑仍然保持着相当的地位。英镑区成立于 1939 年 9 月，是由英国控制的排他性货币联盟，是英国用来控制、剥削英镑区内弱小国家和殖民地的一种工具，也是用来同美元对抗，争夺世界市场的武器。它的前身是 1931 年组织的“英镑集团”。“英镑区”的主要特征是：英镑区内贸易清算用英镑办理；英镑区内各国货币对英镑保持固定的汇率，它们相互间可以自由兑换，但是对英镑区外的货币不能自由兑换；资金移动，在英镑区内不受限制，对英镑区外国家就必须经

---

① “马歇尔计划”，又称“欧洲复兴方案”，是在 1947 年首先由当时的美国国务卿马歇尔提出的，所以叫“马歇尔计划”。

外汇管理机关批准；英镑区内各国所收入的黄金、美元必须售给英国，存入"黄金美元总库"，作为英镑区的"共同储备"。因此，英镑和英镑区就成为美国向外扩张、树立美元霸权地位的主要障碍。所以，美国把英镑当作主要进攻对象，在货币金融上千方百计地对它进行打击和削弱。

第二次世界大战后，英国迫切需要"美援"来恢复和发展经济。美国就利用英国的这种困难和不利状况，在所谓"援助"的名义下，一心要用美元这条绳索把英国捆绑起来，使英国在经济、金融上，甚至在政治、军事上都依附于美国。

例如，1946 年 7 月英国同美国签订了借款 37.5 亿美元的财政协定，用来向美国购买物资。当时，美国提出的条件是很苛刻的：（1）要英国对美国在贸易上实行无差别待遇，即英国对美国商品的进口不得实行与别国不同的贸易限制和进口关税；对别国有优惠待遇，对美国也应有优惠待遇。（2）要英国取消外汇管制。当时英国由于美元外汇储备缺少，实行了英镑不能自由兑换为美元的外汇管制办法。英镑区内各国收入的美元也要售予英国，不能自由使用。这就使得美国的商品和资本向英国和英镑区的输出受到限制，不利于美国的经济渗透。如果英国取消外汇管制，实行英镑对美元的自由兑换，那么英镑区国家，就可以不必用所得的英镑向英国或其他英镑区国家购买商品，而可以兑换为美元，向美国或其他美元区[①]国家购买商品，从而有利于美国向英国和英镑区进行经济扩张和渗透。1947 年 7 月 15 日，英国在美国的压力下，实行了英镑对美元的自由兑换。不到一个半月功夫，英国的黄金外汇储备就流失了 10 亿美元以上。到 8 月 27 日便停止自由兑换，又恢复了外汇管制。英国却因此而元气大伤。（3）更突出的一条，就是要英国政府尽速批准"国际货币基金协定"，也就是要英国政府承认美元在资本主义世界货币金融中的特殊地位和霸权地位。

又如，美国为了打击和削弱英镑等其他主要货币，1949 年迫使英镑实行了贬值（由原来的 1 英镑＝4.03 美元贬值为 1 英镑＝2.80 美元）。随后不久，又有三十多个国家的货币也相继贬了值。这是第二次世界大战后，西方国家货币的一次普遍性的贬值。由于这次普遍贬值，也就提高了美元的信用与

---

① "美元区"成立于 1939 年第二次世界大战期间，是美国企图霸占资本主义世界销售市场和原料产地的一种工具。它的前身是"美元集团"，这是 1934 年美国实行币制改革后成立的一个非正式组织。美元区的特征是：区内各国货币对美元保持固定比价；贸易清算通过美元办理。它并不像"英镑区"那样用法律形式固定下来。美元区包括：美国及其属地、加拿大、拉美一些国家，利比里亚、菲律宾等。

地位。

现行资本主义世界货币制度是美国操纵国际金融和对外扩张、掠夺的工具

第二次世界大战后，美元成了美国经济、金融实力和霸权地位的象征，是美国一贯侵略、颠覆、控制、干涉和欺负别的国家的重要手段，也是美国在政治上和军事上建立霸权、维持国外统治的基础。长期以来，美国就是一手拿着原子弹，一手拿着美元，在世界上到处称王称霸。

英国资产阶级刊物《统计学家》在一篇文章里，曾这样写道：美国政策中的一个信条是："美元是统治的钥匙，对美国依赖的程度同欠美国美元的多寡成正比"。美国肯尼迪政府时期的经济顾问罗伯特·特里芬在他的《欧洲与货币混乱》这一著作里，扬言说："美国的援助是国家权力的一个工具和强有力的外交助手"。美国前总统约翰逊，在 1965 年的经济咨文中也曾公开声称，美元的地位对美国"在国外的全部目的具有根本意义"。

现行的资本主义世界货币制度为美国的对外侵略、扩张和掠夺创造了有利条件，这主要表现在：

1. 既然美元在资本主义世界货币金融领域中取得了霸主地位，美元成了资本主义世界的主要国际储备货币，美国成了资本主义世界的能"创造货币"的银行，因此，美国就可以通过美元的发行，通过信用的扩张和收缩，以及通过在它一手控制下的"国际货币基金"组织和"国际复兴开发银行"①等国际机构的业务活动，对资本主义世界的国际金融进行操纵，对资本主义各国的财政金融进行控制和干涉。

2. 美国利用美元，通过贷款、投资和所谓"援助"等手段，对资本主义世界各国和广大亚非拉国家，在经济上进行渗透、控制、剥削和掠夺；在政治上，维持和加强帝国主义、殖民主义的统治；在军事上，到处建立军事基地，发动侵略战争，镇压各国人民的革命斗争。

3. 由于美元可以代替黄金作为国际支付手段，因此，美国就可以直接用美元来弥补自己的对外债务。1960 年，美国的国际收支亏空为 39 亿美元，

---

① "国际复兴开发银行"，简称为"世界银行"。它是在 1944 年 7 月"国际货币金融会议"上通过设立而于 1945 年 12 月正式成立的一个国际金融机构。它虽然名义上是联合国的一个专门机构，并以"开发世界资源，发展世界经济"相标榜，但实际上是美国通过长期投资活动对资本主义世界各国，特别是亚非拉国家进行掠夺的一个工具。

其中一半以上就是用美元来弥补的[1]。1964 年，28 亿美元的国际收支亏空几乎是全部用美元支付的[2]。这就为美国扩大掠夺、奴役和侵略性的资本输出、对外"援助"以及海外军事支出创造了有利条件，而不必要顾虑国际收支逆差的增加。

4. 第二次世界大战后，美元成了资本主义世界的主要国际储备货币。不仅资本主义各国政府用美元作为主要外汇储备和国际支付手段的储备，有些资本主义国家还以美元作为纸币发行的担保，而且这些国家的资本家和私人企业也大量地使用美元作为储藏手段和国际支付手段。而无论是政府的或私人的这些美元储备，除了一小部分是美钞以外，绝大部分是采取在美国的美元存款或美国政府库券和美国短期票据的形式存在着。这样，就可以使美国利用这些资金作为对外长期贷款和投资，从而加强了对其他国家财政金融的控制和经济资源的掠夺。

5. 美国政府所规定的 35 美元＝1 盎司黄金的黄金官价，是从 1934 年 1 月起实行的。但是，自此以后，特别是第二次世界大战以后，美国国内通货膨胀日益加剧，美元的购买力不断下降，而对外却始终维持黄金官价不变。这就产生了美元的对外价值高于对内价值的现象，也等于人为地压低了黄金的价值，人为地抬高了美元的价值。长期以来，美国就是利用定值偏高的美元，在资本主义世界各国进行搜刮和掠夺的。

6. 资本主义各国货币同美元保持固定汇率，这就为美国的商品输出和资本输出提供了有利条件。因为汇率的稳定，是便利国际贸易和资金往来的一个重要因素。

美元霸权地位的垮台和现行资本主义世界货币制度的崩溃

美国利用美元建立和实行霸权统治的过程，同时也是美元地位逐步向反面转化的过程。

1946—1949 年，第二次世界大战后初期，是现行资本主义世界货币制度和美元霸权地位形成起来的时期。

50 年代，随着美国国际收支逆差的出现和不断增加，从而黄金储备的不断减少，美元地位开始衰落。

60 年代，随着美国侵越战争的不断扩大，美国国际收支逆差急剧增加，

---

[1]《1949—1967 年美国国际收支状况》，1968 年 3 月 21 日《人民日报》。

[2]《1949—1967 年美国国际收支状况》，1968 年 3 月 21 日《人民日报》。

黄金储备大量减少；同时，美国国内的财政危机、经济危机和通货膨胀日益严重。因此，美元危机日益尖锐化。从 1960 年以来，资本主义世界不断爆发抛售美元、抢购黄金的风潮，黄金价格上涨，美元实际贬了值。在 1968 年 3 月的黄金风潮中，美国政府被迫宣布不再干预黄金市场价格，使它稳定在黄金官价的水平上。从此，美元同黄金的联系开始动摇了。

现在，尼克松政府停止各国政府或中央银行用美元按黄金官价向美国政府兑换黄金了。这项措施宣布前后，西德、日本等资本主义国家实行了浮动汇率制。所谓浮动汇率，是指一国政府对外汇行市不再进行干预，使它维持在法定汇率的水平上，而听任它自由浮动。这就是说，资本主义各国货币同美元的固定汇率关系不能维持了。如今，尼克松政府又已正式宣布美元贬值，其他一些资本主义国家的货币，有的升了值，有的贬了值，有的未变动，有的继续实行浮动汇率。新的汇率关系还没有形成，资本主义世界的货币金融还处在混乱之中。这一切，都说明第二次世界大战后所实行的资本主义世界货币制度宣告崩溃了，美元的霸权地位垮台了。

二、尼克松宣布"停止美元兑换黄金"的背景和实质

1971 年 8 月 15 日，美国总统尼克松抛出"新的经济政策"，宣布对外停止美元兑换黄金，这并不是偶然的，而是有着深刻的政治、经济背景的。

国际收支逆差急剧增加，黄金储备大量减少

由于美国国际收支逆差急剧增加，黄金储备大量减少，美元发生危机，迫使尼克松政府不能不采取这一非常措施。

所谓国际收支，是指一个国家在一个年度内，同其他国家之间的全部收入和支出。它的构成主要包括贸易收支、非贸易收支和资本项目三大类。贸易收支，是指对外进出口贸易上的收入和支出。非贸易收支，包括的内容繁多，主要的有：（1）与国际贸易有关的运费、保险费的收入和支出；（2）国外投资的利润、利息、股息等收入和支出；（3）政府的收入和支出，如海外军事开支等；（4）旅游费；（5）私人汇款；（6）企业或个人服务的收入和支出；等等。资本项目，是指政府贷款、政府和私人对外投资以及其他资金的往来等所形成的收入和支出。所有以上这些收支构成国际收支。如果收入大

于支出，就是国际收支顺差，相反就是国际收支逆差，收支相等就是国际收支平衡。

一个国家的国际收入出现逆差，就是在国外负了债务，就要用黄金或外汇偿还。所以，各国都要保持足够的黄金外汇储备以应付国际支付的需要。黄金外汇储备的状况，是一个国家国际支付能力的表现，也是这个国家货币对外信用的基础，它直接影响着一国货币同他国货币之间汇率的变动。

所谓美元危机，就是指美元对外信用的动摇和降低。美国国际收支状况的恶化，是美元危机最直接最主要的原因。

第二次世界大战后，在1949年以前，美国的国际收支一直是顺差。1950年以后，美国的国际收支除去个别年度略有顺差以外，其余各年度都是逆差，并且有逐步增加的趋势。特别是1969年尼克松上台以后，国际收支逆差更急剧增加，1971年上半年仅半年，逆差竟高达83亿美元[①]。

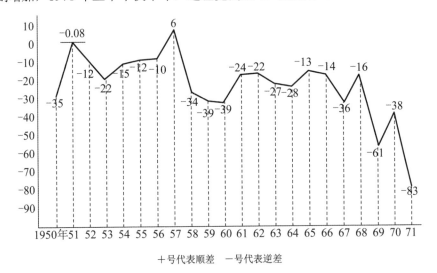

十号代表顺差　一号代表逆差

美国国际收支逆差的增长（单位：亿美元）

资料来源：1950—1959年数字，根据美国《总统经济报告》1971年2月，第299页。

　　　　　1960—1963年数字，根据美国商务部：《美国统计摘要》1967年。

　　　　　1964年数字，根据美国《联邦储备公报》1967年12月号。

　　　　　1965—1967年数字，根据美国《联邦储备公报》1968年12月号。

　　　　　1968年数字，根据美国《联邦储备公报》1971年9月号。

　　　　　1969—1970年数字，根据美国《联邦储备公报》1972年1月号。

---

① 《尼克松和蓬皮杜结束会谈发表联合公报　正式宣布美元将贬值》，1971年12月21日《人民日报》。

随着国际收支逆差的急剧增加，美国的黄金滚滚外流，黄金储备日益减少。1949 年，美国的黄金储备为 246 亿美元，这是第二次世界大战后的最高数字。往后，即逐年减少。1971 年 8 月，尼克松宣布"新的经济政策"时，美国的黄金储备只剩下 102 亿美元了。[①]

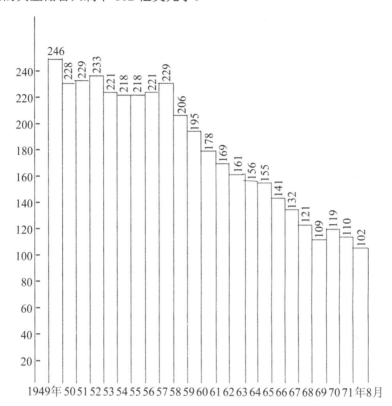

资料来源：1949—1969 年数字，根据"国际货币基金"组织：《国际金融统计》1971 年增刊。
1970—1971 年 8 月数字，根据上述同一刊物 1971 年 12 月号。

美国黄金储备的下降（单位：亿美元）

美国黄金储备情况的严重性，不仅在于它的绝对量的急剧减少，而且更在于它同国内外的需要量相比，差距越来越大，越来越难以应付。

按照 1945 年美国黄金储备法的规定：美国联邦储备银行（即中央银行）

---

① 按照美国《联邦储备公报》1972 年 1 月号的统计，1971 年 8 月美国的黄金储备为 102 亿美元，但在脚注中作了如下说明：在 102 亿美元的黄金中，有 1.44 亿美元是"国际货币基金"组织存在美国的，4 亿美元是该组织换购美国政府债券，作为投资。这两项都可以随时收回。除去这 5.44 亿美元，美国实际持有的黄金只有 96 亿多美元。

在国内发行的美元纸币，以及联邦储备体系中的私立商业银行为开立活期存款户头而向联邦储备银行缴纳的储备，都应有25％的黄金作担保。这两项法定黄金储备，随着纸币发行和活期存款数额的加大，有不断增加的趋势。

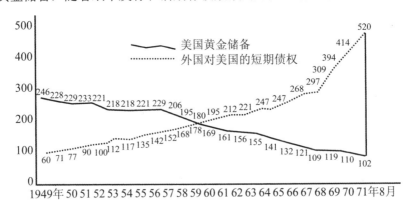

资料来源：同前面"美国黄金储备的下降"图。

美国黄金储备同外国对美国短期外债对照（单位：亿美元）

同时，由于美国国际收支逆差不断增加，而其中相当一部分又是用美元支付的。因此，大量美元外流，掌握在各国政府或中央银行手中可随时用来向美国政府兑换黄金的美元日益膨胀。

这样，一方面是美国黄金储备的日益减少，另一方面是对黄金储备需要的不断增加，两者形成尖锐矛盾，这就对美国政府所拥有的黄金储备增加了越来越大的压力。例如，到1962年，美国的黄金储备为161亿美元，这一年纸币发行和活期存款应有的黄金储备为 123 亿美元[1]，前者除去后者，就只有38亿美元的黄金用来应付外国的兑换了，而当时外国对美国的短期债权为212亿美元，竟差黄金174亿美元。到1968年，黄金储备继续下降为109亿美元，当时尽管国内法定应有的黄金储备都已取消，但是由于外国对美国的短期债权为309亿美元，仍相差200亿美元的黄金。到尼克松宣布"新的经济政策"时，黄金储备只有102亿美元了，而当时外国对美国的短期债权竟高达520亿美元，102亿对520亿，前者只相当于后者的1/5。

长期以来，美国的黄金储备同外国对美国短期债权（主要是各国政府或中央银行持有的可随时兑换黄金的美元）之间的差距越来越大。

这种空前严重的情况，是迫使尼克松不得不宣布美元停止兑换黄金的主

---

[1] 引自费特米、费尔、克菲合著：《美元危机》，1963年版，288页。

要原因。

为什么美国国际收支状况越来越恶化呢？主要是由于第二次世界大战后，美国推行侵略政策和战争政策，海外军事费用异常庞大。1950—1960年，美国海外军事开支总额（只是在国外进行采购从而需要使用外汇的部分）为278亿多美元，平均每年25亿多美元。[1]1960—1969年，增加到355亿多美元，平均每年35亿多美元。如此巨额的海外军事开支成为美国国际支出中的主要项目，造成了巨大的国际收支逆差。

造成美国国际收支状况急剧恶化的另一个重要原因，是由于美国对外贸易收支的状况越来越不利。

第二次世界大战后到1970年，美国的贸易收支一直是顺差，但是出现逐步下降的趋势。尤其严重的是，1971年，尼克松宣布"新的经济政策"前夕，美国更出现了贸易收支逆差。1971年4至7月份，逆差达11.08亿美元。[2]美国财政部长康纳利惊呼这是美国历史上从1893年以来的第一次。正是因为这一点，尼克松政府采取了征收10%的进口附加税和停止美元兑换黄金的手段，企图借此扭转美国国际收支逆差急剧增加和美元危机空前严重的危急局面。

美国贸易收支状况的恶化，它的根本原因在于美国经济力量不断削弱。这首先又是同第二次世界大战后美国不断爆发经济危机分不开的。

所谓经济危机，是指相对生产过剩的危机，也就是说生产过剩不是绝对的，而是相对的，是同有实际购买能力的社会需要相对而言的生产过剩危机。它的主要表现是：生产下降，商品大量积压卖不出去，工厂减产、停工、倒闭，生产设备开工率低，失业人数急剧增加，等等。在经济危机期间，一方面是生产过剩，另一方面却又是广大劳动人民由于购买力低得不到必需的生活资料，贫困不堪。所以马克思和恩格斯把它比作一种"荒唐现象的社会瘟疫"。[3]

第二次世界大战后到尼克松上台前，美国就发生了四次经济危机（1948—1949年，1953—1954年，1957—1958年，1960—1961年）。尼克松上台后不久，从1969年8月开始，又爆发了第五次经济危机。这次经济危机，是第二次世界大战后最严重的一次危机：工业生产连续下降，1970年12月工业生

---

① 美国《当代商业概览》，1963年3月号，第22页。
② 美国《联邦储备公报》，1972年1月号。
③《共产党宣言》，人民出版社1971年版，第29页。

产指数[①]为 133，比经济危机开始前的 1969 年第三季度平均（工业生产指数为 145.9）下降了 12.9；1970 年全国工厂的平均开工率只有 72%；1970 年一年，有 10748 家工商企业宣告破产，比 1969 年增加 17%；失业人数剧增，1971 年第一季度为 540 万，比尼克松上台前增加了近一倍。特别是这次危机延续时间最长，到现在已有二年半之久（前四次平均持续 12 个月），目前仍在持续发展中。

频繁和深重的经济危机，大大削弱了美国的经济实力和对外竞争能力。而其他一些主要资本主义国家，特别是日本和西德，在美国的扶持下，在第二次世界大战后经济得到了较快的恢复和发展。这就使得资本主义国家政治经济发展的不平衡日益加剧。它表现在美国同其他几个主要资本主义国家相比，美国的经济地位不断地降低。

美国和其他国家在资本主义世界工业生产中所占比重的变化

国家	40 年代 （1948 年）	50 年代 （1958 年）	60 年代 （1969 年）	70 年代 （1970 年）
美国	53.4	46.1	43.4	40.9
英国	11.2	9.7	7.1	7.1
西德	3.6	9.4	9.4	9.7
法国	3.9	4.9	4.6	4.7
日本	1.0	3.5	8.5	9.4

美国和其他国家在资本主义世界出口总额中所占比重的变化

国家	40 年代 （1947 年）	50 年代 （1957 年）	60 年代 （1969 年）	70 年代 （1970 年）
美国	32.4	20.6	15.6	15.5
英国	9.8	9.2	7.2	7.0
西德	0.5	9.0	12.0	12.3
法国	4.0	5.3	6.2	6.4
日本	0.4	2.8	6.6	6.9

---

① 工业生产指数，是把不同时期（年度、月份）的工业品产值折合成百分比，以便于比较工业生产的发展变化。通常是以某时期（年度、月份）作为基期，基期的工业产值作为 100，以后各时期的实际工业产值同基期相比计算出百分数即为各该期的工业生产指数。这里所列美国的工业生产指数，是以 1963 年月平均为 100，1969 年第三季度平均为 145.9，1970 年 12 月分为 133。

美国和其他国家黄金外汇储备的变化（单位：亿美元）

国家	40 年代 （1949 年）	50 年代 （1959 年）	60 年代 （1969 年）	70 年代 （1970 年）
美国	245.63	195.07	146.40	117.01
英国	16.88	27.35	25.27	25.61
西德	2.01	45.22	68.27	124.35
法国	8.00	17.00	38.00	47.89
日本	2.26	13.21	30.27	37.20

资料来源：《美国经济实力大大下降》，1971 年 8 月 28 日《人民日报》。

由于美国的经济实力以及它在资本主义世界中的经济地位不断削弱，从而使得美国的大国霸权地位受到严重威胁和动摇。这是迫使尼克松政府采取这套经济措施的深刻的国际政治经济背景。尼克松在他宣布"新的经济政策力时的广播电视讲话中以及以后的一些谈话中，一再声言：这套措施就是为面对"竞赛的挑战"。

财政金融危机日益加剧，美元信用不断降低

由于美国国内的财政危机和通货膨胀日益加剧，使美元信用不断降低，美元危机日趋严重。

第二次世界大战后的美国，与经济危机不断加深的同时，财政危机也日益严重。财政危机的表现就是财政赤字[①]不断增加。

第二次世界大战后到 1969 年尼克松上台前的 24 个财政年度[②]中，除去六年略有盈余外，其余 18 年有巨额财政赤字，24 年累积净额达 1180 亿多美元，平均每年 49 亿多美元。肯尼迪当政时期（1962—1964 年三个财政年度），三年都有赤字，净亏 178 亿美元，平均每年近 60 亿美元。约翰逊当政时期（1965—1969 年五个财政年度），四年有赤字，净亏 361 亿美元，平均每年 72 亿多美元。尼克松上台以后，三个财政年度（1970—1972）都有赤字，1971 财政年度的赤字竟高达 232 亿美元[③]。

---

① 所谓财政赤字，就是一个国家的财政支出大于财政收入的差额或亏空，这个差额在账面上用红笔写在收入一方，以取得账面上的收支平衡。

② 财政年度，是指一个国家编制财政预算的年度。财政预算包括国家的财政收入和支出。美国政府编制国家财政预算的年度不是按自然年，而是从上年 7 月 1 日至本年 6 月 30 日作为一个财政年度。例如，1969 年财政年度，就是从 1968 年 7 月 1 日至 1969 年 6 月 30 日。

③《美国财政赤字庞大》，1971 年 8 月 28 日《人民日报》。

造成美国巨额财政赤字的主要原因，在于第二次世界大战后美国长期推行侵略政策和战争政策，军事支出庞大。从 1945 年到 1961 年的 16 年中，美国的军事开支（只是直接军事开支，隐藏在其他预算项目中的军事开支如宇宙空间计划等研究费用，以及其他间接用于军事方面的开支，都未计算在内）共计 5700 亿美元，平均每年 356 亿美元。1961 年肯尼迪—约翰逊政府上台后，到 1968 年 8 月，军费开支共达 4614 亿美元，平均每年 577 亿美元。尼克松上台后，1970 财政年度，军费又增加到 803 亿美元[①]。庞大的军事开支构成了美国财政预算支出的主要项目。仅直接军费开支，一般即占财政预算支出的 50% 左右。

美国统治集团为了弥补财政赤字，于是大量发行国债和增加税收，对美国人民进行残酷的搜刮。

第二次世界大战后，美国的国债逐年增加。据美国官方统计，1945 年底，美国的国债累计额为 2787 亿美元，到 1971 年 8 月尼克松宣布"新的经济政策"时，累计额增加到 4000 亿多美元，每一个四口之家平均要负担 8000 美元的国债[②]。今天，美国已经成为世界上内债最多的国家了。美国参议院拨款委员会主席埃伦德曾说：美国"国债的数字真是太大了，如果换成一美元的纸币，它可以连成 35 英尺宽的条子绕过月球后再返回地球，或者环绕赤道 1520 圈"；"它需要大约 171 年来印刷这些纸币，并且需要 100 名参议员全体毫不停顿地工作大约 64 年才能把这些纸币计点完"；"这个数字比世界上所有国家的债务总额还大"。

第二次世界大战后，美国的税收也不断增加。仅个人所得税[③]一项，即约占财政预算总收入的一半。美国税收总额按人口平均计算，1948 年是 377 美元，1970 年增加到 1500 美元[④]。

有增无已的国债和税收，仍不能弥补巨额的财政赤字和适应庞大军费开支的需要，这就只有靠印钞机，滥发美钞了。因此，第二次世界大战后，美国的通货膨胀[⑤]越来越严重。据美国联邦储备局统计，美国的货币流通量（包

---

① 《一九六〇年以来美国直接军费开支》，1971 年 8 月 26 日《人民日报》。

② 《美国国债逐年增高》，1971 年 8 月 28 日《人民日报》。

③ 个人所得税，是对工人工资收入及其他各种形式的个人收入征收的税。

④ 《美国的所得税》，1971 年 8 月 6 日《人民日报》。

⑤ 所谓通货，指的是市面上流通的纸币、硬币、银行支票等的通称。所谓通货膨胀，是指纸币发行量超过了商品流通所需要的货币量。

括现钞和支票），1939 年为 374 亿美元[1]，1971 年 5 月 12 日增加到 2209 亿美元，膨胀了将近 5 倍。

由于通货膨胀，物价不断上涨，美元的购买力不断下降，美元在美国国内越来越不值钱了。据美国《经济札记》报道，1939 年的一美元到 1970 年只合 36 美分了（1 美元＝100 美分）。

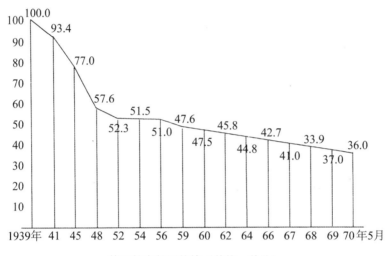

美元越来越不值钱（单位：美分）

资料来源：《美元越来越不值钱》，1971 年 2 月 22 日《人民日报》。

随着美元购买力的不断下降，美元对内价值的不断贬低，美元的对外信用也就发生动摇。尽管美国政府对外一直维持着 35 美元＝1 盎司黄金的黄金官价，但是，美元的外国持有者，特别是拥有大量美元的私人和企业，每当一有风吹草动，就掀起抛售美元、抢购黄金的风潮。这种风潮，自从 60 年代以来，总是连续不断爆发，而且愈演愈烈。在这一风潮中，黄金价格猛涨，美元实际贬了值。1971 年以来，这种情况更为严重。继 1971 年 5 月的黄金风潮之后，同年 8 月又爆发了新的金融危机风暴。美元信用一落千丈，美元地位岌岌可危。尼克松采取的"停止美元兑换黄金"的"新的经济政策"就是妄想缓和这种危急局势。

---

[1]《美国财经危机日益严重》，1971 年 8 月 28 日《人民日报》。

国内阶级矛盾激化，政治、社会危机严重

美国国内阶级矛盾激化，政治危机和社会危机日益严重，美国统治者为了维持其统治地位，也不能不采取一些措施，妄图缓和一下阶级矛盾和政治经济危机。

第二次世界大战后，随着垄断资本剥削和压迫的加强、财政经济危机和美元危机的加深、通货膨胀和物价上涨的加剧以及国债和捐税的加大，美国无产阶级日益贫困化，美国国内的阶级矛盾越来越尖锐。

近些年来，美国的无产阶级和其他广大人民群众日益觉醒，工人运动、黑人解放运动、学生运动逐渐发展。1971年以来，大规模的工人罢工运动汹涌澎湃。突出的如1971年7月1日开始的美国西海岸码头工人的大罢工，规模空前，斗争持久，并迅速地影响到其他地区的码头工人，也掀起了声势浩大的罢工运动。这场大罢工，在美国历史上是空前的。它猛烈地冲击着垄断资产阶级的反动统治。广大码头工人在罢工斗争中，喊出了"反对（侵略）战争，反对贫困，反对镇压"的口号。他们已经把经济斗争和反对美国统治集团内外反动政策的政治斗争结合起来。美国青年的情况也在起变化，他们对美国的社会制度不满，都在想问题，找出路。美国的黑人斗争也有了很大发展，开始同工人运动和学生运动结合起来了。

美国社会的动乱情况也是空前的。社会现象腐朽透顶，吸毒、抢劫、黄色东西泛滥。今天在美国，吸毒很普遍，吸大麻叶烟，喝大麻叶酒。抢劫案件严重。美国的统治阶级也承认，国会开会，晚19点以后，议员们就不敢回家了。纽约市的一些高级商店，白天竟关着门营业。

日益深重的政治危机、经济危机和社会危机越来越强烈地震撼着美国腐朽的垄断资本主义制度，冲击着美国垄断资产阶级的反动统治。美国统治者为了维护反动统治和垄断资本主义制度，也不能不对日益严重的美国经济问题有所注意，并采取措施妄图缓和一下日益激化的国内阶级矛盾和政治经济危机。

美国统治集团转嫁美元危机的几次花招

长期以来，美国统治者为挽救美元，心劳力竭，招数使尽，发展到1971年8月，尼克松政府也只有靠"停止美元兑换黄金"这一招了。

美国在1957—1958年经济危机以后不久，又爆发了1960—1961年的经

济危机。由于美国经济的衰退和不稳定,美元信用进一步发生动摇。于是 1960 年,在西方世界掀起了一场空前的金融风暴,黄金价格猛涨。1960 年 10 月 20 日伦敦市场的金价上涨到每盎司 41 美元,高出黄金官价 6 美元。面对这种情况,当时的艾森豪威尔政府采取了所谓紧急措施,什么减少海外开支,要其他国家分担美国海外驻军费用,其他国家要用美国的所谓"援助"购买美国货,等等。

肯尼迪上台(1961 年)以后,为了缓和和转嫁继续恶化的美元危机,又采取了一些新的手段,主要的有:竭力扩大美国的出口;强迫受"援"国全部用"美援"买美国货(过去是要 70%);要求西欧资本主义各国不要以美元兑换黄金;胁迫英、法、西德、意大利、比利时、荷兰和瑞士等七个西欧国家,各拿出一定份额的黄金,于 1961 年 12 月组成了一个所谓"国际黄金总库",委托英国的中央银行英格兰银行向伦敦黄金市场供应黄金,以平息金价,维护黄金官价,保卫美元。

但是,随着侵越战争的不断扩大,美国国际收支状况日益恶化,黄金源源外流,美元危机日益加剧。到 1965 年 1 月,美国的黄金储备只有 152 亿美元。当时,纸币发行和活期存款应有的黄金储备共需 134 亿美元。除此以外,只余下 18 亿美元的黄金来应付外国的兑换。而当时外国对美国的短期债权为 237 亿美元,差 219 亿美元的黄金[①]。面对这种情况,当时的约翰逊政府采取了新的花招。最突出的一招,就是在 1965 年 2 月把活期存款应有 25% 黄金担保的规定取消了,妄图挪用这笔黄金来应付外国兑换,以解救燃眉之急。

1967 年 11 月 18 日,英国政府宣布英镑贬值。以此为导火线,在西方又掀起了新的黄金风潮。1968 年 3 月,西欧盛传美国将停止美元兑换黄金,于是又爆发了一场资本主义世界 40 年来最大的金融危机,抛售美元、抢购黄金的风暴空前炽烈,金价犹如脱缰之马,一再猛涨。这时,早已捉襟见肘的美国政府无能为力了,"黄金总库"也一筹莫展。在这种情况下,美国政府被迫宣布不再维持黄金价格稳定在官价水平,而听任它自由波动了。

这时,美国政府还维持资本主义各国政府或中央银行可以用美元按官价向美国政府兑换黄金。于是出现了所谓"双重金价"制,即一个是只有各国政府或中央银行用美元向美国政府兑换黄金时的黄金官价,另一个是根据供求关系自由波动的黄金市价。

---

① 美国《联邦储备公报》1965 年 3 月号。

市场价格不断威胁着官价，不断冲击着美元信用，使美国政府在维持美元兑换黄金上受到越来越大的压力。于是美国政府又玩弄了两个花招：

1. 到 1968 年 1 月，美国的黄金储备只剩下 120 亿美元，除去纸币发行应有的黄金保证 105 亿美元以外，余下用来应付外国兑换的只有 15 亿美元的黄金，而当时外国人手中持有的随时可向美国政府兑换黄金的美元和美元债券总额为 308 亿美元，相差达 293 亿美元①。于是美国政府在 1968 年 2 月，又把纸币发行应有 25％黄金保证的规定也取消了，以便将全部现有的黄金储备都用来应付外国的兑换。

2. 1969 年，在美国的促使下，由"国际货币基金"组织实行了一种所谓"特别提款权"的办法。所谓"特别提款权"，是一种在"基金"组织成员国之间进行国际结算的单位，每单位折合一美元。特别提款权按各成员国在"基金"组织的基金中所占份额进行分配，分到的特别提款权作为成员国的储备，遇有国际收支逆差时可用来还债。在"基金"组织里，美国的基金份额最大，因而分到的特别提款权也就最多。因此，在美国国际收支逆差不断增加的情况下，美国就可以利用特别提款权代替美元来还债。这就减少了美元的外流和外国用美元兑换黄金的压力。这种所谓的特别提款权，实际上完全是一种"纸面黄金"。这套手法纯粹是美国为挽救美元、保住黄金储备而挖空心思搞出来的骗人把戏。

美国政府所施展的以上这些伎俩，根本不能解决问题。美元危机仍然继续恶化。1971 年 8 月 7 日，也就是尼克松宣布"新的经济政策"的前夕，美国参议院和众议院联合经济委员会的一个小组委员会发表了一个报告，公开宣布了美国国际收支和贸易收支状况的恶化，并认为美元价值过高，美元应当贬值。同时，西方又传说西德马克要升值。因此，又掀起了黄金风潮。

内囊殆尽，国库空虚，走投无路的尼克松政府，只有宣布"停止美元兑换黄金"了。

"新的经济政策"的骗局

尼克松在宣布"新的经济政策"时，说什么他的这套措施，对内是为了"制止通货膨胀，减少失业，增加就业"，对外是为了"打击国际投机活动"，等等。这完全是谎言。

---

① 《美国黄金流失情况空前严重》，1968 年 1 月 5 日《人民日报》。

尼克松的"新的经济政策"，就是妄图挽救病入膏肓的美国财政经济和摇摇欲坠的美元霸权地位而进行的挣扎。它充分表明了，今天美国已经陷入内外交困，矛盾重重，政治、经济、社会危机空前深重的窘境，充分暴露了美国这个曾赫赫一时的"金元帝国"走向败落的景象。

"冻结工资和物价"，这在资本主义国家，一般也只有在战时才实行。所谓"冻结工资和物价"，实际上它的矛头主要是指向工人工资的。尼克松在宣布"新的经济政策"时的广播电视讲话中，不是说什么"现在到时候了，应该采取决定性的行动来打破物价和费用螺旋形上升的恶性循环了"吗？尼克松在这里所说的"费用"，主要就是指的工资。所谓"物价与费用螺旋形上升的恶性循环"，是说由于工资的提高，成本就增加，物价就上涨，而物价上涨，工人就要求增加工资，工资一增加，成本和物价就随着又上涨，如此循环不已，而它的"祸根"就在于工资的增加。这纯粹是垄断资产阶级的反动逻辑，正是当代垄断资产阶级经济学中大肆散布的所谓"工资物价螺旋上升论"这种反动说教以及主张把工资"钉住"的反动政策的再版。这也就不难看出尼克松采取"冻结工资和物价"这一措施，就是为了解脱国内财政金融危机和经济危机，而向美国工人阶级开刀的。

"停止美元兑换黄金"，完全是美国政府为了保住仅有的黄金储备，维护美元的信用和霸权地位而采取的转嫁危机的手段。本来，散在资本主义各国的大量美元是美国政府放出去的。美国垄断集团通过滥发美元，从资本主义世界各国，在政治上、经济上和军事上得到了莫大利益。现在，把这些美元推出去不管，听任它的持有者在美元不断贬值的情况下遭受损失。听任它在资本主义世界兴风作浪、泛滥成灾，给资本主义世界国际金融制造混乱和危机。这纯粹是一种损人利己、嫁祸于人的做法。

"征收进口附加税"，也就是提高关税。这是第二次世界大战后美国历届政府为了扭转国际收支恶化局势和限制进口、打击外国竞争者所惯用的伎俩。现在，尼克松政府采取这一措施，除了上述目的而外，就是妄图以此为手段，配合"停止美元兑换黄金"，对外国施加压力，进行讨价还价，以达到美元不贬值，其他资本主义国家货币升值，并且在贸易上和关税上为美国商品大开方便之门的目的。

三、尼克松"新的经济政策"的破产

尼克松的如意算盘落了空

色厉内荏的美国统治集团，在推行这套经济措施的过程中，摆出了一副十分强硬的架势。美国总统尼克松在一次讲话里声言："不要有任何人期望用牺牲美国利益的作法使自己发迹——或使自己获得声望。"[①]这显然是说给他的"盟国"听的。美国财政部长康纳利，在一次记者招待会上公开表示："我们不着急，我们可以等待。投降的将是你们。"[②]

然而，事实与美国的主观愿望相反。尼克松的这套措施抛出后，遭到各方面的强烈反抗，到处碰壁。美国人民坚决反对，亚非拉发展中国家强烈谴责和抗拒，其他一些主要资本主义国家也联成一气进行抵制，硬是不买美国的账。因此，进一步激化了美国的内外矛盾，使它陷于空前孤立的境地。

经过四个多月的较量和挣扎，尼克松政府不得不作出让步，寻求妥协。1971 年 12 月 14 日，美法两国总统在亚速尔群岛举行会谈。经过两天紧张的讨价还价之后，在联合公报中宣布，双方"同意在同其他有关国家合作下努力通过美元贬值和其他一些货币升值来迅速重新调整（货币）兑换率"。[③]接着，12 月 17 日至 18 日，"十国集团"财政部长在华盛顿举行会议，又经过一番激烈的争吵和斗争之后，对重新调整资本主义各国货币的比价达成了协议。美国同意将美元贬值，其他一些资本主义国家的货币不同程度地升了值。具体情况是：

升值：日元，7.66%；西德马克，4.61%；瑞士法郎，4.61%；比利时法郎，2.76%；荷兰盾，2.76%。

贬值：美元，7.89%；意大利里拉，1%；瑞典克郎，1%。

不变：英镑和法国法郎。

---

① 据新闻报道，[美新处纽约 17 日电]1971 年 8 月。

② 引自《日本已经屈服，欧洲怎么样？》，意《时代》周刊 1971 年 10 月 31 日。

③ 美国总统尼克松和法国总统蓬皮杜会谈后发表的联合公报，[美新处亚速尔群岛安格拉杜伊鲁伊兹穆 14 日电]1971 年 12 月。

继续浮动：加拿大元。[①]

尼克松宣布"新的经济政策"的时候，他是坚决反对美元贬值的。可是没出四个月，尼克松又亲自宣布同意美元贬值，这表明尼克松的如意算盘落了空，他的"新的经济政策"破产了。

第一，尼克松政府实行"新的经济政策"，停止美元兑换黄金，原是企图以此为压力，作为讨价还价的资本，迫使其他资本主义国家的货币升值，而坚持美元不贬值，借以维护美元的霸权地位。现在，尼克松政府不得不同意将美元贬值 7.89%，即从原来的 35 美元＝1 盎司黄金贬低到 38 美元＝1 盎司黄金，美元终究逃不脱贬值的下场。

第二，尼克松政府要迫使其他资本主义国家的货币升值，而且大幅度升值。这是 1971 年 12 月 1 日"十国集团"罗马会议上，美国财政部副部长沃尔克曾经提出来的。他要求其他主要资本主义国家的货币平均升值 11%[②]。据透露，尼克松政府还要日元升值 25%。而结果却是美元贬值 7.89%，其他资本主义国家的货币，有的升值，有的贬值，也有未变的；升值幅度最大的日元，对黄金升值 7.66%，对贬值后的美元升值 16.88%，也没有达到美国当初的要求。

第三，尼克松政府要征收 10%的进口附加税。美国的代表曾在多次会议上一再表示这是"不能谈判的"[③]，只要其他资本主义国家"不明确说明它们可能采取什么步骤来帮助美国克服国际收支方面出现的大量逆差"，美国就不能取消它[④]。现在，在其他主要资本主义国家的共同压力下，特别是在亚非拉国家的强烈谴责和坚决反对下，尼克松政府也不得不把它取消了。

第四，尼克松政府抛出"新的经济政策"，就是要对内加紧压榨美国劳动人民，对外向其他资本主义国家转嫁困难，妄图以此来扭转美国国际收支状况急剧恶化和财政经济危机日益严重的局面。但是这套措施实行以来，美国并未能摆脱困境：财政赤字不断加大，1972 财政年度的财政赤字将高达 388 亿美元，相当于原来预计的赤字的三倍多，是第二次世界大战后年度财政赤字的最高纪录，1972 年 1 月 24 日尼克松向美国国会提出的 1973 财政年度的

---

① 根据"十国集团"的决定，西德经济和财政部长席勒公布各国货币同黄金的兑换价值变化情况，[法新社华盛顿 18 日电]1971 年 12 月。

②《"十国集团"罗马会议毫无结果》，1971 年 12 月 5 日《人民日报》。

③《美国在关税及贸易总协定理事会紧急会议上成为众矢之的》，1971 年 8 月 30 日《人民日报》。

④ 记者于贝尔·埃耶的一篇报道：[法新社伦敦 1971 年 9 月 16 日电]。

财政预算，财政赤字又高达 255 亿美元之巨；据美国众议院筹款委员会透露，尼克松政府正要求国会把目前的国债限额 4300 亿美元提高到 1973 年 6 月底时的 4800 亿美元；国内通货膨胀仍在发展，物价又有了上涨，据美国官方宣布，1971 年 12 月份的批发物价指数[①]上涨了 0.8%，生活费用指数上涨了 0.4%，生活费用指数上涨的幅度折合年率达 4.8%；黄金储备继续下降，仅 1971 年 11 月份就减少了 100 万美元；1971 年的钢铁工业生产下降到 25 年来的最低点[②]；经济危机继续发展，1971 年全年平均失业率为 5.9%，该年 12 月份失业率高达 6.1%；1971 年第三季度国际收支逆差竟高达 93 亿美元，比上半年的逆差还多 10 亿美元，创造了美国历史的最高纪录[③]。美国民主党众议员、众议院筹款委员会主席米尔斯也承认："尼克松的'新的经济政策'已遭惨败"。他说："具体地说，总统的新经济政策没有做到六件事情：控制联邦赤字、减少失业、控制通货膨胀、鼓励资本开支、改进国际收支情况和建立消费者的信心"。[④]

美元终于贬值了，这是 1934 年以来的第一次。它不仅表明尼克松的如意算盘落了空，他的"新的经济政策"破了产，而且更进一步表明了美国政治、经济霸权地位的急剧衰落，作为这种霸权象征的美元特权地位的垮台和以美元为中心的资本主义世界货币制度的崩溃。

错综复杂的斗争和反抗迫使尼克松政府暂时妥协

尼克松政府为什么同意将美元贬值和取消进口附加税，而同其他资本主义国家达成了暂时的妥协呢？这是经过错综复杂的斗争和反复较量的结果。

第一，美国同其他主要资本主义国家之间的矛盾和斗争。

---

① 批发物价指数，是把不同时期（年度、月份）的批发物价折合成百分比，以便比较不同时期物价的升降。通常是以某一时期（年度、月份）作为基期，基期的批发物价作为 100，以后各期的批发物价同基期的批发物价相比计算出百分数，即各该期的批发物价指数。生活费用指数，道理与上述相同，只是这里计算的不是批发物价，而是生活必需品零售价格的百分比。

② 记者格雷厄姆的一篇报道，[美联社宾夕法尼亚州匹兹堡 22 日电]1971 年 12 月。

③《"十国集团"华盛顿会议决定重新调整各国货币兑换率。美国被迫同意将美元贬值并取消进口附加税》，1971 年 12 月 24 日《人民日报》。

④ 美国阿肯色州民主党众议员米尔斯，在一次筹募基金的宴会上的讲话，[美合众国际社北卡罗来纳州艾什维尔 24 日电]，1971 年 10 月。

长期以来，美国同西欧"共同市场"①及英、日等一些主要资本主义国家之间，在货币、贸易、关税、利率等方面，一直进行着尖锐复杂的斗争。尼克松宣布实行"新的经济政策"，停止美元兑换黄金和征收 10％的进口附加税，使得它们之间的矛盾和斗争有了新的发展。

资本主义国家之间的这场斗争，实质上是美国竭力维护美元霸权地位，而其他国家则设法抵制并搞垮这一霸权地位的斗争。斗争的焦点，在于如何调整资本主义世界一些主要货币的比价问题上，也就是集中在美元是否贬值和资本主义世界中其他主要货币是否升值以及升值多大的问题上，尼克松政府坚持美元不贬值而要其他资本主义国家的货币升值；其他国家则坚持要美元贬值，至于它们的货币，有的坚持不升值，有的虽然表示可以升值，但升值幅度不能过大。在这场斗争中，充分暴露了这些国家的垄断资本之间，彼此勾心斗角、尔虞我诈、损人利己、互相倾轧的本质，也反映了它们之间力量对比的变化。

那么，究竟为什么美国坚持美元不贬值而要其他资本主义国家的货币升值，其他国家则坚持要美元贬值呢？

为了说明这个问题，首先说明一下什么是货币贬值和升值，以及它们的影响如何。

所谓货币贬值有两种含义：一是指由于国内通货膨胀，货币购买力不断下降，货币对内价值的贬低；二是指对外价值的贬低，即由于一个国家将它本国货币的含金量减少，从而降低了这个国家的货币对外国货币的比价。例如：这次美元贬值，就是将黄金官价由 1 盎司黄金＝35 美元改变为 1 盎司黄金＝38 美元，每 1 美元的含金量由 0.888671 克减少为 0.818513 克，而英镑的含金量没变，仍为 2.13281 克。因此，美元同英镑的比价，由原来的 2.4 美元＝1 英镑下降为 2.6 美元＝1 英镑。

这里所说的货币贬值，是指后一种情况，即对外价值的贬低。货币升值则与此相反，即一个国家将货币的含金量增加，从而提高了这个国家货币同外国货币的比价。

①"共同市场"正式名称为"欧洲经济集团"，又称"欧洲经济共同体"。它是由法国、西德、意大利、比利时、荷兰、卢森堡西欧六国组成的一个排他性贸易和经济集团。1957 年 3 月六国在罗马签订了《欧洲经济集团条约》，1958 年 1 月 1 日起生效，1959 年 1 月 1 日起实施。它的主要特征是：（1）逐步取消共同体内的关税和贸易限制，对外采取统一的关税率和贸易政策；（2）采取统一的农业政策；（3）消除共同体内劳动力和资本自由移动的障碍。最近，英国、爱尔兰、丹麦、挪威四国已决定加入这个集团。

货币贬值和升值的影响，从政治上看，主要是关系到一个国家的声誉和地位；从经济上看，主要是关系到一个国家的进出口贸易。货币贬值，有利于出口，不利于进口。例如：美国某种价值260美元的商品，在2.4美元=1英镑时，它在英国市场上要卖108.33英镑才能换回260美元；美元贬值后，2.6美元=1英镑，这时，这种商品在英国市场上只需卖100英镑就可以换回260美元了。可见，货币贬值可以使一国商品在国外市场上的售价降低，从而可以增加销路，促进出口。货币升值则与此相反。

既然货币贬值有利于出口，那么，为什么美国反而坚持美元不贬值，其他资本主义国家又坚持要美元贬值呢？

从美国方面来看，美元贬值固然有利于美国出口；同时，由于美元贬值使得外国手中的美元债权的价值降低，这就可以减轻美国的债务负担；再者，由于美元贬值，使得美国政府现有黄金储备的美元价格提高，从而可以增强美国政府兑付黄金的能力。这些都是对美国有利的方面。但是，美元贬值对美国也有许多不利的方面：

从政治上看：主要是美元贬值，表明美元经济基础的不稳定和削弱，表明它的信用的动摇和破坏，进而也就必然影响到美元作为资本主义世界货币的中心以及作为主要国际储备货币的特权地位。而这些，又都在政治上有损于美国的大国地位和在资本主义世界中的霸权地位。尼克松政府坚持美元不贬值，就是妄图"保护美元"，维护美元的特权地位和美国的大国霸权地位。

从经济方面看：

1. 在美国国内通货膨胀不断加剧，世界市场的黄金价格大大提高的情况下，坚持35美元=1盎司黄金的官价（也就是美元不贬值），这就是人为地抬高了美元的价值。而这一点，对于美国的垄断资本来说是很有好处的。它们可以用定值偏高的美元向国外进行掠夺和搜刮。因此，美国垄断集团不肯轻易放弃这一有利条件。

2. 美元不贬值，而要其他资本主义国家的货币升值，这是一箭双雕的做法。美元不贬值，既维护了美元的信用和美国的大国地位，同时，其他国家的货币升值，也就等于美元相对地贬值，这又可以收到有利于出口的实际好处。

3. 从美国的贸易收支状况来看，造成它贸易收支逆差的主要"贸易伙伴"是日本等个别国家，美国同其他资本主义国家和地区的贸易关系还是处于顺差地位的。因此，尼克松政府为了扭转贸易收支逆差的状况，主要在于改变美国同日本等个别资本主义国家在贸易上的不利地位。所以美国是要双边解决问题，而不需要面对世界各国全面解决问题。这样，就只能是个别调整美元同某些资本主义国家的货币比价，同时又必须是美元不贬值，其他国家的货币升值。因为美元贬值，就等于全面调整了美元同世界资本主义各国货币的比价。这就是美国坚持美元不贬值，而特别坚持要日元、西德马克等货币大幅度升值的原因。

其他资本主义各国坚持美元贬值而不愿本国货币升值，或者升值不能过大，这主要是因为：一是想搞垮美元的霸权地位；二是货币升值固然可以提高货币信用和国家地位，但不利于出口；三是其他资本主义各国也是想根据国际收支和贸易状况来双边解决汇率问题，而不愿全面调整本国货币对外的比价，因为面对世界各国实行货币升值，就会扩大对自己的不利影响。

由于一些主要资本主义国家的具体情况不同，它们对待尼克松政府这套措施的对策，也有一定的差异。因此，有必要对一些主要资本主义国家进行一些具体的分析。

在这场斗争中，美日之间的矛盾最突出，它的焦点是：美国要日元大幅度升值；日本则表示可以适当升值，但幅度不能太大。

第二次世界大战后二十多年来，日本垄断资本在美国扶植下，特别是靠美国发动侵略朝鲜和印度支那战争中的"特需"订货，畸形地膨胀起来。日本工业生产在资本主义世界工业生产中所占比重，从 1948 年的 1％增长到 1970 年的 9.4％，提高了 8 倍多；出口占资本主义世界出口总额的比重，从 1947 年的 0.4％增长到 1970 年的 6.9％，[①]提高了 16 倍多；日本的外汇储备，1971 年 8 月达 125 亿美元以上，[②]仅次于西德。近年来，日本的贸易已由逆差转为顺差，特别是对美国的贸易增长很快，1965 年以来，除个别年度外，大都处于顺差地位。1970 年美国对日本的贸易逆差为 12.23 亿美元。这个年度美国从日本的进口占进口总额的比重是：钢铁 46.1％，家庭电器用品 70.3％，纺织品及成衣 24.1％，小汽车 12.3％。[③]1966 年美国从日本进口汽车只有 6.3 万辆，1970 年增至 41.5 万辆，1971 年估计增至 60 万辆，如不征收进口附加税，1972 年将达到 100 万辆。[④]

①《美国经济实力大大下降》，1971 年 8 月 28 日《人民日报》。
②《国际时事讲话》，1971 年 9 月 17 日《人民日报》。
③《关于日美贸易的一些资料》，香港《经济导报》1971 年 8 月 30 日。
④ 记者杰里·佛林特的一篇报道，[纽约时报新闻社底特律 23 日电]1971 年 8 月。

日本经济的发展，50年代到60年代初期，主要是靠国内市场。60年代后期以来，随着日本广大工人和农民的贫困与破产，国内市场日趋缩小；同时，国内资源缺乏，一些主要原料90%以上，甚至100%都是来自外国。因此，恶性膨胀的日本经济同资源贫乏和国内市场狭小的矛盾越来越尖锐。这就使得日本垄断资本必然要向外扩张，寻找出路。日本统治者和垄断集团已公开叫嚷说，"70年代是日本面向海外的时代"。这就不能不对美国垄断资本造成威胁，加剧日美两国垄断资本之间的矛盾和斗争。

因此，尼克松政府把这次进攻的矛头首先对着日本。一方面要日元大幅度升值，同时又征收10%的进口附加税，还胁迫日本进一步实行"资本和贸易自由化"，以此限制美国从日本的进口和扩大美国对日本的出口来扭转美国同日本贸易上的不利地位。而对于日本来说，这是一个严重的打击。据日本官方宣布，日本对外贸易将因此每年损失25亿美元—30亿美元。[①]日本佐藤政府和垄断集团对此深感不满和不安，纷纷指责美国对日本是"踢一脚又踩一脚"。

日本佐藤政府对尼克松政府的这套措施，采取了既抗拒而又不得不做些让步的对策，实行了有控制的浮动汇率制。这就是不再维持原来的360日元＝1美元的法定汇率，而听任外汇行市自由波动，但是它掌握一定的幅度，超过这个幅度，日本政府就要加以干涉，即由政府抛售或买进美元，用来维持日元对美元的比价不致升值过高。

日本佐藤政府所以对尼克松政府采取既抗拒又让步的对策，实行浮动汇率制，这主要是因为：（1）由于日本垄断资本的膨胀，所以敢于同美国抗衡；（2）日本佐藤政府在政治上、经济上和军事上都还有赖于美国，美国是日本的重要市场和原料供应者，因此面对美国的压力，不能不有所让步；（3）企图以浮动汇率制作为一个过渡，便于同尼克松政府讨价还价，以求确定出有利于日本的汇率来。

在西欧资本主义国家中，法国同美国的矛盾最尖锐。长期以来，在美法之间进行着控制反控制和争夺西欧霸权的斗争。

法国前总统戴高乐，曾公开提出要建立一个独立于两个超级大国之外的"欧洲人的欧洲"。法国政府为了反对美国的霸权地位，摆脱美国在政治上对它们的控制，对美元的霸权地位，也进行了多方面的进攻。

---

① 《美"新的经济政策"引起日本金融界一片混乱》，1971年8月26日《人民日报》。

法国政府公开提出，要改变现行的以美元为中心的资本主义世界货币制度，主张恢复金本位制。戴高乐在 1965 年的一次记者招待会上宣称：第二次世界大战后，资本主义世界的国际货币体系已经"不再符合目前的实际情况"，并且正式提出了恢复金本位制的主张。

尼克松的"新的经济政策"抛出后，法国现任总统蓬皮杜在一次谈话中，针对美元充当国际储备货币的特权地位，以讥讽的口吻公开指责说："一个时快时慢的钟表，是不能作为标准钟的。"在另一次记者招待会上还声称：尼克松的做法是"一根大棒"，但是"法国不想充当笨驴"。并且重申应当采取同黄金挂钩的固定汇率货币制度。①

法国政府为了搞垮美元的霸权地位，采取种种手段挤兑美元。最突出的一种就是带头用美元向美国政府兑换黄金。近年来，法国手中的黄金外汇储备不断增加。1949 年只有 8 亿美元，到 1971 年 7 月增至 63.5 亿美元，其中美元部分 22.44 亿美元。②如果法国一旦要把这些美元向美国兑换黄金，就构成对美国的严重威胁。这是法国同美国经常对抗的一张"王牌"。1962 年，法国政府一次就向美国兑换了 100 吨的黄金。1965 年，法国带动荷兰、比利时一起用美元兑换黄金。1971 年 5 月西欧掀起黄金风潮时，法国兑换了 2.82 亿美元的黄金，并带动荷兰、比利时也兑换了 1.4 亿美元的黄金。同年 8 月尼克松宣布"新的经济政策"的前夕，法国又兑换了 1.91 亿美元的黄金。③

尼克松宣布"新的经济政策"后，法国一直坚持要美元贬值，法郎不升值，并实行了双重汇率制，即：一方面在对外贸易领域维持 5.55419 法郎＝1 美元的原法定汇率，实行固定汇率制；另一方面在非贸易领域中（如旅游、外汇投机等），听任法郎同美元的汇率自由浮动，实行浮动汇率制。

法国政府所以实行双重汇率制，这是由于：

1. 法国表明坚持法郎不升值而要美元贬值。法国财政经济部长德斯坦明确表示："我们根本看不出为什么由于美国人采取了某种经济政策，其他国家就应该决定削弱它们的竞争能力"。④

2. 法国经济对美国经济的依赖不大。法国同美国的贸易不到 10 亿美元，

---

① 法国总统蓬皮杜在爱丽舍宫的一次记者招待会上发表的讲话，[美合众国际社巴黎 23 日电]1971 年 9 月。

② 《外汇储备表》，[安莎社罗马 16 日意文电]1971 年 8 月。

③ 法国《世界报》的一篇报道，[美合众国际社巴黎 7 日电]1971 年 8 月。

④ 法国财政部长德斯坦答记者的话，[路透社汉堡 29 日电]1971 年 8 月。

仅占法国出口总额的 5.3％。[1]因此，美国征收进口附加税对法国的影响和压力不大。

3. 法国在非洲保留着一个"法郎区"，包括有阿尔及利亚、摩洛哥、突尼斯等十几个国家。这些国家的对外贸易是通过法国法郎计算的，它们的黄金外汇储备都集中在法国保管。法国采取固定汇率制，可以保持法郎区的统一，有利于法国控制这些国家的金融、原料和石油资源。如果法国法郎的汇率浮动，也就是实行升值，非洲"法郎区"国家的货币也将随着升值，对于这些国家的贸易、经济将会产生不利影响。

4. 从法国黄金外汇储备的结构来看，其中黄金比重较大。1971 年 7 月的情况是：黄金储备为 35.23 亿美元，占储备总额的 55.4％；美元储备为 22.44 亿美元，占储备总额的 35.3％。[2]因此，黄金价格提高对法国有利，美元贬值使法国损失较小。

西德的情况和法国有所不同。

西德从 1971 年 5 月黄金风潮时，就实行了浮动汇率制。同年 8 月 23 日，西德法兰克福外汇市场价格是 3.425 马克＝1 美元，实际升值 6.86％。

西德实行浮动汇率制，也就是西德马克升值，这是西德政府对美国的一种让步。在对待美国的经济措施上，西德不像法国那样坚决强硬，这是因为：

1. 西德经济对美国的依赖性较大，贸易往来较多。1970 年西德对美国出口为 32.97 亿美元，占出口总额的 9.6％。[3]其中，汽车工业对美国出口占这个部门出口总额的 25％，精密仪器和光学器材工业对美国出口占这个部门出口总额的 14％。[4]尼克松的"新的经济政策"对西德产生了很大影响，使得西德几乎所有部门的安排失效，计划缩减，工作时间减少，钢的产量（有一半出口）减少了 11％，失业人数猛增至 40 万人。[5]特别是进口附加税，使西德对美国出口的 94％受到影响[6]。所以西德想在本国马克升值上做些让步，以换取美国取消征收 10％的进口附加税。

2. 西德在政治、军事上都需要美国的支持。而尼克松政府对西德、日本等资本主义国家的要挟手段之一，就是要它们分担美国海外驻军费用，这是

---

① 《一九七〇年一些国家和地区对美输出及其所占的比重》，香港《经济导报》1971 年 8 月 23 日。

② 《外汇储备表》；[安莎社罗马 16 日意文电]1971 年 8 月。

③ 《一九七〇年一些国家和地区对美输出及其所占的比重》，香港《经济导报》1971 年 8 月 23 日。

④ 西德《明镜》周刊，1971 年 8 月 23 日。

⑤ 《日本已经屈服，欧洲怎么样？》，意《时代》周刊 1971 年 10 月 31 日。

⑥ 海外新闻机构有关国际金融情况的报道，[美新处华盛顿 27 日电]1971 年 8 月。

它们所不愿接受的。因此，西德在这一问题上只得做出一些让步。

3. 西德没有自己的"货币区"，进出口大都用美元计算。西德的黄金外汇储备中美元比重较大。1971 年 7 月的情况是：黄金储备为 40.77 亿美元，占储备总额的 23.1%；美元储备为 107.69 亿美元，占储备总额的 61%。[①]如果美元贬值或丧失国际储备货币的地位，西德也将遭受较大的损失。

第二，亚非拉发展中国家，反对美国霸权地位的斗争。

尼克松的"新的经济政策"一抛出，立即遭到亚非拉国家的坚决反对和严厉谴责，并对美元的霸权地位进行了猛烈抨击。

拉丁美洲国家的对外贸易总值中，对美国的贸易一直占很大的比重。阿根廷、墨西哥对美贸易占它们对外贸易总值的 70%。[②]多数拉美国家对美国的贸易都有逆差。据美国商务部公布的数字，1970 年美国向拉美国家出口商品价值为 57.14 亿美元，而从拉美国家进口商品的价值为 47.79 亿美元，即美国对拉美国家贸易的顺差近 10 亿美元。[③]尼克松政府征收 10%的进口附加税，使拉美国家对美贸易的逆差情况更加恶化。据墨西哥经济学家的估计，尼克松政府征收进口附加税，将使拉美国家向美国出口的 27.7%受到影响，蒙受 15 亿美元的损失。其中，阿根廷向美国出口的 85.2%，智利的 83.4%，墨西哥的 55.6%，乌拉圭的 97.9%都将受到影响。[④]据墨西哥财政部长宣布，墨西哥将因此损失 0.48 亿美元。[⑤]

今天，拉丁美洲已不是美国平静的"后院"了。1971 年 9 月 3 日至 5 日，拉丁美洲 22 个国家为了对抗尼克松"新的经济政策"，在阿根廷首都举行了拉丁美洲特别协调委员会紧急会议，一致通过了《拉丁美洲宣言》，表示要"采取共同策略"对抗尼克松的"新的经济政策"；要求美国立即废除进口附加税，并提出"拉美国家及其他发展中国家要全面参加现有的和可能成立的决策机构以及改革国际货币体制的工作"。同年 9 月中旬，22 个拉美国家以及美国的代表，在巴拿马召开泛美经社理事会，通过决议谴责并要求取消美国进口附加税。秘鲁工商部长指责说，美国实行"新的经济政策"，使拉美国家

① 《外汇储备表》，[安莎社罗马 16 日意文电]1971 年 8 月。

② 《国际时事讲话》，1971 年 9 月 17 日《人民日报》。

③ 《国际时事讲话》，1971 年 9 月 17 日《人民日报》。

④ 墨西哥经济学家塞尔希奥·莫塔·马林的文章，《视界》杂志 1971 年 10 月 9 日。

⑤ 《谴责美国"新的经济政策"》。1971 年 11 月 6 日《人民日报》。

"实际上再一次受到经济侵略。"①阿根廷代表要求美国赔偿它给发展中国家所造成的损失。

近些年来，拉丁美洲国家，为维护民族利益越来越广泛地掀起了反对美国垄断资本的掠夺和奴役，反对大国霸权主义的斗争。现在，为反对尼克松"新的经济政策"而采取的行动，标志着拉美各国反对美国的斗争有了进一步的发展。

非洲国家对美国的贸易也占相当比重。例如：突尼斯的供应，有 1/4 以上是从美国进口的。扎伊尔（原刚果民主共和国）的进口中，美国产品占将近 20%。埃塞俄比亚出口的 43%，马达加斯加的 24%，中非共和国的 30%，加蓬的 20% 都是向美国出口的。据美国官方报告，征收进口附加税，使非洲国家受影响的出口货平均为 12%。②1971 年 8 月 24 日一期《青年非洲》的一篇文章指出：尼克松"新的经济政策"，在非洲已经"引起市价混乱"，"而更重要的影响将是使非洲产品进入北美市场变得更为困难"。③

1971 年 9 月 17 日，非洲中央银行联合会通过决议，表示反对美国对非洲国家征收 10% 的进口附加税，并提出非洲国家应该参加有关改革国际贸易和货币体系的谈判和协商。

同年 9 月 18 日，阿富汗、阿尔及利亚等 30 个国家联名发表声明，表示反对和谴责尼克松的"新的经济政策"，并要求美国赔偿由于推行这一政策而给这些国家所造成的损失。

同年 9 月下旬，在"国际货币基金"组织的年会上，10 月下旬到 11 月上旬，在秘鲁首都利马举行的 90 多个发展中国家部长级会议上，亚非拉许多国家的代表，强烈反对以美国为首的发达资本主义国家的掠夺与剥削，反对大国霸权主义，猛烈抨击了尼克松的"新的经济政策"。

尼克松政府正是在亚非拉发展中国家，以及它的"盟国"的反对和压力下，被迫同意美元贬值和取消进口附加税的。这首先是亚非拉国家联合起来反对美国霸权主义斗争的胜利。同时，我们必须看到，在资本主义世界中，美国同西欧、日本等国家之间，它们基于各自的切身利害，既有互相矛盾和斗争的一面，又有互相勾结和利用的一面。例如：美国同日本之间，佐藤政

---

① 秘鲁工商部长阿尔贝托·希门巴斯·德卢西奥在泛美经社理事会第二次全体会议上的讲话，[拉丁社巴拿马 14 日电]，1971 年 9 月。

② 皮埃尔·罗什文章《美元和非洲》，《青年非洲》周刊 1971 年 8 月 24 日。

③ 皮埃尔·罗什文章《美元和非洲》，《青年非洲》周刊 1971 年 8 月 24 日。

府在政治、经济、军事上都还需要依赖美国，而美国为了推行"尼克松主义"，也需要起用日本军国主义。

尼克松政府采取这套措施，本想借以摆脱经济、金融上的困境，结果却出现了进一步恶化的趋势，因此，不能不考虑僵持下去，将会带来更为严重的后果。西欧、日本等一些资本主义国家，本来是要搞垮美元霸权地位的，但在尼克松政府的这套措施和胁迫手段的打击下，它们的经济都受到了严重的影响。据西方通讯社报道，目前西德和日本正在走向一次持续的经济下降，意大利已经处于衰退状态，英国失业工人达到 100 万，这是 1945 年以来的最高数字。①

在金融危机风暴的一再冲击下，一场世界性经济危机的暗影，正笼罩着整个资本主义世界。因此，资本主义各国也不能不考虑，如果僵局拖延下去，后果将是更加严重的。所以，在矛盾发展的一定阶段，在一定条件下，资本主义国家之间达成暂时的妥协是可能的。美法总统会谈发表公报，"十国集团"财长会议取得协议，就是互相斗争着的资本主义各国企图打开僵局，取得暂时妥协的表现。

暂时的妥协孕育着更加激烈的矛盾和斗争

列宁指出："帝国主义国家的利益是不一致的。尽管它们的部长们一再发表和平调整争执问题的声明，但是事实上帝国主义国家在政治问题上采取任何一个重大措施而不发生分歧都是做不到的。"②

事实上，目前美国和它的"盟国"之间达成的协议只是局部的、暂时的。它不能根本解决美国同其他资本主义国家之间尖锐复杂的矛盾，更不可能解决资本主义世界的货币金融危机问题。一大堆难以解决的问题还在那里摆着，困难和麻烦还在后头。例如：在货币问题上，恢复美元兑换黄金问题，取消美元作为国际储备货币的特权地位问题，改革资本主义国际货币制度问题，以及如何处理在资本主义世界到处流窜泛滥成灾的五六百亿美元问题，等等。这都是有待解决的悬案。在贸易方面，美国虽然答应取消进口附加税，但仍坚持把货币问题和贸易问题"一揽子"解决的办法。美国财政部长康纳利在1971 年 12 月"十国集团"华盛顿会议后，公开威胁说，美国同其他国家"如

---

① 据英国报纸报道，[德通社伦敦 10 日电]1971 年 11 月。

②《在全俄中央执行委员会、莫斯科工农和红军代表苏维埃工会和工厂委员会联席会议上的演讲》（1920 年 5 月 5 日），《列宁全集》第 31 卷，人民出版社，第 111 页。

果不能就紧迫的贸易问题达成协议的话，就可能推迟向国会提出使美元对黄金比价正式贬值的建议"，"贸易现在、过去和将来仍然是这项一揽子方案的一部分"。①这就是说，西欧"共同市场"、日本、加拿大等国如不答应在贸易上对美国大开方便之门，美国就不正式实行美元贬值。另外，美国还有一个向它的盟国施加压力的大棒，就是要它们分担美国海外驻军的费用，今后还会继续挥舞这根大棒的。

这些情况表明，"十国集团"华盛顿会议尽管达成了局部的、暂时的妥协，但是矛盾依然存在，货币危机仍在发展着。而尼克松政府是不会就此善罢甘休的，其他资本主义国家也是不会俯首听命的。暂时的妥协孕育着激烈复杂的矛盾和斗争。今后，这些帝国主义国家之间的货币战、贸易战，必将更加深入、复杂和激烈。

"新的经济政策"进一步激发了美国人民的革命斗争

尼克松政府为了转嫁危机、逃脱困境，对外采取了嫁祸于人的手段，对内也加紧了向美国人民的进攻。

尼克松宣布"新的经济政策"的时候，大喊大叫要让美国垄断资本家增加利润，要他们鼓起"干劲"，发扬"竞争精神"，尼克松还说，为了鼓励美国资本家"对新装备的投资"，给他们一年内减税 10%，一年后继续减税 5% 的优惠。特别是对美国的汽车取消 7% 的消费税，企图用作为美国经济三大支柱之一的汽车工业的发展来带动有关工业生产的提高，并且增强美国汽车工业的国外市场的竞争能力。

尼克松为了让美国垄断资本攫取更多利润，下令冻结工资物价 90 天，不准工人增加工资，说什么"要作出某种程度的牺牲"，"勒紧一些裤带"。②迫使美国人民继续忍受更残酷的剥削，打击正在罢工的工人阶级。据美国新闻处估计，第一阶段的"冻结"，使美国劳动人民通过对资方集体谈判"已经商定要增加的工资方面损失 5 亿多美元"。③

1971 年 10 月 7 日，尼克松又宣布了所谓"新的经济政策"国内措施的第二阶段，要在 11 月 13 日冻结期满后继续实行对工资和物价的限制计划。但是在尼克松宣布之前，白宫向记者散发的一份"介绍背景的文件"说，不

---

① 据新闻报道，[路透社华盛顿 18 日电]1971 年 12 月。
② 据新闻报道，[法新社华盛顿 6 日电]1971 年 9 月。
③《尼克松在底特律经济俱乐部的讲话》，[美新处华盛顿 24 日电]1971 年 9 月。

存在完全阻止物价上涨的希望。这就表明尼克松限制物价是假，限制工资才是真。另一方面，尼克松又公开表示，鼓励资本家增加利润，说什么"增加利润就可以扩充企业，增加工作"，"意味着增加投资"和"增加税收岁入"。[①]尼克松毫不掩饰地为美国垄断资本效劳。

尼克松政府妄图利用加强向劳动人民进攻的办法来摆脱日益严重的财政经济危机，激起了美国人民的强烈反对，严厉谴责尼克松冻结工资等措施是"劫贫济富"的计划，仅仅有利于美国亿万富翁而使千百万美国工人受损失。

美国工人阶级首先起来反击尼克松政府的这套措施。尼克松宣布"新的经济政策"时，正在罢工中的美国西海岸码头工人、纽约电话工人和全国许多地区的建筑工人，不顾美国统治者的禁令和威胁，都拒绝停止罢工。1971年美国西海岸 15000 名码头工人从 7 月 1 日起坚持罢工 100 天，使 24 个港口长期陷于瘫痪，[②]给垄断资本以沉重打击。同年 10 月初，美国东海岸和墨西哥湾的 45000 多名码头工人也举行了罢工，到 11 月 25 日已经坚持了 8 个星期。[③]同时，美国 8 万煤矿工人不顾尼克松"冻结"工资的"命令"，也举行罢工，反对垄断资本的残酷剥削，要求提高工资，改善生活和劳动条件；后来扩展到 25 个州约 10 万人，坚持斗争了 45 天，终于迫使资本家作出了让步。这次罢工使二十几个州的烟煤矿停止生产，许多重工业的生产和铁路运输都受到严重影响，沉重地打击了美国垄断资本。[④]

为了镇压美国人民的反抗，尼克松政府成立了一个"特别执法小组"，对拒绝命令者"实行严厉惩罚"[⑤]。但是，这种倒行逆施只能激起美国工人阶级和其他广大劳动人民更加强烈的反抗，促使美国人民更加觉醒起来。

尼克松政府是不会甘心于美元霸权地位的垮台的。它势必还要采取种种手段，妄图使现行的以美元为中心的资本主义世界货币制度得以苟延残喘。但是，困难重重，并不那么容易！

一些主要资本主义国家，为了搞垮美元的霸权地位，为了解脱资本主义世界货币金融危机，纷纷提出了建立一种所谓新的资本主义货币体系的要求和主张。目前，在西方比较普遍的一种要求和主张，就是取消美元在资本主

---

① 《尼克松关于为制止通货膨胀而斗争的讲话》，[美新处华盛顿 7 日电]1971 年 10 月。
② 有关美西海岸码头工人罢工的报道，[美联社加利福尼亚州旧金山 9 日电]1971 年 10 月。
③ 《美国十万煤矿工人坚持罢工获胜》，1971 年 11 月 18 日《人民日报》。
④ 《美国十万煤矿工人坚持罢工获胜》，1971 年 11 月 18 日《人民日报》。
⑤ 《美国腐朽没落的又一个标志》，1971 年 8 月 29 日《人民日报》。

义世界货币金融领域中的特权地位，另行创造一种同黄金发生联系的新的国际清算、支付和储备手段。尼克松宣布"新的经济政策"以后不久，法国总统蓬皮杜和财政经济部长德斯坦即先后提出，"建立一种不是由那一种货币统治的国际体系"，主张用"国际货币基金"组织的"特别提款权"代替美元作为国际储备货币和结算工具，并代替黄金作为资本主义各国货币制度的保证。1971 年 9 月"十国集团"财政部长伦敦会议上，代表西欧"共同市场"六国发言的意大利国库部长阿格拉迪，也提出了关于"特别提款权"的建议。但是，这也只是一种拟议而已，果真实行起来也并不那么简单容易。就连阿格拉迪自己也承认："这条道路不是一条容易的或者可以迅速走完的道路。指望迅速取得惊人的成果是不现实的"。

法国已故总统戴高乐及其执政时的财政金融顾问吕埃夫，早就提出过恢复金本位的主张。看来，这种主张也是没有现实可能性的。一是，今天资本主义世界的黄金产量，远不能适应货币储备日益增长的需要；二是，今天资本主义各国，赤字财政、通货膨胀已成为经常现象，只有靠滥发纸币才能适应统治者推行内外反动政策的需要；三是，由于资本主义国家政治、经济发展不平衡的日益加剧，它们相互间的矛盾斗争愈演愈烈，使贸易、货币、资金流动经常处于国家的各种干涉、管制之下，因此，也不可能再实行早已崩溃了的金本位制。

这些都表明，资本主义世界货币制度已经深陷泥潭，面临着毫无出路的境地。这是由于资本主义、垄断资本主义制度固有的、无法克服的深刻矛盾所决定的，也是第二次世界大战后资本主义世界内部矛盾不断加剧和政治、经济危机不断加深的必然结果。

战后日本经济的畸形发展[*]

一、战后日本经济的畸形发展

1937 年侵华战争前，日本的作为军国主义基础的垄断资本主义经济就已有高度的发展。1934—1936 年，日本工矿建筑业创造的国民收入[①]占到国民收入总额的 30.6%，农林水产业占 20.1%[②]。这说明当时在日本国民经济中，工业已超过农业而占了主要地位。在日本的工业中，到 1934 年，重工业即已超过轻工业；该年重工业产值在全部工业总产值中所占的比重为 59.7%，轻工业为 40.3%[③]。到 1937 年，从工业生产水平来看，日本已居于资本主义世界的第五位。

1937—1945 年侵华战争和太平洋战争期间，日本经济全面军事化。直接同军需有关的重工业和化学工业有了进一步的发展。1942 年，日本重工业、化学工业产值在全部工业总产值中所占的比重由 1937 年的 57.8%上升到 72.7%，轻工业所占的比重由 1937 年的 42.2%下降为 27.3%。

---

[*] 本文原系一篇论文，后应商务印书馆之约扩充为单行本，1973 年出版发行。因当时的历史原因，不能用个人署名，故以集体署名。

① 所谓国民收入，也叫国民所得，按照资本主义国家的统计，是指在一年内，一国居民由于提供生产要素而取得的收入总额（未纳直接税前）。它等于被雇佣者的消费额、非公司企业的所得、土地和房屋租金、利息、股份红利、公司未分配利润、公司直接税以及政府财产和企业的收入等等的总和。

② 日本总理府统计局：《日本统计年鉴》1963 年。

③《第二次世界大战后资本主义国家经济情况（统计汇编）》，世界知识出版社 1962 年版。

1937 年主要资本主义国家工业生产比重（%）

国　别	比　重
全部资本主义国家	100.0
美国	41.4
英国	12.5
德国	9.0
法国	6.0
日本	4.8
意大利	3.0

资料来源：《第二次世界大战后资本主义国家经济情况（统计汇编）》，世界知识出版社 1962 年版，第 58 页。

第二次世界大战以前（包括战时），在生产发展的基础上，日本工业的生产和资本不断积聚与集中，从而垄断资本主义经济日益扩大和加强。日本的"十大财阀"：三井、三菱、住友、安田、鲇川、浅野、古河、大仓、中岛、野村，掌握了日本的经济命脉和国家机器，在经济上和政治上实行着强力统治。其中，三井、三菱、住友、安田又是势力最大的老牌的"四大财阀"。

1937、1941 年日本"四大"和"十大"财阀资本在全国企业资本中所占的比重

业别	年份	全国企业资本（百万日元）	三井	三菱	住友	安田	"四大"所占比重	"十大"所占比重
金融业	1937	1640.0	70.5	127.0	58.3	140.9	22.5	23.6
	1941	1583.1	70.5	127.0	58.3	143.3	25.2	26.8
重工业	1937	5066.0	598.2	262.5	170.5	8.5	14.6	24.9
	1941	11270.1	884.1	680.9	403.7	58.5	18.0	29.8
轻工业	1937	2990.6	84.8	66.1	36.6	21.9	7.0	13.5
	1941	3968.6	158.4	86.9	18.1	34.5	7.5	13.3
其他	1937	7957.6	159.1	118.6	121.6	83.8	6.1	7.5
	1941	11013.1	104.2	296.1	94.4	133.3	5.7	7.7
合计	1937	17654.5	612.6	574.1	386.9	255.1	10.4	15.1
	1941	27835.0	1217.2	1190.8	574.4	370.3	12.0	18.5

据 1963 年日本出版的《现代日本的垄断企业》一书所载资料。

战前日本工业生产和垄断资本主义的高度发展，是同日本统治者奉行的军国主义以及对外侵略扩张政策分不开的。从 1894 年中日甲午战争起直到 1945 年第二次世界大战结束为止，在这整整半个世纪里，日本的发展史是一

部血腥的对外侵略史，也就是日本垄断资本形成和膨胀的发展史。日本财阀是日本军国主义的支柱。

日本在第二次世界大战中被战败，日本的军事化和殖民主义的经济体制土崩瓦解。战后，直接占领日本的美军当局，在亚洲以及全世界人民的舆论压力下，曾对日本采取了一些极不彻底的所谓"解散财阀"和"消除军国主义势力"之类的措施。因此战后初期，日本经济一度呈现瘫痪状态，工业生产大幅度下降。以战前 1935 年日本的工矿业生产水平为 100，1946 年急剧下降为 28.3，还不到战前的 1/3。主要工业品产量，如粗钢，1935 年为 470.4 万吨，1946 年下降为 55.7 万吨，相当于战前的 1/8 弱；机床，1935 年为 1 万台，1946 年下降为 5000 台，减少了一半；水泥，1935 年为 553.8 万吨，1946 年减少到 92.9 万吨，仅及战前的 1/6；棉纱，1935 年为 64.4 万吨，1946 年减少到 5.9 万吨，还不到战前的 1/10。

第二次世界大战后，美国实行了妄图称霸和奴役全世界的战略。1949 年中国人民革命的胜利，使得美国扶植蒋介石反动政权、变中国为它的殖民地的政策彻底破产。从此，美国采取了大力扶植日本反动派的政策，妄图恢复和起用日本军国主义势力，使其成为它在亚洲推行侵略政策和战争政策的工具。在美国的扶植下，日本经济很快走上了恢复和发展的道路。

到 1951 年，日本经济就恢复到了战前水平。该年，日本工矿业生产总指数为 103（战前 1935 年＝100）。主要工业品产量，除棉纱等个别产品尚未恢复到战前水平外，其余都超过了战前水平。

50 年代期间，日本经济有了进一步的发展。1959 年度[①]，日本的国民总产值[②]已达 136080 亿日元（合 378 亿美元），较 1951 年（58870 亿日元，合 163.5 亿美元）增加了 1.3 倍；1959 年，工矿业生产总指数上升到 282.9，较 1951 年增加了 1.7 倍；同年，粗钢、机床、造船、水泥、汽车等主要工业品产量都较 1951 年分别增加了 1 倍多到将近 6 倍。

60 年代，日本经济急剧膨胀起来。1970 年度，日本的国民总产值达到了 727170 亿日元（合 2019 亿美元），较 1959 年度增加了 4 倍多，较 1951 年增

---

① 年度是指财政年度或会计年度而言。日本的会计年度是从当年的 4 月 1 日起到次年 3 月 31 日止。

② 所谓国民总产值，按照资本主义国家的统计，是指在一年内，一国居民通过经济活动最后产生的商品和服务的价值总额（未减去资本折旧），这里不仅包括工矿、建筑、运输、农林、水产等生产部门所创造的价值，而且还包括商业、金融业以及服务性行业等非生产部门由于劳务而获得的收入。国民总产值有两种计算方法：一是按现行价格计算，一是按固定价格（排除了物价变动因素）计算。这里所用的数字属于前者。

加了 11 倍多。1970 年,日本工矿业生产总指数上升到 1388.3,较 1959 年增加了将近 4 倍,较 1951 年增加了将近 12 倍。同年,日本的粗钢产量为 9332.2 万吨,较 1951 年增加了 13 倍多;机床产量为 25.7 万台,较 1951 年增加了 27.6 倍;造船达 1265.4 万总吨,较 1951 年增加了 27 倍;水泥产量达 5719 万吨,较 1951 年增加了 7 倍多;汽车产量为 529 万辆,较 1951 年增加了 138 倍多;合成纤维产量达 411497 吨,较 1951 年增加了 340 多倍。

1935—1970 年日本几项主要经济指标

项目 年份	工矿业生产总指数(1935 年=100)①	国民总产值(10亿日元)②	主要工业品产量③									
			粗钢(万吨)	钢材(万吨)	机床(万台)	造船(万总吨)	水泥(万吨)	煤(万吨)	汽车(万辆)	棉纱(万吨)	合成纤维(吨)
1935	100.0	16	470.4	380.6	1.0	14.2	553.8	3776.2	0.5	64.4	—
1946	28.3	1308(1947)	55.7	42.6	0.5	11.8	92.9	—	1.5	5.9	—
1951	103.0	5887	650.2	497.2	0.9	44.3	654.8	4331.2	3.8	33.7	1290.0
1959	282.9	13608	1662.9	1291.7	4.8	176.3	1727.0	4725.8	26.3	47.6	58434.0
1960	358.3	16207	2213.8	1722.0	8.0	180.7	2253.7	5106.7	46.2	55.1	107245.0
1969	1152.3	62433	8216.6	6706.0	23.1	937.4	5138.7	4469.0	467.5	52.7	394991.0
1970	1338.3	72717	9332.2	7593.3	25.7	1265.4	5719.0	3969.4	529.0	52.6	441497.0

资料来源:①③两项,1935—1969 年数字根据日本总理府统计局:《日本统计年鉴》1961、1963、1970 年;1970 年数字根据日本总理府统计局:《日本统计月报》1972 年 2 月号。②项根据日本政府经济企划厅:《经济白书》1971 年。

注:①国民总产值,1957 年后为年度。②汽车产量不包括三轮车。

从上述可见,战后日本经济的发展是很迅速的。其增长速度远远超过日本战前,也大大超过其他任何资本主义国家。战前,日本经济平均每年的增长率为 4%—5%;战后,平均每年的增长率达 10% 以上。日本同其他主要资本主义国家相比,从国民总产值和工业生产指数两项主要经济指标来看,其战后增长率的比较如下表。

国别	国民总产值(按不变价格计算)年平均增长率(%)		工业生产年平均增长率(%)		
	1950—1960 年	1960—1970 年	1954—1957 年	1958—1960 年	1966—1970 年
日本	9.1	11.3	15.0△	16.1	16.5
美国	3.2	4.2	2.4	2.6	3.5
英国	2.8	2.7	3.3	3.7	2.2
西德	7.9	4.7	9.9	7.1	6.1

国别	国民总产值（按不变价格计算）年平均增长率（%）		工业生产年平均增长率（%）		
	1950—1960 年	1960—1970 年	1954—1957 年	1958—1960 年	1966—1970 年
法国	4.5	5.6	9.7	6.2	6.9
意大利	5.6	5.7	—	—	7.2

△为 1953—1957 年数字。

资料来源：[日]《世界周报》1972 年 5 月 23 日号；《主要资本主义国家经济统计集》，世界知识出版社 1962 年版。1966—1970 年平均增长率根据联合国《统计月报》数字计算。

目前，从经济实力来看，日本在资本主义世界中已跃居仅次于美国的第二位（见经济实力对比表）。

日本与其他主要资本主义国家经济实力的对比（1971 年）

项目	单位	美国	英国	西德	法国	意大利	日本
国民总产值	亿美元	9471（1970 年）	1205（1970 年）	1861（1970 年）	1306（1969 年）	823（1969 年）	2019（1970 年度）
黄金外汇储备（1972 年 2 月）	亿美元	133.6	69.9	197.3	84.5	67.5	164.8
主要工业品产量							
粗钢	万吨	10906	2419	4031	2286	1751	8856
电力	10 亿度	1718	252	260	148	122	300
造船	万总吨	33.8（1970 年）	123.7（1970 年）	168.7（1970 年）	96.0（1970 年）	59.8（1970 年）	1265.4（1970 年）
石油制品	万吨	46078	9288	8563	8175（1970 年）	9660	15370
汽车	百万辆	10.7	2.2	4.0	3.0	1.85（1970 年）	5.8
水泥	万吨	6826	1790	4055	2900（1970 年）	3174	5943
硫酸	万吨	2644（1970 年）	335	444	368	331	666
化学纤维	万吨	61.9	26.2（1970 年）	18.1	13.2	18.3	49.8

资料来源：日本总理府统计局：《日本统计月报》1972 年 2 月号；[日]《朝日年鉴》1972 年，第 204、405 页；[日]《东洋经济统计月报》1972 年 5 月号，第 35、45 页，[日]东洋经济新闻社：《经济统计年鉴》1972 年，第 331—332、334、342—345 页。

但是，我们必须看到，战后日本经济急剧膨胀是一种畸形的发展。

（一）重工业、化学工业急剧膨胀，轻工业、农业发展滞缓

列宁指出："在资本主义制度下，各个企业、各个托拉斯、各个工业部门、各个国家的发展不可能是平衡的。"[①]"经济政治发展的不平衡是资本主义的绝对规律。"[②]又写道：到了帝国主义阶段，"在几个工业部门中形成的垄断，使整个资本主义生产所特有的混乱现象更加厉害，更加剧烈。作为一般资本主义特点的农业和工业的发展不相适应的现象，变得更加严重了。"[③]

战后日本经济畸形发展的表现之一，就是生产部门发展不平衡的加剧。

战后，在日本工业中发展最快的是重工业和化学工业，特别是其中的钢铁工业、机械工业、石油精制等部门。相反地，纺织工业和食品工业等轻工业部门的发展则非常迟缓；在纺织业中，棉纺织业的发展尤为缓慢，60 年代以来还有下降趋势，在日本有"斜阳产业"之称。

战后日本制造业中一些主要部门发展不平衡的情况，由下表统计可以看出。

年份	制造业生产指数（1935 年＝100）						石油制品产量（亿立升）	棉纱产量（万吨）
	总指数	钢铁工业	机械工业	化学工业	纺织工业	食品工业		
1935	100.0	100.0	100.0	100.0	100.0	100.0	15.2	64.4
1946	26.4	22.2	55.2	26.2	12.9	31.0	2.2	5.9
1951	103.3	158.4	214.3	120.3	53.4	74.4	30.2	33.7
1959	303.1	386.1	984.4	363.9	122.1	166.4	215.4	47.6
1960	386.7	496.2	1404.4	432.3	143.8	176.6	303.1	55.1
1969	1271.9	1834.0	6614.7	1393.3	290.8	386.9	1625.1	52.7
1970	1479.9	2087.0	8125.9	1583.1	321.0	—	—	52.6
1971	1554.9	2016.6	8724.1	1684.2	336.2			53.4

资料来源：1935—1969 年根据日本总理府统计局：《日本统计年鉴》1961 年、1970 年；1970 年、1971 年根据日本总理府统计局：《日本统计月报》1972 年 2 月号。

重工业、化学工业是军需工业的基础。战后日本重工业、化学工业的迅速发展，是同美国扶植和起用日本军国主义势力、在亚洲推行侵略政策和战

[①]《帝国主义是资本主义的最高阶段》，《列宁选集》第 2 卷，人民出版社 1972 年版，第 837 页。

[②]《论欧洲联邦口号》，《列宁选集》第 2 卷，人民出版社 1972 年版，第 709 页。

[③]《帝国主义是资本主义的最高阶段》，《列宁选集》第 2 卷，人民出版社 1972 年版，第 751 页。

争政策分不开的，也是由美国扶植下的日本垄断资本力图加强在国际市场上的竞争能力、重走对外扩张老路的野心所推动的。

再拿农业和工业相比。战后日本农业的发展远远落后于工业。据日本官方统计，日本的农业生产指数以 1960 年度为 100，1969 年度上升为 129[①]，这就是说，在整个 60 年代，日本的农业生产只增加了 29%。而同期，日本的工业生产，以 1960 年工矿业生产总指数为 100，到 1969 年上升到 321.6，增加了 2 倍多。又据统计，1970 年日本的工业生产水平比 1947 年提高了 36 倍，农业生产只增长了 2 倍多。

战后日本农业的发展不仅迟缓，而且呈现日益衰落的趋势。这是美日奉行的经济政策的结果。

美国为了解脱其战后一直存在的农业"生产过剩"危机，对日本先是以"援助"和贷款的方式，继而又迫使日本实行和扩大"贸易自由化"，来极力推销其"过剩"农产品。在美国"过剩"农产品的倾销下，日本农业受到了很大的摧残。

第二次世界大战以前日本农村的土地所有制是半封建性的。战后，美军占领当局和日本当局，迫于日本国内空前高涨的农民运动的压力，同时也为了给日本垄断资本的恢复和发展扫清道路，从 1946 年到 1950 年实行了一次自上而下的"农地改革"[②]。经过这次"农改"，建立了以小土地所有制为基础的个体农民经济，基本上取消了地主剥削，从而在一定程度上激励了农民的生产积极性，使日本的农业在 50 年代得到了较为显著的发展。

但是，真正从"农改"中得到好处的是美日垄断资本。"农改"后的日本农业走上了资本主义的道路，商品经济有了较大的发展，这就为美日垄断资本开辟了广阔的市场。美日垄断资本通过销售农业机器、肥料，以及扩大工农业产品价格的"剪刀差"，直接控制农产品的加工和购销，竭力剥削农民，喂肥了自己。特别是从 1960 年起，日本政府为了加强垄断资本的实力和对外进行经济扩张，实行了所谓"高速度发展经济"政策，要在 10 年内使"国民生产增长一倍"，用牺牲农业来扩大工业。为此，日本政府制定了"农业基本法"和"改革农业结构十年计划"。其实质，就是在资本主义"合理化""近代化"的标榜下，打击中小农户，把耕地集中到少数大农户手里，发展大规

---

① ［日］《东方经济学家》1972 年 4 月号，第 9 页。
② "农地改革"的主要内容是：（1）地主的出租土地限制在一公顷以下；（2）改实物地租为货币地租；（3）地租额不得超过收获量的 25%。

模的资本主义经营；同时，计划在 10 年内把 60％的农民赶出农村，以便为工业提供建厂所需要的土地和廉价劳动力。

战后日本工农业生产增长的对比

项　　目	1970 年生产水平	1970 年比 1947 年增长倍数
工业生产		36.0
电力	28.6 百亿度	9.4
粗钢	93.0 百万吨	98.0
煤	40.0 百万吨	1.5
重油	101.0 百万立升	2477.0
水泥	57.0 百万吨	46.0
铝	2.4 百万吨	3.4
硫铵	2.4 百万吨	3.4
棉织品	2616.0 百万平方米	4.7
合成纤维织品	2746.0 百万平方米	205590.0
塑料	511.0 万吨	—
电视机	12.4 百万台	—
无线电	32.6 百万台	42.0
轿车	3.2 百万辆	63574.0
计算机	2697.0 亿日元	—
农业生产		2.3
米	1269.0 万吨	1.4（对 1948 年倍数）
鸡蛋	300.0 亿个	16.9
牛乳	476.0 万吨	30.5
肉	139.0 万吨	32.8

资料来源：日本政府经济企划厅：《经济白书》1971 年。

这种农业政策使日本耕地面积日趋减少，农村劳动力大量外流。据日本官方统计，1960 年日本的耕地面积是 9107 万亩（合 607 万公顷），到 1969 年减少到 8778 万亩（合 585 万公顷）[①]，10 年减少了 329 万亩（约 22 万公顷）；1960 年日本的农业就业人口为 13560000 人，占就业人口总数的 31％，到 1971 年减少到 7680000 人，百分比下降为 15.9％，减少了将近一半，而且这些农业就业人口中，"2/3 是老人、妇女以及另外一些不宜于体力劳动的

---

① 日本总理府统计局：《日本统计年鉴》1970 年。

人"①。因此，今天日本的农业有所谓"三老（老爷爷、老奶奶、老妈妈）农业"之称。

（二）少数财团高度集中垄断，中小企业备受排挤、控制

战后日本经济畸形发展的另一重要表现是，一方面少数财团企业高度集中垄断，另一方面中小企业备受排挤、控制。

战后，随着日本经济的发展，生产集中和资本集中的程度日趋提高。

日本制造业生产的集中（1969 年底）

按从业人员 规模企业别	工　厂　数		从　业　人　数		出　厂　值	
	家	比重（%）	万人	比重（%）	亿日元	比重（%）
合　计	646926	100.0	1141	100.0	581068	100.0
9 人以下	475058	73.4　91.2	189	16.6　33.2	34018	5.9　16.6
10 人—29 人	114813	17.8	190	16.6	62414	10.7
30 人—99 人	41784	6.5　8.2	216	18.9　34.6	91367	15.7　32.4
100 人—299 人	11096	1.7	179	15.7	97047	16.7
300 人—499 人	1931	0.3	74	6.5	49391	8.5
500 人—999 人	1366	0.2　0.6	94	8.2　32.2	72741	12.5　51.0
1000 人以上	878	0.1	199	17.5	174090	30.0

资料来源：根据[日]《朝日年鉴》1972 年版第 421 页所载数字计算。

日本全产业（不包括银行、保险业）资本的集中（1970 年度）

按实缴资本 规模企业别	公司数		实缴资本额		总资产额		纳税后纯利润	
	家	%	亿日元	%	亿日元	%	亿日元	%
总　计	874692	100.0	109346	100.0	1475126	100.0	39392	100.0
不满 500 万日元	737170	84.3	9381	8.6	211031	14.3	6487	16.5
500 万—不满 1000 万	68366	7.8	4273	3.9	75808	5.1	2483	6.3
1000 万—不满 5000 万	55094	6.3	10402	9.5	205016	13.9	5588	14.2
5000 万—不满 1 亿	6861	0.8	4311	4.0	85517	5.8	1676	4.2
1 亿—不满 10 亿	6016	0.7	14453	13.2	208302	14.1	4570	11.6
10 亿以上	1185	0.14	66526	60.8	689452	46.8	18588	47.2

资料来源：[日]东洋经济新闻社：《经济统计年鉴》1972 年，第 291 页。

从上表可见，1969 年，在日本制造业中，只占工厂总数 0.6%、雇工 300

---

① 以上见[日]田中角荣：《日本列岛改造论》。

人以上的大企业，其拥有的工人数占到全部雇工总数的 32.2%，其出厂值占到全部出厂值总额的 51%；而占到工厂总数 91.2%、雇工 30 人以下的小企业，其拥有的工人数只占全部雇工总数的 33.2%，其出厂值只占全部出厂值总额的 16.6%。1970 年度，在日本全部产业（不包括银行、保险业）中，只占公司总数 0.14%、资本 10 亿日元以上的大公司，其拥有的资本占到全部公司资本总额的 60.8%，总资产占到全部总资产的 46.8%，纯利润占到纯利润总额的 47.2%；而占公司总数 84.3%、资本不到 500 万日元的小公司，其资本只占全部资本总额的 8.6%，总资产只占全部总资产的 14.3%，纯利润只占纯利润总额的 16.5%。

在生产和资本集中的基础上，居于最高垄断统治地位的，是为数极少的巨大企业，它们分属于不同的财团，掌握着日本的经济命脉。今天，在日本居于这种垄断统治地位的，是三菱、三井、住友、富士、三和、第一这六大财团。它们是战后在日本旧财阀解体的基础上，重新恢复和发展起来的。

第二次世界大战后初期，美军占领当局于 1945 年 11 月颁布了所谓"财阀资产冻结、解散指令"，对日本财阀持有的股份财产进行清理；日本政府也曾分别于 1947 年 4 月和 12 月颁布过所谓"垄断禁止法""过度经济力集中排除法"。这些措施当时虽然对日本的垄断资本也曾起到一定的打击和削弱作用，但是极不彻底。所谓"解散财阀"，只不过是从形式上瓦解了作为财阀司令部的财阀总公司，而根本没有动摇垄断资本的基础，对于财阀银行更是丝毫未触及。到 1955 年以后，这些财团在美国的扶植下，又重新恢复和发展起来。

战后的日本垄断资本财团，是通过旧财阀企业的重新结合以及合并和兼并而形成、发展起来的。三菱、三井、住友三大财团，基本上都是由原财阀系统的企业所组成。富士、第一都是由不同财阀系统的企业结合而成①，成员复杂，组织松散，日本财界称它们"杂牌军""混成旅"。三和集团形成较晚，于 1967 年才正式组成②。

---

① 富士集团的前身是安田财阀。它在战后是以旧安田系的富士银行、安田信托、安田人寿保险、安田海上火灾保险等金融机构和冲绳电气、东邦尼龙、昭和海运等企业为中心，拼凑旧大仓系的大成建设、旧浅野系的日本钢管和日本水泥、旧日产系的日立制作所和日产汽车等企业而成的。第一集团是由旧第一银行系的第一银行和朝日人寿保险、旧川崎系的川崎重工和川崎制铁、旧古河系的古河矿业和古河电工、旧易泽系的石川岛播磨和五十铃汽车、旧铃木商店系的神户制铁、旧藤山系的日东化学以及其他如伊藤忠商事等垄断企业拼凑起来的。

② 在此以前，一般称日本五大财团，即三菱、三井、住友、富士、第一。也有说六大财团的，即除去前五个以外，再加上兴业银行集团。

日本旧财阀都是以总公司为核心而形成的垄断企业集团。总公司不是业务公司，而是一种持股公司，即通过持有企业的一定数额的股票而对企业进行控制的一种垄断组织。旧财阀集团的主要所有者和统治者是财阀家族，他们在集团内部实行着封建式的家族统治。例如，旧三菱财阀就是以岩崎家族为最大统治者的一个垄断资本集团。战后恢复和发展起来的垄断财团，不再像旧财团那样以总公司为最高垄断组织机构，而是以银行为中心，通过银行对企业的贷款和持股以及企业之间的相互持股而结合起来的一种垄断企业集团。日本六大垄断财团的命名，正是因为它们分别以三菱银行、三井银行、住友银行、富士银行、三和银行、第一银行（1971 年 10 月，第一银行与劝业银行合并为第一劝业银行）作为财团的中心①。这表明：战后在日本垄断财团中银行资本的作用加强了，日本六大财团的垄断资本更具有了金融资本和金融寡头的性质。

列宁指出："金融寡头给现代资产阶级社会中所有一切经济机构和政治机构罩上了一层依赖关系的密网"。②

日本六大垄断财团由十几家到二十几家巨大企业组成，它们控制着金融业、工业、交通运输业等重要经济部门，经济实力十分庞大。据 1969 年统计，它们的实力状况如下表。

垄断财团	核心企业数（参加"社长会"的企业）	总资产（亿日元）	总营业额（亿日元）	盈利（申报数）（亿日元）	雇佣职工（人）
三菱	26	116462	109935	1863	297000
三井	17	87285	79049	979	151000
住友	16	88352	74821	1109	202000
富士	29	106918	99103	2483	352000
三和	22	101423	93096	1865	403000
第一	16	62219	58162	929	242000

---

① 实际上，这些银行目前还没有成为像旧财阀总公司那样强有力的核心。现在作为集团领导核心的是由集团核心企业的总经理或董事长等首脑人物所组成的"社长会"。三菱的叫"金曜会"或"星期五会"；三井的叫"月曜会"或"星期一会"和"五日会"（现改称"二水会"）；住友的叫"白水会"；富士的叫"芙蓉会"；三和的叫"首蓿会""三水会"和"绿会"；第一的叫"联合总经理会"。它们的作用是：对内加强联系，防止分化，调和各企业之间的矛盾；对外扩大策略，加强吞并，在经济上策划扩张，在政治上策划提出符合集团以及垄断资本利益的政策性意见。在"社长会"中有最大发言权的，是这些银行和其他一些重要企业的首脑人物。

② 《帝国主义是资本主义的最高阶段》，《列宁选集》第 2 卷，人民出版社 1972 年版，第 841 页。

以上这些数字虽然仅限于核心企业，但仅就此而言，它们的总资产大都超过日本的"国有财产"（63036 亿日元）；总营业额大都超过或者接近日本 1970 年度的国家预算（80000 亿日元）；雇佣的人力，有的已接近日本国营铁路的全国职工总数（461000 人）[①]。

截至 1969 年 12 月 10 日止，六大财团金融机构的总资金约占日本全国存款总额的 64%；其中，三菱、住友、富士、三和四大财团金融机构的总资金都接近于同一时期日本银行券的发行额（49445 亿日元；四大财团金融机构的总资金：三菱为 46177 亿日元，住友为 46453 亿日元，富士为 39639 亿日元，三和为 43076 亿日元）[②]。截至 1972 年 3 月底止，日本全国 14 家都市银行中，六大财团的六家银行（第一劝业、三菱、三井、富士、住友、三和）和另一家大银行东海银行这七家银行集中了都市银行存款总额的 73.1%，放款总额的 72.4%[③]。

又据统计，1969 年，八幡制铁、富士制铁（1970 年 3 月，这两家钢铁公司合并为新日本制铁公司）、日本钢管、川崎制铁、住友金属工业、神户制钢所、日新制钢这七家大钢铁公司垄断了日本全国生铁产量的 97%，粗钢产量的 81.1%[④]。1968 年，三菱电机、日立制作所、东京芝浦电气、富士电机这四家公司垄断了日本重型电气机械生产的 53.1%[⑤]。1969 年，石川岛播磨、三菱重工业、日立造船、川崎重工业、三井造船这五家公司垄断了日本造船量的 71.7%[⑥]。1969 年度，丰田汽车、日产汽车、东洋工业、三菱重工业、本田技研工业、大发工业、铃木汽车、富士重工业、五十铃汽车、日野汽车这十家公司垄断了日本全国汽车产量的 99.2%[⑦]。1969 年，日本石油、出光兴产、共同石油、三菱石油、丸善石油五家大石油公司垄断了日本石油炼制的 57.7%[⑧]。1969 年，东洋人造丝、尤尼契卡、钟渊纺织、帝人、旭化成、东洋纺织六家大纺织公司垄断了日本尼龙产量的 99.6%[⑨]，1969 年，东洋纺

① 以上见《日本垄断资本与军国主义》，香港《经济导报》1971 年第 1228—1230 期。

② 以上见《日本垄断资本与军国主义》，香港《经济导报》1971 年第 1228—1230 期。

③ 其他七家都市银行是：协和银行、大和银行、神户银行、埼玉银行、大阳银行、北海道拓殖银行、东京银行。[日]《东洋经济》周刊 1972 年 5 月 20 日号、1971 年 6 月 25 日号。

④ [日]《东洋经济统计月报》1970 年 6 月号。

⑤ [日]《东洋经济统计月报》1970 年 6 月号。

⑥ [日]《钻石》周刊 1971 年 1 月 9 日号。

⑦ [日]《东洋经济统计月报》1970 年 6 月号。

⑧ [日]《东洋经济统计月报》1970 年 6 月号。

⑨ [日]《东洋经济统计月报》1970 年 6 月号。

织、大和纺织、进江绢丝、钟渊纺织、日清纺织、近藤纺织所、都筑纺织、仓敷纺织、尤尼契卡、敷岛纺织十家大纺织公司垄断了日本棉纱产量的49.1％[①]。

在当今日本六大垄断财团中，实力最大者为三菱、三井和住友，而三菱居其首[②]。目前，三菱的经济实力已占到日本国民生产总值的10％。据三菱自称：它的44个主要企业的全年营业额，1968年为54204亿日元，相当于该年度的日本政府预算，又等于该年度日本国民总收入的10.3％；1969年，44个单位的全年营业额达67000亿日元，等于该年度日本国民总收入的11.2％；截至1970年1月底，44个单位的资本为5253.9亿日元，等于日本全国企业总资本的5.9％，资产为83900亿日元，等于日本全国股份企业总资产的8.2％[③]。

以上是仅从日本六大财团所属的核心企业来看它们的垄断实力。实际上，它们所控制的远不止于此，通过贷款和持股等方式，它们还支配着大量的非直系企业。在帝国主义国家里，通过"参与制"，金融寡头"控制着总公司（直译是'母亲公司'）；总公司又统治着依赖于它的公司（'女儿公司'）；后者又统治着'孙女公司'等等。于是，拥有不太多的资本，就可以统治巨大的生产部门。事实上，拥有50％的资本，往往就能控制整个股份公司。"[④]而今天，实际上只要掌握百分之几的股票就可以控制该企业。1967年美国国会帕特曼委员会在一次报告中说：在美国"只要掌握5％的股票就对该企业发挥潜在的影响"[⑤]。日本基本上也是如此。今天日本六大垄断财团在一些大企业里的持股率大大超过了5％这个比率。它们控制着几百个大企业。据统计，1969年日本六大财团在650个大企业中的贷款、持股、派人参加管理的情况如下：

---

① ［日］《东洋经济统计月报》1970年6月号。

② 第二次世界大战前，三井、三菱、住友也是日本"十大财阀"中实力最大者，三井居其首，三菱次之，住友又次之。战后，三菱跃居首位。近年来，住友发展很快。住友和三井何居第二位，估计不一。据三菱商事公司总经理藤野忠次郎称："1968年按销售额计算，若以三菱为100，住友是83，而三井是64"。参见［日］《经济》1970年6月号。

③ 《日本六大垄断财团》，香港《经济导报》1970年第1185—1191期。

④ 转引自《帝国主义是资本主义的最高阶段》，《列宁选集》第2卷，人民出版社1972年版，第770页。

⑤ 《日本六大垄断财团》，香港《经济导报》1970年第1185—1191期。

垄断财团	垄断财团金融机构放款占第一位的企业数	其中有股份关系的企业数	平均股份持有率（%）	通过放款、持股参加管理的企业数
三菱	90	87	19.47	90
三井	76	74	13.10	44
住友	83	79	21.26	66
富士	80	76	15.47	66
三和	58	56	15.66	37
第一	30	28	10.86	47

资料来源：《日本垄断资本与军国主义》，香港《经济导报》1971 年第 1228—1230 期。

截至 1970 年 9 月，日本八大都市银行在 687 家大公司中的持股情况如下：

银行名称	持股率在 5% 以上的公司数	其中：为最大股东者	为第二大股东者
富士	41	13	18
住友	32	12	10
三菱	32	13	9
三和	28	8	12
东海	25	10	7
第一	23	11	5
三井	16	7	3
日本劝业	24	6	11
合计	221	80	75

资料来源：[日]《东洋经济》周刊 1971 年 3 月 31 日号。

又据日本《新闻》周刊 1970 年一期三菱财团专论的介绍，截至该年 3 月底，三菱财团四个金融机构取得股份控制并派人参加管理的企业有 225 个，其中三菱银行有 68 个，三菱信托 53 个，明治人寿保险 59 个，东京海上火灾保险 45 个[①]。

从以上所述可见，今天在日本，以六大垄断财团为首的一小撮金融寡头的实力和垄断统治发展到了何等地步！

这是战后日本经济发展的一个方面。另一方面，就是战后日本还存在着大量的中小企业。它们在政治上和经济上都处于不利的地位。它们不断破产，又不断得到新的补充。

---

① 《日本六大垄断财团》，香港《经济导报》1970 年第 1185—1191 期。

前面说明日本工业中生产集中和资本集中的情况时已经谈到，据 1969 年底的统计，当时日本全国制造工厂共有 646926 家，其中，雇佣从业人员 9 人以下的工厂为 475058 家，占工厂总数的 73.4%；雇佣从业人员 10 人以上 30 人以下的工厂为 114813 家，占工厂总数的 17.8%；这些小工厂合计共 589871 家，占工厂总数的 91.2%。雇佣从业人员 30 人以上 300 人以下的中等企业为 52880 家，占工厂总数的 8.2%。中小企业合计共 642751 家，占工厂总数的 99.4%。而雇佣从业人员 1000 人以上的大企业只有 878 家，占工厂总数的 0.1%。

拿日本同其他主要资本主义国家相比，日本中小企业的比重是最高的。据统计，50 年代和 60 年代初，从业人员不满 10 人的小工厂在工厂总数中所占的比重是：日本 71%，英国 51.7%，美国 52.4%，西德 43.8%。拥有从业人员 500 人以上的大工厂的比重是：日本 0.3%，英国 2.2%，美国 1.5%，西德 2.9%[①]。

列宁指出：帝国主义阶段，金融资本统治的时代，"几百万中小'业主'，甚至一部分大'业主'，实际上完全受几百个金融富豪的奴役。"[②] 又写道："大企业，尤其是大银行，不仅直接吞并小企业，而且通过'参与'小企业资本、购买或交换股票，通过债务关系等等来'联合'小企业，征服它们，吸收它们加入'自己的'集团。"[③]

战后，特别是 60 年代以来，日本垄断资本日益加剧对中小企业的打击和控制，千方百计地把它们纳入自己的集团系统之中。这种所谓"系列化"的趋势，是战后日本垄断资本主义发展的一个重要特点。

日本垄断资本对中小企业控制的加强，是在中小企业遭受大企业的排挤和打击而不断宣告破产的基础上发生的。近些年来，日本的中小企业经常处在"倒闭旋风"的威胁之中，大量中小企业陷入破产倒闭的厄运。1965 年以来日本中小企业倒闭的情况如下表：

[①] 参见[日]今井则义等编：《现代日本的垄断资本》第 3 卷，至诚堂 1964 年版。
[②]《帝国主义是资本主义的最高阶段》，《列宁选集》第 2 卷，人民出版社 1972 年版，第 740 页。
[③]《帝国主义是资本主义的最高阶段》，《列宁选集》第 2 卷，人民出版社 1972 年版，第 754 页。

年份		1965	1966	1967	1968	1969	1970
倒闭公司数（按资本额区分规模）	1000万—5000万日元	675	568	646	786	598	701
	100万—1000万日元	9389	10430	12964	12381	10010	10825
	不足100万日元	—	6852	8038	6532	4674	4332
合计		—	17850	21648	19699	15282	15858

企业倒闭数系根据日本全国银行协会联合会编：《停止歇业处理者（资本100万日元以上的法人）的负债状况（全国）》中歇业处理者的件数。

资料来源：日本政府经济企划厅：《经济白书》1971年。

　　日本垄断资本主要是通过生产和流通领域中对中小企业的控制，使它们处于自己的支配之下和纳入本系统之中。其方式主要是对中小企业实行加工、订货、包购、包销以及进行贷款、股份持有、派遣人员参加管理等等。其中，加工、订货的方式是更主要、更大量的。在这种方式下，中小企业实际上成了垄断企业的"承包工厂"。一般中等企业是直接"承包工厂"，小企业则大都是"再承包工厂"，即中等企业"直接承包工厂"的"承包工厂"。利用这些方式，日本垄断资本控制了大量的中小企业。

　　据日本垄断资本组织所属的"公正交易委员会"的调查，1960年，主要行业的垄断企业利用包工方式的比率和各企业系统中的承包工厂数目如下：

行业	依靠外厂加工的平均比率（加工比率系指加工定货额占产值的百分比。括号内系最高数字）	平均一个大企业所属的承包工厂数
造船	12.3%（34.4%）	137（531）
铁路车辆	18%（51%）	85（186）
汽车	25.3%（45.9%）	136（177）
电气机械	23.8%（67%）	90（183）
计量仪器	30.2%（62%）	93（129）
工作母机	22.3%（44.7%）	32（50）
纺织机械	32%（55.4%）	102（303）
武器	7.2%（14.9%）	48（89）
纺织	15.4%（100%）	40（155）
印刷业	17.8%（42%）	100（299）

资料来源：[日]《日本中小企业年鉴》1960年。

　　又据"公正交易委员会"的调查，1963年，在制造业中，依靠加工费维持营业的中小企业占中小企业总数的47.7%，依靠一个大企业加工订货或包销产品来维持生产的占中小企业总数的 66.2%；1964 年，有 50%的中小企业变成大企业的承包工厂[①]。

据日本《钻石》周刊（1971 年 4 月 17 日号）的报道，日本松下电器产业公司是日本大企业控制中小企业的"系列化"的一个典型例子。该公司是生产家用电器的一个大型企业，有"家用电器大王"之称。1970 年，它的彩色电视机、电冰箱、电气洗衣机等产品的产量在日本国内均占首位。但是，这些产品由该公司自己的工厂生产的很少，大部分是由中小企业承包工厂生产的。

（三）国民经济军事化，"产军复合"体制

战后日本经济畸形发展的又一表现，就是"产军复合体"的发展。这是在战后条件下日本国民经济军事化的新形式。所谓"产军复合体"，就是产业和军需密切结合，财界和官方在经济和军事化上紧密勾结，俨然融合为一体。

前面已经谈到，战后日本经济中发展最快的是重工业和化学工业，特别是机械工业、钢铁工业、石油精制工业等。这些工业部门都是军需工业的基础。它们的恶性发展，意味着日本军事生产潜力的急剧膨胀。日本反动派和垄断资产阶级一旦认为"必要"，可以随时将它们转用于战争需要。1959 年，在日本武器工业协会和美国武器工业协会远东分会举行的一次会议上，当时的日本武器工业协会副会长就曾扬言："日本最近的工业力量的进步十分显著，这种工业力量，都是'防卫生产'（即军需生产）的基础，可以成为它的潜在能力。"[②]

战后日本经济发展的这一特点，不仅表现在军需基础工业的恶性膨胀上，而且表现在一些大垄断企业本身就是大军火生产者这一点上。

今天，日本军火工业生产的 80%是由近 20 家大垄断企业所垄断。

据报道，三菱重工业等 22 个企业被列为日本当前的"防卫产业"，它们实际上已成为"产业和军事的复合体"。这 22 个大垄断企业大都是日本六大财团的核心企业，它们是：

三菱系：三菱重工业、三菱电机

三井系：东京芝浦电气、三井造船、日本制钢所

住友系：日本电气、小松制作所、住友重机械、大金工业

---

① 《垄断统治下的日本中小企业》，《国际问题研究》1964 年第 4 期。

② 《日本"南进"的新阶段》，1960 年 2 月 11 日《人民日报》。

富士系：冲电气、日本钢管、日本无线、富士重工业、日产汽车

三和系：舞鹤重工、新明和工业

第一系：石川岛播磨、川崎重工、五十铃汽车、富士通

跨系公司：日立制作所、日本航空制作

1969 年，三菱重工业等 20 个垄断企业承接的日本防卫厅军需订单，占军需订单总额的 73％。

日本垄断企业承接防卫厅军需订单的比重（1969 年）

企业名称	承接订单金额（亿日元）	占订单总额的比重（％）	企业一年总营业额（亿日元）	承接订单占总营业额的比重（％）
三菱重工	701.3	30.9	7072.5	9.9
川崎重工	214.1	9.5	2159.5	9.9
石川岛播磨	191.7	8.5	3365.9	5.4
三菱电机	113.6	5.0	3761.3	3.0
日本电机	59.0	2.6	1957.0	3.0
东京芝浦电气	47.5	2.1	5502.0	0.9
日立制作所	38.2	1.7	6750.8	0.6
小松制作所	36.4	1.6	2076.4	1.8
日航制作所	28.2	1.2	—	—
伊藤忠商事	23.8	1.1	2564.3	0.1
岛津制作所	23.5	1.0	326.1	7.2
大金重工	23.3	1.0	403.6	5.8
富士重工	23.1	1.0	975.9	2.4
舞鹤重工	22.6	1.0	—	—
住友重机械	21.8	1.0	904.8	12.4
三井造船	17.9	0.8	1179.1	1.5
东京计器	17.9	0.8	144.7	2.4
五十铃汽车	17.9	0.8	1948.8	0.9
冲电气	16.5	0.7	575.2	2.9
富士通	16.2	0.7	1194.2	1.4
计		73.0		

资料来源：[日]《东洋经济》周刊 1970 年 9 月 19 日号。

这里，值得特别提出的是三菱集团及其主要企业三菱重工业公司。

战前，三菱就是日本的一个大军火商。今天，它又控制了日本的军事工

业。从上页表可以看到，仅三菱重工一家承接的防卫厅军需订单即占军需订单总额的 30.9%，连同三菱电机，两家就占了全部军需订单的将近 36%。在日本，三菱财团有"军需省"之称，三菱重工有"兵工厂"之号。三菱的首脑人物们也毫不隐讳地承认这一点。三菱重工经理就曾这样说过："三菱重工今后的作用，将是作为一个军火企业为国效劳"①。

今天日本的"产军复合"，还表现在日本垄断资本集团积极参与和决定日本国家的军事方针和政策上。

战后，日本垄断资产阶级为了巩固和加强自己的统治、影响和干预国家政策，结成了四个团体组织："经济团体联合会"（简称"经团联"，是由"钢铁联盟""电气事业联合会""全国银行协会联合会"等团体以企业为单位组成，自称是"提供政策的一个机构"）、"经济同友会"（简称"同友会"，是由日本财界"有力分子"以个人身份组成，标榜"同志式的结合，理论上的研究，政策上的提供"）、"日本经营者团体联盟"（简称"日经联"，是由私营铁路、钢铁、煤炭等 94 个团体组成，目的是对付"劳资争议"，保障企业主的利益，因此有"以劳工问题为中心的财界别动队"之称）、"产业问题研究会"（简称"产研"）。这四个团体，连同战前即已成立的"日本商工会议所"，合称为日本财界五团体。其中最大的是"经团联"。三菱集团等日本垄断资本，主要就是通过"经团联"及其属下的"防卫生产委员会"来影响日本政府的"国防"方针、扩军计划以及有关军火生产等方面的政策。例如，所谓"武器国产化"的口号，就是首先由"经团联"提出，而由日本政府据以施行的。日本政府的几次扩军计划方案，也是先由"经团联"提出，而后成为日本反动派长期扩军备战的张本的。

"经团联"属下的"防卫生产委员会"，是由日本 80 多个与军需生产有关的企业组成的。目前，它已成为日本垄断资本的核心机构。日本垄断资本主要是通过它直接参与、决定扩军备战的最高决策，安排军火生产的具体措施。"防卫生产委员会"连同"兵器工业协会""航空工业协会""火箭开发协会"和"造船工业协会"，构成了所谓"防卫产业五团体"，或称为"兵器五团体"。兵器五团体与财界五团体相互呼应，密切配合，并同日本防卫厅紧密勾结，积极干预日本政府的军事政策。例如，"开发武器出口""制造自卫性核武器""派兵出国"等口号，都是由这五团体及其头目们先行提出的。1961 年 5 月，

---

① 《日本垄断资本与军国主义》，香港《经济导报》1971 年第 1228—1230 期。

兵器五团体同当时的池田政府组成了官"民"共同参加的所谓"防卫装备国产化恳谈会"，它实际上是安排军火生产的团体，日本人民称之为"幕后的防卫厅"。1970 年 8 月，"防卫生产委员会"抛出了一份所谓"我们对下期扩军计划的看法"的文件，要日本政府成立"国家安全保障会议"，鼓吹建立"防卫审议会"作为防卫厅长官常设的咨询机构，并要求建立日本政府、军火工业和军需当局的联合机构——"有关武器装备的座谈会"，来推动军火生产和武器装备的研制活动。

另一个财界团体"产研"，是在日本垄断资产阶级为统一垄断集团的意见和行动而拟推行"财界一体化"的形势下成立的，它的成员都是日本垄断资产阶级分子的主要人物：经日本垄断集团加以扩充，它成了凌驾于日本政府之上的"财界司令部"，直接参与军事、政治、经济方面的决策。

近年来，日本垄断集团还从人事上加紧同日本政府、特别是防卫厅的勾结。例如，1964—1968 年 5 年期间，日本防卫厅派出了 166 名将级和准将级的"退职"军官到承接军需订单的企业里去担任重要部门的实职，以指挥军火生产和加强联系。三菱承接军火订单最多，派进的人也最多。在日本有这样的说法：防卫厅的一举一动，三菱在 30 分钟之内就可以掌握情况。由此可见，三菱与日本军界的关系何等密切！

（四）资源、市场依赖国外，经济基础十分虚弱

战后恶性膨胀起来的日本垄断资本主义经济是建立在沙滩上的，基础十分虚弱。资金缺乏，国内市场和资源有限。这种情况，连日本垄断资本集团的头目们也是承认的。据《日本经济新闻》（1971 年 8 月 17 日）报道，日本"经济同友会"的代表干事木川田一隆（日本东京电力公司总经理）在一次谈话中说："（日本）企业虽然具备庞大的生产力，但是自己的资本比重很低，力量很小，出口虽然达到了 200 亿美元，但在地区上有偏重现象。追随着美国而依靠的东南亚市场也勉强靠越南的特殊军需维持着，这是事实。不仅是企业，可以说整个日本经济的根底是浅的。"

日本原来就是一个国内资源缺乏而主要靠对外侵略和掠夺来发展其经济的国家。战后，对海外资源依赖的程度越来越大。据日本官方统计，日本主要原料对国外依赖的程度（百分比）如下页表所示。

资源种类 ＼ 年份	1934—1936 年平均	1952 年	1959 年	1962 年	1969 年
煤	9.6	7.2	9.5	15.0	76.2
原油	90.8	92.9	97.5	98.1	99.5
铁矿石	85.6	81.6	89.8	95.1	98.9
磷矿石	100.0	100.0	100.0	100.0	100.0
铁矾土	—	100.0	100.0	100.0	100.0
铜矿石	—	—	—	—	90.3
镍矿石	—	—	—	—	100.0
盐	67.2	76.5	62.5	75.1	85.2
天然橡胶	100.0	100.0	100.0	100.0	100.0
棉花	100.0	100.0	100.0	100.0	100.0
羊毛	100.0	100.0	100.0	100.0	—

资料来源：1962 年以前数字根据日本总理府统计局：《日本统计年鉴》1961 年、1963 年；1969 年数字根据日本通产省：《通商白皮书》1970 年。

日本是世界上对外资源依赖程度最大的国家。在 60 年代,日本对资源(石油、铁矿石、铁矾土、煤、铀等)的需要量每年以 10%—20%的速度增长着。1970 年度,日本矿产资源输入额为 86 亿美元,占日本输入总额的 44%。[1]日本"经团联"会长植村甲午郎(在日本有"财界总理"之称)曾经说:"确保需要量越来越大的海外资源,对于日本经济是个生死存亡的问题。"[2]事实也正是这样,离开了海外资源的供应,日本的工业生产很短期间内就要陷于停顿或瘫痪。以石油为例,日本动力资源的 70%依靠石油,但国内产量不到其需要量的 1%;欧美国家的石油储存量经常保持在年消费量的 1/2 左右,而日本的储存量只够三星期之用[3]。1971 年春,伊朗、科威特、阿尔及利亚等 10 个主要石油输出国联合斗争,取得了提高石油标价和石油税率的胜利。对此日本垄断资本集团惶恐万状,有人惊呼:"去年受打击的是原煤,今年是石油。今后一有风吹草动,日本经济就会因为资源问题而动荡。"[4]《读卖新闻》1973 年 1 月 21 日刊载的一篇文章中说:"现在如果把我们国家的石油供应切断,45 天之后,日本经济将自动崩溃。"

① [日]《日本经济新闻》1971 年 3 月 8 日。
② 《狂妄的野心,露骨的叫嚷》,1971 年 9 月 6 日《人民日报》。
③ 《已经开始的资源开发》,[日]《西日本新闻》1971 年 2 月 20 日—2 月 21 日。
④ 《已经开始的资源开发》,[日]《西日本新闻》1971 年 2 月 20 日—2 月 21 日。

马克思在分析资本主义积累的一般规律时指出："不管工人的报酬高低如何，工人的状况必然随着资本的积累而日趋恶化。"[①]战后日本的情况也不例外。一方面是日本垄断资本的积累，另一方面是日本广大劳动人民贫困的积累。随着垄断资本积累的扩大，资本家财富的增加，工人的收入相对地不断下降。资本主义生产无限扩大的趋势和消费能力（也就是购买力）相对狭小的矛盾日益加深。在这种情况下，日本工业的国内市场日趋狭小，其对海外市场的依赖程度有增无已。

据日本官方统计，日本工业产品销路对外依赖程度，1968 年平均达到 18%，个别产品达到 40%[②]。

日本出口商品的国外市场主要是美国和东南亚地区。据统计，1970 年，日本部分出口商品对美国市场的依赖程度如下：

商品名称	出口总额（亿美元）	对美国市场的依赖（%）	商品名称	出口总额（亿美元）	对美国市场的依赖（%）
小汽车	9.0	50.7	鞋 类	1.3	67.7
无线电收音机	7.0	57.2	大汽车、卡车	3.5	22.1
摩托车	4.1	71.2	针织品	1.3	51.7
磁带录音机	4.8	56.0	钢丝	1.1	53.3
电视机	3.8	69.0	钢铁线材	1.0	56.5
薄钢板	8.0	25.0	缝纫机	1.3	42.0
钢管	2.7	56.4	刃 具	1.0	54.4
通信机械	3.2	40.1	照相机	1.6	31.8
玩具	2.1	59.6	三合板	0.8	67.0
外衣类	1.9	65.7	瓷器	0.8	58.5
合金薄钢板	12.1	47.5	毛织品	0.8	57.0
电子计算机	2.2	43.5	体育用品	0.7	65.5

资料来源：[日]《钻石》周刊 1971 年 8 月 28 日号。

日本出口商品对东南亚市场的依赖程度，可以用日本出口贸易在主要地区的分布情况来说明。

---

① 《马克思恩格斯全集》第 23 卷，人民出版社 1972 年版，第 708 页。
② 日本政府经济企划厅：《经济白书》1970 年。

日本出口贸易的增长及地区分布（单位：亿美元）

地区 \ 项目 \ 年份	1955 年		1960 年		1965 年		1970 年	
	出口额	占总额 %	出口额	占总额 %	出口额	占总额 %	出口额	占总额 %
总额	20.11	100	40.55	100	84.52	100	193.18	100
北美	5.01	24.9	12.20	30.1	26.93	31.8	65.04	33.6
美国	4.56	22.7	11.01	27.2	24.79	29.3	59.40	30.7
东南亚	7.27	36.2	13.07	32.2	21.95	26.0	49.02	25.4
西欧	1.97	9.8	4.74	11.6	10.85	12.8	29.00	15.0
西亚	0.86	4.3	1.42	3.5	2.86	3.4	5.49	2.8
拉丁美洲	1.86	9.2	3.04	7.5	4.88	5.8	11.87	6.1
非洲	2.06	10.2	3.52	8.7	8.18	9.7	14.23	7.4
大洋洲	0.69	3.4	1.82	4.5	4.04	4.8	8.02	4.2
苏联	0.02	0.1	0.60	1.5	1.68	2.0	3.40	1.8

注：出口贸易额为通过海关进行的贸易额。

资料来源：日本通产省：《通商白皮书》1971 年；[日]《东洋经济统计月报》1971 年 6 月号；[日]《通产统计月报》1971 年 6 月号。

由上表可见，日本对东南亚地区的出口贸易额仅次于对美国的出口贸易额，占第二位。1955—1970 年期间，日本对东南亚的出口贸易额平均每年占出口贸易总额的将近 30%。

从原料和市场对外依赖的情况来看，日本实际上是一个加工贸易国。日本垄断资本是靠从海外进口廉价原料，进行加工，再以高价向国外倾销商品，从中获取高额利润来维持和发展的。

二、战后日本经济迅速发展的原因

第二次世界大战后日本垄断资本主义经济如此迅速地恢复和发展，原因何在？

这里并没有什么"神秘"的地方。从根本上说来，它不过是在战后日本国内和国际的新形势下，资本主义经济规律作用的结果。具体说来，主要是由于以下几点：美国的扶植；美国发动的侵朝战争和侵越战争的滋养；日本政府的支持；对内残酷剥削日本劳动人民、进行大规模的资本积累和设备投资；对外经济扩张、掠夺亚非拉美地区的广大人民。

（一）美国的扶植

第二次世界大战后，美国推行了称霸和奴役全世界的"全球战略"。为了侵略和奴役亚洲，它力图把日本军国主义势力扶植起来，充当自己在亚洲推行侵略政策和战争政策的工具。美国统治集团也不隐讳这一点。美国政府某些当权者曾声称，美国"对日占领政策的方向，在于培养强有力的日本政府"，"使日本在今后对远东可能产生的新集权主义（指共产主义）的威胁发挥防波堤的作用"[①]，日本"在亚洲是关键的战略要地"，是美国侵略"亚洲的紧要堡垒"[②]。而为了复活日本军国主义势力，就需要首先恢复和发展作为军国主义经济基础的日本垄断资本。

列宁指出："帝国主义的特点恰好不只是力图兼并农业区域，甚至还力图兼并工业极发达的区域。"[③]第二次世界大战后美国大力扶植日本垄断资本的另一个目的，就是要让美国垄断资本渗入和控制日本经济，把日本作为资本输出和商品输出的重要场所，直接或间接榨取日本人民，利用日本的廉价劳动力，攫取高额垄断利润。美国扶植日本的原因之一，是日本已经成为仅次于加拿大的美国的"第二个大主顾"[④]。1962 年 9 月间，前美国副国务卿哈里曼在一次讲话中也曾露骨地说："在 1955 年，我们对日本的出口是 6 亿美元，而去年是 17 亿美元，几乎增加为 3 倍。这意味着，由于日本的繁荣，我们也繁荣。"[⑤]这里所说的"繁荣"，就是美日垄断资本从对日本劳动人民的残酷剥削中获得了巨额利润。

战后的日本一直处于美国的占领和半占领状态之下，它的经济力量由于战时的削弱而极感不足，特别是资金有限，技术落后，商品的国际竞争能力差。这就决定了日本政府和垄断资产阶级在恢复和发展日本经济方面，必须依赖美国的扶植，实行依附美国的政策。

进入 60 年代以来，日本垄断资本得到了急剧膨胀，羽毛日渐丰满，实力日益雄厚，因而越来越要求走"自主"发展的道路，它同美国垄断资本的矛盾也逐渐扩大和尖锐。尽管如此，日本垄断资本至今还是不能完全摆脱对美

---

① 转引自《日本对东南亚的经济扩张》，世界知识出版社 1959 年版。
②《美国对日本垄断资本的控制》，《红旗》1961 年第 24 期。
③《帝国主义是资本主义的最高阶段》，《列宁选集》第 2 卷，人民出版社 1972 年版，第 810 页。
④《威胁世界和平的两个战争策源地》，《红旗》1960 年第 11 期。
⑤《战后日本经济的发展及其矛盾的加深》，《红旗》1963 年第 16 期。

国垄断资本的依赖，特别是在发展核武器、其他战略武器、军需基础工业以及开发和掠夺海外的资源上，都还需要依靠美国在资金和技术方面的扶持。

战后，美国对日本垄断资本的扶植是从多方面进行的。

1. 第二次世界大战结束后，根据《波茨坦宣言》和盟国远东委员会的有关决议，日本的军需工业本应予以彻底摧毁，其装备应拆除用作赔偿。按规定应拆除用作赔偿的日本军需企业有 850 个，其中包括飞机工厂、军火工厂、造船厂等。但是，在美国的庇护下，这些企业几乎全部未拆除。到 1949 年，美国更宣布停止日本的一切赔偿，并于 1952 年 4 月间将上述 850 个工厂全部归还给日本政府。这样，日本垄断资本通过殖民剥削和战争掠夺积累起来的工业基础又全部被保留下来，为战后初期日本垄断资本的恢复提供了一定的有利条件。

2. 战后初期，美国对日本垄断资本的扶植，主要是采取美国政府对日本政府的"援助"和贷款等形式。

从 1945 年战争结束后开始，美国政府以"占领地区救济基金"和"占领地区经济复兴基金"的名义，将大量商品（粮食和原材料）给予日本政府。日本政府把出售这些商品的所得作为一笔财政收入列入日本贸易特别会计中，充当日本输出入的补助"基金"，补助按高价输入的物资用低价卖给日本垄断资本、再将日本垄断资本生产的高价工业品廉价输出时的价格差额。这笔"基金"共 21.28 亿美元。通过这种办法，美国垄断资本输出了大量商品，并通过不等价交换获取了巨额利润。日本垄断资本则从输出入物资的价格差额补助中得到好处，促进了自己的恢复和发展。

到 1948 年度，这种做法停止了。从 1949 年度起，将这种"基金"改为"美元对等资金"，即按 1949 年 4 月确定的 360 日元＝1 美元的汇价，将出售美国政府以上述"基金"名义给予日本政府的物资所得到的日元收入，折合为美元，作为一笔预备金，以备将来一旦需要偿还"美援"时使用。这笔"资金"算是美国政府对日本政府的一项贷款，款额为 8.6 亿美元。日本政府利用这笔"资金"直接间接地为垄断企业，主要是电力、钢铁、运输等部门的企业提供信贷，解决了一些企业资金困难的问题，从而促进了这些基础工业部门垄断资本的恢复和发展[①]。

1953 年度，"美元对等资金"取消了。

---

① 以上参见［日］垄断资本研究会：《现代日本垄断资本》，世界知识出版社 1961 年版，第 264-266 页。

1954 年和 1955 年，美国政府又根据同日本政府签定的输出"剩余"农产品的协定和"共同安全法"，给予日本政府共 2.16 亿美元的"援助"和贷款①。

此外，美国华盛顿进出口银行和美国控制下的世界银行，在 1958 年 6 月底前，共向日本提供了 2.5 亿多美元的贷款，其中大部分贷给日本电力、钢铁、机械等重工业部门②。

还须指出，由于得到美国政府在军事方面的支持和"援助"，日本政府和垄断资本得以减轻一定负担，把它的资金用于设备更新，扩大固定资本的投资，从而加速了垄断资本的膨胀过程。

战后，美国和日本签订了片面的和约和一系列的条约、协定，把日本纳入了美国在远东的战略体系，置于美国的核保护伞之下。如 1951 年的"安全条约"第一条规定："日本给予美国在日本国内及周围驻扎其陆、海、空军的权利，美利坚合众国接受此项权利。"③1960 年新的美日"共同合作和安全条约"第六条又规定："……美利坚合众国的陆军、空军和海军被允许使用在日本的设施和地区"④。美国在日本的军事基地曾经多达 773 个，后来美国战略部署改为以核武器为中心，着重加强海空军基地，在日本的军事基地有所减缩，但在 1960 年前后，仍有重要军事基地 100 多处，驻日美军总计 7 万人左右⑤。由于日本被纳入美国的战略体系，不论驻日美军还是日本武装部队，其装备、设施主要靠美国提供（美国给予无偿"援助"，或日本只花一些补偿金、维持费以及为美军提供土地地段、负担地租和建筑物租金等）。从 1945 年到 1971 年，美国向日本至少提供了 20 亿美元以上的军事"援助"。又据"日本兵器工业协会"1960 年的调查："防卫厅的主要武器的 98%，是由美国提供的。"⑥这样，日本供应本国武装部队需要的军工生产费用就大为减少。

以上这些，对于恢复和发展日本垄断资本（特别是一些重工业企业）起了一定的输血作用。

3. 战后，美国私人资本对日本的输出也不断增加。特别是 60 年代以来，由于美国迫使日本实行"资本自由化"政策，美国私人资本更是大量涌入日本。

① ［日］《经济评论》1959 年 2 月号。
② 《现阶段日本垄断资本经济关系》，《国际问题研究》1959 年第 7 期。
③ ［日］《法律集》，1957 年版，第 2246 页。
④ 转引自《新华半月刊》1960 年第 3 期，第 173 页。
⑤ 《日本"自卫队"和美国在日本的主要军事基地图》，1960 年 1 月 17 日《人民日报》。
⑥ 《威胁世界和平的两个战争策源地》，《红旗》1960 年第 11 期。

据统计，从 1949 年到 1970 年，在日本的外国资本累计达 139 亿美元，其中大部分是美国私人资本[①]。

美国私人资本在 1960 年以前大都以贷款的形式输入日本，1960 年以后直接投资的比重日益增加。例如，1960 年前后输入日本的外国资本（80% 以上为美国私人资本）的变化情况如下：

（单位：百万美元）

年度	股份投资	证券投资	公司债	贷款	外币债	合计
1950—1959	100.1	1.4	0.1	726.9	30.0	858.5
1960—1963	540.2	3.3	0.4	1377.1	431.3	2352.3
计	640.3	4.7	0.5	2104.0	461.3	3210.8

资料来源：日本大藏省：《财政金融统计月报》1964 年 5 月号。

1962—1969 年日本引进外资（其中大部分为美国私人资本）的情况如下：

（单位：百万美元）

年度	股份投资	其中：参加管理者	证券投资	公司债	贷款	外币债	合计
1962	164.7	22.6	0.7	0.1	358.4	155.0	678.9
1963	185.3	42.7	0.8	0.2	503.9	194.1	884.3
1964	84.8	30.6	1.8	0.9	650.8	174.5	912.8
1965	83.3	44.6	0.4	2.7	379.6	62.5	528.5
1966	126.7	39.8	0.4	0.3	329.7	—	457.1
1967	159.8	29.8	0.3	0.1	637.4	50.0	847.8
1968	670.0	52.7	0.3	0.0	947.4	219.0	1836.6
1969	2462.9	53.8	0.2	0.5	789.6	235.0	3488.2
计	3937.5	316.6	4.9	4.8	4596.9	1090.1	9634.2

资料来源：日本总理府统计局：《日本统计年鉴》1970 年，第 307 页。

从上列两表可见，1950—1959 年间直接投资（股份投资）同贷款之比为 1：7；1960—1963 年间为 1：2.5；1962—1969 年间为 1：1.1。

又据统计，以购买股票方式在日本进行的外国投资（其中美国资本占 60%—70%），1950—1969 年间累计达 42.11 亿美元；1970—1971 年又激增了 39 亿多美元[②]。

---

① 日本总理府统计局：《日本统计年鉴》1970 年；日本通产省：《日本工业统计》1970 年。

② [日]《东洋经济统计月报》1972 年 5 月号。

以上情况表明，美国的垄断资本越来越深入地渗透到日本企业中。它们大都集中在电力、钢铁、机械、石油、运输等基础工业部门。

在美国私人资本中，以技术投资的形式，对日本输出的数量日益增长。所谓技术投资，即美国垄断资本以对日本企业提供的技术为基础，而取得对该企业的支配权和管理权。战后日本经济的一个极大弱点是技术水平低。日本垄断资本为了提高技术水平，增强在国际市场上的竞争能力，因而大量引进外国先进技术，主要是美国技术。战后，截至 1972 年 3 月底，日本共输入外国技术 10182 件，其中 60％以上是由美国大公司进口的[①]。美国输往日本的技术投资，也大都集中在石油、机械、钢铁、电力、化学等重要工业部门。

因此，日本垄断企业大都同美国垄断资本有这样或那样的关系，进行着这样或那样的"合作"。据 1969 年统计，三菱、三井、住友、第一四大垄断集团同美国垄断资本的"结合"情况如下：

垄断集团	和美国垄断企业合办的企业家数	接受美国私人银行贷款的企业数	接受美国"技术援助"的件数
三菱	18	29	156
三井	17	10	70
住友	14	22	77
第一	7	5	17
合计	56	66	320

资料来源：《日本垄断资本与军国主义》，香港《经济导报》1971 年第 1228—1230 期。

同年，美国 11 个财团属下的 41 个公司同日本企业"合作"的情况如下：

美国垄断集团名称	属下公司家数	在日本设立合办企业家数
摩根集团	13	17
洛克菲勒集团	4	11
杜邦集团	4	12
美伦集团	5	7
芝加哥集团	5	7
古尼-普兰德集团	2	2
波斯顿集团	1	2
万国宝通集团	2	2

---

① 日本大藏省：《财政金融统计月报》1969 年 5 月号；[日]《东洋经济统计月报》1972 年 5 月号。

续表

美国垄断集团名称	属下公司家数	在日本设立合办企业家数
美国银行集团	1	1
摩根-洛克菲勒集团	3	4
洛克菲勒-美伦集团	1	1
合　计	41	66

资料来源：《日本垄断资本与军国主义》，香港《经济导报》1971年第1228—1230期。

据日本书刊材料，1966年，日本垄断资本中的石油化学部门有13个美日合办企业；机械制造部门有5个合办企业。1968年，非铁金属部门有10个合办企业和两个同美资有关系的企业；原子能部门，5个单位中有4个完全依靠美国技术。又据日本官方材料，1968年上半年，日本全国外资企业有527家，其中333家是纯粹美资或美日合资。据日本经济研究机关调查，1970年日本全国外资企业已超过800家，其中利润最大的246家属于纯粹美资或美日合资[①]。

近年来，日本垄断资本集团为了扩大军需生产（特别是在制造核武器和导弹、火箭等战略武器方面），为了进一步提高技术水平，增强国际竞争能力，更加紧了同美国垄断资本的勾结和"合作"。例如，据报道，1970年佐藤政府发表"第四次扩军计划"后，前三菱重工业公司总经理立即访美，同美国五角大楼及军火工业头子广泛接触，并进行了日美军火工业更加"全面合作"的谈判。

战后美国私人资本的大量涌入日本，一方面表明美国垄断资本力图控制日本经济，使日本垄断资本从属于自己；另一方面，又在资金和技术上扶植了日本垄断资本，成为日本垄断资本得以迅速恢复和发展的一个重要因素。

（二）美国侵朝、侵越战争的滋养

战后日本经济的迅速发展，特别是作为军需基础工业的重工业和化学工业的恶性膨胀，同美国发动的侵朝战争和侵越战争是分不开的。

美国侵朝和侵越战争、驻日美军开支、"无偿"供应日军装备、提供战略技术"援助"，可以说是美国扶植日本垄断资本军需工业和同军需有关的基础工业的四条输血管。其中，侵朝和侵越战争期间美国向日本支出的巨额军需用款，对日本经济的发展起着尤为重要的作用。

---

① 《日本垄断资本与军国主义》，香港《经济导报》1971年第1228—1230期。

美国对日本的军需用款，日本称之为"特需"。它主要包括三部分：一为
"直接特需"，即美国军事当局直接向日本军需企业进行的军需订货、军需物
资的采购以及驻日美军的一般开支；二为"间接特需"，即日本通过韩国、菲
律宾、中国台湾等地间接向美军供应军用物资；三为"对美出口"，即日本以
官方名义向美国输出军用品。

据日本官方统计，美国侵朝、侵越战争期间，日本的军需工业接获的美
军"直接特需"如下表：

1950—1955 年美军"直接特需"订单（单位：千美元）

时 间	物资部分	劳务部分	合 计
1950 年 7 月—1951 年 6 月	229995	98927	328922
1951 年 7 月—1952 年 6 月	235851	79767	315618
1952 年 7 月—1953 年 6 月	305543	186785	492328
1953 年 7 月—1954 年 6 月	124700	170910	295610
1954 年 7 月—1955 年 6 月	78516	107740	186256
累 计	974605	644129	1618734

资料来源：日本政府经济企划厅：《特需订单五年来的实绩》。

1956—1966 年美军"直接特需"订单（单位：千美元）

年 份	金 额	年 份	金 额
1956	467179	1962	366466
1957	420888	1963	346334
1958	380243	1964	323364
1959	359392	1965	323279
1960	394854	1966	469994
1961	370810	合计	4222803

资料来源：日本通产省：《特需调查》。

以上数字，仅限于"直接特需"，远较"特需"实际数额为小。据一般统
计，在侵朝战争期间，美国的特需支出每年达 8 亿美元，到 1953 年底共达
24 亿美元。侵朝战争停止后，美国的"特需"支出仍保持在每年 5 亿美元左
右[①]。1950 年到 1962 年 8 月，"特需"总额共达 69.6 亿美元[②]。美国发动和
扩大侵越战争后，"特需"支出更为增加。据统计，1967—1969 年间美军对

[①] 《第二次世界大战后日本经济的发展速度》，《经济研究》1962 年第 8 期。

[②] 《战后日本经济的发展及其矛盾的加深》，《红旗》1963 年第 16 期。

日"特需"支出达 17 亿—20 亿美元。

美国巨额的"特需"支出喂肥了日本垄断资本。它不仅给日本垄断资本带来了巨额利润，而且促进了日本军需工业和军需基础工业的迅速发展。

（三）日本政府的支持

依靠日本政府的支持，是战后日本垄断资本急剧膨胀的另一个重要原因。

列宁指出："帝国主义战争大大加速和加剧了垄断资本主义变为国家垄断资本主义的过程。国家同拥有莫大势力的资本家同盟日益密切地溶合在一起"[①]，它"给工人（和一部分农民）造成军事苦役营，给银行家和资本家建立起天堂"[②]。

日本从 19 世纪末到 20 世纪初开始进入帝国主义阶段以来，就是一个具有军事国家垄断资本主义特征的国家。第二次世界大战后，日本的国家垄断资本主义又有了新的发展和加强。因为这时日本垄断资本的力量有所削弱，为了东山再起，除去美国扶植外，还要依靠日本国家政权的支持。战后日本国内的阶级力量发生了变化，工人运动日益高涨，日本垄断资产阶级也需要借助国家的力量，镇压日本人民的革命斗争。战后，帝国主义国家政治经济发展不平衡和竞争日益加剧，日本垄断资本为了夺取国外市场和原料资源，更需要借助国家力量。

战后，日本政府从经济上千方百计地扶植日本垄断资本。

1. 战后初期，日本政府大量贱价出卖国营军火工厂给私人企业，为日本垄断资本的恢复和发展提供了一定的物质基础。例如，小松制作所购入了大阪兵工厂，三井石油化学公司购入了岩国陆军燃料厂，三菱油化公司购入了四国海军燃料厂，八幡制铁公司购入了光海军兵工厂[③]。据统计，到 1959 年底，日本政府出售给私人企业的军火工厂，其资产为：土地约 900 万平方米，建筑物 150 万平方米，机械设备总值约 46 亿日元[④]。

2. 日本政府从资金上大力支持日本垄断资本。

战后，日本垄断资本最感不足的是资金。这可以用日本垄断企业的内部（自有）资金在资本总额中所占的比重来说明。

---

① 《国家与革命》初版序言，人民出版社 1971 年版，第 3 页。

② 《大难临头，出路何在？》，《列宁全集》第 25 卷，人民出版社 1958 年版，第 324 页。

③ 《战后日本垄断资本的变化》，《国际问题研究》1960 年第 2 期。

④ 日本大藏省：《国有财产白皮书》。

从下表可见，战前 1936 年，日本大公司的自有资本占运用总资本的 60%。战后，这个比例一直下降。这表明，战后日本垄断企业的经营和发展主要靠外部资金。外部资金除靠外国资本（主要是美国资本）提供以外，另一个重要来源就是日本国内的金融机构。

日本企业（不包括银行、保险业）的资本构成（%）

年份（1960 前是历年，1965 年后是会计年度）	全部公司			大公司（各年上半期数字）		
	运用总资本	自有资本	负债	运用总资本	自有资本	负债
1936	—	—	—	100	60.0	39.0
1941	—	—	—	100	52.0	48.0
1943	—	—	—	100	45.0	55.0
1950	100	26.9	73.1	100	23.0	77.0
1954	100	29.7	70.3	100	39.0	61.0
1960	100	22.6	77.4	100	30.0	70.0
1965	100	19.0	81.0	100	24.1	75:9
1969	100	16.8	83.2	100	20.3	79.7
1970	100	16.1	83.9	100	19.3	80.7
1971	—	—	—	100	18.0	82.0

资料来源：日本政府经济企划厅：《日本的经济统计》下卷，至诚堂 1964 年版；日本政府经济企划厅：《经济要览》1971 年；[日]《东洋经济统计月报》1972 年 5 月号。

从下面日本企业负债构成表中可以看到，日本的工业企业通过金融机关的贷款得到的资金在全部运用资本总额中所占的比重是最高的。1963 年度占 30%，1970 年上升到 34.7%。

日本企业负债构成[①]（单位：亿日元）

项　目	1963 年度		1970 年度	
	金额	%	金额	%
（公司数）	（464519 家）		（874692 家）	
（运用资本总数）	（464702）	（100.0）	（1475127）	（100.0）
（自有资本）	（95118）	（20.5）	（237258）	（16.1）
负债	369584	79.5	1237869	83.9
商业信用	132503	28.5	457304	31.0
公司债	12698	2.7	27884	1.9

① 表中所列金额，对照其他统计资料看来，似为截至 1963、1970 年度的数字，而不是各该年度一年的数字。

续表

项　目	1963 年度		1970 年度	
	金额	%	金额	%
金融机构贷款	139392	30.0	511378	34.7
（长期）	（59233）	（12.8）	（247891）	（16.8）
（短期）	（80159）	（17.2）	（263487）	（17.9）
其他债务	84991	18.3	241303	16.3

资料来源：［日］《朝日年鉴》1972 年。

　　在金融机关的贷款方面，日本国家金融机构起着重要作用。战后初期，1947 年 2 月，正当日本经济面临崩溃、各项生产亟待恢复而又极需资金的时候，日本政府成立了"复兴金融公库"。它根据日本政府当时确定的优先恢复"重点产业"的方针，向煤炭、钢铁、肥料、电力这些亟待恢复的生产部门发放了巨额贷款，其中大部分贷给了大企业。该"公库"于 1949 年 3 月关闭。1949 年 6 月又成立了"国民金融公库"。1950 年 6 月成立了"住宅金融公库"。1951 年又成立了"开发银行"和"进出口银行"，继承了"复兴金融公库"和"美元对等资金"对企业的贷款业务，集中对电力、运输（主要是海运造船）部门提供资金，特别是供应长期的设备投资。以后不久，又相继成立了"医疗金融公库""中小企业金融公库""中小企业信用保障公库""公营企业金融公库""农、林、渔业金融公库""北海道及东北开发金融公库""环境卫生金融公库"等等，贷款给日本各种企业。据统计，1957—1970 年，日本这些国家金融机关总共向日本企业提供了 69.144 亿日元的资金。1970 年度这种资金占整个企业外部资金的 8.4%，占企业设备投资中外部资金的 15.9%[①]。

　　金融机关的贷款主要是由日本私人金融机构提供的。例如，就 1970 年度一年的日本产业资金供应来说，由私人金融机关贷款供应的达 96900 亿日元，占外部资金 124600 亿日元的 77%，它在全部产业资金 242800 亿日元中也占 39.9%[②]。但是，日本的私人商业银行又是受日本国家银行（也就是中央银行）——日本银行支配的；日本国家银行对私人商业银行的贷款是私人商业银行信贷资金的重要组成部分。据统计，1969 年一年日本国家银行对日本商业银行的贷款即达 15772 亿日元[③]。日本政府通过这种信贷关系又间接

① 日本政府经济企划厅：《经济要览》1971 年，第 93 页。
② 日本政府经济企划厅：《经济要览》1971 年，第 93 页。
③ 日本政府经济企划厅：《经济要览》1971 年，第 94、82 页。

地扶植了日本垄断资本。

此外，日本政府的财政资金在对日本垄断资本的扶植上也起着重要的作用。

第二次世界大战刚刚结束，日本政府即以临时军事费的名义，从财政预算中拨付给日本垄断资本一笔为数 266 亿日元的巨额款项，作为战时军事订货的补欠和损失赔偿。这个数目相当于当时日本银行货币发行总量的 88％[1]。

战后初期，日本政府财政预算中有一项名为"价格调整费"的支出，它是当时为维持官定物价体系而对不敷成本的企业进行直接补助的特别开支，实际上是日本政府给垄断资本的一种赠予。1946—1948 年间这笔款项占到财政总支出的 10％。这项支出到 1955 年才取消。

日本政府的财政支出中最大的一项是"公共事业费"。1960 年度这项支出多达 3224 亿日元，1970 年度更激增为 14623 亿日元[2]。这是一种财政投资。日本政府利用它从事住宅建设、生活环境整顿、社会福利建设、文化教育设施等公共事业的建设，特别是在垄断资本选定的工业地区，进行修建铁路、公路、港湾等投资建设。它不仅为日本垄断资本提供了大量资金，而且为改善垄断资本的经营和建立大规模的垄断联合企业创造了有利条件。

3. 进入 60 年代以来，在资本主义国家政治经济发展不平衡不断加剧，亚洲、非洲、拉丁美洲地区民族民主革命运动日益高涨的形势下，日本垄断资本为了求得自身的更大发展，增强国际竞争能力，愈益加紧依靠日本国家政权的力量。从 1961 年度开始，当时的池田政府便推行了所谓"经济高速度发展"方针和"国民收入倍增十年计划"。其中心任务是：充实日本垄断资本的资金，提高垄断企业的"效率"，改变产业结构，促进企业的合并与兼并，提高"集团化""系列化""大型化""卡特尔化"的程度，从而为垄断资本提供巨额利润，加速垄断资本的积累，使垄断资本更加急剧膨胀。

为了从资金、生产、销售上扶植和促进日本垄断资本的发展，日本政府采取了大规模的物资采购和军需订货的措施。据统计，从 1945 年到 1960 年的 15 年间，日本政府的采购额累计达 165000 亿日元（约合 460 亿美元）。其中，仅 1960 年一年的采购额即达 25000 亿日元，较战后初期 1946 年的采购额 845 亿日元增加了 29 倍[3]。日本政府的军需订货为数也甚巨。从 1958 年度开始，日本政府实行了三次"扩军计划"；从 1972 年度起又开始了第四次

---

① 《日本的国家垄断资本主义》，《国际问题研究》1962 年第 3 期。

② 日本政府经济企划厅：《经济要览》1971 年，第 94、82 页。

③ 《日本的国家垄断资本主义》，《国际问题研究》1962 年第 3 期。

"扩军计划"。据日本书刊估计，日本政府扩军军费的一半用于向垄断企业进行军需订货。1958—1971 年度的三次"扩军计划"中，估计已有 20000 亿日元以上的巨额资金流入了垄断资本的军需生产部门。

日本政府进行物资采购和军需订货所需要的巨额款项，都是出自国家财政预算。为了适应这些庞大的预算开支，日本政府采取了通货膨胀和增税、重税政策。

战后，日本的通货膨胀十分剧烈。1947 年末，日本的银行钞票发行额为 2190 亿日元，到 1970 年末增加到 55560 亿日元，膨胀了将近 25 倍。由于通货膨胀，物价飞腾，工人的实际工资及其他劳动人民的实际收入不断降低，而垄断资本家却大发其财。通货膨胀是一种变相的课税，它使广大劳动群众的部分收入转入了垄断寡头们的腰包。

战后，日本的赋税日益加重。战前 1934—1936 年间日本的租税在财政预算收入总额中所占的比重平均为 39％。战后到 1960 年度这种比重激升到 86.4％，1970 年度又升到 87.3％，1971 年度更上升为 88.1％[①]。同时，战后征税的面扩大了，收入低微阶层的纳税负担越来越重了。据估计，战前 1935 年，日本全部纳税人为 94 万人，战后（1958 年）增为 1088 万人，扩大了 11 倍[②]。战前，年收入相当于战后 30 万日元以下的阶层不纳所得税，战后他们也纳税了，1957 年这部分人占日本全部纳税人的 53.1％[③]。1935 年，年收入相当于战后 500 万日元以上的高收入阶层缴纳的所得税，占当年税收总额的 57％以上，战后（1960 年），这个阶层缴纳的所得税在税收总额中所占的比重减少到 7.9％[④]。

日本政府在对广大人民群众实行重税政策的同时，对垄断资本实行了税收减免政策。据日本官方材料，1951 年 636 个垄断企业的利润中免税部分占 3.7％，1953 年扩大到 40.8％，免税金额超过了这些企业当年内部积累的 1 倍半[⑤]。又据报道，1955 年下半年几个垄断企业的纳税情况是：东京电力公司只有 26.4％的收入纳税，富士钢铁公司只有 43.5％的收入纳税，纳税比重大的钟渊纺织公司也只有 66.5％的收入纳税[⑥]。

① 日本政府经济企划厅：《经济要览》1971 年；[日]《朝日新闻》1972 年 1 月 5 日。

② 《日本的国家垄断资本主义》，《国际问题研究》1962 年第 3 期。

③ [日]垄断资本研究会：《现代日本垄断资本》，世界知识出版社 1961 年版，第 226 页。

④ [日]《前卫》1962 年第 3 期。

⑤ 日本政府经济企划厅：《战后日本的资本积累和企业经营》。

⑥ 《日本的国家垄断资本主义》，《国际问题研究》1962 年第 3 期。

此外，战后日本政府还推行了一系列有利于垄断资本的农业政策。除前述的所谓"农地改革""农业基本法"和"改革农业结构十年计划"外，日本政府还实行了打击中小农户的税收政策、信贷政策、征购政策以及扩大工农业产品剪刀差的价格政策等等。

日本国家机器就是通过上述各种政策实行有利于垄断资本的国民收入再分配，千方百计地为垄断资本筹措资金，提供高额利润，促进垄断资本的积累和膨胀。

（四）残酷的剥削和高度的资本积累

马克思在揭示资本主义生产的本质和资本主义积累规律时深刻指出："生产剩余价值或赚钱，是这个生产方式的绝对规律。""竞争使资本主义生产方式的内在规律作为外在的强制规律支配着每一个资本家。竞争迫使资本家不断扩大自己的资本来维持自己的资本，而他扩大资本只能靠累进的积累。"[①]

战后初期，甚至在 1951 年日本经济恢复起来以后，其工业生产设备和技术水平还都相当落后。日本垄断资本为了获取最大限度的利润，为了加强对外竞争能力，迫切需要更新生产设备和提高技术水平。因此，在 50 年代和 60 年代，特别是在 1956 年前后的所谓"神武景气"、1961 年前后的所谓"岩户景气"、1968 年的所谓"伊弉诺景气"时期，掀起了大规模的投资和固定资本更新的浪潮。据日本官方材料，战后日本私人企业设备投资增长情况如下表。

战后日本私人企业设备投资增长情况（单位：10 亿日元）

年度	私人企业设备投资额	年度	私人企业设备投资额	年度	私人企业设备投资额
1947	94.5	1955	960.1	1963	4670.2
1948	211.5	1956	1512.6	1964	5467.0
1949	288.6	1957	1867.3	1965	5012.5
1950	389.9	1958	1734.7	1966	6285.6
1951	609.9	1959	2222.1	1967	8081.8
1952	732.3	1960	3170.6	1968	10030.9
1953	927.6	1961	4227.4	1969	12994.0
1954	864.9	1962	4229.2	1970	14908.8

资料来源：日本政府经济企划厅：《经济白书》1971 年。

[①]《资本论》第 1 卷，《马克思恩格斯全集》第 23 卷，人民出版社 1972 年版，第 649-650、679 页。

1970 年度的设备投资较 1947 年度增长了 150 多倍，其增长速度大大超过任何其他主要资本主义国家。

几个主要资本主义国家投资增长率的比较

国别	期　间	投资增长率美国为 100
美国	1955—1960 年	100
英国	1953—1958 年	102
法国	1953—1958 年	111
西德	1953—1958 年	152
意大利	1953—1958 年	142
日本	1953—1958 年	360

资料来源：《从资本主义经济规律看战后日本经济的发展》，《国际问题研究》1963 年第 6 期。

设备投资的大幅度增加，促进了固定资本的大规模更新和新技术的大量采用。1955 年超过 6 年以上的老机器占日本全部机器设备的 43%，1964 年下降为 27%。第二次世界大战期间日本钢铁工业拥有年生产 1100 万吨的设备能力。战后，在 1951 年以后的 15 年里，日本钢铁工业实行三次"设备合理化计划"，集中投资 50 亿美元，并吸收世界上先进炼钢技术，到 1969 年，日本钢铁工业的生产设备的年生产能力已达 9900 多万吨[①]。

随着设备投资和固定资本更新的增加，新的工业部门如电子工业、精密机械等相继建立。新兴工业部门的建立，又促进了金属冶炼、机械和基建等部门的发展，扩大了对动力部门（电力和石油）的需求，形成了"投资引起投资"的膨胀过程。设备投资和固定资本更新开拓了生产资料的国内市场，极大地推动了战后日本垄断资本的发展。

日本垄断资本大规模设备投资的资金来源，除去像前面所说的依靠美国垄断资本的扶植和日本政府的支持外，就是依靠自身的资本积累。

战后，日本垄断资本一直保持着高度的资本积累率[②]，这是战后日本垄断资本急剧膨胀的一个最重要原因。据统计，1951—1959 年，日本的投资占这一时期国民生产总值的 12.2%（同期，西德为 11.2%，美国为 5.8%）[③]。

战后日本垄断资本的大规模积累，表现在它们的资本额的急剧增加上。

从下页表可以看到，在 1955 年度末到 1970 年度末的 15 年里，日本这几

---

① 以上参见［日］《世界周报》1972 年 3 月 28 日号。
② 所谓积累率，按照资本主义国家的计算方法，是指投资额与国民生产总值之比。
③ 《从资本主义经济规律看战后日本经济的发展》，《国际问题研究》1963 年第 6 期。

个垄断企业的资本额都有了十倍乃至几十倍的增长。

日本大公司实缴资本额的增加（单位：亿日元）

企业名称	1955 年度末（1）	1962 年度末（2）	1970 年度末（3）	（3）为（1）的倍数
东京电力公司	131	900	2344	17.9
新日本制铁公司（1955、1962 年为八幡、富士制铁公司之和）	180	1652	2294	12.7
日立制作所	66	750	1218	18.5
三菱重工业公司（1955、1962 年为新三菱重工、三菱日本重工、三菱造船三公司之和）	114	654	1004	8.8
住友化学工业公司	40	168	448	11.2
丰田汽车工业公司	17	255	406	23.9
松下电器产业公司	30	225	381	12.7
东洋人造丝公司	30	300	422	14.1
富士通公司	6	54	284	47.3
东京芝浦电气公司	64	693	926	14.5

资料来源：日本经济新闻社：《公司年鉴》1964 年；［日］《东洋统计月报》1971 年 7 月号。

资本积累是资本主义扩大再生产的源泉，剩余价值是资本积累的源泉。日本垄断资本对日本工人的残酷剥削和剩余价值的最大限度的榨取，是战后日本垄断资本大规模资本积累的源泉，也是战后日本经济急剧膨胀的最根本的原因。

日本垄断资本的剥削程度，同其他主要资本主义国家相比，是最高的。第二次世界大战前和战时是这样，战后更甚。战前，1930 年日本工业部门的剩余价值率平均为 182%，1935 年为 302%。战后，1945 年为 316%，1955 年为 324%[①]。据日本青木书店 1965 年出版的《垄断资本的榨取》一书所载资料，1960 年日本全国雇佣从业人员 30 人以上的企业的价值创造情况如下：

---

① ［日］《东洋经济新报》1960 年 1 月号。

价值构成	价值额（亿日元）
工人新创造的价值（v+m）	69000
支付给工人的工资总额（v）	13800
剩余价值总额（m）	55200
剩余价值率（m/v）	400%

日本垄断资本提高剥削程度（剩余价值率）的一个重要手段，是尽力压低日本工人的工资。在世界主要资本主义国家中，日本工人的工资，从战前到战后，从来都是最低的。战后的情况可以用以下几个统计材料来说明：

1957 年，日本工人的平均工资只有美国工人的 1/8，英国工人的 1/3，西德工人的 1/2[①]。

主要资本主义国家巨大企业的工资比较如下：

国别	公司数	每个从业人员年平均名义工资（万日元）	每个从业人员年平均产值（万日元）	名义工资为产值的%	比率 以美国为100	比率 以日本为100
美国（1965 年）	26	300	940	31.9	100.0	298.1
加拿大（1965 年）	2	250	890	28.1	88.1	262.6
法国（1965 年）	2	120	470	25.5	79.9	238.3
英国（1963 年）	14	100	380	26.3	82.4	245.8
西德（1965 年）	12	90	400	22.5	70.5	210.3
日本（1966 年）	19	80	750	10.7	33.5	100.0

资料来源：根据［日］垄断分析研究会编《日本的垄断企业》第 1 卷（新日本出版社 1971 年版）的资料编制。

1955、1969 年日本工人工资同其他主要资本主义国家工人工资的比较如下表（单位：美分／小时）：

年份 \ 国别	日 本	美 国	英 国	西 德
1965	45.4	261.0	100.8	102.0
1969	79.7	320.2	131.9	139.8

资料来源：日本政府经济企划厅：《经济白书》1970 年。

日本垄断资本为了降低工资成本，榨取高额利润，大量雇佣临时工、女

[①] ［日］《东洋经济新报》1960 年 1 月 9 日。

工、青年徒工以代替固定工、男工、熟练工，因为前者的工资一般都低于后者。据调查，日本制造业中临时工的工资平均只有固定工的56%；1970年，一般女工的工资只相当于男工工资的46.8%[①]。

日本垄断资本的高额利润还来自它所控制的中小企业。垄断资本以较低的费用将各种零部件的生产包给中小企业，从中赚取超额利润。由于替垄断企业进行加工的中小企业工人的工资更低，这样做等于雇佣更低工资的工人为垄断资本创造更多的剩余价值。1960年，雇佣从业人员30人以下的小企业工人的一般工资，只相当于雇佣从业人员500人以上的大企业工人工资的46.3%；1970年虽有所上升，但也只相当于大企业工人工资的61.8%[②]。

战后，日本垄断资本大力推行所谓"产业合理化"，广泛实行生产的机械化和自动化，对工人实行日本传统的家长式统治同美国式垄断统治相结合的管理方式，强制延长劳动时间，提高劳动强度，结果垄断企业的劳动生产率不断提高，而工人的工资水平很低，造成了工资越来越落后于劳动生产率的趋势，使得日本垄断资本攫取的剩余价值量不断增加。日本同其他主要资本主义国家相比，工人工资落后于劳动生产率的情况最为严重。

主要资本主义国家劳动生产率和工资的变化（1960年＝100）

年份	日本		英国		西德		法国		意大利		美国	
	劳动生产率	工资成本	劳动生产率	工资成本	劳动生产率	工资成本	劳动生产率	工资成本	劳动生产率	工资成本	劳动生产率	工资成本
1960	100.0	100.0	100.0	100.0	100.0	100.0	100.0	100.0	100.0	100.0	100.0	100.0
1961	120.0	91.3	110	106	104	108	105	103	107	100	104	98
1962	129.6	92.9	113	108	109	114	110	107	119	104	108	98
1963	143.7	92.9	119	106	114	116	113	112	125	115	113	97
1964	169.0	86.5	126	108	125	115	121	112	138	119	117	96
1965	177.2	90.0	130	113	129	123	125	115	153	114	120	96
1966	198.7	90.1	134	118	132	128	134	114	167	109	124	97

资料来源：日本政府经济企划厅：《经济白书》1968年。

（五）对外的掠夺

战后恢复和发展起来的日本垄断资本，遇到了日本国内资源缺乏和市场

[①] 日本法政大学大原社会问题研究所：《日本劳动年鉴》1972年。

[②] 日本法政大学大原社会问题研究所：《日本劳动年鉴》1971、1972年版。

狭小的限制。为了自身的膨胀，它必须解决资源和市场问题。这就决定了战后日本必然实行对外扩张的政策。

战前，东南亚是日本对外掠夺和扩张的主要地区。战后，日本垄断资本沿袭了这条老路。日本垄断资本的代表人物曾经公然声称："日本经济仍然是以东南亚为中心。世界上主要先进国家的工业市场是落后国家，东南亚也是我们所需要的地方。因此，距离与所需要的地方最近的国家（指日本——原引者），当然占着最有利的地位。"[1]日本前首相吉田茂在 1962 年出版的《大矶随感》一书中公开扬言："战后，日本丧失了满洲、朝鲜等海外领土，丧失了供给原料的资源。我希望东南亚能够代替满洲、朝鲜等地。"[2]日本自民党的"对外经济合作委员会"曾明确提出将开发东南亚作为日本的国策[3]。

日本对东南亚进行经济扩张的目的是夺取廉价的原料基地和稳定的出口市场。这主要是通过对外贸易和对外投资来实现的。

战后，日本对外贸易的主要对象是美国和东南亚。日本的对美贸易具有从属性。美国利用占领者的地位，利用日本的原料和粮食都要靠国外供给的弱点，把日本的对外贸易置于自己的控制之下。日本统治阶级为了恢复和发展本国经济，在对外贸易中也长期采取依附美国的政策。日本对东南亚的贸易关系则是扩张和掠夺性的。

1955—1965 年，日本同美国和东南亚的输出入贸易情况如下表。

日本同美国、东南亚的贸易输出入情况（单位：10 亿日元）

年份	贸易总额			美国						东南亚				
	输出	输入	差额	输出		输入		差额		输出		输入		差额
				金额	占输出总额%	金额	占输入总额%			金额	占输出总额%	金额	占输入总额%	
1955	723.8	889.7	-165.9	164.2	22.7	278.6	31.3	-114.4		261.7	36.2	238.9	26.8	22.8
1956	900.2	1162.7	-262.5	198.1	22.0	384.2	33.0	-186.1		312.4	34.7	264.2	22.7	48.2
1957	1028.9	1542.1	-513.2	217.6	21.1	584.3	37.9	-366.7		349.0	33.9	284.0	18.4	65.0
1958	1035.6	1091.9	-56.3	248.6	24.0	380.2	34.8	-131.6		315.4	30.4	210.0	19.2	105.4
1959	1244.3	1295.8	-51.5	376.6	30.2	401.6	30.9	-24.8		355.6	28.6	273.2	21.0	82.4
1960	1459.6	1616.8	-157.2	396.6	27.2	559.3	34.5	-162.7		470.4	32.2	329.4	20.3	141.0
1961	1524.8	2091.8	-567.0	384.2	25.2	754.5	36.1	-370.3		498.2	32.6	351.1	16.7	147.1
1962	1769.8	2029.1	-259.3	504.1	28.5	651.2	32.1	-147.1		527.3	29.8	348.2	17.2	179.1

[1] 转引自张廷铮：《日本对东南亚的经济扩张》，世界知识出版社 1959 年版。

[2] 《日本垄断资本加速向东南亚、南朝鲜和我国台湾省进行侵略扩张》，《新华月报》1971 年第 9 号。

[3] 转引自《战后日本垄断资本的变化》，《国际问题研究》1960 年第 2 期。

年份	贸易总额			美国					东南亚				
	输出	输入	差额	输出		输入		差额	输出		输入		差额
				金额	占输出总额%	金额	占输入总额%		金额	占输出总额%	金额	占输入总额%	
1963	1962.8	2425.1	-462.3	542.5	27.6	747.8	30.8	-205.3	578.7	29.4	435.9	17.9	142.8
1964	2402.3	2857.5	-455.2	663.0	27.6	841.0	29.4	-178.0	641.6	26.7	465.5	16.3	176.1
1965	3042.6	2940.8	101.8	892.5	29.3	851.8	28.9	40.7	790.2	25.9	506.2	17.2	284.0

资料来源：1955—1959 年美国数字系根据日本总理府统计局《日本统计年鉴》1963 年版的统计计算，其他均系根据同书 1970 年版的统计计算。

从上表可见，在 1965 年以前，日本的对美贸易一直是逆差或者有巨额入超，而对东南亚的贸易则一直是顺差或者有巨额出超。日本就是用同东南亚贸易上的顺差来弥补同美国贸易上的逆差的。

日本是扩张和掠夺性的"以进养出"的国家，即进口廉价原料，经过加工制造，然后以高价出口制成品，从中攫取高额利润。从日本对外贸易的品种构成来看，在出口中，工业制品占绝大比重，在进口中，原料占绝大比重。1955—1965 年间的情况如下表。

日本贸易输出入结构情况（单位：10 亿日元）

年份	输出					输入				
	总额	原燃料		轻工业品、重化学工业品		总额	原燃料		轻工业品、重化学工业品	
		金额	占总数%	金额	占总数%		金额	占总数%	金额	占总数%
1955	723.8	23.7	3.3	652.0	90.1	889.7	558.5	62.7	105.5	11.8
1956	900.2	27.7	3.1	808.4	89.8	1162.7	776.6	66.7	184.4	15.8
1957	1028.9	25.4	2.4	937.8	91.1	1542.1	980..8	63.6	352.2	22.8
1958	1035.6	29.7	2.8	919.8	88.8	1091.9	663.8	60.8	235.5	21.5
1959	1244.3	31.2	2.5	1118.7	89.9	1295.8	838.3	64.7	276.4	21.3
1960	1459.6	32.7	2.2	1329.2	91.0	1616.8	1062.0	65.6	354,2	21.9
1961	1524.8	35.4	2.3	1390.6	91.2	2091.8	1339.0	64.0	506.3	24.2
1962	1769.8	32.9	1.8	1605.3	90.7	2029.1	1236.4	60.9	522.2	25.7
1963	1962.8	34.7	1.7	1812.7	92.4	2425.1	1439.5	59.3	588.3	24.2
1964	2402.3	36.6	1.6	2233.8	92.9	2857.5	1621.9	56.7	732.4	25.6
1965	3042.6	45.6	1.5	2855.9	93.8	2940.8	1744.9	59.3	660.6	22.4

资料来源：根据日本总理府统计局《日本统计年鉴》1970 年版的统计数字计算。

日本重工业、化学工业品的输出对象主要是东南亚。日本进口的原燃料，

有不少也主要是来自东南亚。以 1960 年和 1961 年日本的对外贸易为例，1960
年日本输出的轻工业品和重工业、化学工业品总值为 13292 亿日元（合 36.9
亿美元），1961 年为 13906 亿日元（合 38.6 亿美元）。而 1960 年输往东南亚
的化学品、纺织品、非金属矿物制品（如水泥）、金属制品（如钢铁）、机械
等轻、重、化学工业品共 11.2 亿美元，占该年轻、重、化学工业品输出总额
的 30.4%；1961 年输往东南亚的化学品、纺织品、非金属矿物制品、金属制
品和机械等轻、重、化学工业品共 11.8 亿美元，占该年同类产品输出总额的
30.6%。1960 年日本输入的原燃料为 10620 亿日元（合 29.5 亿美元），1961
年为 13390 亿日元（合 37.2 亿美元）。而 1960 年从东南亚输入的原材料和矿
物性燃料共 7.3 亿美元，占该年同类产品输入总额的 24.7%；1961 年为 7.7
亿美元，占该年同类产品输入总额的 20.7%[①]。

　　日本垄断资本在对东南亚的掠夺性贸易中，更通过低价收买原材料、高
价出售工业制品的不等价交换来攫取巨额利润。例如 60 年代，日本加工制品
的输出价格指数不断上升，而原料品的输入价格则一直处于较低的水平。

　　60 年代以来，日本垄断资本为了加紧掠夺海外资源、扩大国外市场，攫
取高额利润，在"自主开发""确保资源长期稳定的进口"等口号下，采取了
扩大海外投资，直接开发海外资源的办法。1960 年以后，日本的海外投资不
断增加，仅 1967 年一年的投资额即接近于 1951—1960 年 10 年的投资总额，
1968 年以后每年更有大幅度的增长。

日本贸易价格指数年平均总和（1965＝100）

年份	输出（加工制品）	输入（原材料）
1963	101.9	96.2
1964	100.6	99.0
1965	100.0	100.0
1966	99.3	102.7
1967	102.8	99.9
1968	103.1	99.5
1969	107.8	101.4
1970	113.9	105.2
1971	113.4	99.6

资料来源：日本《东洋经济》临时增刊；《经济统计年鉴》1972 年。

---

① 日本经济新闻社：《日本经济年鉴》1963 年，第 441 页。

从 1959 年到 1968 年，日本的资本输出（除去直接投资外，还包括贷款、"援助"等）累计总额已达 49.5 亿美元，其中一半以上集中在亚洲①。

日本垄断资本通过海外直接投资及其他形式进行的资本输出（贷款、"技术合作"等）促进了商品输出，掠夺了大量资源，攫取了巨额利润，加速了自身的急剧发展。

日本海外投资额（单位：亿美元）

年　份	件数	金额	年　份	件数	金额
1951—1960	719	2.9	1966	253	2.3
1961	133	1.6	1967	306	2.7
1962	179	1.0	1968	384	5.6
1963	223	1.3	1969	568	6.7
1964	193	1.2	1970	768	9.1
1965	209	1.6	合　计	3 935	36.0

资料来源：[日]《经济评论》1972 年 6 月号，第 45 页。

目前东南亚一些国家的金属矿藏和天然资源，特别是石油、铜、铁矿砂、铁矾土、天然橡胶等重要物资，以及重要工业部门，有很多是被日本垄断资本控制着的。印度尼西亚是日本垄断资本在东南亚投资最多的国家，它的石油、铁矾土、镍、铜和木材的勘探与开采权大都掌握在日本垄断资本的手中。日本还在印度尼西亚经营着"从加工钢材、装配汽车和出租飞机，到制造方便面和橡胶拖鞋"的"形形色色的行业"。日本垄断组织掌握了菲律宾的铜矿开采权。新加坡的石油产品几乎全部被日本垄断资本控制。泰国也是日本输出资本的一个重要对象。据泰国官方宣布，1959 年到 1969 年外国在泰国的投资总额中，日本的投资占 32%，1970 年更增长到 37%。

日本垄断资本在一年里就可以从东南亚各国取得相当于投资总额 40%—50% 的高额利润②。在 1963—1968 年的 5 年中，日本通过贸易、投资、贷款等方式，从东南亚各国劳动人民身上攫取了 50 亿美元以上的巨额利润③。

60 年代以来，日本垄断资本对非洲、拉丁美洲等地区的商品输出和资本输出也在不断扩大。日本对非洲的贸易总额 1960 年为 5.16 亿美元，1965 年增为 11.71 亿美元，1970 年增至 25.22 亿美元④，10 年间增加了 3.88 倍。1961

---

① 《野心毕露》，《新华月报》1970 年第 10 号。
② 《剥开佐藤所谓"经济人道主义"的画皮》，1971 年 3 月 14 日《光明日报》。
③ 《日本垄断资本加速向东南亚进行经济扩张》，1971 年 9 月 15 日《人民日报》。
④ 日本政府经济企划厅：《日本经济统计》1964 年 1 月号；《日本经济指标》1973 年 2 月号。

年日本对拉丁美洲的贸易总额为 8.22 亿美元，1970 年增至 24.81 亿美元[①]，增加了 2 倍多。据日本官方统计，从 1960 年度到 1969 年度的 10 年中，日本在拉丁美洲的私人直接投资增加了 7 倍以上，即从 0.62 亿美元增加到 5.13 亿美元。其中 1969 年投入的超过 1 亿美元。日本在巴西的私人直接投资截至 1969 年止累计已达到 2.135 亿美元，1970 年又激增至 3.606 亿美元。[②]日产汽车、石川岛播磨重工业、日立制作所和三菱、三井系统的工业公司等 50 家日本垄断企业已在巴西、阿根廷、多米尼加和波多黎各等十多个拉美国家和地区设有分厂或分支机构。它们生产着万吨级货轮、汽车、机械、钢铁、矿砂、收音机以至手表、纺织品等许多种商品，牟取暴利，争夺市场，打击和兼并当地的民族企业。[③]

以上就是战后日本垄断资本急剧膨胀的主要原因。所谓"经济繁荣""神武景气""伊奘诺景气"等等，其秘密就在这里。日本统治者和垄断资产阶级以及西方舆论界所宣扬的什么"自由世界经济基础的健全"的表现啦，什么神秘的"奇迹"啦等等，既掩盖不了资本主义经济规律的作用，更阻止不了资本主义经济规律的必然后果。

三、日本经济恶性膨胀的必然后果

战后日本经济的恢复和发展，是不是像日本一些资产阶级学者所吹嘘的那样，是什么"良性循环的增长""一直处于景气之中"呢？日本广大劳动人民的生活状况是否从"经济增长"中得到了改善呢？事实说明，战后日本经济一直处在盲目扩大生产和不断受到危机侵袭的恶性循环之中，它给日本广大劳动人民带来了深重的灾难，并不可避免地促使内外矛盾日益深刻和尖锐化。

（一）生产与消费矛盾加剧，经济危机频繁爆发

战后日本垄断资本为了追逐高额利润，加紧用残酷剥削工人的办法盲目扩大生产。其结果，一方面是垄断资本的急剧膨胀和生产的畸形发展；另一方面是日本广大劳动人民的消费水平显著地相对下降，因而生产扩大与国内

① 日本总理府统计局：《日本统计月报》1972 年 2 月号。
② 《日本垄断资本加紧对拉美进行扩张和掠夺》，1972 年 2 月 13 日《人民日报》。
③ 《日本反动派加紧对亚非拉的经济扩张》，1971 年 5 月 15 日《人民日报》。

市场日趋狭小的矛盾越来越尖锐，资本主义的基本矛盾即生产的社会性和生产资料占有制的私人性之间的矛盾日益加剧。

日本工矿业生产指数，1970 年比 1947 年增长了 36 倍，而同期的城市消费水平只提高将近 3 倍。

日本工业生产增长与城市消费水平的对比

年份	工矿业生产指数（1935 年＝100）	城市消费水平（1934—1936 年平均＝100）
1947	35.4	55.4
1950	74.5	69.8
1955	157.2	106.5
1960	358.3	137.4
1965	619.9	174.0
1970	1338.3	220.6

资料来源：工矿业生产指数根据日本总理府统计局：《日本统计年鉴》1961 年版、1970 年版和《日本统计月报》1972 年 2 月号所载数字计算。城市消费水平根据日本政府经济企划厅：《经济白书》1970—1971 年英文版。

随着资本主义基本矛盾的加剧和国内市场问题的日益尖锐化，自经济基本恢复到战前水平的 1951 年至 1971 年的 20 年内，日本先后发生了五次经济危机，平均四年左右爆发一次。

第一次经济危机发生在 1953 年 12 月—1954 年 8 月。在美国扶植和侵朝战争的刺激下，日本经济在 1951 年已恢复到战前水平，并开始走上发展的道路。但是，广大劳动人民在日本垄断资本的压榨下，收入微薄，购买力极低，人民消费水平远远落后于生产的增长。例如，1952 年工矿业生产比 1947 年增长了 2 倍多，而城市消费水平只提高 44.8%[①]，因此生产与消费的矛盾日显突出。其次，1953 年美国侵朝战争惨遭失败，被迫签订停战协议，使日本垄断资本丧失了巨大的军需市场。在这种情况下，日本发生了战后第一次经济危机。自 1953 年 12 月至 1954 年 8 月，生产下降持续了 8 个月，生产下降幅度达 5%。在危机期间，负债额在 1000 万日元以上的工矿企业倒闭高达 565 件，完全失业的工人高达 68 万人。日本垄断资本为了逃脱危机，在 1955 年以后进行了大规模的固定资本更新，日本经济开始有了新的起色，出现了 1956 年的所谓"神武景气"。

---

① 日本政府经济企划厅：《经济白书》1970—1971 年英文版；日本总理府统计局：《日本统计年鉴》1961 年。

好景不长，1957—1958 年，日本又发生了第二次经济危机。上次危机后，日本垄断资本大力进行固定资本更新，在二三年内形成了固定资本投资高潮，因而日本工矿业设备能力迅速扩大，到 1957 年，生产能力已比美国侵朝战争前扩大了 3 倍，制造业生产比第二次世界大战前增加了 1.7 倍，其中机械工业增加了 4.3 倍。由于扩大生产，大量从美国进口原材料，进口贸易额也比战前增加了 42.6％。但同一时期，日本人民的消费水平只提高 20％，出口贸易额也仅达战前的 95.4％。因此，日本资本主义生产能力的迅速增长和国内、国际市场需求相对缩小之间的矛盾急剧发展，导致了生产过剩危机和国际支付危机。与此同时，美国、加拿大也爆发了周期性的经济危机。在它们的影响下，日本这次危机较前更为严重。危机前后持续达 11 个月之久，生产下降幅度达 10.7％，在危机期间工矿企业倒闭高达 1565 件，完全失业的工人高达 92 万人。日本统治阶级为了维护垄断资本的利益，大力采取挽救危机的措施，牺牲中小企业，并向广大工人猖狂进攻。例如，以"调整库存"为名缩减生产，打着所谓"企业合理化"的幌子进行"企业整理"，大量裁减所谓"过剩人员"，淘汰"过剩的中小企业"。据日本劳动省发表的"企业整理状况报告"，自 1957 年 7 月至 1958 年 10 月，被"整理"的企业达 9905 家，被"整理"的人员达 41.5 万人[①]。日本政府为了解脱国际收支危机，还采取了紧缩金融、压缩进口的办法。从 60 年代开始，日本政府又抛出所谓"日本经济高速度发展的十年计划"来扶植垄断资本。在这一计划下，垄断企业大力开展"企业合并"和"技术革新"，并大规模进行固定资本投资，因而促进了日本经济的发展，出现了 1961 年前后的所谓"岩户景气"。但为期不久，1962 年又爆发了第三次经济危机。

头两次危机过后，日本垄断资本为摆脱困境，都曾实行大规模的固定资本更新，虽一时解决了某些产品的过剩问题，生产有所恢复和发展，但却为新的危机埋下了种子。第三次经济危机正是 1955 年以后加紧扩大固定资本投资所带来的必然后果。据统计，战后至 1961 年这一期间，私人投资总额达 550 亿美元，其中 1955 年以后的投资额占 65％（大部分用于更新设备），因而 1955 年以后生产设备能力迅速增加。截至 1962 年 3 月，主要工业设备能力与 1955 年相比，机械工业增加 3.6 倍，石油工业增加 2.8 倍，钢铁工业增加 1.6 倍；制造业的生产也比 1955 年增加了 2 倍。但同一时期消费水平却

[①]《国际问题研究》1959 年第 3 期，第 15 页。

只增加 41.2%。另一方面，当时美国为摆脱本身的经济危机，极力利用它对日本的政治和经济控制，向日本转嫁危机负担。美国商品大量涌入日本市场，1961 年日本对美贸易入超高达 10.3 亿美元，比前一年增加 1 倍以上。市场问题的尖锐化，加上国际收支危机的加剧，终于在 1962 年初又一次爆发了经济危机。这次危机持续了 11 个月，工矿业生产下降了 2.7%，工矿企业倒闭高达 1653 件，完全失业的工人达 62 万人。工矿业中受危机打击严重的是钢铁工业，其生产下降幅度达 15.5%。1962 年 7 月以后，日本八大钢铁公司封闭了 37 座平炉（仅八幡钢铁公司一家就封闭了 12 座，4 万工人中有一半处于失业状态），因而粗钢生产减少了 20%。其他工业生产也大幅度下降，如水泥下降 15.6%，石油下降 14.2%，矿业下降 13.4%。[①]日本垄断资本为了摆脱这次危机，除缩减生产外，进一步实行所谓"企业合理化"，提高商品国际竞争能力，并积极寻找国外市场，加紧对东南亚地区的扩张。由于这些措施，以及美国侵越战争军需订货的刺激，日本经济又有了转机。

第四次经济危机发生在 1964 年 12 月—1965 年 5 月。上次经济危机过后，工矿业生产逐步得到恢复和发展，国际收支情况也有一定程度的好转。但在池田政府的所谓"经济高速度增长"的政策下，日本垄断资本仍加紧扩大固定资本投资，盲目扩充生产。同时，在日本进一步实行"贸易自由化"的情况下，美国商品大量输入日本。因此，生产与市场的矛盾又呈现尖锐化，从而造成这次生产过剩的危机。从 1964 年第三季度起，许多行业的生产出现停滞。1965 年 1 月份机械、化学、橡胶、造纸等工业开始缩减生产，各种特殊钢的减产情况尤为严重。许多工业品的批发价格猛烈下跌；一向畅销的家庭用电器也因滞销而降低零售价格。如：洗衣机下降 22.8%，收音机下降 19.1%，电视机下降 15%。在危机的袭击下，企业纷纷倒闭，而且从中小企业逐渐扩展到较大的垄断企业和金融组织。其中生产轴承钢管占全国产量 90% 以上的山阳特殊钢公司以及山一和大井两证券公司的破产，对日本经济界震动极大，股票市场一度陷于混乱。日本统治阶级为了解救垄断资本的困难，并防止金融进一步恶化，除三次降低利率和组织企业缩减生产外，还对垄断企业紧急拨付财政投资贷款。

这次经济危机持续 5 个月，生产下降幅度为 2.0%，企业倒闭高达 2464 件，其中仅 1965 年 4 到 6 月 3 个月就达 1560 件，形成战后第一次最大的倒

---

① 《世界知识》1963 年第 3—4 期，第 35—36 页。

闭浪潮。危机期间完全失业的工人达 54 万人。从危机持续时间和生产下降幅度看，这次危机似不如以前三次严重，但它与金融恶化交织在一起，倒闭风潮波及较大的垄断企业和证券公司，造成金融市场混乱，这是历次危机所少见的。日本垄断资本为了应付危机，加紧组织各种行业的所谓"萧条卡特尔"，通过共同议价，分配生产量来维持垄断价格。这种卡特尔在 1965 年显著增加，如 1961—1964 年仅有 5 个，1965 年激增到 16 个。[①]在这次危机之后，日本垄断资本又积极寻求国外市场，加紧对外扩张，加上美国扩大侵越战争，增加了对日本的军需订货，日本经济又开始进一步发展，出现了 1968 年的所谓"伊弉诺景气"。

第五次经济危机发生在 1970 年 7 月—1971 年 5 月。在上次危机之后，日本经济一时呈现稳定的增长，日本经济界曾把它吹嘘为连续五年的"大型景气"。但是，日本垄断资本为追逐高额利润，在危机过后又盲目扩大投资，加紧对工人阶级的残酷剥削，生产与消费之间的矛盾又趋尖锐化，这就必然促使新的危机爆发。在这次危机中，于 1971 年 5 月生产下降达到最低点，以后虽有所回升，但呈现停滞状态。1971 年 8 月 15 日美国为转嫁金融、经济危机，实行所谓"新的经济政策"，其中规定征收进口附加税；同时，一方面决定美元贬值，另一方面又逼迫日元升值，这就阻碍了日本扩大出口，加剧了这种停滞状态。

这次危机的主要表现是：投资减少，一些主要工业品产量锐减，批发物价下跌，企业倒闭件数激增，工人失业率提高。例如，日本私人设备投资，1971 年 1—3 月为 154301 亿日元，4—6 月减少为 146108 亿日元，7—9 月为 149661 亿日元；[②]1971 年度制造业设备投资比上一年度减少 5.8％。日本工矿业生产指数（1965 年＝100），1970 年 9 月为 222.1，10 月下降为 221.0，11 月下降为 216.7，1971 年 5 月又下降为 213.6。[③]几种主要工业品产量 1971 年比 1970 年均有所降低：粗钢 1970 年为 9332.2 万吨，1971 年减少为 8855.7 万吨；机床 1970 年为 25.7 万台，1971 年减少为 18.6 万台；煤 1970 年为 3969.4 万吨，1971 年减少为 3343.2 万吨；硫酸 1970 年为 692.5 万吨，1971 年减少为 665.9 万吨。[④]日本批发物价指数（1965 年＝100），1970 年为 266.5，10

---

① ［日］《钻石》周刊 1972 年 3 月 25 日号，第 40-41 页。
② ［日］《经济学人》1972 年 1 月 11 日号，第 117 页。
③ ［日］《经济学人》1972 年 1 月 11 日号，第 117 页。《经济学人》1972 年 1 月号，第 62 页。
④ 日本总理府统计局：《日本统计月报》1972 年 2 月号。

月下降为 241.8，1971 年 1 月更降为 225.0。①在危机期间企业倒闭件数高达 8247 件（其中在 1970 年 10—12 月倒闭的有 2841 件）。日本工人的失业率 1969 年为 0.9%，1970 年上升到 1.2%。②1970 年 12 月日本完全失业人数为 54 万人，1971 年 1 月增加为 66 万人，2 月又增加为 72 万人，3 月份达到 80 万人。③

这次经济危机，从持续时间长，企业倒闭件数多，以及工人失业率高等方面看，是比较深刻的一次危机。统计资料表明，从生产下降到最低点的 1971 年 5 月以后一年左右还没有完全脱离萧条的困境，生产恢复极为缓慢。1972 年 1 月—5 月工矿业主要行业的生产指数（1970 年＝100）如下表。

年月	矿工业	矿业	钢铁工业	一般机械工业	化学工业	纤维工业
1972 年						
1 月	96.6	87.0	94.8	82.3	102.2	93.0
2 月	103.2	90.1	93.9	87.2	106.5	100.0
3 月	112.7	95.7	100.1	104.4	109.2	103.0
4 月	106.4	89.1	97.8	92.5	108.1	102.2
5 月	104.9	84.8	102.1	90.0	109.0	102.0

资料来源：日本总理府统计局：《日本统计月报》1973 年 2 月号，第 17 页。

由于这次危机是资本主义世界周期性危机的一个组成部分，又与国际货币危机交织在一起，日本垄断资本难以像过去那样，用积极扩大出口的办法来解救生产过剩的困难。日本垄断资本除在防止日元再度升值的情况下积极扩大商品输出外，还极力寻找投资场所，加紧扩大对外资本输出。但是经济危机是资本主义不治之症，不管日本统治阶级怎样千方百计地输血抢救，或是垄断资本自身如何设法解脱，都只能不断激化资本主义基本矛盾，都不过是为更全面更猛烈的危机准备条件罢了。

（二）国内阶级矛盾日益加深

随着日本垄断资本的急剧膨胀，国内的阶级矛盾日益加深。

战后，日本国民总产值 1969 年比 1946 年增长了 130 多倍，比 1960 年增长了近 3 倍，工业部门的劳动生产率 1969 年比 1960 年平均提高了 1.59 倍，矿业提高了 1.93 倍，制造业提高了 1.58 倍，其中钢铁工业提高了 2.22 倍，

---

① ［日］《经济学人》1972 年 1 月 11 日号，第 117 页。《经济学人》1972 年 1 月号，第 62 页。
② 日本法政大学大原社会问题研究所：《日本劳动年鉴》1972 年，第 1-2 页。
③ 日本法政大学大原社会问题研究所：《日本劳动年鉴》1972 年，第 1-2 页。

化学工业提高了 2.45 倍,而同期制造业工人的实际工资只提高 0.67 倍,矿业工人的实际工资只提高 0.56 倍①。

以劳动人民为中心的雇佣者所得占国民收入之比重,1970 年比"经济高速度发展"开始的 1960 年大大降低了。1960 年到 1970 年的 10 年中,雇佣人数从 2300 万人激增到 3300 万人,而国民收入中雇佣者所得和资本家所得之比:1960 年为 4.4∶1 强,1970 年下降为 3∶1 弱②。

又据 1972 年《朝日年鉴》介绍:1970 年日本 50 家大公司、大企业、大银行的收入高达 13225 亿日元,占当年国民收入 590480 亿日元的 2.24%。某公司的总经理年收入竟达 15.36 亿日元,是普通制造业工人年平均工资(约 106 万日元)的 1451 倍③。

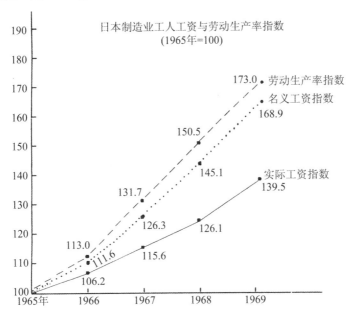

日本制造业工人工资与劳动生产率指数

资料来源:根据日本总理府统计局:《日本统计年鉴》1972 年版所载指数。

---

① 国民总产值和制造业工人实际工资根据日本总理府统计局《日本统计年鉴》1971 年版所载数字计算,劳动生产率根据同书 1958 年、1967 年、1970 年版所载数字计算。

② 参见《经济学人》1972 年 11 月 5 日号,第 38 页。

③ 日本制造业工人 1970 年平均月工资为 8.8 万日元,约合人民币 600 元(按当时汇率人民币 1 元＝146 日元折算)。但是,日本通货膨胀严重,物价高昂,生活必需品贵得惊人。东京市 1970 年的零售物价,若折算为人民币,牛肉一斤为 8.12 元,猪肉一斤为 3.94 元,做一套衣服的手工费为 133 元。一个月的工资只不过是 70 斤牛肉钱,加上日本劳动人民税金、房租负担都很重,因此,实际生活水平仍然是低的。(根据《日本统计年鉴》1971 年版所载数字计算)

工人阶级用自己的双手创造了巨大的财富，而他们所得到的部分却越来越少。

上图表明：日本制造业工人的劳动生产率指数，1965 年为 100，1969 年上升为 173.0，提高了 73.0%；名义工资指数，1969 年上升为 168.9，增加了 68.9%；实际工资指数，1969 年上升为 139.5，只增长 39.5%。实际工资越来越低于名义工资，意味着日本广大工人群众以货币工资实际能够买到的生活必需品相对地日益减少。名义工资和实际工资都越来越低于劳动生产率的提高，意味着日本广大工人群众在他们创造的日益增多的产品中，以工资的形式所得到的部分相对减少。

战后，日本的通货膨胀不断加剧。据日本官方统计，1947 年日本银行的钞票发行量为 2190 亿日元，到 1970 年增加为 55560 亿日元，膨胀了 24 倍多[1]。由于通货膨胀，物价急剧上升，特别是消费品价格上升得更快。

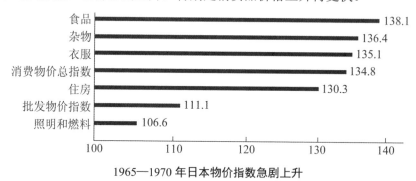

1965—1970 年日本物价指数急剧上升

资料来源：日本法政大学大原社会问题研究所：《日本劳动年鉴》1972 年。

由上图可见，日本物价指数，以 1965 年为 100，到 1972 年 12 月末，批发物价指数上升为 111.1，消费物价指数上升为 134.8，在消费品中，食品价格指数上升最快，上涨了 38.1%。

日本《经济学人》杂志写道："以 1960 年为 100，消费物价指数到 1971 年上升为 202.3，与此相比，批发物价指数为 115.8，输出物价指数为 100.8。这样，我国物价指数所表现的特征只是消费物价指数异常高涨。"[2]

消费物价的猛烈上涨，使日本工人阶级和其他劳动阶层的实际工资越来越低于名义工资。

---

① 日本政府经济企划厅：《经济白书》1971 年。
② ［日］《经济学人》1972 年 11 月 5 日号，第 38 页。

一个日本经济学者曾经有过这样一种形象的说法：日本从 1960 年到 1965 年物价急剧上升，年平均上升率为 6.2%，从 1965 年到 1970 年年平均上升率为 5.5%，从那以后这种倾向继续强化，消费物价上升率是先进资本主义国家中最高的。"如果物价上升率按每年 7% 发展下去，10 年中货币将减值一半，如果上升率每年为 8%，9 年货币即减值一半。若按年平均上升率 8% 计算，一个 18 岁参加工作、月工资为 3 万日元的人，到 63 岁退职的时候，即使拿到 96 万日元的月工资，他所得到的只是与刚参加工作时完全相同的工资。"①

如按日本 1960 年到 1970 年的平均物价上涨率为 5.5% 计算，一个 1960 年月工资为 5 万日元的工人，到 1970 年，即使名义工资提高到 9 万日元，也只等于 1960 年的工资水平，10 年中实际工资并没有任何提高。

前面已经提到，日本工人的工资水平是主要资本主义国家中最低的。1970 年日本工资劳动者每小时的平均收入仅为瑞典的 1/2，还不到美国、加拿大的 1/3。

战后，日本垄断资本不断推行所谓"产业合理化"，更新设备，实行机械化、自动化，使劳动生产率进一步提高，大批工人被解雇；也使在业工人的劳动强度大大提高。繁重的劳动使工人疲惫不堪，工伤事故经常发生。根据《日本统计年鉴》的数字，1960—1970 年因事故而死伤的工人竟达 462.7 万人，其中死亡人数达 6.8 万多人。在资本主义制度下，机械化、自动化给工人带来的只是苦难，它把工人紧紧地绑在机器的枷锁上，使他们遭受更大的折磨。

日本工人阶级的劳动时间也是几个主要资本主义国家中最长的。

几个主要资本主义国家制造业工人每周劳动时间的比较（1969 年）

国　　别	实际劳动时间
美　国	38.2
加拿大	40.0
瑞　典	35.8
法　国	43.7
西　德	39.7
英　国	42.0
日　本	43.9

资料来源：根据日本《经济学人》1972 年 11 月 5 日号第 100 页所载资料编制。

---

① [日]《经济学人》1973 年 3 月号，第 45 页。

压低工资，提高劳动强度，延长劳动时间是资本主义剥削的三种重要手段，日本垄断资本正是通过这种办法获取巨额利润的。

日本临时工的状况更为恶劣。临时工的工资仅为正式工人工资的一半左右，这些工人缺乏劳动保护，没有福利待遇，资本家可以随意解雇。此外，在日本还有大量的散工、编外工，他们处于更悲惨的境地。

日本女工的地位十分低下。近年来，随着日本垄断资本主义的发展，女工的人数大大增加。1971年，女工人数已上升到1952万人，占15岁以上女子劳动力人口的98.8％。女工的工资更低，虽经女工的多次斗争，到1971年，日本制造业女工的工资仍仅为男工的45.8％，1972年为46.8％[①]。

战后，日本政府对收入低微阶层实行的增税、重税政策使无产阶级和劳动人民更加贫困了。按人口平均租税负担额，1972年比1950年增加了14倍[②]。1970年，一个四口之家的中等劳动家庭每月纳税9700日元，每年纳税116400日元。日本有人就这样说："所谓五光十色的消费景气到处皆无，每月9700日元的税金，只能说是一种酷税、一种血税。"[③]

那么，日本劳动人民的生活状况究竟怎样呢？

在过去十余年间，在日本经济高速度膨胀的过程中，日本官方的经济学家、御用学者们高唱着"消费革命"的颂歌，说什么"收入趋向平均化"，"国民生活飞跃上升"，"消费内容高级化、近代化"等等。实际情况果真如此吗？所谓"消费内容高级化、近代化"和日本劳动人民真的有什么联系吗？

不，完全不是这样。

根据日本总理府1970年的家庭经济调查，一个年收入120万日元的中等偏上的劳动家庭（一家四口），每月只能吃到牛肉500克（合1市斤），每人每月才合100克多一点。男人的领带两年才能买一条。[④]另据日本《经济学人》杂志介绍：一个年收入为138万日元的四口中等之家，每人每月只能吃到牛肉160克，金枪鱼70克，猪肉370克。该杂志说，目前日本人的食物消费是日本历史上最低的。[⑤]这就是资产阶级所宣扬的"国民生活急剧上升"的实际情况。

---

① 根据日本总理府统计局《日本统计月报》1972年2月号所载数字计算。
② 根据日本总理府统计局《日本统计年鉴》1971年版所载数字计算。
③ ［日］《经济学人》1972年11月5日号，第154页。
④ 参见《经济学人》1972年11月5日号，第37、150、154页。
⑤ 参见《经济学人》1972年11月5日号，第37、150、154页。

近几年来，日本资产阶级大肆吹嘘"日本国民每 1000 人中有 147 辆汽车"，"平均 15 人有一辆轿车"，说什么"富有的象征——汽车横溢"，那就让我们看看所谓"富有"的真实情况吧！

根据日本通产省的《消费信用实况调查》，1966 年，在汽车购买中，赊购的占 61%，靠贷款购买的占 19%，现金购买的只占 20%。又据通产省的《购买汽车付款情况调查》，1971 年赊购的占 58.8%，贷款购买的占 8.4%，现金购买的占 32.8%，赊购和贷款购买的比重占大多数[①]。这充分说明，购买汽车并不是消费水平的真正提高，相反地，赊购的办法把汽车购买者拴在债务的锁链上，进一步加重了他们的负担。赊购了汽车的少数劳动者（绝大多数人根本不敢问津），经济被汽车债务弄得生活困窘。月工资为 8.8 万日元的赊购汽车的人，每月有 0.5 万到 0.1 万日元要用于分期付款和偿还信贷，汽油费和维修费要花 1 万日元以上，再加上同汽车有关的税金，结果怎样呢？许多有车的人异口同声地说："为了汽车而作活赚钱。"日本劳动人民称小汽车为"火焰车"。"火焰车"本来是佛教中指地狱里用来惩罚死人的一种车，在日本成了汽车折磨活人的代名词。由此可见，汽车只是资产阶级富有的象征，是他们榨取劳动人民血汗的新的手段。

以上我们看到的是中等劳动家庭的生活状况。收入更低的广大穷苦人民生活更加悲惨。

日本垄断资本积累的扩大，必然引起相对过剩人口的增加。据统计，日本战后的失业人口经常保持在 60 万人左右，近年来又不断增加，1972 年 4 月份达到 93 万人。大量的失业人口不仅自己处于无依无靠、忍饥挨饿的困境，而且成为对在业工人的巨大威胁。

在日本只有 1/3 的工人能够过中等家庭的生活，每月收入 5 万至 6 万日元；2/3 的工人是个体工人、散工和临时工，这些人大部分住在贫民区里。在东京，有近 300 个大小贫民区，住着 300 万穷苦人民，约占东京人口的 1/3。在日本全国有 2500 万左右这样的贫民，仅东京、大阪、长崎等几个大城市就有 500 万人以上。这些人衣着褴褛，形容枯槁，满身污秽，蹲在街上吃着下等的、不洁的食物，或者痛苦地伏在膝上，或者在艰难地劳动着。每月工资 3 万多日元，被工头敲去 1/3，房租每天 200 日元，伙食费每天 600 日元，每月食住就耗去 2 万多日元。日用品、治病、抚养家属等开支全没有着落。这

---

① 参见《经济学人》1972 年 11 月 5 日号，第 166 页。

就是日本所谓消费"高级化、近代化"的真实写照①。

穷人没有活路，只好靠卖血为生。近年来，日本的"血液银行"纷纷出现，仅东京最大的贫民区山谷区就有 4 家，每个"血液银行"每天都有将近 100 名失业工人在那里卖血。据东京都卫生局显然缩小了的统计，1970 年 7 月份一共抽了失业工人的血 5737 支（每支 200 克），1971 年 5 月增加到 7768 支，被折磨得面黄肌瘦的失业工人卖掉 200 克血，得到的只不过是两顿饭的钱；"血液银行"把这些鲜血输送到哪里去了呢？垄断资本用这些血液作原料，制造一种专供阔太太和小姐们用的所谓"营养雪花膏"! ②

资本主义的发展，也必然给农民带来灾难。战后，日本实行"农地改革"以后，农村中的阶级分化越来越快，许多小农户遭到破产，土地被兼并。由于通货膨胀不断加剧，日本农民的生产费用和生活费用日益上涨，农产品价格却相对下降，农民（特别是那些只有一公顷以下土地的农户）的收入不敷支出。据报道，1955 年，拥有 0.3 公顷土地的农民，农业收入只能满足家庭生活费用的 38%，到 1967 年百分比更下降为 13.7%。现在，日本拥有耕地两公顷以下的农户，如果不兼营其他副业，就无法维持生活。到 1970 年，完全经营农业的"专业农户"，只占农户总数的 15.6%，以农业为主兼营他业的所谓"第一种兼业农户"占 33.7%，以农业为副他业为主的所谓"第二种兼业农户"占 50.7%。不少农户到星期日才有时间从事农业生产，出现了所谓"星期日农业"③。

日本农民的生活十分艰难，许多农民被迫出外找活赚钱来维持家庭生活。"出去找活→家里人手不足→被迫购买农业机械、借钱→为了还债使出外找活永久化、长期化，这就是它的循环过程"④。

目前，日本垄断资本不顾日本农民的死活，正在加紧进攻日本农民，进一步加深着日本的农业危机。

近些年来，日本垄断资本拼命追逐着高额利润，给日本人民造成了日益严重的"公害"。在日本工厂高度集中的大城市和沿海地区，从工厂和交通工具排出的大量废气、烟灰、粉尘、废水和废物，使空气、河流、湖泊和沿海受到严重污染。日本许多地方的人民得了名目繁多的"公害病"，如喘息病、

---

① 参见香港《七十年代》月刊 1970 年第 7 期。

② 参见《吸血鬼——"血液银行"》，1972 年 4 月 11 日《解放军报》。

③ 《美日反动派摧残下的日本农业》，1972 年 7 月 3 日《人民日报》。

④ ［日］《经济学人》1972 年 11 月 5 日，第 119 页。

骨痛病、佝偻病、水俣病[1]等。据日本官方公布的已经大大缩小了的数字，"公害病"患者仅大阪市就有 2266 人。到 1972 年 2 月，在不知火海沿岸一带或轻或重的"水俣病"患者已达两万多人，工人、农民、渔民、市民中的许多"公害病"患者因无钱医治而死去，一些人因经受不住这些特殊疾病的折磨而被迫自杀[2]。

那里有剥削和压迫，那里就有反抗和斗争。

战后长期以来，日本广大人民一直进行着反对日美"安全条约"，反对复活日本军国主义的斗争。反对增税、重税政策，要求制止通货膨胀和物价上涨的群众斗争此起彼伏。尤其是日本工人阶级反对垄断资本的剥削，要求增加工资，要求改善劳动条件的斗争日益高涨。

1972 年以来日本的工人运动更有了新的发展。日本广大工人群众展开了声势浩大的罢工斗争，反对日本政府提高物价和公用事业费用，要求大幅度增加工资和改善劳动条件，要求废除日美"安全条约"。1972 年 4 月到 6 月日本海员和港口工人的大罢工，是日本海运史上时间最长的一次罢工。这次罢工使日本全国 53 个港口的远洋货轮全部停航，对日本反动派和垄断资本是一次沉重的打击。日本广大农民群众同工人进一步结合起来，展开了反对日本政府的农业政策，要求发展农业、改善农民生活的斗争。同时，日本人民反对"公害"的斗争也在日本全国各地蓬勃兴起。

（三）加紧对外扩张和对外矛盾的尖锐化

对外掠夺是战后日本垄断资本急剧膨胀的一个重要原因，而恶性膨胀起来的日本垄断资本又必然加紧对外扩张。

这首先是由日本垄断资本追求最大限度利润的本质所决定的。

同时，日本垄断资本主义经济的恶性膨胀，加剧了生产的扩大同国内资源贫乏和市场日益狭小之间的矛盾，加深了对海外资源和市场的依赖程度，日本垄断资本为了寻求出路，也必然要加紧对外扩张。

近年来，日本垄断寡头不断宣扬日本已成为"经济大国"，因而"必须以占居自由世界第二位的经济力量做后盾来树立全球观点"和考虑日本的经济问题；叫嚷什么要"把 70 年代看作是开发亚洲的十年"，"重新分配世界资源的竞争的时代已经到来"，日本企业"要越过国境，自由自在地向外发展和竞

---

① 俣，音雨，水俣是日本熊本县一个市的名字，水俣病系因水银中毒而得，患者手足麻木变形。
② 参见《日本"公害"严重难于解决》，1972 年 2 月 22 日《人民日报》。

争"，"（日本）政府必须全力以赴地确保海外资源"。①1972 年初，前日本首相佐藤荣作在向日本国会发表的施政演说中，承认日本正处于"经济停滞的长期化"的状态，声称要用"扩大自由贸易"，实行"比过去更为积极"的所谓对外"经济援助"来改善这种局面。②日本垄断资产阶级和当权者的这些言论，充分暴露了他们为了解脱矛盾和转嫁经济危机，而加紧对外扩张的野心。

日本政府为了适应日本垄断资本加紧对外扩张和掠夺的需要，1969 年 5 月在其经济审议会中专门设置了一个"资源研究委员会"。该委员会在 1970 年发表的《国际化时代的资源问题》的报告中预计，在 1968—1975 年间，主要资源的供应，每年必须保持 10%—20% 的增长幅度，才能满足需要。

日本的资源需要和依赖国外的程度

	1968 年度			1975 年度			1968—1975 年度每年需要量平均增长率（%）
	需要量	国内供应部分	依赖国外程度（%）	需要量	国内供应部分	依赖国外程度（%）	
铜（千吨）	740	197	73.4	1400	240	82.9	9.6
铅（千吨）	186	81	56.5	367	163	55.6	10.2
锌（千吨）	628	290	53.8	1290	494	61.7	10.8
铝（千吨）	657	0	100.0	1780	0	100.0	15.3
镍（千吨）	60	0	100.0	131	0	100.0	11.8
铁矿石（千吨）	77437	11856	84.7	164288	16429	90.0	11.3
原煤（千吨）	43650	12260	71.9	86640	12260	85.9	10.3
石油（千吨）	148229	799	99.5	290000	800	99.7	10.1
天然气（百万立方米）	2510	2510	0	9500	2510	73.6	20.9
铀（短吨）	—	0	100.0	4,210	0	100.0	—
木材（千立方米）	91806	48963	46.7	128400	53900—65300	58.0—49.1	4.9

资料来源：日本经济审议会资源研究委员会报告书《国际化时代的资源问题》，1970 年，第 12 页；摘引自［日］《经济评论》1971 年 5 月号。

1970 年，通产省也成立了一个"海外开发"机构。1971 年 1 月，当时的通产相宣称："今年，我们将最优先地解决资源问题"③。同年 2 月，当时的日本外相指示外务省事务当局：要研究积极的"资源外交"所应采取的方法，首先在外务省内分别设置负责各种资源问题的专门官员，并要考虑设立负责

① 《狂妄的野心，露骨的叫嚷》，1971 年 9 月 6 日《人民日报》。

② 《日本对东南亚加紧进行经济扩张》，1972 年 3 月 29 日《人民日报》。

③ 东方通讯社东京 1971 年 1 月 11 日电。

资源问题的巡回大使或"资源科"[①]。

在日本政府的直接参与策划下，日本各种"考察团""调查团""合作团"的大批人马，蜂拥而出，到亚非拉四处钻营，千方百计地寻求可供扩大掠夺的资源。仅以1971年头两个月为例：1月10日，日本工业银行等组成的一个"经济考察团"前往被称为"石油宝库"的阿拉伯湾地区进行考察；同月，外务省还派遣了一个"亚洲投资和贷款考察团"到东南亚和大洋洲活动。2月下旬，通产省会同"海外技术合作团""亚洲经济研究所"等机构，相继派出6个"资源考察团"，分赴巴基斯坦、尼日利亚、印度、印尼、巴西、澳大利亚等地活动，调查的对象有铜、镍、铁矿砂、铝土矿、铅、铀和森林等资源，说什么"调查结果如属有望，就要建立开发进口的体制"[②]。1970年10月前往哥伦比亚、委内瑞拉等国的一个贸易代表团，回国后曾向日本政府提出一个报告，强调安第斯地区的矿物，特别是铜、铁、锌、铅、煤和石油资源丰富，要求政府同上述国家"合作"开发[③]。前述去阿拉伯湾地区的考察团，于1971年1月底回国后不久就宣称："调查断定"考察过的阿联酋、利比亚、阿尔及利亚和摩洛哥等国家对日本经济具有"重要意义"，"也能成为不亚于美国的市场"，"需要进行有诚意的合作"[④]。这一切表明，自从70年代以来，日本垄断资本更加猖狂地展开了调查、开发和掠夺海外资源的活动。

近几年来，日本垄断资本也加紧了对国外市场的渗透和扩张。前佐藤政府曾计划把商品出口额从1970年度的193亿美元增加到1975年度的374亿美元，并且宣称："到1975年度，亚洲地区近一半的市场将为日本货所占据"[⑤]。

同时，日本垄断资本也加紧了对外资本输出。1972年1月1日，《日本经济新闻》的一篇文章中写道："日本的私人企业向东南亚各国的扩张是显著的"。1971年3月5日哥伦比亚《时代报》载文说："日本在拉丁美洲渗透的扩张开辟了这样一个前景，即不要几年功夫，日本将成为南美大陆上仅次于美国的最大投资者"。

为了替日本垄断资本的资本输出和商品输出开辟道路，日本政府的国家

---

① ［日］《读卖新闻》1971年2月28日。

② 《六个调查团相继出发到海外寻找资源》，［日］《读卖新闻》1971年3月29日。

③ 法新社东京1971年4月7日电。

④ 《含硫低的原油宝库——对阿拉伯非洲五国要重新估价》，《日本经济新闻》1971年2月12日。

⑤ 转引自《日本对东南亚加紧进行经济扩张》，1972年3月29日《人民日报》。

资本输出也加强了。据日本广播协会报道，1971 年的对外日元贷款猛增至 1970 年的 3 倍，并且指出，这些贷款都附有一定条件，即必须购买日本的商品。[①]1970 年日本的资本输出总额已达 18.24 亿美元；据报道，1971 年 8 月日本政府曾经计划到 1975 年把"对外援助增加到 40 亿美元"，说什么要扩大"经济合作"，履行"作为先进国的责任"。[②]

但是，随着日本垄断资本的急剧膨胀和加紧对外扩张，它同其他发达资本主义国家的垄断资本以及亚非拉美各国人民之间的矛盾也必然越来越尖锐。

今天，曾长期遭受过日本垄断资本的掠夺和在第二次世界大战期间遭受日本军国主义野蛮侵略的亚洲各国人民，面对日本的经济扩张和由经济扩张走向军事扩张的动向，越来越提高了警觉。

在同其他发达资本主义国家之间的矛盾中，日本同美国的矛盾越来越突出。

战后，日本一直处于被美国占领和半占领的状态之下。日本垄断资本是靠美国的扶植而恢复和发展起来的。美日垄断资本又一直是互相结合，互相渗透的。但是，由于战后日本经济的畸形发展，日本已成为资本主义世界的"第二经济大国"，日本垄断资本越来越不甘心于在政治上和经济上受美国的控制，而力图走"自主"的道路。随着美国势力的衰落和日本垄断资本的急剧膨胀，特别是趁美国深陷侵越战争泥潭之机，日本垄断资本加紧扩张、渗透活动，拼命挖美国的墙脚，不仅在一些国家和地区取代了美国的地位，而且直接打入了美国市场，同美国垄断资本进行角逐和争夺。在日美贸易关系中，美国越来越处于不利地位。1965 年以后，美国的对日贸易由顺差转为逆差，而且逆差数字日益增长。据美国商务部的统计，1971 年日本对美贸易出超高达 32 亿美元[③]。这种情况加剧了美国本来就日益严重的经济危机和美元危机，使日美两国垄断资本之间的矛盾日趋尖锐。五六十年代以来，日美之间长期进行着所谓"纺织品问题"的谈判斗争，即美国一再要求日本限制其纺织品对美国的出口。同时，美国还对日本施加种种压力，逼迫日本实行所谓"贸易和资本自由化"，即要日本对美国的商品和资本输入大开方便之门。1971 年 8 月 15 日美国政府实行"新的经济政策"，对外征收 10％的进口附加

① 美联社 1972 年 1 月 3 日电。

② ［日］《日本经济新闻》1971 年 8 月 23 日。

③ ［日］《世界周报》1972 年 4 月 25 日号，第 37 页。

税，用停止美元兑换黄金的办法来迫使其他主要资本主义国家的货币升值。当时，其主要矛头首先是针对日本。在美国的压力下，日本的日元升了值。这是对日本对外贸易的一个重大打击。据日本官方宣布，美国的措施将使日本的对外贸易损失 25 亿—30 亿美元，但尽管如此，美国的对日贸易仍未能扭转不利局面，继续存在巨额的对日贸易逆差。今后美日之间在贸易问题和货币问题上既勾结又斗争的局面仍将继续下去。

日本同西欧国家的经济关系也在发生深刻变化，矛盾也逐步扩大。

战后初期，日本和西欧国家的经济联系并不很多。60 年代以来，日本和西欧的贸易关系迅速增长，日本一直处于有利地位。

日本对西欧的贸易（单位：百万美元）

	贸易总额	出　口	进　口	日本对西欧贸易顺差
1950	137	99	38	61
1955	381	206	175	31
1962	1265	659	606	53
1963	1400	726	674	52
1964	1685	868	817	51
1965	1827	1097	730	367
1966	2169	1302	867	435
1967	2639	1435	1204	231
1968	2970	1664	1306	358
1969	3557	2065	1492	573
1970	4889	2927	1962	965

资料来源：1950、1955 年根据《第二次世界大战后资本主义国家经济情况（统计汇编）》所载数字计算，1962—1970 年根据日本总理府统计局：《日本统计月报》1972 年 2 月号所载数字计算。

从上表可见，1950 年日本同西欧的贸易总额不过 1.37 亿美元，1955 年为 3.81 亿美元，到 1962 年剧增至 12.65 亿美元，1970 年更猛增到 48.89 亿美元。1950 年，日本对西欧的贸易顺差为 0.61 亿美元，到 1965 年猛增至 3.67 亿美元，1970 年更增加到近 10 亿美元。

近几年来，日本资本也开始涌入西欧。据估计，从 1959 年 4 月到 1970 年 3 月，日本在西欧的私人投资累计为 3.03 亿美元，占日本海外投资总额的 11.3％[①]。1970 年以后，日本对西欧的资本输出又有了进一步的发展。据估计，

---

① ［日］《1970 年经济合作的现状与问题》。

到 1971 年 3 月止，日本在西欧的投资累计已达 6.6 亿美元①。

　　日本垄断资本对西欧商品输出和资本输出的迅速发展，引起了西欧各国的警觉。近年来，随着日本商品在西欧市场的泛滥和西欧对日贸易逆差的激增，西欧各国兴起一片"警戒日本经济入侵"，向日本反攻的喧嚷声。现在，许多西欧国家已经准备对日本商品的进口实行新的限制。

----

　　① ［美］《美国新闻与世界报道》1972 年 3 月 6 日。

资本主义国家的宏观经济调控

1929—1933 年席卷整个资本主义世界的经济大危机，震撼了世界资本主义经济的基础，引起了各国垄断资产阶级的震惊和惶恐，因而迫使他们不能不采取新的政策措施，调整某些经济关系，加强政府的经济职能和对宏观经济的管理，使得发达资本主义国家在生产关系、经济管理体制和经济运行机制等方面发生了一定的质的变化，资本主义由一般私人垄断资本主义转变为国家垄断资本主义。

二次大战后以来，主要资本主义国家的国家垄断资本主义得到了普遍发展。今天，这些国家的社会资本再生产都已纳入国家垄断资本主义体系之中，按照现代资本主义市场经济模式即国家宏观经济调控与市场调节相结合而以后者为主的模式来运行了。

一、国家垄断资本主义

既然今天主要资本主义国家的社会资本再生产都已纳入国家垄断资本主义体系，因此要了解现代资本主义的本质、国家对宏观经济的调控以及现代资本主义市场经济模式，就必须首先考察国家垄断资本主义。

（一）国家垄断资本主义的产生与发展

1. 国家垄断资本主义的含义

国家垄断资本主义这个概念，最早是列宁提出的。按照列宁的定义，国家垄断资本主义是指"把资本主义的巨大力量和国家的巨大力量联合为一个机构"①,"国家同拥有莫大势力的资本家同盟日益密切地溶合在一起"②。这种结合、溶合的形式，根据列宁的论述，一是银行和工业"这两种公司……同政府进行'个人联合'"③；二是"工业国有化"④、资本主义生产的"国有化"⑤；三是"国家对社会经济的调节、统计和监督"⑥。列宁的这个定义以及他关于国家垄断资本主义的论述，主要是在第一次世界大战前后这个时期作出的。当时，资本主义发达国家刚刚完成向垄断阶段的过渡不久，国家垄断资本主义在帝国主义各国还没有发展起来，还是在国家同私人垄断资本的关系上出现不久的一种新形式。然而，列宁却从理论上对此作出了概括，这确实是马克思主义经济学理论上的一个创新和贡献。但是，也应该看到，一则，国家垄断资本主义当时毕竟还处在一种萌芽状态；再则，当时列宁主要是针对第一次世界大战交战各帝国主义国家、特别是德国的情况而进行概括的，因此，他所说的国家垄断资本主义在一定程度上带有战时军事性质，具有一定的特殊性；三则，有一个理论问题还有待于进一步明确，即同私人垄断资本相结合或溶合的国家，指的是什么？是属于经济基础性质的范畴，还是属于上层建筑性质的范畴？

根据列宁以后的长时期以来，特别是二次大战后以来国家垄断资本主义在主要资本主义国家普遍发展的实际，我们把国家垄断资本主义概括为：它是一种不同于一般私人垄断资本主义的、新的垄断资本主义的生产关系。在这里，国家作为一个经济实体，以国有资本和国私共有资本的形式参与社会总资本的运动；同时，国家利用其经济职能，干预和调节宏观经济，使私人自由资本和私人垄断资本不再像过去那样是完全独立的资本，而是成为一种在国家干预和调节下的资本。这样，在社会总资本的再生产和流通中，在社会再生产的各个环节中，形成一种新型的垄断资本主义的社会生产关系，即国家垄断资本主义的社会生产关系体系，成为现代资本主义国家的经济基础。

国有资本是一种新形式的垄断资本。它主要来源于国家财政。资本主义国家的财政，一向被视为国家政权的存在在经济上的体现，一向是资产阶级国家专政的经济工具，是为保证和加强资产阶级的统治服务的。但是，在资

---

① 《列宁全集》第 3 卷，第 75 页。
② 《列宁全集》第 3 卷，第 171 页。
③ 《列宁全集》第 2 卷，第 764 页。
④ 《列宁全集》第 24 卷，第 211 页。
⑤ 《列宁全集》第 3 卷，第 75 页。
⑥ 《列宁全集》第 24 卷，第 273 页；参阅第 27 卷，第 360 页。

本主义发展的不同阶段，资本主义国家的财政有着不同的作用。在垄断前，资本主义国家的财政主要用于维持资产阶级国家机器，巩固与加强资本主义的经济基础和资产阶级的政治统治。到了垄断阶段，在 30 年代经济大危机以前，资本主义国家的财政一般仍然遵循着传统的原则：量入为出，收支平衡。因而可以说，这时的财政还只是作为私人资本运动的一个外部条件，对其发展起着不十分直接、不十分显著的作用。30 年代经济大危机以后，为适应垄断资产阶级的需要，防止经济危机，维护资本主义制度，一种新的所谓"职能财政"的财政学理论产生了。这种理论打破了传统的量入为出、收支平衡的观念，否定了限制政府非生产性支出的主张，主张把国家财政作为干预和调节社会经济以防止经济危机、促进经济发展的手段。现代西方宏观经济学的创立者、首先提出国家要干预宏观经济的英国经济学家 J. M. 凯恩斯，在他的代表作《就业利息和货币通论》中即指出："国家必须用改变租税体系、限定利率以及其他方法，指导消费倾向"，"把投资这件事情，由社会来综缆"，使"国家能够决定（a）资源之用于增加生产工具者，其总额应为若干；（b）持此种资源者，其基本报酬应为若干，则国家已尽其职责。"[1]美国凯恩斯主义者 A. H. 汉森曾写道："凯恩斯主义的财政政策，并不是只能'医治'危机的片面的膨胀性的政策，它乃是一个是以'熨平'资本主义经济波动和彻底'消灭'危机，'铲除经济周期'的全面的方案。"[2]当代美国著名经济学家、凯恩斯主义者 P. A. 萨缪尔森也说道："财政政策……其目的是，（a）抑制经济周期的波动以及（b）有助于维持增长的高度就业的经济"[3]。

要发挥"职能财政"的作用，资产阶级国家就不能只是作为外部力量来为私人垄断资本服务，而是要把国家财政的一部分作为国家资本，同私人资本在社会再生产过程中内在地溶合起来，形成国家垄断资本主义的生产关系体系。

2. 国家垄断资本主义的产生和发展

由自由竞争发展为垄断，再由一般垄断发展为国家垄断，这是资本主义发展的一般规律。早在资本主义自由竞争时代，马克思根据资本主义的本质及其矛盾和运动规律，就曾科学地预言：股份公司"在一定部门中造成了垄

---

① 凯恩斯：《就业利息和货币通论》中译本，三联书店 1957 年版，第 321-322 页。
② 汉森：《财政政策和经济周期》，1941 年英文版，第 295 页。
③ 保罗·A. 萨缪尔森、威廉·D. 诺德豪斯：《经济学》中译本，中国发展出版社 1992 年版，第 285 页。

断，因而要求国家的干涉"①。

一般垄断资本主义的发展，是国家垄断资本主义产生和发展的基础。在19 世纪最后 30 年即资本主义从自由竞争向垄断过渡的时期，由于资本主义基本矛盾的尖锐化和经济危机的频繁发生，一些国有经济即开始出现。当时，首先出现在一些特殊的、具有自然垄断性的个别部门，如邮电和交通等公共部门。针对这种情况，恩格斯曾写道：经济危机暴露出资产阶级已无力驾驭社会生产力，因而"资本主义社会的正式代表——国家不得不承担起对生产的领导。这种转化为国家财产的必然性首先表现在大规模的交通机构，即邮政、电报和铁路方面。"②

战争以及由于战争而加剧的社会经济矛盾，促进了国家垄断资本主义的产生和发展。在第一次世界大战前夕，德、俄、日等帝国主义国家，为了准备战争，大大增加了国家军事预算和军事采购，并通过国家直接投资和将私人企业国有化的方式建立起一些"国营"的钢铁企业和军工企业。在战争期间，各交战国为了动员全国的人力、物力和财力投入战争，普遍加强了国家对社会经济和人民生活的统治与管理。列宁正是在 1916 和 1917 年期间，比较集中地对国家垄断资本主义的产生和发展作了大量的分析和论述。例如，列宁写道："世界资本主义在战争期间不仅向一般集中前进了一步，而且还在比过去更广泛的范围内从一般垄断向国家资本主义（即国家垄断资本主义——引者）前进了一步"③；"这个集团（指德国——引者）确立了资本主义生产的国家化的原则，把资本主义的巨大力量和国家的巨大力量联合为一个机构，使千百万人处于一个国家资本主义组织之中"④；"战争做了二十五年来没有做到的事情。工业国有化不仅在法国而且在英国也得到发展。一般垄断已经过渡到国家垄断"⑤；"以自由竞争为基础的旧资本主义已被这场战争彻底摧毁，它已经让位于国家垄断资本主义。西方先进国家英国和德国，已经因为战争的缘故对全部生产实行最严格的统计和监督"⑥；"由于情势所迫，许多国家实行了生产和分配的社会调节"⑦；等等。不过，第一次世界大战结束

---

① 《马克思恩格斯全集》第 25 卷，第 496 页。

② 《马克思恩格斯选集》第 3 卷，第 317 页。

③ 《列宁全集》第 23 卷，第 216 页。

④ 《列宁全集》第 3 卷，第 75 页。

⑤ 《列宁全集》第 24 卷，第 211 页。

⑥ 《列宁全集》第 27 卷，第 360 页。

⑦ 《列宁全集》第 24 卷，第 273 页。

以后，这些帝国主义国家的国家垄断资本主义的发展进程相继不同程度地收缩甚至后退了，这表明，当时的国家垄断资本主义具有暂时的、军事的性质。

1929—1933 年的资本主义世界经济大危机，表明生产社会化和私人垄断资本占有之间的矛盾达到了空前尖锐的程度，它宣告了自亚当·斯密以来一直为资产阶级及其经济学家们所颂扬的单纯市场机制这只"看不见的手"可以自动调节和推动资本主义经济运行与发展的理论的破产，而迫切需要国家干预这只"看得见的手"来维持和推动资本主义宏观经济的运转了。于是，首先在实践上，作为国家垄断资本主义之体现的、美国总统罗斯福的"新政"于 1933 年开始实施了；继而在理论上，凯恩斯于 1936 年发表了他的著作《就业利息和货币通论》，作为国家垄断资本主义之理论基础的凯恩斯主义产生了。

1939—1945 年第二次世界大战期间，帝国主义各国都建立起战时经济管理体制。特别是德、意、日法西斯国家，更把全国经济置于军事管制之下。这时发展起来的国家垄断资本主义，自然带有军事国家垄断资本主义的性质。

二次大战后，在所有发达资本主义国家，国家垄断资本主义无论在广度上和深度上，都有了更迅速、更普遍的发展，而且是在和平时期、在各国经济相对稳定发展的条件下发展起来的，不再带有军事性质（虽然美国由于推行帝国霸权主义政策和冷战政策，其国民经济带有军事化的性质）、暂时性质和局部经济的性质。为什么？这主要是因为：

首先，这体现了生产关系要适合生产力性质的规律的作用和要求。这就是，生产社会化的高度发展，必然要求资本的社会化程度相应地提到一个新的高度。二次大战后，由于科学技术的巨大发展和社会分工的扩大与加深，生产高度社会化了。这一方面促进了生产集中、资本集中和垄断的进一步发展，而一般垄断的发展又为国家垄断资本主义的普遍发展建立了深厚的基础，因为垄断资本为了攫取巨额利润、实行经济上的强力统治，不仅要不断增大自身的力量，还要依靠国家的力量。另一方面，高度社会化、现代化的大生产带来了一系列生产上需要解决的新问题，例如，现代化的生产，规模巨大，需要巨额资本；重大科技项目的突破，不仅需要巨额投资，而且又是一种系统工程，需要许多专业科技人员和科研单位进行广泛协作；老的工业部门有待于进行新的技术改造，新兴工业部门和现代化的基础设施需要开发和建立；部门结构和地区结构需要调整；企业与企业、部门与部门、地区与地区之间的联系和协作在广度和深度上需要加强；科技和现代化生产的发展要求大力发展各类教育培训等等；环境保护和生态平衡的保持；等等。这些问题往往不是私人垄断资本所能够和愿意解决的，这就不能不突破私人垄断资本的局限，由作为"总资本家"的国家直接投资或与私人垄断资本合资来解决。

其次，英、法、前联邦德国等西欧发达资本主义国家和日本，在二次大战中都遭到了极大的破坏，战后都面临着恢复和发展经济的迫切任务。这项艰巨任务，只靠私人垄断资本无能为力，而不能不借助国家的力量。并且，西欧国家还以国家出面的形式，结成了经济共同体，借助一体化的力量来发展各国的经济。这个区域性的国际垄断联盟标志着国家垄断资本主义发展的一个更高水平。至于美国，虽然在战争中大发横财，私人垄断资本实力雄厚，但也面临着亟需扩大社会总需求以适应由于科技和社会生产的发展而急剧膨胀起来的社会总供给；同时，还由于依仗其经济和军事实力而推行霸权主义的全球战略，以及作为资本主义世界的盟主而奉行遏制社会主义力量的扩军备战的冷战政策，这些也都促使美国加速了国家垄断资本主义的发展。

再次，震撼整个资本主义世界的 1929—1933 年经济大危机，战后对发达资本主义国家的垄断资产阶级来说，仍然铭记在心，谈虎色变。因此，为了逃脱经济危机，也要依靠国家力量，以凯恩斯主义为理论基础，，发展国家垄断资本主义。

最后，战后，特别是到 50 年代末，日本和西欧的经济已恢复并迅速地发展起来，主要资本主义国家的经济发展日趋不平衡，国内和国际市场问题越来越尖锐，它们之间争夺投资场所、原料来源和销售市场的斗争和竞争日趋激烈。因此，各国垄断集团为在国际竞争中取得有利地位，必需依靠国家力量，发展国家垄断资本主义。

（二）国家垄断资本主义的形式与实质

概括起来，国家垄断资本主义的形式主要有以下几种：

1. 国家所有并直接经营的国有企业

这是一种最典型的、最深层次的国家垄断资本主义，因为它深入到了生产关系的基础或核心即所有制问题。

二次大战后，这种形式的国家垄断资本主义在发达资本主义国家得到了迅速普遍的发展。据统计，1977 年，发达资本主义的国有企业在一些重要经济部门的生产中占很大比重。具体如表一所示。

表一　1977 年主要资本主义国家重要经济部门的生产中国有企业所占比重（%）

部门 国别	邮电	无线电广播和通信	电力	煤气	石油	煤	铁路运输	航空	钢铁	汽车	造船
英　国	100	100	100	100	25	100	100	75	75	50	100
法　国	100	100	100	100	/	100	100	75	75	50	/
联邦德国	100	100	75	50	25	50	100	100	/	25	25
意大利	100	100	75	100	/	/	100	100	75	25	75
比利时	100	100	25	25	/	/	100	100	50	/	/
荷　兰	100	100	75	75	/	/	100	75	25	50	/
奥地利	100	100	100	100	100	100	100	100	100	100	/
西班牙	100	50	/	75	/	50	100	100	/	50	75
瑞　典	100	100	50	100	/	/	100	50	/	75	75
美　国	100	/	25	/	/	/	25	/	/	/	/
日　本	100	100	/	/	/	/	75	25	/	/	/
加拿大	100	25	100	/	/	/	75	75	/	/	/
澳大利亚	100	100	100	100	/	/	100	75	/	/	/

资料来源：[英]《经济学家》1978 年 12 月 30 日。

这些国有企业，主要是通过两种途径建立起来的：一是由国家财政拨款直接投资开办企业；二是对私人垄断企业实行国有化。

从 70 年代末 80 年代初开始，在这些国家普遍兴起了一股国有经济私有化的浪潮。有的国有企业将股份全部出卖给私人，成为私营企业；有的将一部分股份卖给私人，成为国私共有合营企业；有的以租赁或承包方式让给私人经营。之所以出现这股浪潮，主要在于：（1）由于科技革命和生产力的发展，产业结构发生了重大调整和变化，原来的传统基础工业在国民经济中的支柱地位和先行作用降低了，电子工业等新兴产业部门兴起了，从而使得处于基础部门的国有企业的优势地位下降了。（2）技术革命和信息时代的到来，产品周期大大缩短，市场供应小型化、多样化，国际竞争激烈，这就要求企业经营灵活，应变能力强，而国有企业不足以适应这种形势发展的需要。（3）国营企业面对 70 年代以来的"滞胀"局面，其低效率、高亏损的问题更为突出，使国家背上了沉重的财政补贴包袱。严峻的宏观经济形势，使得政府原来承担的许多经济职能难以为继。（4）英国是企业国有化最早和最典型的国家。这在战后初期对英国经济的恢复和发展起了一定的积极作用。但后来在资本主义国家经济发展不平衡规律的作用下，英国在国际上的经济地位和竞争能力日趋降低。这就使得英国不能不设法改变旧经济体制来提高企业的生产效率，增强国际竞争能力。（5）与执政党的政策也有关。1979 年英国大选保守党执政，即成为英国私有化的导火线。（6）70 年代，发达资本主义国家普遍发生的"滞胀"，动摇了凯恩斯主义的理论优势，反对国家直接干预、强调市场机制的新自由主义抬头，这也助长了私有化的势头。

尽管私有化浪潮削弱了国有经济，降低了国有企业在国民经济中所占比重，但至今国有经济在这些国家中仍保持着一定比例。现以英国 60 年代末到1987 年国有企业在国民经济中所占比重，来说明其国有企业所占比例的变化情况（见表二）。

此外，还应看到，国有经济虽然削弱了，但国家对经济的间接干预增强了。所以，私有化并不表示国家垄断资本主义发展程度的降低，而只是反映了国家干预方法的改变。

表二　英国国有企业在国民经济中所占份额

年代	职工总人数（万）	占就业人口（%）	收入占国内生产总值（%）	投资占国内固定投资总额（%）
60 年代末	—	11.4	13.5	30
1979	175	8.1	11.1	20
1982	149	6.4	—	17
1986	115	5.3	6.5	12
1987	100	4.6	6	9

资料来源：欧洲共同体：《欧洲三十天》1981 年第 10 期、1988 年第 12 期；［苏］《世界经济与国际关系》1974 年第 3 期。

2. 国私共有合营企业

这主要是通过以下途径形成的：一是，国有企业将一部分股份出售给私人；二是，国家和私人共同投资开办合营企业；三是，国营企业和私人企业合并而成；四是，国有企业对私人企业进行参股；五是，国有企业通过投标由私人租赁或承包经营。在意大利，国家参与新企业最为发展。这种企业的工业投资在全国工业投资总额中所占比重，1959 年为 21%，1968 年为 31%，1972 年达 48.7%。意大利有两家最大的国家参与制公司：一是，工业复兴公司，又称伊利集团；另一个是，全国液化燃料公司，又称埃尼集团。前者，主要活动于冶金、造船、机器制造、公路建设、无线电、电视、银行等领域。1974 年，它生产的钢铁占全国钢铁产量的 57%，生铁占 97.9%，造船占 90%。

后者，主要从事于天然气、石油、化学、纺织、原子能等行业。它控制了全国碳化氢生产的 100%，天然气的 93%，炼油的 25%。

3. 国家通过多种方式参与私人垄断资本的再生产过程

这种形式虽然仍保留着私人资本或企业的性质，但已和国家资本发生了紧密联系，同国家资本在再生产过程的各个环节中内在地结合起来了，因此也属于国家垄断资本主义的范畴。这种形式有以下几种类型：

（1）国家作为商品和劳务的采购者，向私人垄断企业大量订货，为私人垄断企业提供了有保证的国家市场，加速了私人垄断资本在循环中由商品资本到货币资本的转化，促进了其生产的发展。美国在这方面最为突出。二次战后以来，美国政府采购商品和劳务的支出增长迅速，1950 年为 385 亿美元，1980 年为 5384 亿美元，30 年增长了 13 倍。详见表三：

表三　美国政府购买商品和劳务的支出及其占国民生产总值的比重

年份	国民生产总值（亿美元）	政府购买商品和劳务支出	
		总额（亿美元）	占国民生产总值的比重（%）
1950	2865	385	13.44
1955	4000	750	18.75
1960	5065	1003	19.80
1965	6911	1384	20.00
1970	9927	2201	22.17
1975	15492	3399	21.94
1980	26331	5384	20.45
1981	29377	5969	20.32

资料来源：《美国统计摘要》（1982—1983 年），第 418 页。

在美国政府的采购中，军事采购和订货占有重要地位，具体如下表四所示。

表四　美国防务开支占政府购买商品和劳务开支的比重

年份	联邦政府商品和劳务采购总额（10 亿美元）	国家防务开支	
		总额（10 亿美元）	占联邦政府采购商品和劳务总额的比重（%）
1950	18.7	14.0	74.86
1955	44.5	38.4	86.29
1960	53.7	44.5	82.86
1965	67.3	49.4	73.40

续表

年份	联邦政府商品和劳务采购总额（10 亿美元）	国家防务开支	
		总额（10 亿美元）	占联邦政府采购商品和劳务总额的比重（%）
1970	95.7	73.6	76.91
1975	122.7	83.0	67.64
1980	198.9	132.0	66.37

资料来源：[美]《总统经济报告》（1981 年），第 233 页。

（2）国家通过各种形式的津贴和补助，直接间接地资助私人垄断组织。例如，对某些产品的价格补贴，对某些急需发展的、经营困难的、需要国家支持的部门的补贴，以及在纳税和贷款利息方面给私人垄断企业以优惠，等等。

（3）国家通过社会福利开支，提高社会购买力，扩大消费需求，为私人垄断企业创造市场条件。

4. 资本主义国家职能的转变

政府由过去单纯的资产阶级的"守夜人"，作为上层建筑从外部为巩固和发展资本主义的经济基础服务，变成"总资本家"，发挥其经济职能，采取各种经济政策，加强对宏观经济的干预和调节，使国家的经济职能同社会资本再生产过程内在地结合起来，整个经济成为国家垄断资本主义经济。

以上国家垄断资本主义的各种形式，归结起来，其实质是一样的，即都仍然属于私人资本主义或垄断资本主义的性质。

首先，最容易迷惑人的是国有经济形式。这种形式，表面上看是"国有"即"公有"的，但其实质仍然是垄断资本主义所有制，是为私人垄断资本服务的，只不过这种资本不是一般的私人垄断资本，而是一种一般私人垄断资本之上的、资本社会化最高形式的"总资本家"所有制，它不是为哪一个个别垄断资本服务，而是为垄断资本家总体服务。恩格斯曾指出："只要政权在有产阶级手中，那么任何国有化都不是消灭剥削，而只是改变其形式"[1]；社会财富"无论转化为股份公司，还是转化为国家财产，都没有消除生产力的资本属性。……现代国家，不管它的形式如何，本质上都是资本主义的机器，资本家的国家，理想的总资本家。它愈是把更多的生产力据为己有，就愈是成为真正的总资本家，愈是剥削更多的公民。"[2]事实正是如此。拿国家

① 《马克思恩格斯〈资本论〉书信集》，人民出版社 1976 年版，第 514 页。
② 《马克思恩格斯选集》第 3 卷，第 318 页。

直接投资兴办企业来说，这种投资主要集中在投资大、周转慢、盈利没有充分保证因而风险较大的一些部门，投资的目的，主要是为私人垄断企业的再生产提供有利条件。例如，英国的国有企业大都属于基础工业，它们就是通过提供低价的产品来为私人垄断企业服务，例如提供的电力的价格就是比供给居民的价格低 70％左右；法国政府也对私人垄断企业实行低价供应煤电和运输的方针；日本的国有铁路，一方面以高价买进私人垄断企业的钢材，另一方面又对与垄断企业的生产有关的各种原材料提供低廉运费。至于对私人企业的国有化，也是直接为私人垄断资本服务的。其一，国有化的主要是一些技术设备陈旧、亏损的企业；其二，国有化时，要付给私人企业主一笔可观的代价，使他们既甩掉了包袱，又获得了一笔收入；其三，当条件发生了变化，私人垄断资本家自身经营有利可图时，国家则又实行私有化，把国家已有大量投资的国有企业转让给私人。可见，不论是国有化还是私有化，只不过是方式不同罢了，其实质归根到底都是为私人垄断资本谋利益的。

其次，国私共有合营企业，其实质则是通过这种形式，可以使私人垄断资本直接利用国家资本来增强自己的经济实力和竞争能力，以利于它们攫取高额垄断利润。

再次，国家通过多种方式参与私人垄断资本的再生产过程这种形式，其有利于私人垄断资本更是十分明显的。根据凯恩斯主义的理论，政府采购商品和劳务，主要就是为增加社会总需求，为私人垄断企业提供有保证的国家市场，保证其垄断利润的实现，同时有利于逃避或缓和经济危机，这对整个垄断资本家也都是有利的。至于国家的军事订货，列宁曾经深刻地揭示过它的实质。列宁写道："资本家为国防即为国家工作，这已经不是'纯'资本主义了……而是国民经济的一种特殊形式。纯资本主义是商品生产。商品生产是为不可知的自由市场工作的。为'国防'工作的资本家则完全不是为市场'工作'，而是按照国家订货甚至往往是为了国家贷款而'工作'的。"①"那些提供军事订货贷款的大公司和大银行，在这里赚取了闻所未闻的利润，它们大发横财就是靠盗窃国库"。②

---

① 《列宁全集》第 25 卷，第 52-53 页。
② 《列宁选集》第 3 卷：第 146-147 页。

二、市场调节的局限性与国家的宏观调控

二次战后以来，发达资本主义国家政府普遍实施和加强了对各国自身宏观经济的干预和调控。这既是国家垄断资本主义的一个内容和一种表现形式，又是现代资本主义市场经济的一个基本特征。

发达资本主义国家对宏观经济的干预与调控，是由资本主义社会再生产矛盾不断加深和单纯市场调节机制的局限性与根本缺陷所决定的。

（一）市场调节的局限性

西方古典经济学和新古典经济学都一直把亚当·斯密的"看不见的手"理想化，认为市场机制可以自动地调节社会经济的运行，达到宏观经济的均衡发展，可以有效地配置和利用稀缺的社会资源，实现社会福利的最大满足，达到所谓帕累托最优境界。然而，现实证明，市场调节机制并不是万能的，特别是在以私有制为基础的资本主义、现代资本主义条件下，实际表现出来的是市场调节存在着难以克服的局限性，是市场"失灵"，而不是它的完美无缺。

市场调节的局限性，主要表现在：

第一，垄断资本家或垄断企业是资本主义市场的微观主体。资本主义市场经济的运行，就是在这些微观主体的经济活动或经济行为当中形成的。而垄断资本家是垄断资本的人格化，垄断资本的本质在于要尽可能多地攫取高额垄断利润，利润最大化是垄断资本家或垄断企业从事一切经济活动的出发点和行为目标。这是各个微观主体的利益所在。各个微观主体由其各自的私利所驱使，它们的行为必然是自发的，并有盲目性的，彼此行为之间必然是相互排斥的、不协调的。这就决定了局部利益与整体利益的不一致，微观经济活动与宏观经济总体运行的要求相背离，个别企业的有组织性和计划性与社会生产无政府状态的矛盾，从而造成了市场调节的局限性。

西方福利经济学认为在市场经济中，存在有外部经济和外部不经济的问题。所谓外部经济，是指经济主体在获得自身利益的同时，可以使其他经济主体即使未支付任何成本，也可以获得利益。外部不经济，则是指经济主体在追求自身利益的过程中，实际上损害了其他经济主体的利益。由于外部经济和外部不经济问题的存在，影响了经济主体的投资，特别是社会公共物品

的投资和生产。通常以"灯塔现象"为例。有的使用灯塔，未付成本，也可以受益。由于收费难，成本补偿难，结果，经济主体缺乏投资动力。这种经济主体自身利益和社会利益的矛盾，也是市场调节局限性的表现。

第二，市场调节是在竞争中自发地进行的。由于竞争，经济主体往往不顾社会资源的约束，而拼命盲目投资和扩大生产。这就必然造成资源的浪费和破坏。同时，资本主义的自由竞争发展为垄断，垄断不利于资源的充分利用。西方经济学在垄断和完全竞争对比的分析中，就认为垄断会造成厂商的均衡产量低于完全竞争下的均衡产量，也即资源利用率降低。

第三，在市场调节的过程中，会造成人们收入分配上的不公平。而收入分配上的不公平会引起供给与需求之间的矛盾，影响社会经济的均衡发展。西方经济学也认为，只有达到公平与效率，才能充分有效率地利用和配置社会资源，才能实现一般均衡和社会福利的满足，也即才能达到帕累托的最优境地。

第四，由于以上的不足，决定了市场调节的最大的不足，即它不能解决资本主义社会再生产中的矛盾，顺应社会化大生产的要求，保持社会经济的协调发展。

社会再生产中的主要矛盾有：

（1）总供给和总需求的矛盾。根据前面讲过的马克思关于社会总资本再生产的基本原理，总供给，从物质形态看，就是一国在一年中所生产的总产品；从价值形态看，即年总产品的总价值，也即 $\sum$（c+v+m）。总需求；包括个人（工人和资本家）消费需求和投资需求（补偿消耗掉的资本和扩大再生产的追加投资）。只有总供给等于总需求，社会总产品在物质上和价值上都得到补偿，用公式表示即：总供给[I（c+v+m）+II（c+v+m）]＝总需求（Ic+IIc）（补偿基金或再置投资）+（I△c+II△c）（追加投资）+（Iv+IIv）（原有工人的个人消费）+（I△v+II△v）（追加工人的个人消费）+（I$\frac{m}{x}$+II$\frac{m}{x}$）（资本家的个人消费）]，社会再生产才能正常、顺利进行。但是，在现代资本主义条件下，由于垄断资本主义基本经济规律和竞争规律的作用，一方面，生产有无限扩大的趋势，社会总产品即社会总供给急剧增长，而另一方面，总需求，特别是其中以工人和其他广大劳动群众的个人消费需求为主的社会消费需求却相对地落后于总供给的增长。这是由资本主义的分配关系决定的。正如马克思所说：资本主义的"社会消费力既不是取决于绝对的生产力，也是不取决于绝对的消费力，而是取决于以对抗性的分配关系为基础的消费力；

这种分配关系，使社会上大多数人的消费缩小到只能在相当狭小的界限以内变动的最低限度。这个消费力还受到追求积累的欲望的限制，受到扩大资本和扩大剩余价值生产规模的欲望的限制……生产力越发展，它就越和消费关系的狭隘基础发生冲突。"①至于投资方面，社会总产品扣除补偿消耗掉的生产资料和工人与资本家的个人消费以后的余额，即一般作为储蓄的这部分社会产品，也往往不会全部转化为投资，而发生总投资不等于总储蓄，一般是前者小于后者。

（2）产业结构和经济协调发展的矛盾。现代资本主义高度社会化的大生产，要求一定的经济结构和产业结构，维持各个产业部门之间的一定的对比关系，以保证社会经济的协调发展。然而，一则，以生产资料资本主义私有制为基础的市场经济，决定了社会生产的无政府状态，而且"在几个工业部门中形成的垄断，使整个资本主义生产所特有的混乱现象更加厉害，更加剧烈。"②再则，随着资本主义的发展，产业部门的发展不平衡加剧了，第一二产业在国民经济中所占比重逐渐下降，第三产业所占比例急剧上升了。在工业部门里，随着科学技术的发展，一些传统的行业逐渐没落，成为"夕阳工业"；而一些新兴行业迅速增长，成为"朝阳工业"。以美国为例，从 1953年到 1980 年期间，其工业生产年平均增长率，食品业持平，纺织、皮革、造纸业等下降，基本化工、一般机械、电气机械等则一直保持较高的水平。详见表五：

表五　美国工业部门生产年平均增长率（%）

部　门	1953—1960 年 （1958 年指数为 100）	1961—1970 年 （1963 年指数为 100）	1971—1980 年 （1975 年指数为 100）
食　品	3.0	3.1	3.2
烟　草	2.5	0.8	1.9
纺　织	1.3	4.3	1.8
皮革制品	1.7	-1.1	0.5
造纸和纸制品	4.2	5.2	2.5
基本化工	6.4	9.5	5.6
一般机械	—	6.9	5.5
电气机械	3.2	5.9	5.4

资料来源：《国际经济和社会统计资料》编辑组：《国际经济和社会统计资料》，中国财政经济出版社1985 年版。

---

① 《马克思恩格斯全集》第 25 卷，第 272-273 页。
② 《列宁选集》第 2 卷，第 751 页。

此外，二次战后的美国，由于对外奉行霸权主义的全球战略和军备竞赛、冷战政策，军事开支异常庞大。庞大的军事开支和军事生产，影响了社会生产结构，使得与军事生产有关的某些部门畸形发展，从而更加剧了部门间发展的不平衡，加深了产业结构和经济协调发展的矛盾。

（3）资本周转与社会再生产的矛盾。由于生产过程的物质性质以及其他各种条件所决定，不同生产部门的资本周转速度是不同的。根据周转速度的不同，社会生产部门基本上分为两大类：周转速度快的生产部门和周转速度慢的生产部门。这两大类生产的特点是：周转慢的，"在较长时间内取走劳动力和生产资料，而在这个时间内不提供任何有效用的产品"①；而另一些周转快的生产部门"不仅在一年间不断地或者多次地取走劳动力和生产资料，而且也提供生活资料和生产资料。"②为了社会再生产的顺利进行，必须处理了这两大类的社会生产，否则，必然会引起物资紧张和货币市场的混乱。然而，正如马克思所说："在资本主义社会，社会的理智总是事后才起作用，因此可能并且必然会不断发生巨大的紊乱"③。影响资本周转速度的一个主要因素是生产资本的构成，即固定资本和流动资本。其中，固定资本的周转有其特点，即它的价值补偿的多次性，物质补偿的一次性。而生产部门和企业的性质不同，固定资本所占的比重不同，固定资本物质要素的寿命不同，固定资本周转的起始时间不同，结果在固定资本的补偿上，必然会造成如下的情况："寿命已经完结因而要用实物补偿的那部分固定资本……的数量大小，是逐年不同的。如果在某一年数量很大……，那在下一年就一定会很小。假定其他条件不变，消费资料年生产所需的原料、半成品和辅助材料的数量不会因此减少；因此，生产资料的生产总额在一个场合必须增加，在另一个场合必须减少。"④为了社会再生产的顺利进行，必须解决好这个问题。"这种情况，只有用不断的相对的生产过剩来补救；一方面要生产出超过直接需要的一定量固定资本；另一方面，特别是原料等等的储备也要超过每年的直接需要。"⑤这种生产过剩不是危机，它"本身并不是什么祸害，而是利益"⑥，"这种生产过剩等于社会对它本身的再生产所必需的各种物质资料的控

---

① 《马克思恩格斯全集》第 24 卷，第 396 页。
② 《马克思恩格斯全集》第 24 卷，第 396-397 页。
③ 《马克思恩格斯全集》第 24 卷，第 350 页。
④ 《马克思恩格斯全集》第 24 卷，第 526-527 页。
⑤ 《马克思恩格斯全集》第 24 卷，第 527 页。
⑥ 《马克思恩格斯全集》第 24 卷，第 526 页。

制。"① "但是，在资本主义社会内部，这种生产过剩却是无政府状态的一个要素。"

（二）国家宏观调控及其目标

发达资本主义国家的宏观经济调控，正是由于市场自发调节的不足，社会再生产中的矛盾造成市场调节失灵所决定的。资本主义国家的宏观经济调控，并不是排除市场调节，而只是弥补市场调节之不足。

1929—1933 年资本主义世界经济大危机之后产生的凯恩斯主义，是二次大战后发达资本主义国家实施宏观经济调控的理论基础。

凯恩斯主义产生以前，在西方经济理论中一直占主导地位的是亚当·斯密所理想化的"看不见的手"，也即市场机制可以自动调节社会经济使之达到均衡的思想，以及"供给创造自身需求"从而供给和需求不会脱节的"萨伊定律"。而凯恩斯面对资本主义世界经济大危机的现实，不得不承认发达资本主义国家有非自愿失业的存在。他否定了传统的新古典经济学关于充分就业的假设，否定了"萨伊定律"，认为单纯由市场机制的自发调节不能达到充分就业，不能保证社会经济的均衡发展，而必须有国家的经济干预和调节。

凯恩斯在其 1936 年发表的代表作《就业利息和货币通论》一书中，认为资本主义国家之所以有非自愿失业而未能达到充分就业，是因为有效需求不足，社会总需求低于社会总供给。总需求不足，主要是因为投资需求不足和消费需求不足。凯恩斯认为，投资决定于资本边际效率即投资的预期利润率，它有递减的趋势；同时，投资与利息率有关，利息率取决于货币的供给和需求，货币的需求是因为对货币的灵活性有一种偏好，愿意持有货币以应付日常交易、预防和投机的需要。如果货币供应量为一定，由于灵活偏好的作用可以使利息率提高。如果货币供应量过多，利息率就降低。但凯恩斯认为，利息率降低到一定程度就不会再下降了。即所谓"凯恩斯陷阱"。这样，一方面是资本边际效率递减，另一方面利息率的变化又有个最低限度，因而造成了投资不足。消费不足，是因为消费增量一般低于收入增量即边际消费倾向小于1。正是由于总需求不足，因而影响了国民收入的增长，不能达到充分就业。如何解决这个问题呢？凯恩斯认为，只靠市场机制的作用不行，必须同时实行国家的干预和调节。按照凯恩斯的政策主张，主要是由国家进行需求管理，即由国

---

① 《马克思恩格斯全集》第 24 卷，第 527 页。

家设法刺激和扩大总需求。其中，重点是刺激和扩大投资需求。因为按照他的乘数原理，投资增加可以使国民收入成倍地增长。收入增长，消费需求就会增加，投资也会增加，而投资增加，又会引起国民收入的进一步增长。这样，就可以达到社会经济的稳定发展。

根据凯恩斯主义以及各国实际宏观经济调控的政策措施来看，发达资本主义国家宏观经济调控的目标，主要是：（1）谋求国民经济的总量平衡。主要是社会总供给与社会总需求均衡，产品市场均衡，货币市场均衡，产品市场和货币市场同时均衡，对外贸易均衡等。（2）实现充分就业。凯恩斯的所谓充分就业，是指没有非自愿失业的就业，总供给价格与总需求价格相等时的就业。（3）谋求稳定的国民经济增长率。（4）平抑经济波动，防止经济萧条或衰退。（5）稳定物价，防止和抑制通货膨胀。（6）谋求公平与效率，改善公民福利。所有这些目标的实质，从根本上说，无非是协调社会经济利益关系，缓和社会经济矛盾和阶级矛盾，以维护资本主义制度和垄断资产阶级的统治。

（三）国家宏观调控的手段

二次大战后，各发达资本主义国家，除去通过国营企业、国私合营企业、国家对私人企业各种形式的津贴和补助等方式，从资本、生产条件、市场和价格等方面直接对社会生产进行干预和调节以外，主要以各种政策措施为手段，对宏观经济进行广泛的调节。主要的政策措施有：

1. 财政政策

财政政策的调节，是指通过财政收入（主要是税收）政策和财政支出（主要是政府对公共工程、对商品和劳务的采购以及对社会成员的转移支付等支出）政策，来影响社会消费总量和投资总量，以求得社会经济的稳定增长。在不同的时期，由于情况不同，采取的政策措施也不同。例如，在萧条时期，一方面采取减税、免税政策，增加社会成员的可支配收入，增加企业的可分配利润，以刺激消费，促进投资；另一方面，又采取扩大政府开支政策，以增加社会成员的收入，从而增加消费，进而促进投资。而在生产急剧扩大造成通货膨胀时期，则一方面，采取增加税收政策，减少社会成员的可支配收入，从而限制消费，减少投资；另一方面，又采取缩减政府开支的政策，以压缩社会成员的可支配收入，从而减少消费，限制投资。

2. 货币信贷政策

货币信贷政策的调节，是指由国家银行即中央银行增加或减少货币供应量，扩大或紧缩信贷，以影响利息率，进而通过利息率的升降来增加或减少投资，促进社会经济的稳定发展。这主要是通过改变再贴现率和商业银行存款准备金比率，以及开展公开市场业务的办法进行的。

改变再贴现率，是指中央银行通过提高或降低对商业银行的再贴现率，来控制市场利息率和调节市场资金的办法。例如，当生产过分扩张、资金充斥时，中央银行就提高再贴现率，以紧缩信贷，抑制投资和过分扩张的生产；当生产停滞、资金紧缺时，中央银行就降低再贴现率，以扩大信贷，刺激经济的增长。

改变商业银行存款准备金比率，是指中央银行通过变更商业银行存款准备金的比率，来调节货币供应量、扩大或缩小信贷的办法。例如，当经济危机来临时，中央银行为了扩大信用、增加流通中的货币量，就降低商业银行法定存款准备金的比率，使商业银行得以有更大的放款能力，以扩大信贷；而在繁荣时期，中央银行就提高商业银行的法定存款准备金比率，以减少货币供应量，收缩信贷。

开展"公开市场业务"，是指中央银行通过金融市场公开买卖政府的各种债券，以扩大和缩小信用，影响经济的发展。例如，当经济膨胀时期需要紧缩信用时，中央银行就出售政府债券，收回货币，从而市场上的货币量减少，促使商业银行收缩对工商业资本家的信贷；而在经济危机时期，为了增加货币流通量和扩大信贷，中央银行就买进政府债券，投放货币，扩张信贷，刺激经济的发展。

3. 计划管理

计划管理是指国家通过"计划化"措施来干预和调节社会经济。凯恩斯主义以及其他各学派都没有提出实行"计划化"的主张，而二次大战后以来，发达资本主义国家都不同程度地采取了"计划化"的措施来干预和调节社会经济。为什么呢？这是因为：战后生产社会化的高度发展，要求国家作为一个社会中心来协调社会经济活动，以解决宏观经济中的矛盾；由于科学技术的迅速发展，经济结构急剧变化，这就需要从宏观上有计划地对社会资本和劳动力进行协调配置；一些大垄断公司越来越需要有合理预测，以便作出科学的决策，这也需要由国家提供综合信息；在国有经济成分比重大的国家，需要给国有经济制定发展计划，并与私人经济的发展相协调；等等，基于以上，就提出了国家对社会经济进行计划管理和有计划地调节的客观要求，用"看得见的手"弥补"看不见的手"自发调节所造成的破坏。

当今发达资本主义国家的经济发展计划，一般包括短期计划和中长期计划两种。法国从 1947 年开始至今已经实施了 9 个中期计划，每个计划都有一定的侧重点和相应的指标、措施；配合中期计划，还制定了一些补充性的专门计划，如造船计划、钢铁生产计划、电子计算机生产计划等，并且建立了相应的专门委员会。日本从 1956 年起到现在已经执行了 10 个中长期计划，如 1956—1960 年度的"经济自立计划"、1961—1970 年度的"国民收入倍增计划"等。这些国家的经济发展计划一般都规定有计划期间经济发展的总方向、影响和确保计划实施的一系列经济政策，以及生产和消费、积累和消费的比例、扩大再生产的规模等指标。发达资本主义国家的"计划化"的实施和推行，表明国家对经济的干预和调节已经从分散的、局部的方式发展为全面的、综合性的方式。

三、现代资本主义市场经济模式

（一）国家宏观调控与市场机制相结合

当今发达资本主义国家，虽然实施和不断加强了对宏观经济的干预与调节，但是并没有排除市场调节，而且仍然是以市场调节作为调节社会生产和配置社会资源的基础性手段，国家的干预和调节只不过是弥补市场调节之不足而已。因此，这些国家的市场经济实行的是国家宏观经济调控与市场调节相结合的运行模式。

不过，由于各国经济情况和历史传统的不同，在运行模式上也还存在着一些差异。概括起来，可分为两大类型：

第一，美国模式。其特点是：仍由私人企业作出独立自主的决策，政府的职能主要是为市场经济的正常运行提供法律和规章制度上的保障。因此，属于自由的，比较松散的宏观调控与市场调节相结合的模式。但当"市场失灵"时，政府即采取财政政策和货币政策加以干预，因此，又称之为经济杠杆、经济政策主导型的模式。

第二，政府干预和调控主导型。西欧国家和日本都属于这类模式。但又有一些具体差异：（1）德国是"社会市场经济模式"。其特点是：既充分发挥市场调节配置资源的作用，同时政府又主要通过完善社会保障体系，实施改善社会福利的措施，着重从调节收入分配方面，对市场运行进行干预。（2）法国是经济计划主导型模式。其特点是：主要通过中长期经济计划，来协调市场经济运行中出现的矛盾和冲突，以达到合理有效地配置资源和社会经济稳定增长的目的。（3）日本模式。其特点是：以市场调节为主，但私人企业的经济决策，在很大程度上受到政府的经济计划、产业政策、经济发展战略等方面的干预和影响。经济计划在日本也是政府干预的重要手段。因此，和法国一样，也属于经济计划主导型模式。

（二）现代资本主义市场经济模式运作的后果

二次大战后，发达资本主义国家的市场经济模式，在一个时期，在缓解社会再生产中的矛盾、刺激和推动经济发展方面，确实曾取得了一些成效。这些国家的经济有了较快的、相对稳定的发展，出现了今天仍为西方世界所怀念和称道的60年代的"黄金时代"。但是，实际上并没有因此而消除资本主义固有的矛盾，反而使矛盾日益深化。到70年代，发达资本主义国家普遍陷入了"滞胀"的困境。这正是推行凯恩斯主义政策和资本主义矛盾加深的结果和表现。

战后发达资本主义国家的经济发展可以"滞胀"为分界线划贫为两大时期：一是，从战后到70年代"滞胀"前时期；二是，70年代"滞胀"及其以后时期。现在对这两个时期的情况分别进行一些分析和论述。

1. 从战后到70年代"滞胀"前时期

这个时期，总的看来，可归结为经济恢复和繁荣时期。其主要表现是：较高的经济增长率，较低的失业率和较低的物价上涨率。现以美国为例来说明。具体情况详见表六。

表六　美国经济指标

项目 年份	国内生产总值年增长率（%）	失业率（%）	消费物价年增长率（%）
1950	8.5	5.1	-1.4
1951	—	3.2	—
1952	—	2.9	2.1
1953	3.8	2.9	0.8

项目 年份	国内生产总值年增长率（%）	失业率（%）	消费物价年增长率（%）
1954	−1.2	5.6	0.4
1955	5.5	4.4	−0.2
1956	2.1	4.2	1.4
1957	1.8	4.3	3.6
1958	−0.3	6.8	2.7
1959	5.8	5.5	0.9
1960	2.2	5.6	1.5
1961	2.6	6.7	1.1
1962	5.2	5.6	1.1
1963	4.1	5.7	1.2
1964	5.3	5.2	1.2
1965	5.8	4.6	1.7
1966	5.9	3.8	3.1
1967	2.9	3.8	2.6
1968	4.1	3.6	4.2
1969	2.9	3.5	5.4
1970	−0.3	4.9	5.9

资料来源：中国社会科学院世界经济与政治研究所、《世界经济》编辑部编：《当代世界经济实用大全》。

这个时期，美国发生了 5 次经济危机，即：1948 年 8 月—1949 年 10 月；1953 年 9 月—1954 年 4 月；1957 年 3 月—1958 年 4 月；1960 年 2 月—1961 年 2 月；1969 年 10 月—1970 年 11 月。这个时期的经济危机，具有以下一些特点：

第一，与 1929—1933 年经济大危机相比，程度有所减轻。这可以从危机造成的工业生产下降幅度、失业率、物价涨跌和企业破产家数四项指标的对比中来说明。具体情况见表七。

由表七可见，战后几次经济危机期间，工业生产下降幅度都在 10% 左右，最大的第三次也不过 13.9%；失业率最高的第一次危机时为 7.9%；消费物价除第一、第二次危机时有所下降外，其他各次都是上升的；企业破产最多的第四次为 17117 家。而 1929—1933 年危机期间，工业生产下降幅度高达 46.3%，失业率达 24.9%（1933 年），物价急剧下降（二次大战前的经济危机中物价都下降），企业破产达 13 万家以上。

表七　历次经济危机期间主要经济指标对比情况

	二　次　战　后					1929—1933年经济危机
	第一次经济危机（1948.8—1949.10）	第二次经济危机（1953.9—1954.4）	第三次经济危机（1957.3—1958.4）	第四次经济危机（1960.2—1961.2）	第五次经济危机（1969.10—1970.11）	
工业生产下降幅度（％）	10.1	9.1	13.9	8.6	8.1	46.3
失业率	7.9（1949.10）	6.1（1954.9）	7.5（1958.7）	7.1（1961.5）	6.0（1971.1）	24.9（1933）
消费物价变动幅度（下降-、上涨+）（％）	-2.7	-0.4	+4.2	+1.6	+6.6	-24
企业破产家数（家）	9928	7024	16915	17117	12201	130000以上

资料来源：二次大战后资料引自武汉大学经济系北美经济研究室编著：《战后美国经济危机》附录统计资料，人民出版社 1976 年版；1929—1933 年经济危机统计资料参见樊亢、宋则行等编著：《主要资本主义国家经济简史》、中国社会科学院世界经济与政治研究所综合统计研究室编：《苏联和主要资本主义国家经济历史统计集（1800—1982 年）》。

第二，经济危机周期缩短。二次大战前，经济危机周期一般都在 10 年左右，战后，以美国为例，从战后到 70 年代初，在 25 年里，发生了 5 次经济危机（其中，有的认为是中间性危机，如 1953—1954、1960—1961 年两次），平均每 5 年发生一次。这是由于国家对社会经济的干预和调节，致使危机的破坏性不大，并使垄断资本较容易地摆脱危机，经过萧条、复苏，进入繁荣阶段，而又由于战后资本主义基本矛盾的加深，经过较短时间的增长，经济又陷入一次新的危机。

第三，经济周期变形。二次大战前，经济周期一般都是明显地依次经过四个阶段：危机、萧条、复苏和繁荣。而战后，经济周期的四个阶段的交替进程和各个阶段的特征，都不十分鲜明了。危机阶段生产下降幅度较小，复苏缓慢无力，萧条与复苏阶段的界限不分明，难以区别。由于危机爆发不充分，社会再生产中的矛盾得不到暂时的强制的解决，因而繁荣阶段，生产增长缓慢，企业开工依然不足，失业人口仍大量存在，这是以前所没有的。

第四，危机的周期性受到干扰，周期性与非周期性交错。二次大战前，资本主义国家的经济危机一般是同步发生的，即多国的经济危机具有周期性。战后，由于垄断资本的国际化，各国之间的经济联系和关系更加紧密，一国发生经济危机，就会影响和涉及其他国家；同时，又由于各国经济发展不平衡，各个国家干预和调节社会经济的方式、范围和程度不同，对社会再生产有着不同的影响，因而又使各国经济危机的周期性减弱。结果，经济危机的国际周期性和各国的非周期性交错出现。实际上，在战后这个时期的经济危机中，只有1948—1949年、1957—1958年、1969—1970年这三次危机具有资本主义世界经济危机的性质，也即具有普遍性和周期性。当然，各国发生的时间并不完全一致，而是在时间上前后有些差异。

2. 70年代"滞胀"及其以后时期

进入70年代，发达资本主义国家普遍陷入"滞胀"的状态。所谓"滞胀"，即经济停滞、失业增多和通货膨胀、物价上涨同时并存或综合发生。其表现是：低经济增长率、高失业率和高物价上涨率。例如美国，50年代（1950—1959年），国内生产总值平均年增长率为3.25％，平均失业率为4.51％，消费物价指数上升率为2.1％；60年代（1960—1969年），三项指标分别为4.06％、4.78％、2.3％；到了70年代（1970—1979年），国内生产总值平均年增长率急剧下降为2.72％，平均失业率猛增加到6.21％，消费物价指数上升率提高到8.6％。日本、联邦德国、英国、法国等其他发达资本主义国家的情况也是如此。具体见表八：

表八　二次大战后发达资本主义国家经济变动情况

项目 国别	国内生产总值 平均年增长率（％）			平均失业率（％）			消费物价指数 平均上升率（％）		
	50年代 (1950— 1959)	60年代 (1960— 1969)	70年代 (1970— 1979)	50年代 (1950— 1959)	60年代 (1960— 1969)	70年代 (1970— 1979)	50年代 (1950— 1959)	60年代 (1960— 1969)	70年代 (1970— 1979)
美　国	3.25	4.06	2.72	4.51	4.78	6.21	2.1	2.3	8.6
日　本	7.45	12.1	9.2	1.30	1.00	1.67	4.3	9.5	11.9
联邦德国	7.34	5.7	3.1	6.05	0.99	2.83	1.8	2.4	5.5
英　国	3.31	3.09	2.41	1.59	1.93	4.21	4.5	4.0	12.4
法　国	4.95	5.77	4.19	—	—	—	2.8	4.0	12.1

资料来源：根据中国社会科学院世界经济与政治研究所综合研究室编：《苏联和主要资本主义国家经济历史统计集（1800—1982年）》有关资料计算。

经济停滞和通货膨胀原是资本主义经济周期中彼此独立存在的现象。当资本主义社会再生产处于危机阶段时，生产过剩引起生产缩减，失业剧增，商品滞销，物价暴跌；在高涨阶段，生产迅速增长，失业减少，商品销售旺盛，物价急剧上涨。所以，经济停滞一般是危机萧条阶段的重要标志；物价上涨、通货膨胀一般是高涨阶段的重要标志。这二者并不是在周期的某个阶段同时并存。但战后，在发达资本主义国家，随着资本主义矛盾的加深，而这些国家又都通过扩张的财政政策和货币政策对宏观经济进行干预和调节，于是逐渐出现了生产过剩危机与财政危机、货币信贷危机并发的情况。这些国家为了延缓和逃脱经济危机，而采取了增加社会总需求的政策措施，结果造成财政赤字和货币信贷过度膨胀。而为了减少财政赤字，就紧缩政府开支、增加税收；为了缓和货币信贷过度膨胀以求得物价稳定，就紧缩信贷、提高利息率，结果又都不利于投资和生产的发展，促进了经济危机的爆发，就这样，顾此失彼，相互影响，互为牵掣，形成了生产过剩危机与财政危机、货币信贷危机交织并发的局面。

可见，发达资本主义国家到 70 年代普遍出现"滞胀"并不是偶然的，其根本原因仍然是资本主义的基本矛盾，是这一基本矛盾在国家垄断资本主义发展条件下激化的必然结果。战后，一方面资本主义的基本矛盾客观上决定了必然爆发经济危机；同时另一方面资本主义国家又想尽办法人为地逃脱危机，但不仅不能根本消除矛盾反而使矛盾不断深化，如此两股力量同时作用长期积累到一定程度，终于形成了"滞胀"。

美国经济学家萨缪尔森把"滞胀"视之为"在整个混合经济制度中游荡徘徊的一个幽灵"，并曾无可奈何地声称："没有任何由经济学专家组成的顾问团能够取得一致意见，找到医治'停滞膨胀'这一现代疾病的令人满意方法"，"如果哪位年轻的经济学者能够在经验研究或理论研究上取得突破，帮助混合经济较为有效地医治这一造成痛苦的病症，则他将荣获诺贝尔奖。"[1]

80 年代以来，一般认为，发达资本主义国家已经逐渐走出了"滞胀"的困境。实际上，只是通货膨胀率下降了，而仍然处于经济低增长率和较高失业率的状态。西方垄断寡头们把希望寄托于 90 年代能有个较大的发展，但迄今仍然是回升乏力，经济发展看不出有什么好的势头。80 年代以来，发达资本主义国家几项主要经济指标变动情况见表九、表十、表十一：

---

[1] [美]萨缪尔森：《经济学》（下册），中译本，商务印书馆 1982 年版，第 260 页。

表九 实际国民（内）生产总值年增长率（%）

年份 国别	1983—1987	1981	1982	1983	1984	1985	1986	1987
美 国	3.8	1.9	-2.5	3.6	6.8	3.0	2.9	2.9
日 本	4.0	3.7	3.1	3.2	5.1	4.9	2.4	4.2
联邦德国	2.3	0	-1.0	1.9	3.3	2.0	2.5	1.7
英 国	3.5	-1.2	1.6	3.3	2.6	3.6	3.3	4.5
法 国	1.6	1.2	2.5	0.7	1.4	1.7	2.1	1.9

表十 失业率（%）

年份 国别	1983—1987	1981	1982	1983	1984	1985	1986	1987
美 国	7.5	7.6	9.7	9.6	7.5	7.1	7.0	6.2
日 本	2.7	2.2	2.3	2.6	2.7	2.6	2.8	2.8
联邦德国	8.1	4.6	6.7	8.2	8.2	8.3	8.0	7.9
英 国	11.3	9.1	10.4	11.3	11.5	11.7	11.8	10.4
法 国	9.9	7.6	8.2	8.4	9.9	10.2	10.5	10.6

表十一 消费物价指数年增长率（%）

年份 国别	1983—1987	1981	1982	1983	1984	1985	1986	1987
美 国	3.3	10.3	6.1	3.2	4.3	3.5	1.9	3.7
日 本	1.3	4.9	2.7	1.9	2.2	2.1	0.4	-0.2
联邦德国	1.6	6.3	5.3	3.3	2.4	2.2	-0.2	0.2
英 国	4.7	11.9	8.6	4.6	5.0	6.1	3.4	4.2
法 国	5.7	13.4	11.8	9.6	7.4	5.8	2.7	3.1

资料来源：转引自熊性美、陈漓高：《战后资本主义国家干预与再生产周期》，《南开经济研究》1989年第2期。

Ⅲ 资本论

关于《资本论》第一卷中的序言和跋

在这第一卷里，附有序言和跋共七篇。

《第一版序言》，是马克思为这部伟大著作的第一卷德文第一版于 1867 年第一次问世时写的。《第二版跋》，是马克思于 1873 年为第一卷德文第二版出版时写的（实际上，德文第二版从 1872 年 7 月起即开始出版发行了。当时，为了便于更多的人购买，采取了分册出版的办法。全书共九个分册，到 1873 年 2 月底出齐。同年 5 月中旬还出版了 3000 册一卷本的第二版。这个第二版跋是在 1873 年 1 月 24 日写的，也就是在第二版即将出齐时为以后出一卷本写的）。这两篇最为重要，因为在这里阐明了《资本论》研究的对象、目的、方法以及政治经济学的阶级性等最根本的一些问题。

《德文版序言》，是马克思于 1872 年 3 月写给第一卷法文版出版者法国进步出版家、巴黎公社的参加者莫里斯·拉沙特尔的一封信。这个法文版，是按分册出版的。每五个分册合成一辑，全卷共四十四个分册，合成九辑，最后一辑为四个分册。第一辑（第 1—5 分册）1872 年 9 月发售，第二至六辑（第 6—30 分册）1873 年出版，第七—八辑（第 31—40 分册）1875 年年中出版，第九辑（第 41—44 分册）1875 年底出版。可见，这个《法文版序言》是在第一辑出版前夕写的。在这里，马克思表示很赞同拉沙特尔拟分册出版的想法，因为"这本书这样出版，更容易达到工人阶级的手里，在我看来，这种考虑是最为重要的。"（26）同时，即将出版的第一辑是第一卷的前面几章，比较抽象不好懂。因此，马克思在这里特别提醒追求真理的读者们说："在科学上没有平坦的大道，只有不畏劳苦沿着陡峭山路攀登的人，才有希望达到光辉的顶点。"（26）至 1875 年底，法文版全卷出齐。在此前夕，即 1875 年 4 月，马克思写了《法文版跋》。在这里，马克思突出了这个法译本的特点及其意义。这个法文本的译者是约·鲁瓦。鲁瓦虽然"非常认真地完成了自己的任务"（29），但是译文有缺点，译得过死，读者不易懂。因此，马克思进行了大量的校正工作，也顺便作了一些其他的修改。此外，这个法文本是根据德文第二版翻译的。德文第二版比第一版虽然在篇章结构上作了较大的修改，局部的文字辞句也有修改，并且加了新的注释，但马克思在校正法文本的过程中，"感到作为依据的原文（德文第二版）应当作一些修改，有些论述要简化，另一些要加以完善，一些补充的历史材料或统计材料要加进去，一些批判性评注要增加，等等。"（29）"某些部分需要更彻底地修改，某些部分需要更好地修辞或更仔细地消除一些偶然的疏忽。"（14）遗憾的是，马克思后来没有来得及完成德文第三版的修订工作就去世了。可见，这个法文本并不完全是德文本的翻版，而是有其独创性，"在原本之外有独立的科学价值"。（29）

《第三版序言》，是恩格斯为德文版第三版的出版写的。这个德文第三版是1883年马克思逝世后不久由恩格斯整理出版的。恩格斯在整理过程中，根据马克思在一个德文本和一个法文本中指明要修改的地方作了修改。恩格斯说："在马克思的遗物中，我发现了一个德文本，其中有些地方他作了修改，标明何处应参看法文版；同时还发现了一个法文本，其中准确地标出了所要采用的地方。"（30）此外，"凡是我不能确定作者自己是否会修改的地方，我一个字也没有改。"（31）

《英文版序言》，是恩格斯于1887年第一卷英译本出版前夕写的。1883年马克思逝世后不久，恩格斯就感到《资本论》需要有一个英文本，并着手组织适当人选进行翻译。最初，只是由赛米尔·穆尔一人担任翻译。后来，由于穆尔不能如大家所希望的那样很快地完成翻译工作，因而又请马克思小女儿爱琳娜的丈夫爱德华·艾威林博士担任了一部分翻译工作。因此，延续了三年之久才于1887年出版。在翻译过程中，"马克思的小女儿爱琳娜不辞劳苦，对所有引文的原文都进行了核对，使占引文绝大多数的英文引文不再是德文的翻译，而是它原来的英文原文。"（38—39）这个英译本是根据德文第三版翻译的。全部译稿都经过了恩格斯的校订。

《第四版序言》，是恩格斯于1890年为德文版第四版的出版写的。这个第四版经过了恩格斯的认真整理和改正。主要是像恩格斯所说的："根据再一次对照法文版和马克思亲手写的笔记，我又把法文版的一些地方补充到德文原文中去。……此外，我还按照法文版和英文版把一个很长的关于矿工的注释……移入正文……。其他一些小改动都是纯技术性的。""其次，我还补加了一些说明性的注释，特别是在那些由于历史情况的改变看来需要加注的地方。所有这些补加的注释都括在四角括号里，并且注有我的姓名的第一个字母或《D. H. 》。"（38）"最近出版英文版时，曾对许多引文作了全面的校订，这是很必要的。……因此，在出第四版时，我必须参考这个恢复了原文的版本。在参考中发现了某些细小的不确切的地方：有的引文页码弄错了……；有的引号和省略号放错了位置……；还有某些引文在翻译时用字不很恰当。有一些引文是根据马克思在 1843—1845 年在巴黎记的旧笔记本抄录的，当时马克思还不懂英语，他读英国经济学家的著作是读的法译本；那些经过两次翻译的引文多少有些走了原意……。这些地方我都改以英文原文为根据。其他一些细小的不确切和疏忽的地方也都改正了。"（38—39）这样，"把第四版和以前各版对照一下，读者就会看出，所有这些细微的改正，并没有使本书的内容有丝毫值得一提的改变。只有一段引文没有找到出处……；多半是马克思把书名写错了。所有其余的引文都仍然具有充分的说服力，甚至由于现在更加确切而更加具有说服力了。"（39）

以上是有关序言和跋以及版本的一些基本情况。

现在综括序言和跋中的有关内容，说明以下几个主要问题。

一、《资本论》研究的对象

马克思在《第一版序言》里写道："我要在本书研究的，是资本主义生产方式以及和它相适应的生产关系和交换关系。"（8）

如何理解马克思在这里所说的"资本主义生产方式"？大家意见不一，争论了好久，至今仍未取得比较一致的意见。不少人引用《资本论》中不同地方关于"生产方式"的不同含义作为各自理解的根据。这样做是否合适，是值得研究的。马克思在《资本论》中确实在不少地方提到过"生产方式"这个用语，但大都是各自在特定的地方具有具体的特定含义，而硬套到说明《资本论》研究的对象这个地方来，是不适当的，是不符合马克思的原意的。作为《资本论》研究对象的"资本主义生产方式"，应该是比较一般的、带有总结性的概念，而不是在《资本论》中某些特定场合的、具体的、测量某一方面的概念。因此，我们认为，这里的"资本主义生产方式"应该指的是"资本主义社会形态"。这有三点可以作为论据或证明：①马克思在指出《资本论》研究对象的那句话之后，紧接着说："到现在为止，这种生产方式的典型地点是英国。因此，我在理论阐述上主要用英国作为例证"（8）。可见，马克思是以当时英国的社会经济形态作为资本主义生产方式的具体的典型代表的。②马克思经过《资本论》全三卷对资本主义生产方式及与其相适应的生产关系和交换关系进行了分析之后，在第三卷第五十一章"分配关系和生产关系"中，与《第一版序言》提到的《资本论》研究的对象前后相呼应，明确地写道："对资本主义生产方式的科学分析却证明：资本主义生产方式是一种特殊的、具有独特历史规定性的生产方式；它和任何其他一定的生产方式一样，把社会生产力及其发展形式的一定阶段作为自己的历史条件，而这个条件又是一个先行过程的历史结果和产物，并且是新的生产方式由以产生的现成基础；同这种独特的、历史规定的生产方式相适应的生产关系，——即人们在他们的社会生活过程中、在他们的社会生活的生产中所处的各种关系——具有独特的、历史的和暂时的性质。"①这不是很明确地指出《资本论》是把资本主义这种人类社会发展中的一个特定阶段、一种具有独特历史规定性的社会形态或生产方式作为研究对象的吗？③列宁在谈到《资本论》的研究对象时，也是把"资本主义生产方式"解释为"资本主义社会经济形态"的。他写道："马克思只说到一个'社会经济形态'，即资本主义社会经济形态，换句话说，他研究的只是这个形态而不是别的形态的发展规律"②。

《资本论》把"资本主义生产方式"作为研究对象，其内容，首先包括对这种生产方式的一般的、总体上的特殊性和独特历史规定性的考察。对此，马克思写道："资本主义生产方式一开始就有两个特征。第一个特征是，它生产的产品是商品，使它和其他生产方式相区别的，不在于生产商品，而在于，成为商品是它的产品的占统治地位的、决定的性质。这首先意味着，工人自己也只是表现为商品的出售者，因而表现为自由的雇佣工人，这样，劳动就表现为雇佣劳动。"③"资本主义生产方式的第二个特征是，剩余价值的生产是生产的直接目的和决定动机。资本本质上是生产资本的，但只有生产剩余价值，它才生产资本。"④"只是由于劳动采取雇佣劳动的形式，生产资料采取资本的形式这样的前提，——也就是说，只是由于这两个基本的生产要素采取这种独特的社会形式，——价值（产品）的一部分才表现为剩余价值，

---

① 《马克思恩格斯全集》第 25 卷，第 993 页。
② 列宁：《什么是"人民之友"以及他们如何攻击社会民主主义者？》，《列宁全集》第 1 卷，第 116 页。
③ 《马克思恩格斯全集》第 25 卷，第 994-995 页。
④ 《马克思恩格斯全集》第 25 卷，第 996 页。

这个剩余价值才表现为利润（地租）。"①以上这两个方面，虽然都与资本主义的生产关系有关,但它们都是从资本主义生产方式区别于其他生产方式（主要是奴隶制生产方式、封建制生产方式和小商品生产方式）的基本特征而言的。其次，把资本主义生产方式作为研究的对象，就是考察其发生、发展和必然灭亡的客观规律性。这既是《资本论》研究对象的内容，也是《资本论》研究的目的。马克思指出："本书的最终目的就是揭示现代社会的经济运动规律。"（11）

与资本主义生产方式相适应的生产关系和交换关系，更是《资本论》研究的主要对象。马克思在《资本论》全三卷科学地分析和深刻地揭示了资本主义生产关系的实质及其发生、发展和在形式上变化的规律。从广义上讲，生产关系除去包括直接生产过程中的生产关系即狭义的生产关系以外，还包括交换关系和分配关系。那么，为什么马克思在这里只提生产关系和交换而不提分配关系呢？这是因为：第一，"分配关系本质上和生产关系是同一的，是生产关系的反面。"②这种同一性表现在：①"所谓的分配关系，是同生产过程的历史规定的特殊社会形式，以及人们在他们生活的再生产过程中互相所处的关系相适应，并且是由这些形式和关系产生的。"③"分配关系不过表示生产关系的一个方面。"④②分配关系包括生产资料或生产条件的分配和产品分配。生产条件的分配，其本身即属于生产关系，是生产关系的基础。马克思指出："资本（包括作为资本的对立物的土地所有权）本身已经以这样一种分配为前提：劳动者被剥夺了劳动条件，这些条件集中在少数个人手中，另外一些个人独占土地所有权。"⑤这种分配关系"是在生产关系本身范围内，落到同直接生产者相对立的、生产关系的一定当事人身上的那些特殊社会职能的基础。这种分配关系赋予生产条件本身及其代表以特殊的社会性质。"⑥产品分配则是用来"表示对产品中归个人消费的部分的各种索取权"（994）。第二，之所以特别突出交换关系，是因为在资本主义商品生产条件下，人们之间的生产关系都采取了物和物之间的关系的形式，都采取了商品和货币交换关系的形式，连工人的劳动力都成了商品，工人和资本家之间的关系也表

---

① 《马克思恩格斯全集》第 25 卷，第 997 页。
② 《马克思恩格斯全集》第 25 卷，第 993 页。
③ 《马克思恩格斯全集》第 25 卷，第 998 页。
④ 《马克思恩格斯全集》第 25 卷，第 999 页。
⑤ 《马克思恩格斯全集》第 25 卷，第 994 页。
⑥ 《马克思恩格斯全集》第 25 卷，第 994 页。

现为劳动力商品的买卖关系。"资本不能从流通中产生，又不能不从流通中产生。它必须既在流通中又不在流通中产生。"（188）再者，剩余价值在产业资本家、商业资本家、借贷资本家以及土地所有者之间的分配，也是在资本主义的商品流通中实现的。

二、《资本论》的方法

《资本论》的方法是唯物辩证法。马克思运用科学的唯物辩证法，对资本主义生产方式以及和它相适应的生产关系和交换关系进行了全面的、深刻的研究和剖析，揭示了资本主义社会的经济运动规律，建立起了《资本论》这部巨著的理论大厦。

资产阶级政治经济学的方法是唯心主义和形而上学的。资产阶级经济学家根本不理解《资本论》的方法，或者"理解得很差"（19）。例如，他们有的责备马克思"形而上学地研究经济学"（19）；有的把马克思的方法歪曲为"是整个英国学派的演绎法"（19）；有的认为马克思的方法"是分析的方法；"（19）"德国庸俗经济学的油嘴滑舌的空谈家"则指责马克思的"著作的文体和叙述方法。"（18）马克思在《第二版跋》中，特别提到俄国资产阶级经济学家、彼得堡大学教授伊·伊·考夫曼专谈《资本论》的方法一文《卡尔·马克思的政治经济学批判的观点》。在这篇文章里，考夫曼称马克思的"研究方法是严格的现实主义的，而叙述方法不幸是德国辩证法的。"（20）然而，他在同一篇文章里摘引了马克思的《政治经济学批判》序言中的一段话以后对马克思的方法作了一番描述。他认为：第一，马克思特别注意研究资本主义经济运动的规律；第二，马克思把社会运动看作是受一定规律支配的自然历史过程，这些规律不仅不以人的意志、意识和意图为转移，反而决定人的意志、意识和意图；第三，马克思强调经济规律不同于物理学定律和化学定律，认为各个社会以及社会发展的各个历史时期都有它自己的规律；第四，马克思是从生产力的发展水平不同，生产关系和支配生产关系的规律也就不同这个观点出发去研究和说明资本主义经济制度的；第五，马克思研究资本主义经济制度的目的和科学价值"在于阐明了支配着一定社会机体的产生、生存、发展和死亡以及为另一更高的机体所代替的特殊规律。"（23）马克思针对考夫曼的这些描述，写道："这位作者先生把他称为我的实际方法的东西

描述得这样恰当，并且在考察我个人对这种方法的运用时又抱着这样的好感，那他所描述的不正是辩证方法吗？"（23）

然而，实际上，考夫曼并不是真正理解唯物辩证法。具体说来，就是他并不理解马克思的研究方法和叙述方法的联系和区别，尤其是他把马克思的唯物辩证法同德国的辩证法也即黑格尔的辩证法混同了。因此，马克思在《第二版跋》里就此进行了论述。

《资本论》的研究方法和叙述方法，都是唯物辩证法在政治经济学中的运用，并不是像考夫曼所说的马克思的研究方法是现实主义的，而叙述方法是辩证法的。因此，对研究方法和叙述方法，既要看到它们的区别，又要看到它们在唯物辩证法上的统一，而且它们之间的区别也只是形式上的。正是由于考夫曼只是看到了研究方法和叙述方法的区别，而看不到它们之间的辩证关系，或者它们在唯物辩证法上的统一性，因而在他看来，好像马克思只是在《资本论》的理论叙述上才是按照辩证逻辑方法来安排的。然而，这样一来，就会把《资本论》看成单纯是从抽象的概念出发，《资本论》的理论体系就单纯是一种先验的结构了。考夫曼之所以把马克思的唯物辩证法同黑格尔的唯心辩证法相混同，其根本原因就在于此。

马克思指出："在形式上，叙述方法必须与研究方法不同。"（23）例如，研究一种社会经济形态或小者一种经济事物，根据唯物辩证法的基本原则，要从具体的现象出发，占有大量的事实或材料，运用辩证思维的方法，找出事物之间的联系，分析事物的内在矛盾，探寻事物的本质及其运动和发展的规律，得出一定的认识，并概括为理论。这就是从具体到抽象、从感性到理性、从现象到本质的研究方法。在这当中，抽象思维起着重要的作用。这就是马克思在《第一版序言》中所说的，"分析经济形式，既不能用显微镜，也不能用化学试剂。二者都必须用抽象力来代替。"（8）这种抽象思维虽然是主观世界的活动，但这种主观辩证法同客观辩证法是一致的，是唯物辩证法。经过研究上升为理论之后，为了把它们表达出来，就要按照一定的逻辑方法来加以叙述。通过理论阐述，说明了所研究的对象，从而又回到了具体。这就是由抽象到具体的叙述方法。这时的具体已经是经过研究被认识了的或者理论化了的具体。正像马克思所说："从抽象上升到具体的方法，只是思维用来掌握具体并把它当做一个精神上的具体再现出来的方式。"①然而，如果孤

---

① 《马克思恩格斯选集》第2卷，第103页。

立地来看这种叙述方法，就好像是从概念出发，是一个先验的结构了。其实，从抽象上升到具体的叙述是以从具体上升到抽象为前提或者基础的。关于研究方法和叙述方法的区别与辩证关系，马克思写道："研究必须充分地占有材料，分析它的各种发展形式，探寻这些形式的内在联系。只有这项工作完成以后，现实的运动才能适当地叙述出来。这点一旦做到，材料的生命一旦观念地反映出来，呈现在我们面前的就好像是一个先验的结构了。"（23—24）马克思就是运用唯物辩证法，充分地占有了主要是英国这个典型的资本主义生产方式的国家的例证材料，对资本主义社会经济形态进行了全面的、深入的研究，然后用辩证逻辑的方法，从抽象到具体，从简单的商品经济细胞到复杂的资本主义经济机体，自始至终贯穿着矛盾的运动，把资本主义生产方式以及与其相适应的生产关系和交换关系的本质与发展规律揭示出来，叙述出来，形成了《资本论》的具有严密逻辑结构的理论体系。

由此可见，《资本论》的方法是唯物辩证法，它根本不同于黑格尔的唯心辩证法。马克思指出："我的辩证方法，从根本上来说，不仅和黑格尔的辩证方法不同，而且和它截然相反，在黑格尔看来，思维过程，即他称为观念而甚至把它变成独立主体的思维过程，是现实事物的创造主，而现实事物只是思维过程的外部表现。我的看法则相反，观念的东西不外是移入人的头脑并在人的头脑中改造过的物质的东西而已。"（24）

三、政治经济学的阶级性

政治经济学是研究生产关系的。在阶级社会里，生产关系即表现为阶级关系。政治经济学的这种研究的对象，决定了它必然具有鲜明的阶级性。马克思在《第一版序言》里即写道："政治经济学所研究的材料的特殊性，把人们心中最激烈、最卑鄙、最恶劣的感情，把代表私人利益的复仇女神召唤到战场上来反对自由的科学研究。"（12）马克思在《第二版跋》中，恩格斯在《英文版序言》和《第四版序言》中，从以下几个方面说明了政治经济学的阶级性。

第一，资产阶级政治经济学的演变。

在英国，到了17世纪中叶，随着资本主义的发展，为着适应资产阶级的需要，产生了资产阶级古典政治经济学。到了18世纪中叶，亚当·斯密发展了资产阶级古典政治经济学，并使之成为一种完整的体系。到了 19 世纪初，大卫·李嘉图进一步发展并完成了资产阶级古典政治经济学。在亚当·斯密和李嘉图时期，当时英国的典型资本主义社会阶级结构虽然已经形成，社会基本上明显地区分为地主阶级、资产阶级和无产阶级，它们之间发生着尖锐的矛盾和斗争。但是，直到 19 世纪初期以前，资产阶级还没有完全取得政权，无产阶级还没有形成为一支独立的政治力量，还没有威胁到资产阶级的生存，"资本和劳动之间的阶级斗争被推到后面，"（17）主要的阶级矛盾还是资产阶级和地主阶级之间的矛盾，表现为资产阶级反对贵族地主阶级的两种势力和路线的斗争。例如，"在政治方面是由于纠合在神圣同盟周围的政府和封建主（1814 年以俄、英、奥、普四国为主召开了维也纳会议，目的是恢复和巩固欧洲大陆的封建统治，阻止各国人民大众的革命运动。维也纳会议后，欧洲各国反动势力用一切方法来维护会议所建立的秩序。1815 年，在俄皇亚历山大的倡议下，俄、奥、普三国的统治者在巴黎共同发表宣言，缔结所谓"神圣同盟"，约定互相援助，以保卫君主政体。稍后，几乎所有欧洲国家的君主都参加了这个同盟——引者）同资产阶级所领导的人民大众之间发生了纠纷；在经济方面是由于工业资本和贵族土地所有权之间发生了纷争。这种纷争……，在英国则在谷物法颁布后公开爆发出来（1815 年，英国托利党政府为保护土地贵族的利益，通过了"谷物法"，限制粮食进口，促使粮价高涨，造成工业劳动力的昂贵，不但使广大劳动人民陷于饥饿境地，也损害了工业资产阶级的利益——引者）。（17）因此，亚当·斯密和李嘉图的资产阶级古典经济学还能够深入到事物的内在联系中去，揭露现象的本质，因而还是科学的或者包含有科学因素。所以，马克思说："只要政治经济学是资产阶级的政治经济学，……那就只有在阶级斗争处于潜伏状态（这里指资产阶级和无产阶级之间的阶级斗争——引者）或只是在个别的现象上表现出来的时候，它还能够是科学。""拿英国来说。英国古典政治经济学是属于阶级斗争（指资产阶级和无产阶级之间的阶级斗争——引者）不发展的时期的。它的最后的伟大的代表李嘉图，终于有意识地把阶级利益的对立、工资和利润的对立、利润和地租的对立当作他研究的出发点。"（16）李嘉图站在工业资产阶级的立场上，极其关心当时工业资产阶级与贵族地主阶级在关于"谷物法"废存问题上的激烈斗争。他在 1815 年写的《论谷物低价格对资本利润的影响》，在这部著作中，指出对地主有利的高昂谷物价格引起利润降低、群众生活状况恶化，并阻碍生产力的发展和技术的进步。他斥责地主阶级说，"地主的利益总是与社会上其他任何阶级的利益相对立的。"①但是，由于他的资产阶级局限性，把资本主义生产方式看成是永恒的和自然的生产方式，因此他不是从资本主义制度中去寻找这种对立的根源，而是从所谓"自然因素"，即人口的增殖和"土地收益递减规律"中去寻求这种对立的根源。马克思说：李嘉图"天真地把这种对立看作社会的自然规律。"（16）

到李嘉图为止，"资产阶级的经济科学也就达到了它的不可逾越的界限。"（16）

"还在李嘉图活着的时候，就有一个和他对立的人西斯蒙第批判资产阶级的经济科学了。"（16）西斯蒙第是法国资产阶级古典政治经济学的完成者。他开始是亚当·斯密的信徒。但是，后来在英国爆发最初的经济危机的影响下，在产业革命浪潮侵入法国和瑞士（1800 年以后，西斯蒙第生活在瑞士）、小生产面临覆灭的威胁时，他改变了自己的观点，成为英国资产阶级古典政治经济学的反对者了。他根据小资产阶级的主观主义和唯心主义世界观，创立了政治经济学中的一个小资产阶级流派。

随后一个时期，从 1820 年到 1830 年，在英国，是政治经济学方面的科学活动极为活跃的时期。"这是李嘉图的理论庸俗化和传播的时期，同时也是他的理论同旧的学派进行斗争的时期。"（16）这个时期的论战还具有"公正无私的性质"（16）。"但这是像晚秋晴日使人想起春天一样。1830 年，最终决定一切的危机发生了。"（17）

1830 年法国的七月革命，摧毁了封建反动势力在法国重建封建专制统治的企图，巩固了资产阶级对封建贵族反动势力的胜利，政权由地主贵族转到大资产阶级的手里。这次革命也沉重地打击了欧洲封建反动势力的国际组织——神圣同盟，并推动了欧洲其他国家资产阶级革命运动和自由主义运动的发展。七月革命在英国也引起了强烈的反应，推动了英国的议会改革运动。1830 年 10 月，代表英国工业资产阶级的辉格党在广大人民群众民主运动愤激情绪笼罩全国的情况下，乘机笼络民心，抨击托利党执行的金融寡头和土地贵族集团的政策而上了台，并于 1831 年，在全国人民的支持下，在国会的重新选举上击败了托利党而取得了胜利。这就是马克思所说的，1830 年"法国和英国的资产阶级夺得了政权。"（17）从此以后，无产阶级和资产阶级之间的"阶级斗争在实践方面和理论方面采取了日益鲜明的和带有威胁性的形

---

① 李嘉图：《论谷物低价格对资本利润的影响》，《大卫·李嘉图的著作和书信集》第 4 卷，第 21 页，英国剑桥大学 1962 年版。

式。"（17）如果以在世界近代史上具有重大意义的 1848—1849 年欧洲革命为限（这场革命规模最大，范围最广，把每个阶级、阶层和政党都卷入了斗争的漩涡，特别是马克思和恩格斯都亲自参加了 1848 年的革命斗争，并在革命失败后总结了革命的历史经验，写出了许多光辉不朽的著作），在此之前，在阶级斗争的实践方面，主要的就有 1831 和 1834 年的法国里昂工人起义，1838 年开始兴起的以工人和其他劳动群众为主体的英国宪章运动，1844 年的德国西里西亚织工起义；在理论方面，主要是社会主义思潮的兴起、马克思和恩格斯的科学共产主义理论的建立与 1848 年《共产党宣言》的发表。

从 1830 年开始，由于资产阶级战胜了封建地主阶级夺得了政权，无产阶级和资产阶级之间的阶级矛盾成为社会的主要阶级矛盾，并且斗争日益激烈和尖锐化起来，因而"敲响了科学的资产阶级经济学的丧钟。"（17）从此，资产阶级古典政治经济学演变为资产阶级庸俗经济学。古典经济学"研究了资产阶级生产关系的内部联系。而庸俗经济学却只是在表面的联系内兜圈子"（98）；为了适应资产阶级的需要，庸俗经济学极力掩饰和歪曲资本主义的本质，抹煞资本主义的矛盾，为资本主义辩护；现在对资产阶级经济学来说，"问题不再是这个或那个原理是否正确，而是对资本有利还是有害，方便还是不方便，违背警章还是不违背警章。不偏不倚的研究让位于豢养的文丐的争斗，公正无私的科学探讨让位于辩护士的坏心恶意；"（17）它"只限于把资产阶级生产当事人关于他们自己的最美好世界的陈腐而自负的看法加以系统化，赋以学究意味，并且宣布为永恒的真理。"（98）

在资产阶级政治经济学庸俗化的过程中，由于阶级斗争的尖锐化，使得"那些还要求有科学地位，不愿单纯充当统治阶级的诡辩家和献媚者的人，力图使资本的政治经济学同这时已不容忽视的无产阶级的要求调和起来。"（17）这就是在这个时期的开始，一方面出现了以英国约翰·斯图亚特·穆勒为代表的折衷主义的经济理论，妄图调和无产阶级和资产阶级之间不可调和的矛盾；另一方面出现了以法国巴师夏为代表的、企图把资本主义描述成一个社会各个阶级的利益是一致的调和论。"这宣告了'资产阶级'经济学的破产。"（17）

第二，无产阶级政治经济学的创立。

德国资本主义的发展落后于英国和法国。因此，当资产阶级政治经济学在英国和法国不断发展的时候，在德国则还"缺乏生存的基础。它作为成品从英国和法国输入；德国的政治经济学教授一直是学生。"（15）从 1848 年起，资本主义在德国迅速地发展起来。但是这时，无产阶级和资产阶级阶级斗争的尖锐化以及英国和法国资产阶级政治经济学的庸俗化，德国经济学家所处的这种境况"已经不再容许他们在资产阶级的视野之内进行公正无私的研究了"（16）；"同时，德国无产阶级比德国资产阶级在理论上已经有了更明确的阶级意识，"（18）因此，"德国社会特殊的历史发展，排除了'资产阶级'经济学在德国取得任何独创的成就的可能性。"（18）然而，这并没有排除对资产阶级经济学进行批判的可能性。当时的德国是各种矛盾的集合点，这里存在着资产阶级、广大人民与封建统治的矛盾、资产阶级与无产阶级的矛盾以及民族矛盾。在这种社会经济条件下，德国无产阶级的革命斗争要取得胜利，就需要有科学的革命理论。马克思主义就是适应于这种需要而产生的。德国成了马克思主义的故乡。

马克思和恩格斯创立了辩证唯物主义和历史唯物主义，运用科学的世界观和方法论，系统地研究了资本主义生产方式及其经济运动规律，批判地继承了英国古典政治经济学的科学成果，对其庸俗观点作了透彻的分析和批判，在政治经济学中完成了伟大的革命，创立了真正科学的政治经济学。这一伟大成就的集中代表，就是耗费了马克思毕生精力的马克思主义政治经济学巨著《资本论》。

马克思主义政治经济学是无产阶级的政治经济学。它是无产阶级根本利益在理论上的体现或代表。它为无产阶级的彻底解放，为实现其"推翻资本主义生产方式和最后消灭阶级"（18）的历史使命，为无产阶级的革命斗争提供了科学的理论依据和强大的思想武器。正像恩格斯在《英文版序言》中所说："《资本论》在大陆上（指欧洲大陆——引者）常常被称为'工人阶级的圣经'。任何一个熟悉工人运动的人都不会否认：本书所作的结论日益成为伟大的工人阶级运动的基本原则"；"各地的工人阶级都越来越把这些结论看成是对自己的状况和自己的期望所作的最真切的表述。"（36）正因为如此，所以在《资本论》第一卷出版后，它"在德国工人阶级广大范围内迅速得到理解"，马克思认为这是对他的"劳动的最好的报酬"；（15）在英国，正像恩格斯所说："马克思的理论正是在目前对社会主义运动产生着巨大的影响，这个运动在'有教养者'队伍中的传播，不亚于在工人阶级队伍中的传播。"（36）甚至连"一个在经济方面站在资产阶级立场上的人，维也纳的工厂主迈尔先生"，也说："被认为是德国世袭财产的卓越的理论思维能力，已在德国的所谓有教养的阶级中完全消失了，但在德国工人阶级中复活了。"（15）

然而，《资本论》这颗"向资产者（包括土地所有者在内）脑袋发射的最厉害的炮弹"①，引起了"资产阶级及其夸夸其谈的代言人的恼怒和恐怖。"（24）因为，它揭示了资本主义的本质及其发生、发展和必然灭亡的客观规律；它依据和体现的唯物辩证法"在对现存事物的肯定的理解中同时包含对现存事物的否定的理解，即对现存事物的必然灭亡的理解；辩证法对每一种既成的形式都是从不断的运动中，因而也是从它的暂时性方面去理解；辩证法不崇拜任何东西，按其本质来说，它是批判的和革命的"。（24）所以，"资产阶级的博学的和不学无术的代言人，最初企图像他们在对付我（马克思自称——引者）以前的著作时曾经得逞那样，用沉默置《资本论》于死地。当这种策略已经不再适合时势的时候，他们就借口批评我的书，开了一些单方来'镇静资产阶级的意识'。"（18）这些"单方"，例如像马克思和恩格斯在序和跋中所指出的，有的是指责《资本论》的文体和叙述法，有的是攻击《资本论》中的引文和引证方法，等等。

四、《资本论》的结构

这里主要说明《资本论》全三卷即理论部分的总结构。至于第四卷《剩余价值理论》即理论史的部分，只是在谈总结构时提到，不具体展开说明。第一卷本身的结构，在本书的序言中作了说明。第二、第三卷本身的结构，则留待以后本书的第三、第四、第五册去说明。

《资本论》的理论阐述，从抽象到具体一步步展开，形成了一个逻辑严密、辩证统一的艺术整体。

《资本论》的结构，无论从其制定的复杂性来说，还是从其重要性来说，都可以同马克思在经济理论上的伟大发现相并列。马克思在给恩格斯的一封信中说："你明白，在像我这样的著作中细节上的缺点是难免的。但是结构、整个的内部联系是德国科学的辉煌成就。"②恩格斯在 1867 年 8 月 23 日读完《资本论》第一卷后给马克思的信中说："我祝贺你，只是由于你把错综复杂的经济问题放在应有的地位和正确的联系之中，因此完满地使这些问题变得

---

① 《马克思恩格斯〈资本论〉书信集》，第 209 页。
② 《马克思恩格斯〈资本论〉书信集》第 202 页。

简单和相当清楚。"①

　　马克思在《第一版序言》中指出："这部著作的第二卷将探讨资本的流通过程（第二册）和总过程的各种形式（第三册），第三卷即最后一卷（第四册）将探讨理论史。"（12）第一卷（第一册）探讨的即资本的生产过程。预定有四册书的《资本论》结构，这个思想是马克思在 1862—1863 年期间形成的，而在第一卷出版前一年确定下来的。马克思在 1866 年 10 月 13 日给库格曼的一封信中写道："现在看来总共可能有三卷。全部著作分为以下几部分：第一册　资本的生产过程。第二册　资本的流通过程。第三册　总过程的各种形式。第四册　理论史。我想把第三册编作第二卷，第四册编作第三卷。"②

　　原来第一卷德文第一版分为六大章：①商品和货币；②货币变为资本；③绝对剩余价值的生产；④相对剩余价值生产；⑤关于绝对剩余价值生产和相对剩余价值生产的进一步研究；⑥资本的积累过程。此外，还有个关于价值形式的附录。关于第一卷的内容结构，恩格斯曾建议最好把各章划得小一些。他在 1867 年 8 月 23 日给马克思的信中写道："……你怎么会把书的外部结构弄成现在这个样子！第四章大约占了 200 页，才只分四个部分，这四部分的标题是用普通字体加空排印的，很难找到。……在这里题目分得更细一些，主要部分更强调一些是绝对合适的……"③恩格斯的这个建议在德文第二版中实现了。在这一版中，不再分为六章，而是改为七篇，共二十五章。关于价值形式的附录被收入正文，重新改写为一个整体，变成了新的第一章《商品》的第三节，标题为《价值形式或交换价值》。第一卷的德文第三版和第四版都保持了这一结构。现在进行的第一卷译本，就是以德文第四版即恩格斯生前的最后版本为依据的。

　　根据原出版计划，第二册和第三册准备以《资本论》第二卷的形式出版，第四册以第三卷即最后一卷的形式出版。但马克思在世时未能完成付印《资本论》后几册的准备工作。马克思逝世后，恩格斯整理了并以《资本论》第二卷和第三卷的形式出版了原第二册和第三册的手稿。恩格斯还打算整理并以《资本论》第四卷的形式出版第四册的手稿，但他在世时没有来得及实现这个愿望。1905—1910 年考茨基编辑出版了《剩余价值理论》。他对马克思的手稿做了许多删改和变动。1956—1962 年按马克思的手稿次序编辑出版了

---

　　① 《马克思恩格斯〈资本论〉书信集》第 223-224 页。
　　② 《马克思恩格斯〈资本论〉书信集》第 204 页。
　　③ 《马克思恩格斯〈资本论〉书信集》，第 224 页。

《剩余价值理论》德文新版本；1962—1964 年则作为《马克思恩格斯全集》俄文第二版第二十六卷（共三册）出版。

整个《资本论》的理论部分，以劳动价值论为基础，以剩余价值论为核心，从抽象到具体，从本质到现象，从内容到形式，形成了全三卷的体系结构。

第一卷，《资本的生产过程》，"研究的是资本主义生产过程本身作为直接生产过程考察时呈现的各种现象，而撇开了这个过程以外的各种情况引起的一切次要影响，"①即只抽象地分析资本主义生产过程，而把资本的流通过程暂时撇开了，其中心内容，是阐明剩余价值的生产。同时在这里，资本还是作为一般的、抽象的形式来表现的，或者如马克思所说，在这里"我们把资本主义的生产者当作全部剩余价值的所有者，或者，不妨把他当作所有参加分赃的人的代表。"（620）

第二卷，《资本的流通过程》，是第一卷的继续，因为资本主义"直接的生产过程，并没有结束资本的生活过程。在现实世界里，它还要由流通过程来补充"②，资本主义的生产和再生产过程是生产过程和流通过程的统一。这一卷的中心内容，是分析剩余价值的实现。同时在这里，关于资本的考察也具体化了一步，即资本在运动中要采取集中资本、生产资本和商品资本三种职能形式，产业资本是这三种职能形式在运动中的统一。

第三卷，《资本主义生产的总过程》，是"揭示和说明资本运动过程作为整体考察时所产生的各种具体形式，"③即产生资本、商业资本、借贷资本以及资本主义土地所有制形式。其中心内容，是分析剩余价值的分配，即"剩余价值分为各个不同的部分。它的各部分归不同类的人所有，并且有不同的、互相独立的形式，如利润、利息、商业利润、地租等等"（619—620）。这一卷是第一、第二卷的继续，因为从总体看，资本主义生产和再生产过程是包括生产过程和流通过程以及在它们统一的基础上的分配过程在内的总过程。从第一卷到第三卷，从剩余价值（本质和内容）到剩余价值的各种转化形式，从一般的、抽象的资本到资本的各种独立化形式，这样就"同资本在社会表面上，在各种资本的互相作用中，在竞争中，以及在生产当事人自己的通常意识中所表现出来的形式，是一步一步地接近了。"④

---

① 《马克思恩格斯全集》第 25 卷，第 29 页。
② 《马克思恩格斯全集》第 25 卷，第 29 页。
③ 《马克思恩格斯全集》第 25 卷，第 29 页。
④ 《马克思恩格斯全集》第 25 卷，第 30 页。

《资本论》第一卷的对象、结构和现实意义

一、研究对象

第一卷在《资本论》全三卷的理论体系中占有重要地位。恩格斯在第一卷《英文版序言》中写道："这个译本只包括这部著作的第一卷。但这第一卷是一部相当完整的著作，并且 20 年来一直被当作一部独立的著作。"（35—36）所谓"一直被当作一部独立的著作"，当然包含有这样的意思，即从 1867 年第一卷问世到 1885 年第二卷出版相隔 18 年，在这将近 20 年的时间里，只有第一卷在世间流行和传播着。但是，更主要的这是一部相当完整的著作。为什么说它是一部相当完整的著作呢？这是由它的研究对象和主要内容所决定的。

《资本论》研究的对象是"资本主义生产方式以及和它相适应的生产关系和交换关系。"这是整部《资本论》研究的对象，当然也是第一卷研究的对象。但是，在第一卷所研究的不是资本主义生产总过程中的生产关系和交换关系，而只是资本主义直接生产过程中的生产关系，正像第一卷的标题"资本的生产过程"所表明的。这里所谓的资本的生产过程，既包括孤立的生产过程，又包括再生产过程。至于交换关系，第一卷所考察的也不是总体上的交换关系，而只是一种交换关系即雇佣工人和资本家之间的劳动力商品的买卖关系，其他一般的商品和货币流通则只是作为资本主义再生产过程中所必要的一种前提被假定了，而没有加以论述。这正像马克思所指出的："在本书第一卷，我们把资本主义生产过程，既作为孤立过程，又作为再生产过程来分析，……资本在流通领域所经历的形式变换和物质变换被假定为前提，而没有进一步加以论述。……我们在那里需要考察的流通领域中的唯一行为，是作为资本

主义生产的基本条件的劳动力的买和卖。"①

资本主义的生产过程是剩余价值生产的过程，以扩大再生产为特征的资本主义的再生产过程是剩余价值转化为资本（称之为资本本身的生产）从而再生产出更多的剩余价值的过程。剩余价值的生产，是第一卷的中心内容。

货币转化为资本，剩余价值的生产，也即资本主义生产方式以及和它相适应的生产关系的产生，需要一定的历史前提和基本经济条件。其中，最根本的就是劳动力成为商品。而劳动力成为商品，也还需要商品经济相当程度的发展和劳动者必须把劳动力作为商品出卖的前提条件。马克思在第一卷第四章"货币转化为资本"一开始就指出："商品流通是资本的起点。商品生产和发达的商品流通，即贸易，是资本产生的历史前提。"（167）但是，"有了商品流通和货币流通，决不是就具备了资本存在的历史条件。只有当生产资料和生活资料的所有者在市场上找到出卖自己劳动力的自由工人的时候，资本才产生；而单是这一历史条件就包含着一部世界史"（193），也就是说，劳动力商品的买卖关系"本身显然是已往历史发展的结果，是许多次经济变革的产物，是一系列陈旧的社会生产形态灭亡的产物。"（192）马克思在第一卷里专用一章即第二十四章"所谓原始积累"，分析了劳动力成为商品、资本主义生产关系产生的历史条件的形成过程。这个过程，一方面包括小商品生产者的两极分化；另一方面，也是大量的、更主要的方面，则是通过暴力强使劳动者和劳动实现条件即生产资料的所有权分离。

"资本主义生产过程的动机和决定目的，是资本尽可能多地自行增值，也就是尽可能多地生产剩余价值"（368），"生产剩余价值或赚钱，是这个生产方式的绝对规律。"（679）在剩余价值规律这个资本主义基本经济规律的作用下，资本家不断地进行着剩余价值的资本化即资本积累，进行着规模不断扩大的再生产。同时，竞争也"使资本主义生产方式的内在规律作为外在的强制规律支配着每一个资本家。竞争迫使资本家不断扩大自己的资本来维持自己的资本。"（649—650）这样，就促进着资本主义生产的发展。资本主义的再生产既是物质资料的再生产，也是资本主义生产关系的再生产。因此，随着资本主义生产的发展，资本主义的生产关系也就不断巩固、扩大和发展。

资本主义的生产关系促进了社会生产力的发展。但是，这种劳动的社会生产力却成了资本的生产力，成了加强剥削雇佣劳动者的手段。这就是决定

---

① 《马克思恩格斯全集》第24卷，第391页。

了资本主义生产关系和生产力的矛盾，决定了生产的社会性和生产条件与生产成果的资本主义私人占有的矛盾也即资本主义的基本矛盾；同时，剩余价值的生产决定了雇佣劳动者同资本家之间的对抗性的阶级矛盾。随着资本主义的发展，这些矛盾日益加深和尖锐。其最终结果，就是像马克思在第一卷最后分析资本主义积累的历史趋势时所断言的："资本的垄断成了与这种垄断一起并在这种垄断之下繁盛起来的生产方式的桎梏。生产资料的集中和劳动的社会化，达到了同它们的资本主义外壳不能相容的地步。这个外壳就要炸毁了。资本主义私有制的丧钟就要响了。剥夺者就要被剥夺了。"（831—832）

马克思在第一卷中，就是这样以剩余价值的生产为中心，分析并揭示了资本主义生产关系的产生、发展和必然灭亡的规律的。而这正是《资本论》的最终目的。因此，从第一卷基本上体现了《资本论》的这一最终目的这一点来说，它可以说是一部相当完整的、独立的著作。

再者，从第一卷同第二、第三卷的关系来看，第一卷是第二、第三卷的基础。这是因为，第一，资本的生产过程是资本运动总过程的起点、中心和基础；第二，没有剩余价值的生产（这是第一卷的中心内容），就不可能有剩余价值的实现（这是第二卷的中心内容）和剩余价值的分配（这是第三卷的中心内容）；第三，整部《资本论》是以劳动价值论为基础，以剩余价值论为核心。而这两大基本理论都是在第一卷阐明的；第四，先在第一卷考察剩余价值的本质，然后再在第三卷分析剩余价值的各种转化形式，从本质到现象，从内容到形式，从抽象到具体，这样才能认清事物的现象和形式，而不至于被它们所迷惑。

二、内容结构

第一卷包括七篇共二十五章。按其内容，可分为三部分。第一部分即第一篇，第二部分为第二至六篇，第三部分即第七篇。

第一部分即第一篇"商品和货币"。这一部分虽然是把商品和货币抽象为一般也即不是把它们作为资本商品和资本货币来研究，但是它在第一卷乃至全三卷中占有重要的地位。这是因为：

第一，在资本主义条件下，商品生产占了统治地位，一切产品都采取了商品的形式，连劳动力也成了商品，人们之间的相互关系都采取了商品、货币这种物与物交换关系的形式。因此，在第一卷一开始首先研究商品和货币，正是为了进一步揭示资本主义的生产关系。马克思在第一卷第一章的一开始是这样说的："资本主义生产方式占统治地位的社会的财富，表现为'庞大的商品堆积'，单个的商品表现为这种财富的元素形式。因此，我们的研究就从分析商品开始。"（47）

第二，"商品流通是资本的起点"（167），货币是商品流通的最后产物，"商品流通的这个最后产物是资本的最初的表现形式"（167）。因此，要研究资本，就要首先研究商品和货币。

第三，第一篇的核心理论是劳动价值论。而劳动价值论是剩余价值论的基础。恩格斯在《资本论》第二卷的《序言》里写道："要知道什么是剩余价值，他就必须知道什么是价值"。而马克思又是依据劳动二重性学说创立了科学的劳动价值论的。马克思写道："商品中包含的劳动的这种二重性（即具体劳动和抽象劳动——引者），……是理解政治经济学的枢纽。"（55）马克思正是运用了劳动二重性的原理，阐明了什么劳动创造价值，分析了资本主义商品生产的价值形成和价值增殖的过程，区分了不变资本和可变资本，考察了社会再生产的实现；在资本区分为不变资本和可变资本的基础上，提出了资本有机构成的学说；依据资本有机构成的学说，揭示了资本主义积累的一般规律、利润率平均化规律、平均利润率下降趋势的规律以及资本主义地租的形成及其发展规律；等等。

第四，商品这个资本主义社会的经济细胞，包含了资本主义矛盾的胚芽。马克思在第一卷，依据唯物辩证法的核心对立统一规律，从商品开始直到末尾，分析了矛盾的运动。商品是使用价值和价值的对立统一；商品内在矛盾发展的结果产生了货币；货币的产生，促进了商品经济的发展，同时又发展了商品经济的矛盾，使商品交换内部的对立统一发展为买和卖两个独立过程的外部的对立统一，从而产生了经济危机的可能性，使得小商品生产者发生分化，产生了资本主义生产关系；随着小商品经济发展为资本主义经济，小商品经济的基本矛盾——私人劳动和社会劳动的矛盾发展为资本主义的基本矛盾——生产的社会性和生产资料与产品的资本主义私人占有性的矛盾；随着资本主义的发展，资本主义的基本矛盾和无产阶级与资产阶级的阶级矛盾不断加深，否定资本主义制度的物质条件（社会生产力）和社会力量（无产阶级及其革命斗争）不断发展，从而决定了社会主义必然取代资本主义。就这样，矛盾运动如同一条红线，贯串于第一卷的始终。而对商品的研究则是这种矛盾运动分析的始点。

第二部分，即第二至六篇，其中心是分析剩余价值的生产，从而创立了马克思主义政治经济学的基石——剩余价值论。这一部分，按其内容，又可以分为三部分，即：第一，第二篇；第二，第三至五篇；第三，第六篇。

第一，第二篇"货币转化为资本"。这一篇是说，虽然货币是资本的一般形式，但是作为资本的货币同作为货币的货币根本不同，作为资本的货币是能够带来价值增殖即剩余价值的价值。然而剩余价值是在生产过程中创造的，但又必须是在流通中买到一种特殊商品，这种商品能够成为剩余价值的源泉。这种特殊商品即是劳动力。劳动力商品的使用价值是能够进行劳动，劳动创造价值，并且所创造的价值能够大于劳动力自身的价值，其差额即剩余价值。可见，劳动力成为商品，是剩余价值生产的前提条件。这一篇的中心内容就是分析这个前提条件的，也就是为下一步考察剩余价值的生产作准备的。

第二，第三至五篇。这是第一卷的核心部分，是直接剖析剩余价值生产的。

在第三篇，首先分析剩余价值生产的第一种方法，即绝对剩余价值的生产。在这里，马克思运用劳动二重性的原理论证了资本主义的生产过程是劳动过程和价值增殖过程的统一。资本主义的劳动过程，是雇佣工人在资本家的支配下进行劳动，劳动创造了价值，创造的价值大于雇佣工人劳动力的价值；在这种劳动过程和价值形成过程中，超过劳动力的价值这个一定点而延长了的价值形成过程即价值增殖过程，增殖的价值被资本家无偿地占有了；这就是剩余价值生产的真相和资本主义剥削的秘密。继而马克思把资本区分为不变资本和可变资本，阐明了只有用于购买工人劳动力的那部分可变资本才是剩余价值的来源；剩余价值与可变资本之比即剩余价值率，"剩余价值率是劳动力受资本剥削的程度或工人受资本家剥削的程度的准确表现。"（244）马克思根据对劳动过程和价值增殖过程的分析，把雇佣工人的工作日分为必要劳动（再生产出劳动力价值等价的那部分劳动）和剩余劳动（生产剩余价值的那部分劳动），剩余价值率也可以用剩余劳动与必要劳动之比来表示。必要劳动时间不变，用延长工作日的方法来增加剩余价值，马克思称之为绝对剩余价值的生产。马克思用大量的实际材料，有力地揭露了资本家对剩余劳动的豺狼般的贪欲，并叙述了工人阶级反对资本主义剥削和争取缩短工作日的斗争史。

在第四篇，进而考察了剩余价值生产的另一种方法即相对剩余价值的生产。这是由于社会劳动生产力提高，劳动力价值降低、必要劳动时间缩短从而相对延长剩余劳动时间而取得的。马克思通过对协作、分工和工场手工业、机器和大工业三个阶段劳动方式和生产技术发展变革的考察，说明了劳动生产率的提高和社会劳动生产力的发展，揭示了劳动的社会生产力成了资本的生产力，成了加强剥削工人的手段，从而依此论述了相对剩余价值的生产不断扩大的发展过程，同时揭示了劳动对资本的隶属关系的加深。

在第五篇，是在前两篇分别考察了绝对剩余价值生产和相对剩余价值生产的基础上，综合起来对它们进行了分析。在这里，既指出了它们二者的区别，又阐明了它们二者的联系，这就是："绝对剩余价值的生产构成资本主义体系的一般基础，并且是相对剩余价值生产的起点。"（557）

第三，第六篇"工资"。这一部分是上一部分的继续和补充。在这里，马克思科学地区分了劳动力和劳动，从而揭示了资本主义工资的本质，工资是劳动力的价值或价格的转化形式，而不是工人全部劳动的报酬。这样，剩余价值论就最后完成和确立了。

第三部分，即第七篇"资本的积累过程"。第二至六篇"考察了剩余价值怎样从资本产生，"（635）这一篇则是"考察资本怎样从剩余价值产生，"（635）以及剩余价值转化为资本即资本积累对工人阶级的影响。在这里，首先，马克思从再生产的角度，论证了资本主义的生产过程不仅生产商品，不仅生产剩余价值，而且还生产和再生产资本关系本身：一方面是资本家，另一方面是雇佣工人。其次，揭示了资本主义占有规律，即资本家占有的剩余价值越多，就越能更多地占有；资本积累的越多，就越能更多地积累资本。在资本积累和扩大再生产的过程中，劳动力的买卖只保存着等价的形式，实际则是资本家用他无偿占有的剩余劳动的一部分，来不断再换取更大量的工人的活劳动。再次，揭示了资本主义积累的一般规律，即：产业后备军也即相对过剩人口不断增长；一极是资产阶级占有的财富的积累，另一极是无产阶级贫困的积累。最后，论证了资本主义积累的历史趋势，通过对资本主义矛盾发展的分析，得出了资本主义制度必然灭亡的科学结论。

三、现实意义

自从《资本论》第一卷问世到现在已经 120 年了。今天的资本主义较之马克思写作《资本论》的年代有了很大的发展变化。我国又是一个社会主义国家。那么，这个第一卷今天对我们还有什么现实意义呢？

第一，从中领会马克思主义的立场、观点和方法。这是最根本的一条，也是受用不尽的一条。历史唯物主义是马克思主义政治经济学的哲学基础，而《资本论》又进一步阐发了历史唯物主义原理。《资本论》第一卷就是紧密地联系着生产力和上层建筑来分析资本主义生产关系的发生、发展和必然灭亡的规律的。马克思在第一卷《第一版序言》中写道："一个社会即使探索到了本身运动的自然规律，——本书的最终目的就是揭示现代社会的经济运动规律，——它还是既不能跳过也不能用法令取消自然的发展阶段。但是它能缩短和减轻分娩的痛苦。"（11）这就是说，社会发展规律以及一切经济规律都是客观的，都是不以人们的主观意志为转移的。旧的生产关系的消灭和新的生产关系的建立，都必须遵循生产关系一定要适合生产力的性质、发展水平和要求的规律。"无论哪一种社会形态，在它们所能容纳的全部生产力发挥出来以前，是决不会灭亡的；而新的更高的生产关系，在它存在的物质条件在旧社会的胎胞里成熟以前，是决不会出现的。所以人类始终只提出自己能够解决的任务，因为只要仔细考察就可以发现，任务本身，只有在解决它的物质条件已经存在或者至少是在形成过程中的时候，才会产生。"①但是，人们可以认识客观规律，按照客观规律的要求积极创造条件来实现经济发展和生产关系变革的任务，设法缩短实现任务的进程和减少实现任务过程中的挫折与痛苦。

第二，依据第一卷的基本原理来研究现代资本主义的有关问题。例如，关于劳动价值论问题。今天资本主义国家的科学技术和生产自动化虽然有了很大发展，但是马克思在第一卷中关于劳动二重性的原理，关于简单劳动和复杂劳动、熟练劳动和非熟练劳动的原理，关于个别劳动耗费与社会必要劳动耗费的原理，关于不同的生产要素在劳动过程和价值形成过程中的作用的原理，以及关于生产劳动的论述等，都还是研究现代资本主义条件下的商品价值的基本理论依据。又如，关于劳动隶属于资本和相对剩余价值生产的问题。今天资本主义国家的机器和大工业比起马克思那个时代来虽然有了很大变化，但是我们仍然可以根据马克思在第一卷第四篇有关这个问题的论述，来研究这个问题。再如，关于资本主义积累的一般规律问题。二次大战后以

---

① 马克思：《〈政治经济学批判〉序言》，《马克思恩格斯选集》第 2 卷，第 83 页。

来，虽然资本主义国家工人的工资和生活水平有所提高，而且马克思也说"这个规律在实现中也会由于各种各样的情况而有所变化"（707），但是，马克思在第一卷第二十三章"资本主义积累的一般规律"的一开始指出："我们在这一章要研究资本的增长对工人阶级的命运产生的影响。在这种研究中，最重要的因素就是资本的构成和它在积累过程进行中所起的变化。"（672）马克思的这一基本思想以及他在研究中的基本观点和方法，对于今天我们研究这个问题仍然具有指导意义。

第三，即使对于研究社会主义经济问题，特别是我国现阶段的社会主义经济是有计划的商品经济，第一卷中的许多基本原理，突出的如关于商品生产和价值规律的原理，关于货币的职能及其流通规律的原理，关于剩余产品及增加其绝对量和相对量的论述，关于协作、分工、机器和大工业以及它们对提高社会劳动生产力的作用的论述，关于社会劳动过程的管理、监督和调节职能的原理，关于再生产既是物质资料的再生产和生产条件的再生产、也是生产关系的再生产的原理，关于决定积累是诸因素的论述等，都具有指导意义。（详见本书的"启示"部分）。

当然，学习《资本论》应该贯彻理论联系实际的原则，应该用基本原理之矢射现实问题之的。但是，基本原理是联系实际的基础和前提，没有矢也就不可能射的。因此，我们要为革命和建设实践认真学习《资本论》。在学习中，一定会遇到很多困难，特别是第一卷的第一篇，比较抽象，不大容易理解。但是，只要刻苦钻研，一定会克服困难，取得一定的收获，而且联系现实生活中的问题，每多学习一遍，就会多一层深入的体会。马克思指出："在科学上没有平坦的大道，只有不畏劳苦沿着陡峭山路攀登的人，才有希望达到光辉的顶点。"（26）

关于《弗·恩格斯序言》

《资本论》第二卷，是在马克思逝世后，由恩格斯根据马克思的遗稿整理而成，于1885年出版的。这篇《序言》就是恩格斯为第二卷的出版而写的。

编辑出版《资本论》第二卷，不是一件容易的事情。一方面，由于马克思留下的手稿数量很大，多半带有片断的性质，文字没有经过推敲，字体也不易辨认，有些部分只有一些提示，未作详细论述，有的只是收集了材料，还没有来得及分类、整理和加工；另一方面，由于恩格斯为自己提出的编辑要求，是要"使本书既成为一部联贯的、尽可能完整的著作，又成为一部只是作者的而不是编者的著作"。(3)因此，就使得整理编辑出版《资本论》第二卷，成为一件极其繁重和十分严肃的科学工作。

马克思为《资本论》第二卷留下的亲笔材料，首先是《政治经济学批判》手稿，四开纸1472页，共23本，写于1861年8月到1863年6月。其中，在第二卷论述的题目，还没有专门加以整理，只是附带地，特别是在手稿的主体部分，第220—972页（第VI—XV本），即《剩余价值理论》里提了一下，同时以同前人进行论战的形式，包含了许多后来编入第二卷的问题。其次是写于1865（或1867）—1870年的第二卷手稿，计四份，编号为I—IV。其中，大概写于1865（或1867）年的第I稿，是现在这样编排的第二卷的最早的一个独立的，但多少带有片断性质的修订稿，没有什么可以利用的。第III稿的一部分是引文和马克思札记本的提示的汇编（多半和第二卷第一篇有关），提示没有提供多少新的东西，同时用于第二卷的经过加工的部分，由于有了后来的修订稿，大部分也弃置未用。第IV稿（稿上注明的日期是1870年），是第二卷第一篇和第二篇前几章的已经可以付印的修订稿，它虽然比第II稿写得早，但在形式上比较完整，在利用时只要把第II稿的一些内容补充进去就行了。最后的这份手稿，是第二卷的唯一相当完整的修订稿。第三是写于1877—1878年第二卷的第V—VIII稿，其中第V稿（写于1877年3月底），是

从上述第 Ⅰ—Ⅳ手稿中作出的提示和笔记,以此作为重新修订第二卷的基础,它包括开头四章。第Ⅵ稿(写于 1877 年 10 月以后和 1878 年 7 月以前),是根据第Ⅴ稿整理出来的一份可以付印的手稿的第一次尝试,它包括第一章的大部分。第Ⅷ稿(1878 年 7 月 2 日写成),是第二次尝试整理出来的一份可以付印的手稿。第三篇,在马克思看来,非重写不可,这样就产生了第Ⅷ稿。

忠实于马克思的遗稿及其原意,是恩格斯编辑《资本论》第二卷的重要原则。在编辑技术方面,恩格斯是先把手稿逐字抄录下来,并把自己的工作"限制在单纯选择各种文稿方面"。(9)"在文体上,仅仅改动了马克思自己也会改动的地方,只是在绝对必要而且意思不会引起怀疑的地方,才加进几句解释性的话和承上启下的字句。意思上只要略有疑难的句子,我就宁愿原封不动地编入。"(3)在内容方面,编者是把适应作者已经扩大的眼界而写成的最后的文稿作为根据,并参照了以前的文稿;在出现实际的,不仅仅是技术性的困难时,编者总是设法完全根据作者的精神去解决这些困难。

正是由于恩格斯的创造性的编辑工作,才使《资本论》第二卷成为一部完整的、连贯的、作者的著作。当然,与马克思亲自编辑出版的《资本论》第一卷相比,仍然带有许多手稿的特点:一些地方论点较分散,论述不够集中,逻辑联系不像第一卷那样强。

列宁十分恰切地指出:"整理这两卷《资本论》,是一件很费力的工作。奥地利社会民主党人阿德勒说得很对:恩格斯出版了《资本论》第二卷和第三卷,就是替他的天才的朋友建立了一座庄严宏伟的纪念碑,在这座纪念碑上,他无意中也把自己的名字不可磨灭地铭刻上去了。的确,这两卷《资本论》是马克思和恩格斯两人的著作。"①

恩格斯在这篇《序言》中,除去说明有关第二卷的遗稿及其编辑、整理工作外,还用了相当大的篇幅,十分严厉而又充分说理地驳斥了"对马克思的一种指责",即所谓马克思剽窃了洛贝尔图斯称之为"租"的剩余价值理论。

这种指责,最初只是个别人暗地里进行。马克思逝世后,德国讲坛社会主义者——国家社会主义者及其信徒们,便公开加以宣扬。最初是鲁·迈耶尔等,后来洛贝尔图斯就亲自出场了,说什么马克思剽窃了他,只是没有提到他的名字。他还大言不惭地说什么,关于资本家的剩余价值是从哪里产生的,这个问题他早已说明过了,本质上和马克思一样,不过更简单、更明了。

---

① 《列宁选集》第 1 卷,1972 年版,第 92 页。

恩格斯对这种指责，提出了"有决定意义的证据"加以驳斥，首先，当马克思在世时，最初对于这种指责是一无所知的；后来，这种谣言传到了马克思耳边，马克思知道洛贝尔图斯的奢望不过是想得到关于剩余价值的最初发明权，"自封为剩余价值理论的真正创始人"，因此未予理睬。其次，直到1859年前后，马克思对洛贝尔图斯的文字活动一无所知，而这时马克思自己的政治经济学批判不仅在纲要上已经完成，而且在最重要的细节上也已经完成。1843年，马克思在巴黎开始研究经济学时，根本没听说过洛贝尔图斯。直到1848年，当马克思和恩格斯要批判洛贝尔图斯这位柏林议员的演说和他充任大臣的活动时，才知道这个人。可是，当时马克思在没有洛贝尔图斯的任何帮助下，"不仅已经非常清楚地知道'资本家的剩余价值'是从哪里'产生'的，而且已经非常清楚地知道它是怎样'产生'的"。（12）这一点，从1847年的《哲学的贫困》和1847年所作、1849年发表的《雇佣劳动与资本》，可以得到证明。直到1859年前后，马克思才知道还有洛贝尔图斯这样一个经济学家，并才看到了他的经济著作。再其次，洛贝尔图斯自封为剩余价值理论的真正创始人，然而他是怎样说明剩余价值的产生的呢？洛贝尔图斯把剩余价值称为"租"，而把"租"又看作地租和利润之和，它的产生不是由于对商品价值的"价值追加"，而是"由于工资所受到的价值扣除"。他说什么，在有足够的劳动生产率的情况下，"工资不需要等于劳动产品的自然交换价值，以便后者还会留下一部分作为资本的补偿〈！〉和租"（13）。在这里，一则，洛贝尔图斯不明确什么是劳动产品的"自然交换价值"，什么又是没有留下"资本的补偿"的产品的"自然交换价值"；再则，他混淆了剩余价值的一般形态和它的特殊形态，他缺乏历史主义的分析，他的研究完全是以土地占有和资本占有还没有分离的国家（即普鲁士）为依据的。

接着，恩格斯又从人类思想史上对剩余价值起源的探讨过程，驳斥了这种指责。关于剩余价值，最早的见解是从商人的直接实践中产生的：剩余价值产生于产品价值的追加，利润是商品高于它的价值出售的结果。这种见解在重商主义者那里占有统治地位，但是货币主义和重商主义体系的合理的表达者詹姆斯·斯图亚特也不同意这种幻想：单个资本和由于商品高于它的价值出卖而获得的剩余价值，就是新财富的创造。他把利润区分为"相对利润"和"绝对利润"。"绝对利润"是对谁都不意味着亏损，它是劳动、勤勉或技能的增进的结果，它能引起社会财富的扩大或增加；"相对利润"是单个资本家的利润，是"让渡利润"，是由于商品高于它的价值出卖而产生的，这里，一方的赢利总是意味着另一方的亏损，因而归结为"财富的天平在有关双方之间的摆动。"不过，尽管如此，在很长的一段时间里，重商主义的观点仍然阴魂不散。然而，重商主义的观点被亚当·斯密从古典经济学中赶走了。恩格斯引用马克思的评注指出："亚当·斯密把剩余价值……理解为一般范畴，而本来意义上的利润和地租只是这一般范畴的分枝。"（14）就是说，它们来源于工人加到原料上的价值，这个价值分成两部分，一部分形成工资，一部分形成利润，这个利润又分为资本家的利润和土地所有者的地租。可见，亚当·斯密已经知道剩余价值是从哪里产生的，并不是什么洛贝尔图斯的发明。马克思指出："然而，斯密并没有把剩余价值本身作为一个专门范畴同它在利润和地租中所具有的特殊形式区别开来。"（15）"斯密尤其是李嘉图在研究中的许多错误和缺点，都是由此而产生的。"恩格斯说："这个论点可以一字不差地用在洛贝尔图斯身上。"（15）"而马克思的剩余价值，却是生产资料所有者不付等价物就占有的价值额的一般形式。这个价值额，按照马克思首先发现的一些十分独特的规律，分割为利润和地租这样一些特殊的转化形式。"（15）全部剩余价值通过各个产业部门之间的竞争转化为平均利润，农业中的超过平均利润以上的超额利润转化为地租。李嘉图比斯密又前进了一大步，他关于剩余价值的见解是建立在一种新的价值理论基础上的。他研究了劳动加到原料中去的价值在工人和资本家之间的分配，也就是分割为工资和利润；并指出，地租是在一定条件下产生的超过利润的金额。在这些方面，洛贝尔图斯没有任何一点超过李嘉图。当然，李嘉图的理论也存在着种种内在矛盾，由于这些矛盾使李嘉图学派遭到破产。然而，洛贝尔图斯对于这些矛盾，要么就是毫无所知，要么就是导致他提出一些乌托邦的要求，即认为资本主义危机的根源在于工人在产品中所得的份额随着劳动生产力的提高而不断下降，因此只要采取国家措施，把工人所得的份额固定下来，就可以建立"国家社会主义"。然而，即使是"就乌托邦而论"，洛贝尔图斯"也像往常一样，来得太迟了。"（18）早在1821年，一位匿名作者写了一本《国民困难的原因及其解决办法。致约翰·罗素勋爵的一封信》小册子，探讨了剩余价值的起源，用于社会主义的目的，"远远走在1842年洛贝尔图斯的'租'的前头了。"（18）（指1842年洛贝尔图斯写的《关于我国国家经济状况的认识》——引者）。在那本小册子中，作者明确地指出资本家占有工人的剩余劳动，并且写道："支付给资本家的利息，无论是采取地租、货币利息的形式，还是采取企业利润的形式，都是用别人的劳动来支付的。"这里所说的完全是洛贝尔图斯的"租"，只是用"利息"代替了"租"罢了。但是，他包含了一个超过李嘉图的本质上的进步，即这位作者把剩余价值，或李嘉图所说的"利润"，或这同一位作者所说的"利息"，看成剩余劳动，即工人无偿地从事的劳动，也就是工人除了补偿他的劳动力价值的劳动量，即生产他的工资的等价物的劳动量以外而从事的劳动。当然，正如马克思评论的，这位作者"为既有的经济范畴所束缚。就像李嘉图由于把剩余价值同利润混淆起来而陷入令人不快的矛盾一样，他也由于把剩余价值命名为资本利息而陷入同样的矛盾"，他"把这些特殊形式之一的名称'利息'，当作一般形式的名称。这就足以使他重新陷入经济学的费解的行话中。"（17—18）这一段话，用在洛贝尔图斯身上是再恰当不过了。不过，洛贝尔图斯却落后于这位作者 20 年。除去这本小册子以外，还有许多空想社会主义者的著作，如爱尔兰的空想社会主义者、欧文的信徒汤普逊的《最能促进人类幸福的财富分配原理的研究》，也到处都指出，非生产阶级所占有的财富，是对工人产品的扣除，"不管这个产品量叫做租税，利润，还是叫做贼赃"（19）。可见，这里也早就分析出了后来被洛贝尔图斯称作"租"的东西。可见，洛贝尔图斯的"租"决不是什么新发明，而不过是从他的前人那里抄袭来的。但是，"那位在绝望中揪住洛贝尔图斯的衣角而'确实不学无术的'庸俗作家"鲁·迈耶尔和"那位身居要职、'自炫博学'的教授"阿·瓦格纳（19），竟把那些在亚当·斯密和李嘉图那里就可以读到的东西，煞有介事地硬说是马克思从洛贝尔图斯那里窃取来的，这个事实说明，官方的经济学今天已经堕落到何等地步。

那么，马克思关于剩余价值说了什么新东西呢？恩格斯用化学史上对氧气的发现过程，说明了这个问题。18 世纪末，燃素说还处于支配地位。18 世纪 70 年代，普利斯特列和舍勒先后析出了氧气，但他们并不知道他们析出的是什么。他们为"既有的"燃素说"范畴所束缚"，称它为"无燃素气体"或"火气"。后来，拉瓦锡发现这种新气体是一种新的化学元素，并命名为氧气，指出了燃烧现象是氧气和燃烧物体的化合。这样，他才使过去在燃素说形式上倒立着的全部化学正立过来了。

在剩余价值理论方面，马克思和他的前人的关系，正如拉瓦锡与普利斯特列和舍勒的关系一样。在马克思以前很久，人们就已确定我们现在称为剩余价值的那部分产品价值的存在，并且有的人也曾多少明确地说过，这部分价值是无酬劳动构成的。但是，这些人为既有的经济范畴所束缚而止步不前了。而马克思则认为，前人以为已有答案的地方，却正是问题的所在。马克思创立了科学的剩余价值理论，为理解全部资本主义提供了一把钥匙，并据此审查了经济学的全部经济范畴，使整个政治经济学发生了彻底的革命。马克思的科学的剩余价值论是建立在科学的劳动价值论的基础上的。恩格斯概括了马克思的主要贡献，这就是：要知道什么是剩余价值，就必须首先知道什么是价值。马克思批判了李嘉图的价值理论，研究了劳动形成价值的特性，第一次确定了什么样的劳动形成价值，为什么形成价值以及怎样形成价值，并确定了价值不外就是这种劳动的凝结。马克思进而研究了商品和货币的关系，论证了商品和商品交换怎样和为什么由于商品内在的价值属性，必然要造成商品和货币的对立，并在这个基础上建立了第一个详尽无遗的货币理论。马克思进而又研究了货币向资本的转化，证明了这种转化是以劳动力的买卖为基础的。他以劳动力这一创造价值的属性代替了劳动，因而一下子解决了使李嘉图学派破产的一个难题，也就是解决了资本和劳动的相互交换与李嘉图的劳动决定价值这一规律无法相容的难题。马克思确定了资本分为不变资本和可变资本，这就第一个详尽地阐述了剩余价值形成的实际过程。马克思进一步研究了剩余价值本身，发现了它的两种形式，即绝对剩余价值和相对剩余价值。然后，马克思根据剩余价值理论，阐明了我们现在才具有的第一个合理的工资理论，第一次指出了资本主义积累史的各个基本特征，论证了资本主义积累的历史趋势。马克思就这样以剩余价值理论为基础，建立了政治经济学的科学体系。这是他的任何一个前人都无法比拟的，更是洛贝尔图斯所不可能做到的。

恩格斯最后还概括地指出了作为古典政治经济学最高成就的李嘉图学说的两大矛盾。他写道：1830年左右，李嘉图学派在剩余价值问题上碰壁了。使李嘉图学派破产的，有以下两点：

第一，雇佣劳动与资本的交换和价值规律的矛盾。根据李嘉图学说，劳动是价值的尺度。但是，活劳动和资本交换时，活劳动所得到的价值，即工资，总是小于同量活劳动所生产的产品的价值。这对李嘉图学派来说，是个不可理解和无法解决的矛盾。马克思区分开劳动力和劳动，并创立了劳动二重性学说，从而解决了这个问题。马克思指出，作为商品买卖的，不是劳动，而是劳动力。劳动力作为商品，它的价值也是由生产和再生产它自身所需要的社会必要劳动时间决定的。劳动力按照它的价值买来以后，对它进行使用，在使用中创造的价值大于它本身的价值，其差额即剩余价值。可见，劳动力按照它的价值来买卖，而又能有价值增殖，这同价值规律是不矛盾的。

第二，等量资本带来等量利润同价值规律的矛盾。按照李嘉图的价值理论，假定其他一切条件相同，两个等量资本，使用同样报酬的活劳动，在相同的时间内就会生产价值相等的产品，也会生产相等的剩余价值或利润。但是，如果这两个等量资本所使用的活劳动不相等，那么，它们就不能生产相等的剩余价值，或如李嘉图派所说的利润。然而，情况恰恰相反。实际上，等量资本，不论它们使用多少活劳动，总会在相同的时间内生产平均的相等的利润，这就和价值规律发生了矛盾。李嘉图发现了这个矛盾，但不能解决它。洛贝尔图斯也看到了这个矛盾，但他不去解决它，却把它作为他的乌托邦的出发点之一。马克思在第三卷里提出了系统的、科学的平均利润和生产价格理论，解决了这个矛盾。

《资本论》第二卷的对象、结构和现实意义

马克思在《资本论》第一卷研究了资本的生产过程之后，紧接着在第二卷考察资本的流通过程，这在理论上是第一卷的必然继续，因为资本的生活过程，不只包括直接的生产过程，而且还包括流通过程。正像马克思所说："在第一卷中，我们研究的是资本主义生产过程本身作为直接生产过程考察时呈现的各种现象，而撇开了这个过程以外的各种情况引起的一切次要影响。但是，这个直接的生产过程并没有结束资本的生活过程。在现实世界里，它还要由流通过程来补充，而流通过程则是第二卷研究的对象。"①同时，资本的流通过程是资本主义生产的总过程的组成部分，资本在循环过程中采取的形态，是资本运动过程作为整体考察时的具体形式的特殊要素，产业资本的职能形式独立化为资本主义生产总过程中资本的各种具体形式，因此，第二卷在理论上又是第三卷的必要前奏。正像恩格斯所说："这个第二卷的卓越的研究，以及这种研究在至今几乎还没有人进入的领域内所取得的崭新成果，仅仅是第三卷的内容的引言"。(25) 由此可见，第二卷在整个《资本论》理论体系中占有很重要的地位：它是《资本论》完整理论体系中的有机组成部分，是从第一卷到第三卷在逻辑上从抽象上升到具体所必须经过的中间环节。

为了更好地学习第二卷，首先有必要从总的方面明确三个基本问题：第二卷的研究对象，它的结构，和学习它的现实意义。

一、研究对象

第二卷的标题是《资本的流通过程》，这就表明，这一卷研究的对象是资

---

① 《马克思恩格斯全集》第 25 卷，第 29 页。

本的流通过程。但是这里，应明确和把握以下各点：

首先，这里所研究的流通过程，不是单纯的、狭义的流通过程，而是既包括生产过程、又包括流通过程的总流通过程，也就是再生产过程。这里所谓包括生产过程，并不是说把直接的生产过程作为考察的对象，这是第一卷的研究对象和任务，这里则是从再生产的角度，从再生产过程是生产过程和流通过程的统一的角度，从生产过程是流通过程的前提和媒介的角度，论及生产过程的。第一卷关于资本的直接生产过程本身的分析，在理论上是这一卷的既有的前提和基础。

其次，这里所考察的资本，不再像第一卷那样，只是从最基本、最本质、最一般的意义上考察，即资本是带来剩余价值的价值，而是接近于现实、接近于具体的考察，即从它是不停顿地运动着的、不断地顺次地改变着职能形式的、在运动中和不断变换形式中增殖着价值的价值这种进一步的质的规定性上来考察。马克思说，这样的资本就是产业资本，它包括任何按资本主义方式经营的生产部门。当然，这相对于第三卷来说，还是一种抽象，因为在这里，产业资本被当作是资本的一般的形态，产业资本家成为占有全部剩余价值的整个资本家阶级的代表。而在第三卷，则接近于现实，"要揭示和说明资本运动过程作为整体考察时所产生的各种具体形式"①，即产业资本、商业资本和生息资本了。

第三，这里考察的资本的流通过程，既然是资本的总流通过程，也即生产过程和流通过程统一的再生产过程，那末，同第一卷相对比，在研究对象上发生了两点进一步的发展变化：一是，资本是增殖价值的价值，伴随着资本的流通，也必然发生着剩余价值的流通。因此，剩余价值的流通也是第二卷研究的对象之一。第一卷考察的是剩余价值在资本直接生产过程中的生产，第二卷考察的是剩余价值在资本流通过程中的实现，以及资本的流通过程对价值增殖的影响和剩余价值在资本再生产过程中的作用。二是，每个资本在其流通中或运动中，并不是孤立的，而是相互联系、相互制约和互为条件的，因此，对资本流通过程的研究，不仅要分析各个个别资本的运动，而且还要考察社会总资本的再生产和流通。在第一卷，因为要考察的是剩余价值的生产，所以只分析资本的直接生产过程，而且只是个别资本的直接生产过程，并把这个生产过程作为孤立的生产和再生产过程来分析就够了。在那里，资

---

① 《马克思恩格斯全集》第 25 卷，第 29 页。

本在流通领域所经历的形式变换和物质变换可以被假定为前提，可以假定资本家在流通领域能够找到使过程重新开始或连续进行所必需的各种物质生产资料。当时所考察的流通领域中的唯一行为，是作为资本主义生产的基本条件的劳动力的买和卖。而在第二卷，这就不够了。

二、结构

第二卷包括三篇二十一章。

第一篇《资本形态变化及其循环》，是考察"资本在它的循环中所采取的不同的形式和这个循环本身的各种形式"的。（391）在这里，主要阐明了以下几点：

1. 资本"是一种运动"，"它只能理解为运动，而不能理解为静止物"，（122）只有在不断的运动中，资本价值才能保存自己，才能增殖价值。

2. 产业资本在其运动中，要经历购买、生产和销售三个阶段，在每个阶段上都要采取与该阶段相适应的职能形式，即货币资本、生产资本和商品资本形式，产业资本就是这三种职能形式在运动中的统一，产业资本的运动呈现一种从某种形式出发，经过生产和流通，又回到原来出发点的形式的循环运动。产业资本反复不断的循环运动，是货币资本循环、生产资本循环和商品资本循环的统一。

3. 资本循环运动的不间断地、正常地、顺利地进行，需要具备以下一些条件：①资本的循环过程是生产过程和流通过程的统一，因此，必须解决好生产和流通之间的对立统一关系问题。在这当中，生产固然是主导环节，是流通的前提和基础，没有剩余价值生产就不可能有剩余价值实现；但是，流通也是再生产过程中的重要环节，它影响和制约着生产和再生产的进行，特别是销售这个流通阶段，更是个关键环节，商品卖不出，也就不能进行生产要素的购买，因而也就不能进行生产和再生产。②资本的循环运动及其形式变化，是连续地、顺次地进行的。而"每一部分的相继进行，是由各部分的并列存在即资本的分割所决定的。""所以单个产业资本的分割必须按一定的比例数字进行。"（119）"但是，决定生产连续性的并列存在之所以可能，只是由于资本的各部分依次经过各个不同阶段的运动。并列存在本身只是相继进行的结果。"（120）③资本的循环过程，"只有在价值关系保持不变时，过程才能完全正常地进行；只有各种干扰在循环反复中被排除，过程才能够在事实上正常进行。"（124）但是，劳动生产率在各个部门和各个企业是在不断地、不同程度地发展变化着的，因而商品间的价值关系不可能是保持不变的；此外，其他的干扰也是无法完全被克服和排除掉的。为了克服和排除干扰，就必须有一定的货币储备，产业资本家就必须持有大量的货币资本；同时，必须有一定量的以生产资本形式存在的储备。"过程的连续性，要求它的各种条件的存在不致因为在逐日购买上可能遇到中断而受影响，也不致因为商品产品逐日逐周出售，从而只能不规则地再转化为它的各种生产要素而受影响。"（159）

第二篇《资本周转》，是把资本循环"作为周期的循环，也就是作为周转来考察的"。（391）在这里，主要阐明了以下几点：

1. 周转是周期的循环，就是说，周转也是循环，但资本循环考察的侧重点是资本价值形式的变化，从某种形式出发又回到原来出发点的形式，以及如何才能使得资本的循环运动不间断地、正常地、顺利地进行，也就是揭示资本循环运动的条件和规律性；资本周转考察的侧重点则在于资本价值的预付和收回，在于资本循环运动的周期，以及周期的长短，也就是周转速度的快慢。

2. 影响资本周转速度的因素：一是，生产资本构成的不同，即固定资本和流动资本各自所占比例的不同；二是，周转期间所包括的生产期间和流通期间长短的不同。因此，"这里一方面指出了，资本的不同组成部分（固定资本和流动资本）怎样在不同的时间以不同的方式完成各种形式的循环；另一方面又研究了决定劳动期间和流通期间长短不同的各种情况。"（391）

3. 指出了"循环期间及其组成部分的不同比例，对生产过程本身的范围和年剩余价值率有怎样的影响。"（391）也就是说，这里还说明了，循环期间的长短，周转速度的快慢，生产期间和流通期间的不同比例，影响着预付资本量的大小，从而影响着生产规模的大小；同时，影响着预付资本中可变部分的大小及其在一年中发挥作用（次数）的多少，从而在一定剩余价值率的条件下，影响着年剩余价值率的高低。

4. "第一篇主要是考察资本在它的循环中不断地依次采取和抛弃的各种形式，而第二篇研究的，是在各种形式的这种运动和相继更替中，一定量的资本怎样同时（尽管按不同的比例）分成生产资本、货币资本和商品资本这些不同的形式，以致不仅这些形式互相交替，而且总资本价值的不同部分也不断地并存于这些不同的状态中，并执行职能。"（391—392）在这当中，特别显示了货币资本的作用，这就是，"一定量资本的大小不等的组成部分，必须按照周转的条件，不断地以货币资本的形式预付和更新，以便使一个定量的生产资本能够不断地执行职能。"（392）

第一、第二篇研究的是单个资本的运动。"但是，各个单个资本的循环是互相交错的，是互为前提、互为条件的，而且正是在这种交错中形成社会总资本的运动。"（392）第三篇《社会总资本的再生产和流通》，就是进而"考察作为社会总资本的组成部分的各个单个资本的流通过程（这个过程的总体就是再生产过程的形式），也就是考察这个社会总资本的流通过程。"（392）

前两篇研究各个单个资本在运动中的形态变化及其周转，至于在运动中所需要的生产要素从哪里来，其产品又流向哪里去，只是作为既定前提而不予考察。第三篇则要考察这个既定前提了，也就是要研究社会总资本再生产过程中，所需要的生产要素从哪里来，产品又到哪里去，即社会总产品的实现问题。

前两篇阐明了个别资本运动连续性的条件和规律，第三篇则是要阐明社会总资本运动连续性的条件和规律，这就是社会生产各个部门之间要维持一定的比例关系。

三、学习的意义

《资本论》第二卷研究的是资本主义条件下个别资本和社会总资本的再生产和流通，目的是为了进一步揭示资本主义的生产关系和资本主义生产方式内在的固有的矛盾。社会主义生产同资本主义生产有着本质的不同。但是，资本主义生产是商品生产，是社会化的大生产，而社会主义生产也是社会化大生产，在现阶段也还存在着商品生产和商品流通。因此，抛开流通过程的资本主义性质，从流通过程一般的角度来看，马克思关于资本流通过程的分析所得出的许多基本原理，所揭示的资本再生产和流通的规律性，对于社会主义经济的考察，也是适用的。因此，学习《资本论》第二卷关于再生产的理论，研究社会主义企业资金的循环和周转，以及社会资金的再生产和流通的规律性，对于加速我国社会主义现代化建设的过程，有着重要的理论意义和实践意义。

第一，学习和掌握资本循环的理论，认识社会主义企业资金循环的规律，保证社会主义企业资金运动也即再生产连续地、正常地进行。

社会主义企业的再生产，表现为资金的循环运动。社会主义企业资金在其循环运动中，也是既要顺次采取和抛弃货币资金、生产资金和商品资金的形式，又要按照一定的比例同时存在于这三种形式上。同时，社会主义企业资金的循环运动，也既是生产过程和流通过程的统一，又是货币资金循环、生产资金循环和商品资金循环三种循环形式的统一。资金的循环在任何一种形式或任何一个环节上发生停顿，都会影响整个企业资金运动连续地、正常地进行，甚至使生产和再生产过程出现某些中断。因此，就必须掌握企业资金循环运动的规律性。

生产的连续性本身就是一种生产力。在购买阶段，货币资金能够及时地买到（包括经由国家物资部门计划分配的部分）生产所需要的各种生产资料，使生产资料和劳动力保持合理的比例，避免人力、物力和财力上的浪费；在生产阶段，能够及时地将资金的生产形式转化为商品形式，提高机器设备的利用率和保证劳动者作用的充分发挥；在销售阶段，能够及时地完成资金由商品形式到货币形式的转化，减少商品积压。这样，使供、产、销更好地相互衔接起来，就可以减少流动资金的占用量，提高资金的利用率，创造出一种新的生产力来。

此外，我们不仅要认识和掌握资金运动的规律，保持资金运动的连续性，而且还应该运用资金循环的各种形式，加强对资金的管理，增大资金的经济效果。运用货币资金的循环形式，可以对资金价值的增减及其生产成果进行核算；运用生产资金的循环形式，可以了解和考察企业再生产的状况；运用商品资金的循环形式，可以考核产、销状况，以及生产消费和个人消费需要的满足情况。

第二，学习资本周转的理论，研究影响资金周转的各种因素，加速资金周转，提高资金使用的经济效果。

加速固定资金的周转，可以较快地使固定资产在物质上和技术上得到更新，从而能够较大地提高劳动生产率。加速流动资金中用来购买原材料和辅助材料部分的周转，可以减少这部分流动资金的占用量；加速流动资金中用于支付工人工资部分的周转，可以用较少的这种资金为国家提供较多的剩余产品，提高资金利润率。

第三，学习社会资本再生产和流通的理论，认识社会再生产的规律，搞好国民经济的结构和综合平衡，保证国民经济按比例地、高速度地发展。

社会主义经济是计划经济。国家确定的发展国民经济的计划，不能是主观的、随意的，而必须是符合客观经济规律的。只有根据客观经济规律的要求，确定合理的经济结构，遵循国民经济中的各种比例关系，才能保证国民经济有计划按比例地、高速度地发展。否则，单凭主观愿望行事，势必违反客观规律，造成国民经济比例失调，严重影响国民经济的发展。因此，就要学习社会资本再生产的理论，加深对社会主义社会再生产规律性的认识，以便更自觉地按客观规律办事。

马克思关于社会资本再生产的基本原理，不仅适用于社会主义社会再生产，而且在第三篇还直接论述了有关生产资料公有制条件下的某些规律性。例如，马克思写道："有些事业在较长时间内取走劳动力和生产资料，而在这个时间内不提供任何有效用的产品；而另一些生产部门不仅在一年间不断地或者多次地取走劳动力和生产资料，而且也提供生活资料和生产资料。在社会公有的生产的基础上，必须确定前者按什么规模进行，才不致有损于后者。"（396—397）关于固定资本的补偿，马克思指出："再生产的资本主义形式一旦废除，问题就归结如下：寿命已经完结因而要用实物补偿的那部分固定资本……的数量大小，是逐年不同的。如果在某一年数量很大……，那在下一年就一定会很小。……因此，生产资料的生产总额在一个场合必须增加，在另一个场合必须减少。这种情况，只有用不断的相对的生产过剩来补救；一方面要生产出超过直接需要的一定量固定资本；另一方面，特别是原料等等的储备也要超过每年的直接需要……。这种生产过剩等于社会对它本身的再生产所必需的各种物质资料的控制。"（526—527）马克思的这些深刻论述，对于社会主义社会再生产的实践有着直接指导意义。

第四，学习关于再生产中货币资本的作用的理论，搞好社会主义的货币信贷工作，以使生产和再生产不间断地、更好地进行。

"在考察单个资本的周转时，货币资本显示出两个方面。""第一，它是每个单个资本登上舞台，作为资本开始它的过程的形式。因此，它表现为发动整个过程的第一推动力。""第二，由于周转期间的长短不同和周转期间两个组成部分——劳动期间和流通期间——的比例不同，必须不断以货币形式预付和更新的那部分预付资本价值与它所推动的生产资本即连续进行的生产的规模之间的比例，也就不同。但不管这个比例如何，能够不断执行生产资本职能的那部分处在过程中的资本价值，总是受必须不断以货币形式与生产资本同时存在的那部分预付资本价值的限制。这里说的只是正常的周转，一个抽象的平均数。"（393）如果由于种种原因而流通发生了停滞时，就还需要有追加的货币资本。

在考察社会总资本的再生产和流通时，货币资本在以下几个方面显示了作用：第一，两个部类之间、每个部类内部各个副类之间、每个副类内部各个部门之间、以及各个部门内部的交换，也就是产品的实现，或者再生产中的价值补偿和物质补偿，都要通过货币流通来完成，货币流通在交换中起媒介作用。第二，投在各个产业部门的资本，由于生产性质的不同，周转速度的不同，"由于它们的年龄不同，也就是由于已经经历的执行职能的时间不同，——完全撤开它们的规模、技术条件、市场关系等等不说，——处于剩余价值相继转化为可能的货币资本这个过程的不同阶段，而无论这种货币资本是要用来扩充它们的正在执行职能的资本，还是要用来创立新的工业企业（这是扩大生产的两种形式）。因此，一部分资本家不断地把他们的已经增加到相应数量的可能的货币资本转化为生产资本，也就是用通过剩余价值的货币化而贮藏起来的货币来购买生产资料，即追加的不变资本要素；而另一部分资本家则仍然从事可能的货币资本的贮藏。"（554—555）这两部分的货币量不见得恰好一致。这就必需有一个多余的货币贮藏，以适应社会扩大再生产的需要。它形成了"资本主义生产过程的一个内在因素"。（556）因此，信用制度发展起来，发挥着调节作用。第三，在固定资本价值再生产的方式上表现出来货币在其中起着一种独特的作用，这就是："在固定资本的寿命还没有完结，从而还没有把它的全部价值转移到所生产的商品中去，还不必用实物进行补偿之前，固定资本价值或它的个别要素的价值"（504）要先在货币形式上进行贮存。同时，由于生产部门的性质不同，固定资本的寿命不同，固定资本已经经历的执行职能的时间不同，固定资本会处在再生产的完全不同的期限中。"对一些资本家来说，固定资本已经到了必须全部用实物更新的期限。对另一些资本家来说，它和这个阶级多少还有些距离"。（514）即还不需要用实物来更新，其价值仍然继续以货币形式积累起来。这两种情况所使用的货币量不可能是恰好完全均衡的。这就需要有一定的货币贮藏，以适应固定资本的价值补偿和物质补偿的需要。"这种货币贮藏本身是资本主义再生产过程的一个要素"。（504）这也要求信用制度的存在来加以调节。第四，有些事业在较长的时间内不断吸收劳动力和生产资料，而在这个时间内不提供任何有效用的产品；另一些则不仅在一年间不断地或多次地吸收劳动力和生产资料，而且也提供生活资料和生产资料；这两类生产事业数量不同，就需要有不等量的货币与之相适应。"历时较长范围较广的事业，要求在较长时间内预付较大量的货币资本。"（396）这类事业也即上述的第一类生产事业越多，需要预付的货币量也就越大。这就需要有货币贮藏和信用制度来调节。

以上这些，对于社会主义经济来说，基本上都是适用的。

关于《弗里德里希·恩格斯序言》

《资本论》第三卷，是由恩格斯根据马克思的遗稿整理而成，于1894年出版的。为此，恩格斯写了这篇《序言》。

1. 恩格斯首先说明了本卷严重拖延付印的种种原因：①遗稿的整理困难很多，原以为只是技术性的。②长期视力衰退，多年来不得不把写作时间限制到最低限度，只能偶尔在灯光下写东西。③他和马克思以前各种著作的重新出版和翻译，要订正、作序和增补等等，而且随着国际工人运动的发展，国际社会主义文献有了巨大增长，其中他和马克思以前著作的译本的种类和数量又都不断增多，从而加大了校订的责任。这些都需要花费时间。例如，第一卷英文版版本的文字最后审核工作就占用了很多时间。④随着国际工人运动的发展，特别是马克思逝世以后，担负了更多的联络工作和理论工作。

2. 具体地说明了整理第三卷所遇到的困难，从中可见恩格斯在整理、编辑、出版本卷的工作中所持的严肃认真的态度和所付出的大量的辛勤劳动。

在1863年和1867年之间，马克思把第一卷整理好准备付印，并写成了第二卷和第三卷的初稿，同时还为国际工人协会的创立和扩大做了大量的工作。由于工作过度，马克思的病发作了，而且逐渐加重，使他独自进行工作越来越困难，后来甚至有时完全无法进行工作了。这种情况非常清楚地显露在初稿许多地方的笔迹和叙述上。这在第三卷表现得更为突出。恩格斯写道："本卷的编辑工作根本不同于第二卷。第三卷只有一个初稿，而且极不完全。每一篇的开端通常都相当细心地撰写过，甚至文字多半经过推敲。但是越往下，文稿就越是带有草稿性质，越不完全，越是离开本题谈论那些在研究过程中出现的、其最终位置尚待以后安排的枝节问题，句子也由于是按照当时产生的思想写下来的，就越长，越复杂。"（6—7）"这个手稿的原文，甚至我也往往费很大劲才能辨认。"（7）因此，"我的工作首先是按照原文把全部手稿口授一遍，弄出一个易读的抄本"来（7），然后"才能开始真正的编辑工作"（7）。至于编辑工作，完全限制在最必要的范围内。凡是意义明白的地方，总是尽可能保存初稿的性质；个别重复的地方，也没有划去，因为那些地方都是从不同的角度论述同一问题，或者是用不同的说法阐明同一问题；凡是有所改动和增补而已经超出单纯编辑的地方，或者利用马克思提供的材料而按照马克思的精神自行得出结论的地方，都用括号（{}）括了起来，并附上恩格斯的姓名的缩写，有时恩格斯所加的脚注没有用括号，但在注的末尾也附上了恩格斯的姓名的缩写，以表示恩格斯负全部责任。

各篇章的详细情况如下：

第一篇，主要的手稿只有大大压缩才能使用。第一章，是从两个各有对开纸八页的修改稿的可利用的开头部分编成的，而且始终都写得很不连贯。第二章，采自主要的手稿。第三章，是根据主要手稿的开始部分关于剩余价值率和利润率的关系的数学计算以及一整本差不多已完成的、在 19 世纪 70 年代写成的笔记中用方程式来说明剩余价值率和利润率的关系的这两部分编成的，数学计算是请剑桥大学的一位老数学家、把第一卷的大部分译成英文的赛米尔·穆尔代为整理的。第四章，只有一个标题《周转对利润率的影响》，全章的正文都是由恩格斯写成的。第五章至第七章，来自主要的手稿，但作了很多的变动和补充。

第二至第四篇，几乎完全按照原来的手稿进行编辑，但在文字上也进行了修订；少数几处关于周转的影响的地方，也进行了加工。

第五篇，整理和编辑起来是最困难的。一则，那里讨论的是全卷最复杂的问题；再则，正当马克思写这一篇的时候，他的重病又一次发作了。因此，这一篇不但没有现成的草稿，甚至没有可以提供轮廓，以便加以充实的纲要，只不过是开了一个头，不少地方只是一堆未经整理的笔记、评述和摘录的资料。恩格斯曾试图把空白补足，对只有提示的片断进行加工，以使这一篇至少可以接近于马克思原来打算写成的那个样子，但试了三次都失败了。最后，只好尽可能地限于整理现有的材料，只是作一些必不可少的补充。在各章中，第二十一章至二十四章，初稿大体已经完成。第二十五章和第二十六章，对引证的材料进行了取舍，并把从别处发现的材料补充进去。第二十七章和第二十九章，几乎完全是原稿。但在第二十七章中，恩格斯根据资本主义经济发展中的新现象，对股份公司的说明作了重要补充，指出了在马克思写下这一章之后，在资本主义世界里出现了新形式的工业企业，即卡特尔、托拉斯等垄断组织，它们代表着股份公司的 2 次方或 3 次方。这些资本主义企业的新形式的出现表明："竞争已经为垄断所代替，并且已经最令人鼓舞地为将来由整个社会即全民族来实行剥夺做好了准备。"（495）第二十八章，有些地方进行了重新组织。第三十章以后，是真正困难的，不仅要整理引证的材料，而且要整理思路。因为思路不时为插句、离题的论述等等所打断，然后再在别处展开，而且往往是完全附带地展开的。第三十章就是经过挪动和删节编成的。第三十一章和第三十二章，虽然有的部分写的比较连贯或衔接的相当好，但相当一部分是题为《混乱》的一长篇东西，都是议会报告的摘录。恩格斯在衔接得上的地方，利用了这些材料，编成了这两章；同时，利用从《混乱》起的其余材料，编成了第三十三章到第三十五章，在其中插入了很多话使之衔接起来。第三十六章，写得很完整。

第六篇，写的完整得多，但也没有完全整理好。例如，手稿是从第三十七章开始的，而接着的是第四十五章到第四十七章，然后是第三十八章至第四十四章，第四十三章是最后一部分。恩格斯就是根据马克思在第四十三章所重述的全篇简略提纲对这一篇进行整理的。再如，第四十三章，本来应该阐明级差地租 II 的第三种情况，即生产价格上涨时的级差地租 II，但马克思完全没有论述。这一部分全部是由恩格斯补写的。

最后一篇即第七篇的手稿是完整的，但也只是一个初稿，必须先把无限错综复杂的文句拆开才能付印。问题是最后一章即第五十二章《阶级》，只有一个开头。因为资本主义社会的三大阶级即土地所有者、资本家、雇佣工人以及他们之间的阶级斗争这种结论性的总结，马克思通常总是要留到快付印的时候再作最后的校订，到那时最新的历史事件会按照必然的规律性为他的理论阐述提供最现实的例证，然而马克思未来得及做这项工作。

恩格斯在整理和编辑第三卷的过程中，作了许多增补。其中，最重要的增补是附在本卷最后的两篇短文：《价值规律和利润率》《交易所》。

恩格斯从 1885 年开始着手整理第三卷，直到 1894 年他逝世前半年才完成，前后共花费了近 10 年的时间。可见，恩格斯为整理、编辑和出版第三卷，付出了大量的而又多么艰巨的劳动。这第三卷可以说，更是"马克思和恩格斯两人的著作。"①

3. 最后，也是这篇《序言》的最重要的部分，就是恩格斯对某些资产阶级经济学家在《资本论》第三卷出版以前试图解决价值规律和相等的平均利

---

① 《列宁选集》第 1 卷，第 92 页。

润率之间的矛盾的论述的评论。

　　恩格斯在这里首先又提到了洛贝尔图斯。关于洛贝尔图斯，恩格斯在为《资本论》第二卷写的《序言》里，曾驳斥了所谓马克思剽窃了洛贝尔图斯的剩余价值理论的胡说，并曾以讥讽的口吻要"那些想在洛贝尔图斯那里发现马克思的秘密源泉和把洛贝尔图斯看作马克思的一个卓越先驱者的经济学家们"①，利用《资本论》第三卷尚未出版的这个机会，来表明"洛贝尔图斯的经济学到底能够提供什么"②，也即要能证明"相等的平均利润率怎样能够并且必须不仅不违反价值规律，而且反而要以价值规律为基础来形成"③这个使李嘉图学派破产而由马克思在《资本论》第三卷中科学地解决了的问题。当然，那些"大喊大叫的先生们"（12）是不可能实现这个"约定"（12）的。所以，恩格斯在《资本论》第三卷这个《序言》里说："那些当时从主观原因或客观原因出发，但照例决不是从科学原因出发，把这个善良的洛贝尔图斯吹捧为经济学上的特大明星的先生们，毫无例外地没有作出回答。"（12）相反地，另外一些人倒提出了一些看法。

　　在这里恩格斯首先提到的，是德国资产阶级经济学家威·勒克西斯教授。他在 1885 年著文批评《资本论》第二卷时，提出了价值规律和相等的平均利润率之间的矛盾这个问题，认为只有在以下的场合才可能解决，即：放弃用劳动来计量各种商品价值的做法，而只考察商品生产的整体，只考察它在整个资本家阶级和整个工人阶级之间的分配，工人阶级从总产品中只获得一定的部分，另一部分即马克思所说的剩余价值落到资本家手里；然后，全部剩余价值在资本家阶级的各个成员之间按照各个阶级资本的量进行分配。这样，马克思所说的由体现在商品中的劳动单位决定的观念价值，就和实际价格不一致，实际价格是以等量资本要求等量利润为条件。因此，有些资本家出售其商品时会得到高于观念价值的价格，另一些资本家出售其商品时得到低于观念价值的价格。但由于剩余价值的损益会在资本家阶级内部互相抵消，所以，剩余价值的总量同一切价格都和商品的观念价值成比例时一样。对此，恩格斯指出："问题在这里远没有得到解决，尽管已经含糊地、肤浅地，然而大体上正确地被提出来了。"（13）至于资本的利润是如何产生的，勒克西斯说，按照马克思的方式当然可以得到说明，但没有理由强迫我们这样去理解，

---

① 《马克思恩格斯全集》第 24 卷，第 25 页。
② 《马克思恩格斯全集》第 24 卷，第 25 页。
③ 《马克思恩格斯全集》第 24 卷，第 25 页。

而是有一种更有理的说明方法，即"资本主义的出售者、原料生产者、工厂主、批发商、零售商，由于每个人都高于买价出售，……都能从他们的营业中获得利润。只有工人不可能实行类似的追加价值的办法，工人在资本家面前所处的不利地位，使他只好按照等于劳动本身费用的那种价格出卖劳动，也就是为了必要的生活资料而出卖劳动……因此，……使总产品的一部分价值转移到资本家阶级手中。"（13）对此，恩格斯指出：不难看出，"这种对于资本利润所作的'庸俗经济学的'说明，实际上会和马克思的剩余价值理论得出相同的结果"（14）；"实际上，这个理论不过是对马克思的理论的一种改写。"（14）但"他从来没有直截了当地说过，上述见解就是他的见解。如果这是他的见解，那就很清楚，我们这里碰到的并不是一个普通的庸俗经济学家……而是一个伪装成庸俗经济学家的马克思主义者。"（14）

其次提到的是德国经济学家康拉德·施米特博士。他在其《在马克思的价值规律基础上的平均利润率》一书中，试图这样来协调价值规律和平均利润率，即：产业资本家从他的产品中首先得到他的预付资本的补偿物，然后又得到他没有支付任何报酬的剩余产品。他之所以能占有这个剩余产品，是因为他预付了资本也即一定量的物化劳动到生产中。对资本家来说，他的这种预付资本就是他为了获得这个剩余产品而付出的社会必要的物化劳动的量。按照价值规律，产品是按照生产产品的社会必要劳动的比例进行交换的，而对资本家来说，制造他的剩余产品的必要劳动就是那种已经积累在他的资本中的过去劳动，所以，剩余产品是按照生产它们所必需的资本而不是按照实际体现在它们里面的劳动的比例进行交换。这样，每个资本单位所应得的份数，就等于全部剩余价值的总和除以所使用的资本的总和，相等的资本在相等的期间内会得到相等的利润。因此，在施米特看来，尽管单个商品是按照价值出卖的，但平均利润率还是形成了。恩格斯指出，这种构思是非常巧妙而不正确的。因为按照施米特的说法，一则，剩余产品同有酬产品就没有区别了；再则，构成资本的那种积累起来的过去劳动，不仅是一定量的现成价值，而且还是能够形成比其自身的价值更大的价值的源泉，然而人所共知，只有活劳动才具有这种属性；三则，资本家把预付资本看成是获取利润的一种成本价格，按照资本的量的比例来取得相等的利润，如果因此而把那个按平均利润率计算的价格等同价值，这就把同价值规律相矛盾而作为共同起作用的因素合并到这个规律中去了，也就是把价值规律本身抛弃了。因此，实际上施米特并没有解决这个矛盾，如果是积累的劳动和活的劳动一起形成价值，那价值规律就不适用了；如果是积累的劳动不形成价值，那就和施米特的论证不一致了。不过，施米特是"在问题已经临近解决的时候走上了这条岔路"（16）的。此外，恩格斯还指出了施米特的某些理论成就，即：他那本小册子的其余内容表明，他多少懂得从《资本论》的两卷中得出各种进一步的结论；他发现了前人一直未曾有过的、马克思在第三卷第三篇作出了正确的关于利润率下降趋势的说明；他还说明了商业利润来源于产业剩余价值，并提出一系列关于利息和地租的论述，预先说出了马克思在第三卷第四篇和第五篇中所阐述的种种问题。

继施米特之后，恩格斯提到的是美国的化学家彼·法尔曼。他曾写过有关平均利润率的文章，也曾尝试解决价值规律和平均利润率的矛盾。他对马克思的论述作过许多评论，"认为马克思进行阐述的地方，就是马克思要下的定义，并认为人们可以到马克思的著作中去找一些不变的、现成的、永远适用的定义。"（17）恩格斯指出，这是他的一种误解。他不了解价值和生产价格的内在联系和区别。任何一个经济事物都不是固定不变的，而是可变的，作为在思想上反映客观经济事物的概念也会同样发生变化和变形。因此，对于价值和生产价格这两个既有联系又有区别的范畴，不能把它们限定在僵硬的定义中，而是要在它们历史的或逻辑的形成过程中来加以阐明。所以，马克思在第一卷的开头先从作为历史前提的简单商品生产出发，然后从这个基础进到资本；在第一卷考察价值和剩余价值，到第三卷考察资本主义发展到一定高度的价值的转化形态生产价格和剩余价值的转化形态平均利润，并分析通过部门内的竞争形成社会价值和通过部门间的竞争形成生产价格相交错的运动过程。这些，"当然是法尔曼决不可能理解的。"（17）不过，关于在数量上取决于劳动剥削程度的剩余价值为何转化为在数量上取决于所需资本量的利润的问题，法尔曼还是提出了一些重要思想的，他写道："这只是由于：……不变资本和可变资本的比率最大的一切生产部门，商品高于它们的价值出售，……在不变资本和可变资本的比率……最小的那些生产部门，商品低于它们的价值出售，只是在那些 C 和 V 的比率代表一个平均数的生产部门，商品才按照它们的真正价值出售……各个价格和它们各自的价值之间的这种不一致，是不是对价值原理的否定呢？绝对不是。因为当一些商品的价格提高到价值以上时，另一些商品的价格就按相同的程度降低到价值以下，所以价格的总额仍然和价值的总额相等……"（18）恩格斯指出：如果我们把《资本论》第三卷第九章有关段落同这一段比较一下，就会发现，法尔曼在这里实际上已经接触到了问题的关键。

接着提到的是"凡是有机会在难题面前出丑的时候，总是少不了"他的德国资产阶级庸俗经济学家尤利乌斯·沃尔弗。沃尔弗认为整个问题都要由相对剩余价值来解决，而相对剩余价值的生产是以不变资本比可变资本相对增加为基础的。因为不变资本的增加，表示着劳动生产力的增加，生产力的增加会使生活资料便宜，从而引起剩余价值的增加。因此，在沃尔弗看来，剩余价值的增加同总资本中不变资本部分的增加有着直接的关系，在可变资本不变而不变资本增加时，剩余价值也必然增加。沃尔弗说什么，他的"这种天才的发现"和马克思的说法是一致的，"硬说马克思认为在可变资本减少时相对剩余价值的增加和不变资本的增加成正比"（19）。恩格斯指出，这纯粹是"毫无根据的一派胡言"，"尤利乌斯·沃尔弗先生写下的每一行都证明，无论是相对地说还是绝对地说，他既毫不理解绝对剩余价值，也毫不理解相对剩余价值"（19）。正是基于这种观点，沃尔弗认为，价值规律同平均利润率是矛盾的，这一矛盾是不可能解决的，要解决问题只有抛弃价值规律即劳动价值论。他写道："李嘉图也曾断言，相等的资本支出产生相等的剩余价值（利润），同样，相等的劳动支出产生相等的剩余价值"。（20）这两者如何能协调一致呢？实际上，相等的劳动支出产生相等的剩余价值这个论断并不是价值规律的必然结果，甚至同价值规律相矛盾，"因此……应该干脆推翻。"（20）

再继而提到的是意大利资产阶级庸俗经济家阿基尔·洛里亚。在 1883年3月马克思刚一去世，这位洛里亚先生即在 1883 年 4 月一期意大利自由派的文学、艺术和政论性杂志《科学、文学和艺术新文选》上发表《卡尔·马克思》一文，对马克思进行肆意歪曲和攻击。首先是关于马克思的错误百出的传记；继而是对马克思的社会活动、政治活动和写作活动的批评；再有就是对马克思的唯物史观的伪造和歪曲，把马克思的理论降低到了十分庸俗的水平，所提出的历史的证据和事例充满了连四年级小学生都不应当犯的错误。然而到了 1886 年，洛里亚出版了他的《关于政治制度的经济学说》一书，在书中，"他居然把他在 1883 年曾经如此完全并如此有意地歪曲了的马克思的历史理论，宣布为自己的发现"（21）。恩格斯在这里着重揭露的还是他在平均利润率问题上对马克思的攻击。洛里亚说：在马克思看来，一个资本主义工业企业所生产的剩余价值的量，取决于它所使用的可变资本，不变资本不提供任何利润（在这里他把剩余价值和利润等同起来）。但是，这是同事实相矛盾的，因为实际上利润不是取决于可变资本，而是取决于总资本。他还诬蔑马克思说：马克思自己也看到了这一点，并且承认他的理论同事实相矛盾，然而如何解决这个矛盾呢？马克思要读者看尚未出版的续卷。"但这第二卷始终没有出版，这第二卷很可能是马克思在拿不出科学论据时使用的一种诡计。"（22）现在第二卷早已出版，第三卷也就要出版了。在第二卷出版时，恩格斯在为它所写的《序言》中，就公开地把利润率的问题提出来了。对此，洛里亚"大概会觉得有些难为情吧"。（22）他本来认为，马克思的剩余价值理论同利润率普遍相等这个事实绝对不能相容，并已公开宣布这个问题是不能解决的。可是，到了1890年，《资本论》第二卷出版后的第五年，洛里亚却"要超出自己的能力公开去解决这个问题"（22）了。在1890年，洛里亚写了一篇评论康拉德·施米特的《在马克思的价值规律基础上的平均利润率》的文章。"他从施米特那里知道了商业利润怎样形成之后，他就豁然开朗了"（22），认为平均利润率可以在价值规律的基础上形成。他写道："因为价值由劳动时间决定这件事会使那些以较大部分资本投在工资上面的资本家得到利益，所以，非生产〈应当说商业〉资本能够从这种受益的资本家那里强行索取较高的利息〈应当说利润〉，因而各个工业资本家中间造成一种均等的现象……比如说，工业资本家 A、B、C 在生产中各使用 100 个工作日，而使用的不变资本分别是 0、100 和 200，并且 100 个工作日的工资包含着 50 个工作日，那末，每个资本家就得到 50 个工作日的剩余价值，利润率对 A 来说是 100%，对 B 来说是 33.3%，对 C 来说是 20%。"（23）现在有第四个资本家 D，其非生产资本为 300，凭此向 A 抽取 40 个工作日的价值，向 B 抽取 20 个工作日的价值作为利息（利润），则 A、B 的利润率都会下降到 20 和 C 的一样。而 D 有资本 300，获得利润 60，利润率也是 20%"（20）。洛里亚就是这样用惊人的手法，把那个他曾宣告不能解决的问题解决了。恩格斯指出：这纯粹是魔术师般地玩弄一种可怜的把戏。洛里亚完全是一个厚颜无耻的诡辩家、谬论家、吹牛家和江湖骗子；他每当陷入困境时，总是欺骗群众；他"极端狂妄，混不下去时又像鳗鱼一样滑掉；挨了别人的脚踢还充英雄好汉；抢占别人的研究成果；死皮赖脸地大做广告；依靠同伙的吹捧捞取声誉"。（24）在洛里亚的身上体现着斯加纳列尔和杜尔卡马腊二者的典型的统一，斯加纳列尔是法国喜剧中的一个角色，是一个庸俗、卑鄙、愚蠢和低级趣味的典型；杜尔卡马腊是意大利歌剧中的一个人物，是一个江湖骗子。

最后，恩格斯提到的是美国统计学家和小资产阶级政论家乔治·斯蒂贝林。他也发现了问题的答案。这个答案是："假定有两个工厂，用相同的资本进行相同时间的作业，但不变资本和可变资本的比率不同。假定总资本（c+v）＝Y，再用 X 来表示不变资本和可变资本比率上的差。……因此，工厂 I 的剩余价值率＝$\dfrac{m}{v}$，工厂 II 的剩余价值率＝$\dfrac{m}{v+x}$。我把……在一定时间内所增殖的全部剩余价值（m）叫做利润（P），……这样，工厂 I 的利润率是……$\dfrac{m}{c+v}$，工厂 II 的利润率是$\dfrac{m}{(c-x)+(v+x)}$，即同样是$\dfrac{m}{c+v}$。因此，……在价值规律的基础上，在资本相等，时间相等，但活劳动的量不等时，由于剩余价值率的变动，会产生出一个相等的平均利润率。"（25）恩格斯指出：尽管以上的计算很巧妙，但所有计算都是错误的。此外，他虽然利用 1870 年和 1880 年美国的调查材料，证明了利润率的下降，"但他对于这个事实的说明都是完全错误的。他还认为，马克思关于始终不变的固定的利润率的理论必须根据实际来加以修正。然而，从这个第三卷的第三篇可以看到，所谓马克思的"固定的利润率"，纯粹是捏造，并且关于造成利润率下降趋势的原因，也和他所说的正好相反。

《资本论》第三卷的对象、结构和现实意义

　　《资本论》第三卷是《资本论》理论部分的最后一卷，也是非常重要的一卷。过去，一般都认为第一卷是最重要的，因为它揭示了资本主义生产关系的基础、本质及其发生、发展和必然灭亡的规律。这固然是对的。但是，第一卷到第三卷的逻辑进程，是从抽象到具体，因而从今天看来，越具体、越接近于资本主义经济运动的现实，就越来越感到第三卷的重要性及其在研究现实问题上的重要理论指导意义了。

　　第三卷是在第一卷分析了剩余价值的生产、第二卷分析了剩余价值的实现之后，分析了剩余价值的分配，从而完整了剩余价值理论。"它第一次从总的联系中考察了全部资本主义生产"[①]，阐明了"马克思对资本主义基础上的社会再生产过程的研究的最终结论"[②]，"使整个经济学发生彻底的变革，并将引起巨大的反响"[③]。因此，恩格斯对第三卷给予了很高的评价。恩格斯写道："我钻研得越深，就越觉得《资本论》第三册伟大"[④]，"它是卓越的"[⑤]，"光彩夺目的……给人以雷鸣闪电般的印象"[⑥]，"在学术上甚至超过第一卷"[⑦]，"包含着最后的并且是极其出色的研究成果"[⑧]。

[①]《马克思恩格斯〈资本论〉书信集》，第461页。

[②]《马克思恩格斯全集》第24卷，第25页。

[③]《马克思恩格斯〈资本论〉书信集》，第458页。

[④]《马克思恩格斯〈资本论〉书信集》，第456、458、462页。

[⑤]《马克思恩格斯〈资本论〉书信集》，第456、458、462页。

[⑥]《马克思恩格斯〈资本论〉书信集》，第456、458、462页。

[⑦]《马克思恩格斯〈资本论〉书信集》，第456、458、462页。

[⑧]《马克思恩格斯〈资本论〉书信集》，第456、458、462页。

一、研究对象

第三卷的标题是"资本主义生产的总过程。"资本主义生产的总过程，就是这一卷的研究对象。

什么是资本主义生产的总过程呢？"资本主义生产过程，就整体来看，是生产过程和流通过程的统一。"（29）但是，资本主义生产过程本身作为直接生产过程并不是这里考察的对象，作为对象它已经在第一卷研究过了。这里是把生产过程作为资本主义生产总过程的基础而包括在其中的。至于流通过程，从它作为生产过程之补充和作为社会再生产过程之媒介的角度，在第二卷也已考察过了。不过，在第二卷，先是从个别资本的角度考察了流通过程，即资本的循环和周转，其目的在于说明资本只有在不断的运动中才能增殖，并揭示其不断运动的条件。然后从各个个别资本有机联系的角度考察了社会总资本的再生产和流通，其目的在于分析社会再生产实现的条件。这里虽然是从总体上考察资本的运动，但这个社会总资本还仅限于产业资本这一种形式，还把从事资本主义生产的资本家"当作全部剩余价值的所有者，或者，不妨把他当作所有参加分赃的人的代表。"[①]然而，在资本主义的现实中，在资本循环中所采取的货币资本、生产资本和商品资本三种职能形态已独立化为产业资本、商业资本和借贷资本三种资本形式，此外还有土地所有者；与此相适应，剩余价值在商品流通中被分割而转化为产业利润、商业利润、借贷利息和地租。可见，从整体上看，社会总资本的再生产和流通，也即资本主义生产的总过程，实际是产业资本、商业资本和借贷资本各种独立的、具体的资本形式在相互作用中和竞争中的运动过程；与此同时，也是剩余价值的生产、流通和分配的过程。资本主义生产的总过程作为第三卷的研究对象，具体来说，就是研究这些资本的具体形式在分割剩余价值中的相互关系以及剩余价值的各种转化形式。马克思在《资本论》第一卷中即曾指出："生产剩余价值即直接从工人身上榨取无酬劳动并把它固定在商品上的资本家，是剩余价值的第一个占有者，但决不是剩余价值的最后所有者。以后他还必须同在整个社会生产中执行其他职能的资本家，同土地所有者等等，共同瓜分剩

---

① 《马克思恩格斯全集》第 23 卷，第 620 页。

余价值。因此，剩余价值分为各个不同的部分。它的各部分归不同类的人所有，并具有不同的、互相独立的形式，如利润、利息、商业利润、地租等等。剩余价值的这些转化形式要在第三卷里才来研究。"[①]在第三卷第一章一开始，马克思又写道："这一卷要揭示和说明资本运动过程作为整体考察时所产生的各种具体形式。资本在自己的现实运动中就是以这些具体形式互相对立的"（29），这些形式"同资本在社会表面上，在各种资本的互相作用中，在竞争中，以及在生产当事人自己的通常意识中所表现出来的形式，是一步一步地接近了。"（30）

在资本主义生产的总过程中，除去资本的各种具体形式和剩余价值的各种转化形式一步一步地接近于现实以外，商品价值的形式如平均价值和市场价值以及价值的各种转化形式如生产价格、个别生产价格、社会生产价格、垄断价格等也一步一步地接近现实了。这些形式也都是第三卷所研究的内容。

此外，在资本主义生产的总过程中的生产关系和分配关系的关系，以及建立在资本主义生产方式基础上的雇佣工人、资本家和土地所有者三大社会阶级之间的阶级关系，也是第三卷所考察的内容。

第三卷研究的中心是剩余价值的分配问题。恩格斯明确指出："第三卷所阐述的就是剩余价值的分配规律"[②]，"剩余价值的分配就像一根红线一样贯串着整个第三卷"[③]。

二、结　构

第三卷包括七篇共五十二章。其内容结构可划分为三大部分。

第一部分，是第一篇。中心讲利润和利润率，说明在资本主义条件下，剩余价值是以歪曲了的、掩盖了其真实来源的利润的形式表现出来的，剩余价值率是以歪曲了的、掩盖了其真实剥削程度的利润率的形式表现出来的。

这一篇是以后各篇展开的基础，因为：第一，剩余价值转化成各种具体形式。不是直接地，亦是首先转化为利润，而后再转化为各种具体形式，利

润是剩余价值和各种转化形式之间的逻辑上和实际过程上的中介范畴。第二，只有阐明了利润和利润率，才能考察剩余价值在产业资本家、商业资本家、借贷资本家以及土地所有者之间的瓜分，因为这种瓜分都是资本追求尽可能多的利润量和尽可能高的利润率的相互关系和竞争中实现的。

第二部分，是第二到第六篇。中心是展开考察资本的各种具体形式和剩余价值的各种转化形式，说明剩余价值的分割是在平均利润率规律的作用下进行的。

第二、第三篇，中心说明在平均利润率规律的作用下，产业资本家如何瓜分剩余价值；同时，揭示了平均利润率发展的趋势，以及在一般利润率趋向下降规律的作用下，产业资本家之间以及资本主义生产方式内部矛盾的发展。

第四篇，中心说明商业资本家如何参与剩余价值的瓜分，揭示商业利润的来源及其实质。

第五篇，中心说明借贷资本家如何参与剩余价值的瓜分，揭示借贷利息的来源及其实质。由于借贷资本家参与剩余价值的瓜分，产业资本家和商业资本家的平均利润分为利息和企业主收入。

第六篇，中心说明资本主义农业的土地所有制和地租，揭示资本主义农业地租的来源及其实质。

第三部分，是第七篇，这不仅是第三卷而且也是全三卷的总结。恩格斯称之是"很精采"[①]的一篇。中心说明工资，利润、利息和地租等各种收入的唯一源泉，是雇佣工人的劳动创造的价值；其中，除去工人的工资以外，其他利润、利息和地租等剥削收入都是来自工人的剩余劳动创造的剩余价值，它们是凭借生产资料的所有权而对剩余价值的分割，而不是生产资料所创造。另外，说明资本主义的分配关系同生产关系的关系，以及这些关系反映着建立在资本主义生产方式基础上的雇佣工人、资本家和土地所有者三大阶级之间的阶级关系。

---

① 《马克思恩格斯〈资本论〉书信集》，第 582 页。

三、现实意义

首先，第二次世界大战后，发达资本主义国家的经济有了很大的发展和变化。但是，《资本论》第三卷的基本原理仍然对于我们研究当代资本主义经济问题具有指导意义。主要如下。

1. 关于利润率平均化和生产价格的理论。在资本主义自由竞争阶段，通过部门间的竞争，利润率平均化，形成了社会平均利润率，商品价值转化为生产价格，但价值仍然是生产价格形成和变化的基础，这些基本原理，可以指导我们研究垄断价格问题。在垄断资本主义条件下，垄断虽然排除了自由竞争，但竞争依然存在，甚至更为激烈。这种竞争，不仅存在于垄断企业和非垄断企业之间，而且也存在于垄断企业之间。这时，社会平均利润率的形成虽然受到了限制，但不同层次或水平的平均利润率如较高层次或水平的垄断部门范围内的平均利润率和较低层次或水平的非垄断部门范围内的平均利润率还是会形成的。这样，就会形成垄断生产价格和非垄断生产价格。所谓垄断价格，实际上是垄断生产价格，它是垄断市场价格的调节者。垄断价格虽然形成了，但它仍以价值为基础。马克思写道："如果剩余价值平均化为平均利润的过程在不同生产部门内遇到人为的垄断或自然的垄断的障碍，……以致有可能形成一个高于受垄断影响的商品的生产价格和价值的垄断价格，那末，由商品价值规定的界限也不会因此消失。某些商品的垄断价格，不过是把其他商品生产者的一部分利润，转移到具有垄断价格的商品上。剩余价值在不同生产部门之间的分配，会间接受到局部的干扰，但这种干扰不会改变这个剩余价值本身的界限。"（973）

2. 关于影响利润率诸因素和超额利润的论述，可以借以分析垄断利润的来源。特别是在价格变动影响的分析中，关于"原料价格的低廉对工业国来说也是非常重要的"（123）的论述；在分析阻挠和抵消平均利润率下降的各种原因中，关于对外贸易可以提高利润率的论述，都可以借以考察发达资本主义国家通过不等价交换等手段从发展中国家攫取高额利润的现实。

3. 关于平均利润率趋向下降规律作用的过程中资本主义生产方式内部矛盾展开的分析，关于商业资本周转的分析，关于商业信用和银行信用在资本主义生产中的作用的分析，都可以借以研究现代资本主义的经济危机。

4. 马克思关于股份公司的发展"在一定部门中造成了垄断，因而要求国家的干涉。它再生产出了一种新的金融贵族，一种新的寄生虫"（496）的论断，恩格斯关于卡特尔和托拉斯是股份公司的二次方和三次方以及关于国际卡特尔的论述，都可以指导我们研究现代资本主义的垄断和国家垄断。

5. 关于银行、信贷、利息率、汇兑率、有价证券等方面的论述，可以借以研究现代资本主义的这些方面的问题。

6. 关于资本主义土地所有制和地租理论，可以指导我们研究现代资本主义的土地所有制和地租问题。

7. "在股份公司内，职能已经同资本所有权相分离，因而劳动也已经完全同生产资料的所有权和剩余劳动的所有权相分离。资本主义生产极度发展的这个结果，是资本再转化为生产者的财产所必需的过渡点，不过这种财产不再是各个互相分离的生产者的私有财产，而是联合起来的生产者的财产，即直接的社会财产。另一方面，这是所有那些直到今天还和资本所有权结合在一起的再生产过程中的职能转化为联合起来的生产者的单纯职能，转化为社会职能的过渡点。"（494）工人自己的合作工厂表明，"在物质生产力和与之相适应的社会生产形式的一定的发展阶段上，一种新的生产方式怎样会自然而然地从一种生产方式中发展并形成起来。……资本主义的股份企业，也和合作工厂一样，应当被看作是由资本主义生产方式转化为联合的生产方式的过渡形式"（498）。资本主义"有利于社会关系的发展，有利于更高级的新形态的各种要素的创造。"（926）这些论述都可以指导我们研究现代资本主义发展的历史趋势。

其次，马克思在《资本论》第三卷中，对社会主义（或共产主义）的许多经济规律和经济范畴有许多直接的提示或科学的预见，这些对于我们研究社会主义经济都具有直接指导意义。例如：

1. 只有在社会主义计划经济的条件下，才能做到社会总劳动用于生产各种产品的劳动量与社会对各种产品的需要量相适应。"只有在生产受到社会实际的预定的控制的地方，社会才会在用来生产某种物品的社会劳动时间的数量和要由这种物品来满足的社会需要的规模之间，建立起联系。"（209）

2. 在第三十七章，马克思提出了另外一种含义的必要劳动和剩余劳动，即"生产全部生活资料（包括为此所需的生产资料）的那部分，完成整个社会的必要劳动；……所有其余部分所完成的劳动，可以看作剩余劳动。"（713）"一般剩余劳动的自然基础，即剩余劳动必不可少的自然条件是：只要花费整个工作日的一部分劳动时间，……提供出必要的生活资料。"（712—713）当然，必要劳动决不是只包括农业劳动，而且也包括生产其他一切必要消费品的劳动。"工业劳动的一部分和农业劳动的必要部分一样也是必要劳动。"（714）但是，"因为食物的生产是直接生产者的生存和一切生产的首要的条件，所以在这种生产中使用的劳动，即经济学上最广义的农业劳动，必须有足够的生产率，……使农业剩余劳动……成为可能。进一步说，社会上的一部分人用在农业上的全部劳动……必须足以为整个社会……生产必要的食物；也就是使从事农业的人和从事工业的人有实行这种巨大分工的可能；并且也使生产食物的农民和生产原料的农民有实行分工的可能。"（715—716）因此，"农业劳动……的这种自然生产率，是一切剩余劳动的基础"（713），"超过劳动者个人需要的农业劳动生产率，是一切社会的基础。"（885）马克思的这些论述，同样适用于社会主义社会。因此，我们必须遵从农业是国民经济的基础这个客观规律，保证农业的首先发展。特别对我国这个人口众多的大国来说，更是如此。

3. 资本主义生产的商品的价值构成为 c+v+m。去掉 c、v、m 的资本主义性质，还原为一般基础，在任何社会里都是适用的。在社会主义条件下，社会总产品也要分为三部分：一部分用来补偿消耗掉的生产资料，一部分用于社会成员或劳动者的消费，一部分为剩余产品。不过，它们不仅在性质上和形式上与资本主义条件下的范畴根本不同，而且在量上也有了新的规定性。除去补偿消耗掉的生产资料不说，就个人消费和剩余产品部分而言，马克思写道："如果我们把工资归结为它的一般基础，也就是说，归结为工人本人劳动产品中加入工人个人消费的部分；如果我们把这个部分从资本主义的限制下解放出来，把它扩大到一方面为社会现有的生产力（也就是工人的劳动作为现实的社会劳动所具有的社会生产力）所许可，另一方面为个性的充分发展所必要的消费的范围；如果我们再把剩余劳动和剩余产品，缩小到社会现有生产条件下一方面为了形成保险基金和准备金，另一方面为了按社会需求所决定的程度来不断扩大再生产所必要的限度；最后，如果我们把那些有劳动能力的人必须为社会上还不能劳动或已经不能劳动的成员而不断进行的劳动，包括到 1. 必要劳动和 2. 剩余劳动中去，也就是说，如果我们把工资和剩余价值，必要劳动和剩余劳动的独特的资本主义性质去掉，那末，剩下的就不再是这几种形式，而只是它们的为一切社会生产方式所共有的基础。"（990）所有这些，以及马克思关于社会主义、共产主义条件下的消费基金和剩余产品的论述，对我们都有直接的指导意义。

4. 共产主义将会使劳动日缩短。"资本一方面会导致这样一个阶段，在这个阶段上，社会上的一部分人靠牺牲另一部分人来强制和垄断社会发展（包括这种发展的物质方面和精神方面的利益）的现象将会消灭；另一方面，这个阶段又会为这样一些关系创造出物质手段和萌芽，这些关系在一个更高级的社会形态内，使这种剩余劳动能够同一般物质劳动所占用的时间的较显著的缩短结合在一起。"（926）虽然劳动日缩短了，但社会财富和社会再生产还会不断扩大，因为"社会的现实财富和社会再生产过程不断扩大的可能性，并不是取决于剩余劳动时间的长短，而是取决于剩余劳动的生产率和这种剩余劳动借以完成的优劣程度不等的生产条件。"（926）

5. "自由王国只是在由必需和外在目的规定要做的劳动终止的地方才开始。"（926）从社会主义社会消灭了剥削、工人强制地为外在目的规定要做的即为资本家创造剩余价值的劳动终止了这个角度看，社会主义社会可以说是开始了自由王国；同时，在社会主义社会里，在物质生产领域内还达到了这样的自由，即"社会化的人，联合起来的生产者，将合理地调节他们和自然之间的物质变换，把它置于他们的共同控制之下，而不让它作为盲目的力量来统治自己；靠消耗最小的力量，在最无愧于和最适合于他们的人类本性的条件下进行这种物质变换。"（926—927）但是，社会主义社会仍然是一个必然王国，因为：①这时，劳动还是谋生的必要手段，也就是必需规定要做的劳动还没有终止；②"在这个必然王国的彼岸，作为目的本身的人类能力的发展"（927），真正的自由王国才开始。"这个自由王国只有建立在必然王国的基础上，才能繁荣起来。工作日的缩短是根本条件。"（927）要做到工作日缩短，必须彻底消灭剥削，劳动在全社会普遍化；同时，社会生产力和劳动生产率还要有极大的提高。

6. 在社会主义、共产主义社会，既需要又可能做到劳动时间的节约和社会劳动在各生产部门之间的比例分配，因而经济核算和簿记更为重要。"在资本主义生产方式消灭以后，但社会生产依然存在的情况下，价值决定仍会在下述意义上起支配作用：劳动时间的调节和社会劳动在各类不同生产之间的分配，最后，与此有关的簿记，将比以前任何时候都更重要。"（963）

此外，在第三卷分析资本主义的一些范畴和经济规律的论述中，只要去掉其资本主义性质，有些对于考察社会主义经济问题也是有着指导意义的。例如：①关于资本周转和经营管理对利润率的影响的论述。"如果一定量可变资本的剩余价值已定，这个剩余价值会表现为多大的利润率，从而会提供多大的利润量，在很大程度上还要取决于资本家自己或他的经理和职员个人的经营本领。"（155）②关于市场价值、平均价值、生产价格和市场价格的论述，可以指导我们研究社会主义价格的基础和价格机制的问题；③关于商业资本和纯粹流通费用的补偿的论述，可以指导我们研究社会主义的商业以及减少纯粹流通费用的问题；④关于银行和信用的论述，可以指导我们研究社会主义的银行和信贷问题；⑤关于资本主义地租的论述，可以指导我们研究社会主义的土地级差收益、土地利用、土地价格以及与这些有关的政策等问题。

《资本论》在当代西方经济学界（一）*

　　《资本论》问世之初，资产阶级的代言人企图用沉默把它置之于死地。后来，随着《资本论》的传播和影响的不断扩大，"这种策略已经不再适合时势"①，于是转而对它大肆诬蔑和攻击。

　　本世纪 30 年代发生了席卷资本主义世界的经济危机，为垄断资产阶级服务的凯恩斯主义应时而生。同时，为了医治资本主义的痼疾和拯救资本主义制度，西方经济学界也开始注意起马克思的经济思想，在凯恩斯的《通论》出版后的第三年，即 1938 年，瓦西里·里昂惕夫在《美国经济评论》第 28 卷第 1 号增刊上，发表了题为《马克思的经济学对当代经济理论的意义》的论文。到了六七十年代，随着主要资本主义国家的经济呈现"滞胀"，凯恩斯主义由风靡一时逐步走向危机，西方经济学界更进一步重视起马克思的经济理论。十几年来，在西方，关于马克思经济学说的专著和论文，纷纷出版；对马克思经济理论的研究和争论空前活跃。一时出现了如西方经济学界所说的"马克思主义复兴"的"盛况"。

　　为了结合现代资本主义的实际，研究《资本论》，捍卫《资本论》，有必要了解当代西方经济学及西方经济学界对《资本论》的评论。为此，我们编辑了这个材料。这是一篇供参考的资料性东西，未加评论和批判。容后针对其观点，再一一加以专题式的评论。

　　当代西方经济学界关于马克思《资本论》的评论的材料很多，仅就我们所见到和知道的，专著就有二三十部，论文不下数百篇。这里所编辑的，只是我们所见到的一部分。

　　这篇东西是采取文章式串写起来的。内容大都是未加引号的原著中的话。

---

　　* 本文原载于《南开学报》1982 年第二期，与金岩石合作。
　　① 《马克思恩格斯全集》第 23 卷，第 18 页。

一、"复兴"和总的评价

马克思主义经济学在当代西方的"复兴"并非偶然，而是有着历史背景的。

英国莱斯特大学的年轻经济学家米切尔、霍瓦德和兰开斯特大学的年轻经济学家约翰·金，在他们合著的《马克思的政治经济学》一书中写道："在过去十年或十五年里，已经看到了传统经济理论的危机的开始。由于对传统理论的不满的增长，才使得对马克思主义经济学的兴趣在最近复活了。这种兴趣的增长的证明之一，就是关于马克思主义经济学的学术作品的迅速膨胀。

英国伦敦大学经济学院的年轻经济学家迈格奈德·戴赛在其所著的《马克思的经济学》一书中称：在满怀信心的 50 年代和 60 年代，充分就业和稳定的经济增长似乎是当时所有发达资本主义经济的规律。这里，新古典派综合——凯恩斯主义的宏观经济政策与瓦尔拉的微观经济理论——成了经济学中的确认的教规。只有始终不渝的、顽强的极少数才认为马克思的经济学对资本主义的分析有所贡献。在当时，要了解马克思的思想，只有保罗·斯威齐的《资本主义发展的理论》一书可读。到了 70 年代，情况发生了很大变化。在过去的五年里（指 1979 年的前五年），高水平的失业、通货膨胀和经济停滞普遍发生在发达的资本主义国家。在这种情况下，新古典派综合处于崩溃之中。经济学家们在重新检验凯恩斯的理论，并重新寻找经济理论的基础。对马克思及其经济学的兴趣复活了。主流派经济学家们也转向仔细看待马克思了。

猖狂诋毁和攻击《资本论》的奥地利资产阶级庸俗经济学家欧根·冯·庞巴维克，在 1896 年发表了他的《马克思体系的终结》。西德经济学家卡尔·屈内在 1979 年发表了名为《经济学与马克思主义》的两卷本著作。其第一卷的副标题是"马克思体系的复兴"。从 1896 年到 1979 年，相隔了 83 年。

在马克思主义的"复兴"中，西方经济学家的态度是不同的。时代不同，他们对待《资本论》的手法也改变了。

首先，恶毒诬蔑和攻击马克思主义的还有，但像庞巴维克那样说什么马克思体系陷于"崩溃"的不多了。他们在诬蔑和攻击的同时，也不能不承认马克思主义的威力和影响了。

澳大利亚经济学家惠尔赖特写道：马克思死后不到一百年，世界上就有了三分之一以上的人口生活在自称是马克思主义的王国里，有更多的人强烈地受到了马克思的影响。你可以谩骂他，修正他，歪曲他，但是你不能忽视他。

已故的当代西方经济学界的主要代表人物之一——约瑟夫·阿·熊彼特，诬蔑马克思主义为"宗教"。但是，他也承认，马克思主义的复活，是其理论的生命力的表现。他说：多数著作经过一段时间就湮没无闻了。而有些理论却不是这样。它们经受了隐晦，又复活了。这些理论可称之为伟大的理论。马克思的学说就是如此。种种非难和反驳，由于不能致命地损毁它，反而只起了显示其力量的作用。

当代西方经济学界的另一个主要代表人物保罗·A.萨缪尔森，诬蔑"马克思主义是马克思主义者的鸦片"。但是，他也承认马克思在思想史和政治经济学的非分析性方面，以及在哲学和社会学领域中，占有一个重要地位。他称马克思是一个不大重要的后李嘉图学派，是一个并非令人不感兴趣的里昂惕夫投入产出分析的先驱。

其次，有的人虽然肯定马克思的经济理论及其在历史上的地位，但认为在今天已经过时了。"过时论"是当代西方经济学界反对《资本论》的重要特点和手法之一。

凯恩斯在其《劝说集》中写道：《资本论》是一部过时的经济学教科书。它不仅在科学上是错误的，而且对现代世界是既无益的又不适用的。

萨缪尔森认为，马克思的理论体系只适用于理解19世纪或更早时期的收入分配分析。

美国当代另一个著名经济学家沃尔特·W.罗斯托虽然也肯定《资本论》，但认为它不适合于当代了。他在1960年发表的《经济成长的阶段》一书的副标题是"非共产党宣言"。在其中，他公开宣称："这个体系作为一种观察近代史的方法，是要向马克思主义挑战并取而代之"。

1979年版的《美国百科全书》写道：《资本论》预言工资和利润率下降，但20世纪的前50年，资本收益保持在9%左右，工资在74年内提高了5倍以上。因此，《资本论》的预言被经济学家们遗忘了。

英国四个年轻的经济学家安托尼·卡特勒等，在他们合著的《马克思的〈资本论〉与今天的资本主义》一书中写道：马克思主义经济理论在当代资本主义的新形式下一筹莫展。现代马克思主义经济理论的枯燥无味，主要是由于过分忠实于《资本论》的结果。《资本论》中的很多概念和问题，远不足以构成一个出发点。这些概念和问题，对于那些愿意正视现代资本主义的现实而需要采取新型理论的社会主义者们来说，实际上是一个障碍。

第三，有些经济学家从不同角度肯定甚至吸收马克思的经济思想，他们企图把马克思的理论同当代西方经济学、特别是凯恩斯主义溶合起来，这是当代西方经济学界对待马克思主义的又一突出的倾向、特点和手法。

瑞典经济学家卡尔·G.迈尔达尔写道：一些正统的经济学者默默地接受了马克思的思想，从而把它们庸俗化了。他们致力于把马克思的思想溶合到现代经济学中去，使他们成为任何人都可以接受的、对现存制度无害的东西。

英国著名经济学家、新剑桥学派的主要代表人物琼·罗宾逊写道：马克思学派经济学家与学院派经济学家间的关系，近年来有了改变。在马歇尔当年，他们还是被一条不可逾越的鸿沟间隔着的。近来的学院派经济学家，就其大部分来说，经历了一个显著的变化。他们遵循着自己的道路，达到了与马克思体系大为相似的境地。失业在两派中都占着重要位置。两派都认为资本主义蕴含着它自身崩溃的种子，凯恩斯体系与马克思体系是一致的。分歧在于积累和分配理论。马克思主要同长期动态分析有关，而现代经济学理论还没有超出短期分析的局限。马克思给自己提出了发现资本主义运动规律的任务，如果经济学还有进步希望的话，这种希望就在于用学院派方法来解决马克思提出的问题。

日本著名经济学家都留重人声称：马克思经济学与现代经济学往往是水火不相容的，凯恩斯却做出了伟大贡献，他在现代经济学中打开了一个新的远景。这势必会引起他的学说同马克思的学说之间有意义的对比。

美国主要凯恩斯主义者、萨缪尔森的门徒劳伦斯·R.克莱因写道：马克思和凯恩斯都把经济体系作为一个总体看待，都使用"总量分析"的方法。但凯恩斯的分析常常是极端古典的，而马克思则是非正统的。如果凯恩斯经济学完全根据可观察的总量叙述，那么这两种方法论就会很相似。

美国迪尤克大学经济学教授马廷·布朗芬布伦纳对《资本论》和现代西方经济学理论进行了"比较研究"，在其《现代人看待〈资本论〉》一文中声称：马克思体系可以很容易地改换成一个对照的瓦尔拉全部均衡体系。

英国经济学家、《劳动价值学说的研究》的作者朗纳德·L.米克，企图通过这本书在马克思主义经济学家与非马克思主义经济学家之间建立某种桥梁。他写道：希望这本书可能有助于开辟一个两派共存的时代，在这个时代里,马克思主义者与非马克思主义者将由互相攻击对方的虚伪性和不学无术,而转变为互相了解和评价对方的观点。

此外,有的认为马克思是现代有效需求理论的奠基人;有的认为马克思是继魁奈之后的第一个最重要的宏观经济学形成者,是"现代魁奈"里昂惕夫投入产出理论的先驱;有的认为马克思是现代增长理论之父;有的认为马克思是第一个认识到技术变动对经济政治的影响的经济学家;等等。

还有一种值得注意的动向是,在当代西方经济学界大谈"重新发现"马克思和"马克思主义复兴"的同时,一些号称马克思主义者和激进派的经济学家却大谈马克思主义的"危机",声称要抛弃《资本论》。号称意大利青年马克思主义者的博塔即否认马克思是经济学家,认为马克思主义只是工人阶级的批判社会学。流亡西方的波兰"马克思主义者"科拉科夫斯基写了三卷本的《现代马克思主义的主要流派》,声称:列宁以后的马克思主义进入了"崩溃"阶段。号称法国马克思主义者的阿尔申塞,在意大利举行的一次国际讨论会上大讲"马克思主义的危机",声称:这种危机从 30 年代起就出现了,现在更爆发出来了。

二、一些主要方面的评价

以下从七个方面,分别介绍当代西方经济学界对《资本论》的评价。

(一) 关于价值和生产价格

资产阶级的代言人反对马克思主义经济学,攻击《资本论》,总是首先集中在攻击马克思的劳动价值论上。首先在这方面发难的是庞巴维克。他采取的手法,一是直接否定劳动价值论,二是利用商品价值到生产价格的转化问题(Transformation)或者所谓《资本论》第一卷与第三卷的矛盾来攻击或否定劳动价值论。直到今天,西方经济学界对待马克思的劳动价值论,基本上仍然是如此。

直接否定劳动价值论的手法:

1. 从庞巴维克起到今天,用边际效用论、生产费用论、均衡价格论来代替劳动价值论。这是传统的作法。

2. 有的采取折衷的手法,如德国经济学家莱德勒认为,劳动价值论是从供给方面出发，边际效用论是从需求方面出发，二者触及的问题是一致的。因此，价值应该从这两个方面出发，从总体上加以说明。

3. 战后以来，随着科学技术的巨大发展，特别是生产自动化的发展，出现了新的否定劳动价值论的论点和手法。例如，西德法兰克福学派的哈伯尔梅斯认为，技术和科学成为主要的生产力，马克思劳动价值论的应用前提不存在了。因为，科学的进步已成为独立的剩余价值源泉，直接生产者的劳动越来越不重要了。又如，英国的卡特勒等即《马克思的〈资本论〉与今天的资本主义》的作者声称，马克思在《政治经济学批判大纲》中已看到科学技术的发展会消灭价值形成的条件。现在，直接劳动者已不是生产过程的主体了，劳动价值论的基础已不复存在。

4. 战后以来，随着资本主义国家通货膨胀的普遍发展，有的又从另一角度出发来否定劳动价值论。例如，西德经济学家霍夫曼认为，在长期通货膨胀时代，价值和市场价格不可能同步运动。当代，劳动生产率大大提高，平均商品价值理应下降了，但价格趋势显然完全相反，这就否定了价格变动由劳动价值决定的命题。

5. 在一些老问题上仍然喋喋不休。例如，意大利的"马克思主义者"拉布雷奥拉提出，谁能相信高级技术工作还原为平均劳动会基于共同尺度每天发生在市场上，个人劳动之间不存在共同尺度，还没有发现一个人的劳动同另一个人的劳动比较的方法。同时，劳动价值是不可衡量的，因此它毫无意义。

至于利用商品价值到生产价格的转化问题来攻击和否定马克思的劳动价值论，这是一个似是而非、值得认真对待的手法。

庞巴维克在《资本论》第三卷出版后的第三年发表了他的《马克思体系的终结》。在这里，他恶毒攻击《资本论》的第三卷和第一卷发生了矛盾，前者否定了后者，劳动价值论不存在了，因而马克思的建立在其上的理论体系"崩溃"了。

1906 年到 1907 年，俄国经济学家伯特基维茨关于转化问题写了两篇论文，一是《马克思体系中的价值与价格》，二是《关于〈资本论〉第三卷中马克思的基本理论结构的改正》。他指出，庞巴维克怀疑《资本论》中价值理论和生产价格理论之间存在矛盾是错误的，但认为马克思在计算上有错误：一是，马克思的成本价格和平均利润都是按价值计算的，两个按价值计算的量相加怎么能等于生产价格呢？实际上，不变资本、工资和利润都应该根据生产价格计算；二是，马克思在分析平均利润和生产价格的形成时所列举的五个部门，是各自独立、不相联系的，实际上，有些部门的产品会作为生产资料加入到另一部门的产品生产中去。马克思虽然也谈到这一点，但没有具体地进行计算。伯特基维茨试图"纠正"所谓马克思在计算上的这种错误，解决转化问题上尚未解决的问题。他把国民经济分为三个存在一定联系的部类，并列出方程式进行了演算。结果认为，除去一定特殊情况外，整个社会商品的价值总额不等于生产价格总额，剩余价值总额不等于平均利润总额，利润率与剩余价值率无关。这同马克思的结论是不相符合的。这表明他仍然没有解决转化问题，从而也就没有解决利用转化问题否定马克思的劳动价值论的问题。

美国《每月评论》杂志的主编、激进派经济学家保罗·斯威齐1942年在其《资本主义发展的理论》一书中，高度评价伯特基维茨关于转化问题的进展。他认为，投入（指成本价格）用价值衡量，产出（指产品）用生产价格衡量，这显然是不对的。今日的投入多是昨日的产出，它们必须用同一尺度（生产价格）计算。他在计算上还对伯特基维茨作了进一步的补充和发展。但是，仍然未能解决总价值等于总生产价格、总剩余价值等于总平均利润的问题。

英国经济学家温特尼茨1948年在其《价值与价格——所谓"转化问题"的一种解法》一文中，扩展了伯特基维茨的方程式，证明可以是总价值等于总生产价格，也可以是总剩余价值等于总平均利润，但二者不会同时相等。英国另一经济学家塞顿1957年在其《转化问题》一文中，更把计算从三个部类引入多部类，从而证明了同一结论。

这里还需要特别提出的有两个人，一是皮罗·斯拉法，一是萨缪尔森。

斯拉法是英国剑桥大学经济学教授。在20年代，即以《成本和产量之间的关系》和《竞争条件下的收益规律》两篇论文而闻名于西方经济学界。从20年代后期到50年代末，他广泛深入地研究了李嘉图的著作和通信，并在此基础上，于1960年写成和出版了《用商品生产商品》一书。这本书被誉为"一本划时代的著作"，认为它在论证价值转化为生产价格及"不变的价值尺度"等方面作出了"重要贡献"，解决了从未得到解决的转化问题。然而实际上，他并没有真正解决转化问题。而是在试图解决李嘉图所遇到但又无法克服的价值规律同等量资本要带来等量利润的矛盾时，重又犯了李嘉图的错误，把价值和生产价格混为一谈了。所以，人们称他为新李嘉图学派的代表。在这本著作里，斯拉法避开了转化问题，试图寻找一种"不变的价值尺度"。为此，他建立了一种"标准商品"和"标准体系"，并确定了衡量"标准商品"价值的尺度，即在劳动力和生产资料的比例以及工资和利润、利润率的关系具有社会平均条件下生产的商品的劳动耗费，其他商品的价值就可以用换得的"标准商品"的劳动量来确定，这就是用商品生产商品，用商品来衡量商品的价值。显然，这种"标准商品"的价值实际就是生产价格。此外，以斯拉法为代表的新李嘉图学派还力图论证，既然无须根据价值也可以得出生产价格和平均利润率，则以劳动时间为基础的价值论就成为不必要的。

萨缪尔森是攻击马克思劳动价值论的一个最激烈的当代西方经济学家。早在 1957 年，他在《工资与利息：马克思经济模式的一个现代剖析》一文中，就曾在转化问题上对马克思的劳动价值论进行攻击。他否定在劳动价值论的基础上说明价值与价格的背离，否定以劳动价值论说明利润总额，认为劳动价值论是不必要的迂回道路。进入 70 年代以来，他对劳动价值论的攻击变本加厉了。有两篇文章，是直接关于转化问题的。一篇是 1970 年刊在《国家科学院会议录》上的《从马克思的"价值"到竞争"价格"的"转化"：抛弃和代替的过程》，另一篇是 1971 年刊在《经济文献杂志》上的《对马克思剥削概念的理解：马克思的价值和竞争价格间的所谓转化问题的概要》。主要是后一篇，它是《经济文献杂志》上所辟的关于转化问题争论园地中的一篇。在这篇文章里，一开始他就重弹庞巴维克的老调，说什么《资本论》第一卷的模式和第三卷的模式，在体系上是不一致的。他主张用现代高等数学的经济分析方法，代替马克思的价值理论体系，解决马克思主义者和非马克思主义者之间的分歧。他恶毒诋毁商品价值转化为生产价格的理论，只不过是改换概念的无意义的行为，如同"任何事物＝别的任何事物× $\dfrac{\text{任何事物}}{\text{别的任何事物}}$"一般。他恶狠狠地说：正统派的经济学家必须驳倒马克思，即使仅仅因为他曾存在过这一点理由！当然，不能认为不可能对马克思的假设所具有的优点和对它的批判进行合理的、客观的讨论。实际工资在一个世纪中是上升了，还是停滞不变，对于这个问题的适当的回答，必须能满足那些由纽约、莫斯科、德里、布拉格、北京等任何地方所选出的陪审员的要求。

与以上所列情况相反，也还有一些西方经济学家在深入的数理研究的基础上，得出了不同的结论。例如，英国伦敦大学经济学教授森岛通夫，即否认所谓《资本论》第一卷和第三卷的矛盾。他认为，《资本论》三卷是一个转化系列，从一部门模式过渡到二部门模式，然后又过渡到多部门模式。在第三卷多部门模式中才出现价格同价值的背离即转化问题，这里不存在什么矛盾，而只是一般和特殊之间的关系而已。他还直接推翻了伯特基维茨的模式：认为它是一个同时决定的模式。而价值转化为生产价格不可能是同时进行的，它是一个反复推导过程，是一个马尔可夫过程。这就是说，转化是以一种相继的方式反复形成的，这一转化序列，正好和价格转化为长期均衡价格，这个向量趋于达到总价值量等于总价格量和总剩余价值量等于总利润量所需要经过的阶段一样长。

（二）关于剩余价值

西方经济学界对马克思的剩余价值理论，历来是根本否定的。然而在当代，增长理论渐渐吸收了剩余价值理论中的某些概念。此外，为了解决利润来源问题，一些人也开始吸收马克思的某些观点。里昂惕夫直截了当地说，要知道什么是利润，可看《资本论》。

首先，当代西方经济学界仍然制造种种利润理论，直接否定马克思的剩余价值论。

德国经济学家勒克西斯在评论《资本论》时提出加价说。他认为，剩余价值来源于资本家在市场上高于成本出售商品所获得的收入。它不是来源于生产，而是来源于流通。

另一个德国经济学家莱德勒用总需求和总供给的关系说明利润的来源。他认为，边际公司价格等于工资，没有利息和利润，于是它退出市场，然而从社会来看，边际公司的产品是必要的，从而价格上升，直至边际公司也能投入生产并获得利润。

熊彼特提出创新报酬说。他认为利润是对技术创新的报酬。他假定一种没有利息和利润而只有企业家工资的静态经济，然后引入技术创新，由于这种创新，使企业家获得成本上的利益，创新企业获得了较高收入。其他企业起而仿效之。于是利润普遍获得，趋于下降为零，这时又会出现创新。

一些人试图从垄断力量的存在说明利润来源。例如，英国经济学家米克认为，在一个自然的和技术的垄断远比马克思时代更加普遍的世界里，似乎没有理由认为利润的唯一来源是工人的剩余劳动。现在许多情况表明，一些垄断资本家获得的额外利润，部分应看作是重商主义时代具有异化性质的旧式利润。

西德法兰克福学派全盘否定剩余价值来源于工人的剩余劳动，认为机器是剩余价值的创造者。马尔库塞写道：在当代，关键性工业企业中蓝领工人日益减少，非生产性工人增多，机器的发展和工艺的变化从本质上改变了死劳动对活劳动的关系，资本的生产率日益取决于机器本身，从而否定了马克思的资本有机构成学说和剩余价值理论。

美国的保罗·斯威齐在他同保罗·巴兰合著的《垄断资本》一书中，用他们创造的经济剩余概念代替剩余价值概念。认为经济剩余是社会生产的产品与生产它的成本之间的差额。至于这个差额从何而来，他们却回避了。

其次，一些经济学家为了否定马克思的剩余价值论而攻击马克思的其他有关的理论。

熊彼特懂得剩余价值生产的重要前提是劳动力成为商品，因而极力歪曲劳动力商品学说。他认为，劳动价值论决不适用于劳动力商品，劳动力的价值和"生产"它所耗费的劳动是不成比例的。意大利学者克鲁泽也认为，马克思犯了一个大胆的错误，即只有同质的产品也就是劳动产品才是商品，而劳动力不是劳动产品，怎么也成了商品呢？

英国经济学家迪金森反对马克思关于不变资本和可变资本区分的学说，他认为，资本的这种划分是错误的，应当根据资本的耐久性来区分。他写道：一个企业的不变资本分解为另一个企业的可变资本，如果把经济视为一个整体，不变资本和可变资本的区别就没有意义了，所有资本都是可变的了。

此外，一些经济学家还力图把剩余价值理论解释成为一个单纯数量计算问题。

但是，战后以来，经济增长理论的发展，渐渐吸收了剩余价值论的某些观点。

英国的琼·罗宾逊说，她过去觉得没有理由认为剥削率在历史上和逻辑上都先于资本利润率，现在承认这种想法错了。马克思把剥削率置于画面的中心是正确的，支配产值在工资和利润之间分配的力量，是资本主义经济的关键特征。

以创立所谓经济增长理论和模型而闻名于西方经济学界的当代英国著名经济学家罗伊·哈罗德，在他的著名的动态模式中，假定工人无储蓄，积累来源于利润，这实际上承认了剥削理论。日本经济学家都留重人指出，哈罗德增长模式的一个重要的动态因素即转向利润，相当于马克思的剩余价值率概念，区别在于，马克思的概念具有社会历史特征，而哈罗德的概念只是个数量关系。

（三）关于工资和贫困化

关于马克思的工资和贫困化的理论，西方经济学家罗列统计资料，力图证明它们是错误的，或者认为在今天已经过时。

萨缪尔森在他的《经济学》第十一版中，专列一节论所谓马克思主义的危机。他提出，自1867年《资本论》问世以来，甚至最保守的马克思主义者也不得不面对这一事实，即西方世界的实际工资一直在上升而不是下降。凯恩斯的《通论》于1936年出版后，无限膨胀的失业后备军及日益恶化的商业周期也不复出现了。他还写道：就业者和失业者的斗争不可能把工资降到生存水平，它只会降低货币工资，同时价格降低，实际工资不变，而且技术进步纳入竞争必将导致实际工资上升。产业后备军概念充其量是个口号。因此，最好把马克思的实际工资下降或不变的规律抛到垃圾堆里去。

熊彼特和罗斯托也持同样观点。熊彼特认为，总收入中的工资份额并没有下降趋势，资本主义的发展必然提高大众消费水平。罗斯托在其《经济成长的阶段》中声称：经济由"发动"达到"起飞"，从而进入高额群众消费阶段，马克思的理论过时了。

日本的都留重人从国家垄断资本主义发展的现实出发，认为国家可以通过收入再分配实现剩余社会化，逐步提高工人消费，剥夺财产收入，使社会日益达到更高程度的平等。英国工党理论家斯特拉彻认为，都留重人的理论比马克思学说更科学、更实际。他说，马克思断言收入分配必定越来越不平等。工资只能是生存水平甚至更低，全部剩余都归资本家所有，然而实际上，这一切都没有发生。

然而，也有些人认为，马克思也曾讲过工人实际工资的提高和生活的改善，并表示同意马克思的分析，例如，奥地利的斯坦德尔提出，马克思承认实际工资有提高的可能。他写道：马克思认为，工资提高若不致扰乱积累进程的话，就提高；反之，积累进程为工资提高所扰乱，投资中断，失业上升，从而施加压力于工资，迫其下降以达到新的均衡。积累是自变数，工资是因变数，实际工资是失业程度的函数。因此，引出了马克思的观点同著名的菲利普斯曲线之间的比较。英国经济学家菲利普斯认为，在劳动生产率年增长幅度不变的前提下，货币工资的变动率可由失业率和失业变动率来说明。英国的道布和奥地利的罗特席尔德认为：马克思强调阶级斗争和工资提高的关系。他们写道：工资提高是工会协议的结果。工会的协议力量是有组织的阶级斗争。法国的佩鲁克斯、马查尔、莱凯隆和蒂昂诺等认为，马克思的工资理论包含社会历史规定的最低限度工资水平。因而，他们也强调工资分析应同历史道德的因素直接相联系。工人物质需要的数量必须同国民收入的提高保持一定比例而提高。在长期内，社会最低限度生存水平是趋于上升的。美国经济学家索厄尔认为，马克思看到了工业日趋资本密集，从而断定工资和剩余价值的比例以及工资和厂房设备之间的比例不断下降。然而这种下降可能意味着工人生活水平的提高。这一方面，由于较低的工资会代表增多的生活品；另一方面，由于会加强工人通过工会反抗工资下降的斗争力量。

关于绝对贫困和相对贫困，早在两次大战之间就争论不休。德国学者布朗塔尔认为，绝对贫困即工人阶级生活水平下降，在萧条时期会发生，而相对贫困是不存在的。比利时的曼德尔则认为，马克思从未说过绝对贫困，它是被政治宣传家们强加给马克思的。绝对贫困的种种令人啼笑皆非的说明，正表明它的不科学。这个概念被一些人，特别是苏联人滥用了。

美国的索厄尔同意相对贫困化。他提出了异化问题，认为工人工资份额相对下降而同时生活水平有可能提高，物质上丰裕同时精神上贫乏，工作中不是自我充实而是自我否定，这种贫困必然随着资本主义的发展而日益恶化。

英国的琼·罗宾逊认为绝对贫困也存在，资本主义不能消灭失业、贫困和不平等。她写道：凯恩斯幻想国家干预经济就能在二三十年内消灭失业和不平等，这个白日梦早已变成一场噩梦。

在这方面有个值得注意的趋向，就是西方经济学界关于贫困化问题的争论，渐渐越出了纯经济领域，而和关于马克思的哲学、社会学的争论溶合起来了。

德国的霍夫曼指出：马克思的贫困概念必须从精神和心理上的含义来理解。马克思一再提出"工人个人发育不良"，"精神退化"，以及"转化为机器的有自我意识的部件"。霍夫曼认为，异化虽然和收入无关，但常在马克思著作中出现。马克思讲贫困的提高，指的是工人整体上的畸形发展。工人在精神上、心理上和神经上的发展是畸形的。英国学者韦斯特赞同霍夫曼的观点，认为马克思不会简单地接受一种公平的分配，他更关心的是人性的自我实现，而不是物质享受。同一般统计上衡量的国民生产总值的丰裕相比，他要求社会在人的意义上的更加丰裕。

西德的法兰克福学派把争论引向了更广泛的社会学领域。马尔库塞在《单面人》一书中提出所谓"同化"问题。他说，劳动阶级日益在文化上和社会上同资产阶级相溶合，产生了需要和愿望的同化，生活标准的同化，闲暇活动的同化以及政治上的同化。这种同化，根源于物质生产过程，根源于工厂本身的溶合。白领工人日益增多，机器和技术体系导致工人和工厂溶合，从而削弱了工人阶级的地位。美国社会学家托夫勒也在他那本畅销60万册的《未来的震荡》一书中提出，职业分层带来了同化现象，白领工人在关键性工业结构中多于蓝领，非生产人员增加了，阶级已不明显。

新左派的美国经济学家哈里·布雷夫曼等坚决反对这种论调。他在其《劳动与垄断资本》一书中，用大量资料证明，科技革命并没有消除工作的片面性，分工细并不像人们想象的那样产生更高的技术要求。多数工人是没有并且不需要专门技术的，他们只是机器部件，日益感到工作无兴趣，不满情绪日益增长。他认为，生产劳动和非生产劳动的划分是毫无意义的，大量低薪办事人员进入"服务"大军，和工人同处于被剥削地位，处于资本的统治之下。自动化并没有消除资本对工人的统治，反而使大多数人发生了异化。阶级并没有消失。

（四）关于资本积累和利润率下降

英国伦敦大学经济学教授森岛通夫指出，马克思发现了一些基本经济规律，如资本主义积累规律，资本主义人口规律和利润率趋向下降的规律。这些规律日益强有力地浸入当代社会科学，使西方学者越来越感到必须利用它们。

西德经济学家卡尔·屈内指出，在这个方面，有四个马克思的理论已为学院派所接受。第一，企业的内部资金是积累的主要来源，而新创造的资本流入可实现"超额利润"的公司和行业，主要取决于外部因素；第二，最有活力的公司享有暂时的垄断，其原因在于它们使用了进步的生产方法从而享有成本上的利益；第三，这些公司的成功，意味着集中的发展，不论是由于自身的积累即积聚，或是由于合并与兼并即集中；第四，由于技术进步而产生了利润率下降趋势。

积累的冲力来自资本自身，这个观点已被普遍接受。所有现代增长理论模式都把这一点假定为前提。日本的宇野宣称，马克思是第一个把资本的特征描写为价值自行增殖运动的经济学家。

熊彼特虽然极力贬低马克思的集中理论，但也不能不承认很多非马克思主义经济学家钦佩马克思的集中理论并不是没有道理的。首先，在当时预言大企业降临本身就是一个成就；其次，马克思巧妙地把资本集中和积累过程联系了起来；第三，产业巨头确已出现在地平线上。

萨缪尔森认为，最好的工业集中的研究也没有证明集中日益提高，马克思的集中理论不适合于 20 世纪。

德国学者莱内尔从另一方面否定马克思的集中理论。他认为，马克思的集中，基本上指的是财富的集中。但是，《资本论》问世以来，个人财产的集中远不及生产资料控制权的集中更加重要，而这种控制权的集中是独立于财产和资产分配的。因此，他否认马克思的集中理论在当代已得到证明。

资本积累和生产集中，是同技术进步密切相关的。荷兰经济学家黑尔切认为，马克思是充分认识到技术进步对经济及社会具有重大作用的第一个人。

西德的屈内也认为，马克思看到了技术进步中的资本主义本质，发现了技术进步的资本本性必然产生波浪运动。他指出，资本有机构成学说是马克思经济危机理论的轴心，在马克思看来，技术进步、资本集中、不变资本相对于工资的较快增长，这一切都是同大企业的增长并进的。

马克思的资本有机构成概念也为当代经济学改头换面地使用起来了。英国剑桥学派的霍特利提出了"资本深入化"的概念；还有的提出了作为衡量资本密集程度的指标的"资本——产出率"概念；哈罗德重新给"资本——劳动率"和"资本——产出率"下了定义，并在增长模式中引入了一个动态因素即"所需资本系数"；等等。这些都在不同程度上表明了当代经济学对马克思有机构成概念的重视，并试图把它引入经济分析，特别是在经济周期理论的研究中。

但是，有机构成和利润率下降的内在联系，并没有得到公认。

萨缪尔森认为，技术进步或使工资上升，或使利润率上升，或使二者同时上升，但绝不会使二者同时下降。而马克思却认为随着资本积累的发展，实际工资和利润率都有下降趋势。琼·罗宾逊也认为这是一个矛盾。她提出，马克思认为技术进步导致有机构成提高从而利润率下降，但没有分析技术进步也导致生产率提高从而提高利润率。

日本经济学家置盐信雄用精密的数学公式证明：利润率下降只有在实际工资提高时才会发生。他列出八个假定条件，逐一引入数学公式，证明工资率不变，技术变动就不会降低利润率。

美国的克莱因认为，利润率下降是分析周期危机最适当的工具。但是认为，这个规律和凯恩斯的资本边际效率趋向下降的规律是一致的。

著名的发展经济学家 W. A. 刘易斯也同意利润率下降学说。他把它引入了增长理论，区分了增长过程的两个阶段。他认为，在增长的一定阶段中，一旦资本积累赶上了"剩余"劳动力，工资便随积累的增长而提高。在早期阶段，没有利润率下降趋势；在较后阶段，劳动稀少了，技术创新若没有经常提供新的投资机会，利润率就会下降。

在号称马克思主义者的阵营内，怀疑和否定利润率下降规律的人也很多。西德的法兰克福学派全盘否定马克思的这一理论。哈伯尔梅斯认为，技术和科学在晚期资本主义的重要作用已经否定了利润率下降和基本矛盾的分析，因为劳动已不是价值和剩余价值的唯一来源了，马克思的观点已经过时了。德国的娜塔莉娅·莫斯科夫斯卡认为，生产率普遍提高必定降低生产资料价格从而抵消有机构成提高的趋势，剩余价值率提高也有同样的作用。因此，资本主义总是有可能使利润率不下降。美国的斯威齐怀疑有机构成提高必然导致利润率下降。他甚至用所谓"剩余增长规律"代替利润率下降。

在经验上证明有机构成和利润率动态的困难，也是引起争论的原因。尽管如此，还是有许多人试图验证它们。美国学者沃尔夫研究表明，1947—1967年，美国价值构成提高 5%，技术构成提高 61%，利润率提高 7%。在此期间，可分为两个阶段：1947—1958 年，劳动生产率提高速度低于实际工资提高，利润率下降 8%；1958—1967 年，劳动生产率提高快于实际工资提高，利润率上升 8%。因此，他结论说：利润率运动取决于劳动生产率和实际工资的相对运动，利润率下降来源于实际工资快于生产率提高。

（五）关于再生产和增长理论

用学院派的话来说，马克思的再生产理论奠定了现代宏观经济学、动态经济学和长期增长理论的基础。

美国经济学家鲍尔丁说，马克思进行了当时的经济学家都忽视了的综合工作，他尽力描绘整个经济生活和经济关系的画面，不是作为个别现象的集合，而是作为一个有机体。被誉为当代增长理论之父的多马说，从广义来讲，增长模式至少可以追溯到马克思。克莱因说，马克思的理论可能是宏观经济学的起源。因此，西德的屈内写道：当现代发展理论家奥特在他那部论动态经济学的巨著中把马克思列为最重要的现代增长理论前驱者之一时，只不过是重复一个已被广泛接受的事实而已。

西方正统派经济学是在凯恩斯主义产生后才"发现"马克思的再生产理

论的。这主要应归功于波兰的卡莱基和英国的琼·罗宾逊。罗宾逊说，扩大再生产图式给研究储蓄和投资问题以及资本品生产和消费品需求之间的平衡提供一个极其简便的研究方法。它首先被卡莱基发现并用来作为解决凯恩斯问题的基础，后来又被哈罗德—多马进一步发展成为长期经济发展理论的基础。她认为，马克思没有把短期分析和长期分析统一到再生产图式中，这一弱点被卡莱基补充了。马克思强调资本主义的不稳定性，但没有说明这种不稳定的机制。卡莱基证明，当投资率提高时，利润、就业和工厂开工率提高，于是利润前景似乎更好，再投资也比较容易。因此，投资加速，利润一再提高。但当投资下降时，工厂开工率低于生产能力，一旦出现了过剩的生产能力，利润实现就会困难。于是，投资收缩，预期利润下降更多。很多人会认为这是自相矛盾的，然而自相矛盾的不是理论，而是理论研究的对象——资本主义经济。

英国伦敦大学的森岛通夫和美国学者哈里斯同时发现，甚至在马克思的简单再生产公式中，也存在不稳定因素。哈里斯指出，公式要求每一部类的资本家都应把一定比例的剩余价值实现在工资品上，但是，资本主义没有任何条件保证资本家都会以正确的比例发放工资，从而也就无法保证甚至简单再生产条件下的均衡。

美国的布朗芬布伦纳更直接在马克思的模式上引入危机理论。他把一个不变增长率导入两部类模式，这时，如果消费或利润增加，增长率就会提高。如果剩余价值率提高，失业率就会提高。当资本家增加投资时，有机构成提高，则或是由于剩余价值率提高而导致失业增加，或是由于利润率下降从而投资减少，而导致更多的失业。布朗芬布伦纳指出，资本主义正处在一种两难之境地，不是利润率下降使它陷入"流动性陷阱"，就是利润率不变导致危机。在某种程度上说，制度已被判处死刑了，原因就在于它不可能永远维持充分就业水平。

（六）关于周期性危机

西方经济学界开始研究马克思的周期危机理论，约在1910年以后。第一个充分阐述马克思观点的，是当时留居西方的俄国学者鲍尼亚蒂恩。他在1921年的著作中，把马克思的危机理论概括为五个内容：①生产力日益扩展的趋势；②投资过多或过度资本化的倾向；③保持按比例生产的困难；④对抗性的分配关系对社会消费力的限制；⑤利润率趋于下降。他说，马克思认为这五个因素都会导致周期危机的爆发。

里昂惕夫认为，马克思主义的危机理论有两大变种，一是消费不足说，二是投资不足说。前者同生产过剩相联系，后者同利润率下降相联系。他认为，重要的是马克思提出了再生产模式，再生产理论是分析周期危机的基本工具。

美国经济学家汉森认为，马克思并没有提出一个完整的周期理论，但他的著作充满了各种揭示，它们大大影响了非马克思主义的商业周期理论，尽管一些正统的学者始终不肯承认或者说意识到这一点。

熊彼特说，马克思并没有什么直接的经济周期理论。但是，在当时，仅觉察到周期运动的存在就是个伟大的成就了。马克思是把危机当作周期的组成部分来研究的第二个人，这就足以保证他进入现代商业周期研究的先驱者之列了。他认为，马克思的某些观点可以解释为消费不足论。

德国学者卢茨认为，马克思是试图从制度内部寻找周期波动原因的第一个经济学家。他的重要贡献在于，他首先指出危机是资本主义制度的必然结果。

马克思认为，固定资本大体十年一次的更新浪潮，对危机的周期性具有重要作用。这个观点，被当代经济学名之为重置周期。美国经济学家库兹涅茨在造船业和建筑业发现了大体20年左右的重置周期。熊彼特用大规模的创新浪潮说明50年的长周期。

（七）关于资本主义的崩溃

在19世纪的庸俗经济学中，谈论资本主义崩溃简直是不可想象的。但是，"凯恩斯革命"后，不可避免的崩溃已经不是一个激进的名词了。

熊彼特说，虽然凯恩斯的崩溃理论和马克思的大不相同，但有一个重要特征是相同的，即在这两个理论中，崩溃都认为是起因于经济机器自身的运动，而不是由于外在因素的作用。

德国学者布朗塔尔不相信崩溃来自资本主义制度内部。

美国的斯威齐提出，由于经济剩余在绝对量和相对量上日益增长，吸收剩余便成为当代资本主义生死攸关的问题。垄断资本没有能力吸收自己创造出来的剩余，生产过剩和经济停滞成为一种常态，资本主义将在长期停滞中趋于死亡。

比利时的曼德尔注意生产力发展对资本主义经济的否定作用，同时强调工人阶级有组织的政治斗争将最终起决定性作用。但是，他也试图在工人阶级之外寻找力量。他认为，由于多数大学生是未来的工人阶级，他们在学校中又暂时断绝了同任何一个阶级的直接联系，他们可能比工人更敏锐地认识到资本主义社会的主要弊病，所以，大学生造反可能成为整个工人阶级造反的先锋。

德国法兰克福学派完全抛开马克思的经济理论和阶级斗争学说，鼓吹青年自愿革命。马尔库塞认为，马克思的革命观已经过时了，工人阶级和资产阶级同化而日益丧失其革命领导者的地位。革命的主体，现在已经是落后国家的民族解放运动，欧洲的工人运动，丰裕社会中被剥夺了正当权利的人和持反对意见的知识分子。

熊彼特提出，资本主义是在不断地创造过程中毁灭自身的。它为了生存必须不断创造新的生产方法和消费行为，从而创造出新的社会结构和文化，这种创造性就包含着对它本身的否定。

日本的都留重人提出了剩余社会化理论。他认为，资本主义生产方式已经改变了，在制度上、技术上都有了很大变动。但是，资本主义的本质没有变。虽然科学技术的发展已经动摇了资本主义的生存基础，但它的灭亡还要经过一系列过程。他认为，国家可以在资本主义界限内逐步推动其走向灭亡，最稳妥的方式是从收入分配领域入手，通过税收机构逐步剥夺剩余价值，实现较大程度的平等化，并部分实现生产社会化。这样可以达到消灭资本主义的目的，避免用暴力剥夺生产资料的所有权必然会造成的剧烈的破坏。

美国经济学家加尔布雷思从现代公司和技术进步入手，提出了所谓经理革命论。他认为，在当代，控制公司从而控制整个经济的不是资本家而是技术结构阶层，即经理和工程技术人员。这时，公司的目标已不是最大限度利润而是有保证的利润和技术创新。因为技术阶层是凭借技术特性代替资本家的，他们的价值目标已成为社会目标之一，所以，资本主义已在逐步改变，教育和科学将日益推动其改变，从而通过丰裕社会和工业国家走向"新社会主义"。

正统派经济学从马歇尔和瓦尔拉起便开始提出改良措施。但是，接受马克思的某些结论，有意无意地承认了资本主义的走向灭亡，却是凯恩斯以后的事。

凯恩斯认为，私人资本主义并没有达到充分就业和稳定增长的机制。因此，国家必须担起组织投资之责，并干预收入分配消灭不平等，消灭失业和贫困，方可使资本主义得免于在崩溃中走向灭亡；并且一旦社会丰裕了，食利者便会自行消灭，社会化便可实现，无须暴力，变革也能完成。

当增长理论一旦和危机理论结合起来，就不可避免地要触及到资本主义的固有矛盾，从而承认马克思的某些结论。至少，资本主义永恒和谐的神话，在正统经济学中不复出现了。资本是一种运动，它必然不断改变自身，客观事实把辩证法带进了西方经济学界。

本文主要参考书目

Karl Kühne. Economics and Marxism. (1979)

    Vol.1: The Renaissance of the Marxian System

    Vol.2: The Dynamics of the Marxian System

Meghnad Desai. Marxian Economics (1979).

M. C. Howard & J. E. King. The Political Economy of Marx (1975).

Michio Morishima. Marx's Economics (1977).

Michio Morishima and Garge Catephores. Value, Exploitation and Growth (1978).

Antony Cutler, Barry Hindess, Paul Hirst and Athar Hussain. Marx's Capital and Capitalism Today Vol.1-2 (1977-1978).

L. Kolakowski. Main Currents of Marxism Vol.3: Breakdown (1978).

P. M. Sweezy. The theory of Capitalist Development: Principles of Marxian Political Economy (1946).

P. A. Samuelson. Wages and Interest: A Modern Dissection of Marxian Economic Models American Economic Review (1957).

P. A. Samuelson. The "transformation" from Marxian "Values" to Competitive "Prices": A Process of Rejection and Replacement Proceedings of the National Academy of Seienees (1970).

P. A. Samuelson. Understanding the Marxian Nation of Exploitation: A Summary of the So-called Transformation Problem between Marxian Values and Competitive Prices Journal of Economic Literatute (1971).

F. Seton. The "Transformation Problem" Review of Economic Studies (1957).

P. M. Sweezy. "Marxian Value Theory and Crisis" Monthly Review (1979).

W. J. Baumol. The Transformation of Values: What Marx "Really" Meant

Journal of Economic Literature (1974).

P. A. Samuelson. Insight and Detour in the Theory of Exploitation: A Reply to Baumol.

Michio Morishima. The Fundamental Marxian Theorem: A Reply to Samuelson Ibid. (1974) M. Bronfenbrenner: Marx, Samuelson and Their Latest Critics.

Journal of Economic literature (1973).

琼·罗宾逊：《论马克思主义经济学》，中译本（1962）

琼·罗宾逊：《马克思、马歇尔和凯恩斯》中译本（1963）

都留重人：《凯恩斯和马克思的总量分析方法》，载《凯恩斯学派经济学》中译本（1964）

米克：《劳动价值学说研究》，中译本（1963）

罗斯托：《经济成长的阶段》，中译本（1962）

凯恩斯：《就业利息和货币通论》，中译本（1964）

熊彼特：《资本主义，社会主义和民主主义》，中译本（1979）

斯拉法：《用商品生产商品》，中译本（1963）

卡尔多：《论经济的稳定和增长》，中译本（1966）

曼德尔：《论马克思主义经济学》上下卷，中译本（1979）

克莱因：《凯恩斯的革命》，中译本（1962）

贝利：《二十世纪的资本主义革命》，中译本（1961）

柯尔：《社会主义思想史》第三卷，中译本（1981）

哈罗德：《动态经济学》，中译本（1981）

布雷弗曼：《劳动与垄断资本》，中译本（1978）

巴兰和斯威齐：《垄断资本》，中译本（1977）

利维森：《工人阶级多数》，中译本

斯特拉彻：《现代资本主义》，中译本

山姆·阿罗诺维奇：《统治阶级》，中译本

北大经济系：《国外经济学评介》第一辑

商务印书馆：《现代国外经济学论文选》第一辑

徐崇温：《法兰克福学派述评》

《资本论》在当代西方经济学界（二）*

马克思的《资本论》从 1867 年第一卷问世，到现在已 115 年了。一个多世纪以来，这部伟大的马克思主义政治经济学经典，这座理论大厦，犹如光芒万丈的灯塔，照耀着资本主义世界雇佣奴隶解放的道路，在国际工人运动、各国无产阶级反对资本剥削和压迫以及无产阶级取得政权后社会主义革命和社会主义建设的斗争实践中，发挥了巨大的理论指南和思想武器的作用。

《资本论》被称为"工人阶级的圣经"（恩格斯：《〈资本论〉第一卷英文版序言》），而对于资产者，则是向他们的"脑袋发射的最厉害的炮弹"（马克思：1867 年 4 月 17 日《致约翰·菲力浦·贝克尔》的信）。它深刻地揭露了资本主义制度的本质及其剥削的秘密，科学地揭示了资本主义生产方式发生、发展和必然灭亡的规律。它的唯物辩证法，"在对现存事物的肯定的理解中同时包含对现存事物的否定的理解，即对现存事物的必然灭亡的理解"，从而引起了"资产阶级及其夸夸其谈的代言人的恼怒和恐怖"（马克思：《资本论》第一卷第二版跋）。因此，资产阶级及其代言人总是千方百计地反对《资本论》。《资本论》问世之初，他们企图用沉默置之于死地。后来，随着《资本论》的传播和影响的不断扩大，"这种策略已经不再适合时势"（同上），于是转而对它大肆诋毁、诬蔑和攻击。本世纪 30 年代，资本主义世界发生了经济大危机，为垄断资产阶级服务的凯恩斯主义应时而生，同时一些国家的经济学界也开始注意起马克思的经济学说。70 年代以来，主要资本主义国家的经济普遍呈现"滞胀"的局面，风靡一时的凯恩斯主义趋于破产，同时对马克思的经济学说更进一步地重视起来了。英国伦敦大学经济学院的迈格奈德·戴赛写道："在满怀信心的 50 年代和 60 年代，充分就业和经济稳定增长似乎是当时所有

---

* 我和金岩石同志写过一篇和这个题目完全相同的资料性的文章，发表在《南开学报》1982 年第二期上。本文是那一篇文章的继续，专就当代西方经济学界对待《资本论》的观点和手法加以评论和批判。原载《天津社会科学》1982 年专号。

发达资本主义国家的经济规律。这时，新古典派综合——凯恩斯主义的宏观经济政策与瓦尔拉的微观经济理论的综合——成了经济学中确认的教规。到了 70 年代，情况发生了很大变化。在过去五年里（指 1979 年以前的五年——引者），高失业率、通货膨胀和经济停滞在发达的资本主义国家普遍发生。新古典派综合的理论处于崩溃之中。经济学家们开始重新检验凯恩斯的理论，并寻求新的理论基础。于是对马克思及其经济学的兴趣复活了"①。这时，西方经济学界对《资本论》采取了新的手法：（1）恶毒攻击的仍然有，但较少了，并且在攻击的同时也不能不承认马克思主义的威力和影响；（2）有些人虽然肯定了马克思的经济学说及其在历史上的地位，但认为今天已经过时了；（3）有些人极力鼓吹当代西方经济学同马克思的经济思想有不少共同或相近之处，企图在它们之间搭桥，使它们溶合起来。

　　本文就是想对所谓"过时论"和"溶合论"这两种新手法，进行一些分析和批判。

一、所谓"过时论"

　　英国的三位社会学家安东尼·卡特勒、贝里·辛德斯、保罗·赫斯特和一位经济学家阿萨·胡森合写了一本书叫《马克思的〈资本论〉和今天的资本主义》。他们写道："这本书是我们指导的一个大学研究班的产物。这个研究班有两项任务：一是分析当代资本主义关系，二是批判和修改《资本论》。因为面对当代资本主义关系的新形式，《资本论》软弱无力。……而现代马克思主义经济理论之所以枯燥无味，是由于完全忠实于《资本论》的结果。《资本论》中的很多概念，对于那些愿意正视现代资本主义的现实而需要从事新的理论工作的社会主义者们来说，实际是一个障碍"。②这是一种典型的、颇有代表性的《资本论》"过时论"。

　　第二次世界大战后，资本主义世界的经济政治发生了很大变化，这需要我们从现实出发，分析新情况，研究新问题，进行新的理论概括，得出新的结论，从而丰富和发展马克思主义的基本理论，但是这绝不意味着《资本论》已经过时了，在研究现代资本主义生产关系及其发展规律时根本不需要《资

---

① Meghnad Desai. Marxian Economics, 1979.

② Antong Cutler, Barry Hindess, Paul Hirst and Athar Hussain. Marx's Capital and Capitalism Today, 1977.

本论》为基础和指导了。我们的态度是：应该把《资本论》同现代资本主义结合起来，既要坚持《资本论》，又要丰富和发展《资本论》。这是我们马克思主义政治经济学理论工作者所面临的一项重大理论任务。

（一）关于劳动价值论

劳动价值论是"政治经济学的整个基础"①。资产阶级的代言人反对马克思主义经济学，攻击《资本论》，也总是把进攻的矛头首先对准马克思的劳动价值论。他们懂得，否定了劳动价值论，剩余价值论也就没有立足之地了。当代西方经济学否定劳动价值论的一个突出论点，就是鼓吹在科学技术和生产自动化巨大发展的条件下，劳动价值论不复有存在的基础和前提了。前面提到的《马克思的〈资本论〉和今天的资本主义》一书中写道："马克思在《政治经济学批判大纲》中已看到科学技术的发展会消灭价值形成的条件。现在，直接劳动者已不是生产过程的主体了，劳动价值论的基础已不复存在了"。

其实，马克思在《政治经济学批判大纲》中就曾对英国资产阶级经济学家詹姆斯·罗德戴尔的与此类似的思想进行过批判，马克思写道："罗德戴尔之流认为资本本身离开劳动可以创造价值，因而也可以创造剩余价值（或利润），对这种观点来说，固定资本，特别是以机器体系为其物质存在或使用价值的资本，是最能使他们的肤浅诡辩貌似有理的形式"②。但是，固定资本之参加价值的形成，只是它的价值被转移到或再现在产品上，而不会创造新价值。而且旧价值的转移也还必须通过劳动者的具体劳动才能实现。至于所谓固定资本可以创造剩余价值，也只能是指"由于固定资本通过提高劳动的生产力，使劳动能在较短的时间内生产出更大量的维持活劳动能力所必需的产品，从而提高剩余劳动对必要劳动的比例"，而不是它本身能产生剩余价值。"由此可见，罗德戴尔把固定资本说成是和劳动时间无关的、独立的价值源泉，是何等荒谬。"③

我们说，即使是在机械性时劳动资料高度发达、自动化的机器体系成了生产过程中的主体，用机器生产机器以及机器手、机器人代替了活劳动的条件下，劳动价值论仍然有效，价值仍然是劳动创造的。

第一，机器不论多么复杂，其技术水平不论多么高超；机器手、机器人

---

① 《马克思恩格斯全集》第 26 卷Ⅱ，第 269 页。

② 《马克思恩格斯全集》第 46 卷（下），第 216 页。

③ 《马克思恩格斯全集》第 46 卷（下），第 214 页。

不论怎样先进，电脑不论怎样发达，而它们毕竟还都是机器。这就是说，它们都是物化劳动，是死劳动；它们的价值是在生产它们的过程中形成的，是已定的；在它们参加的产品生产及其价值的形成过程中只转移或者再现其价值，绝不会创造新价值，它们"加到产品上的价值决不可能大于它们在自己参加的劳动过程之外所具有的价值。"①

第二，自动化系统、机器手、机器人、电脑等总要有人来发明创造、设计制造、维修改进和再生产它们，其价值就是由这些劳动创造的。自动化装置总要有人发动使用，因此其价值也是通过发动和使用它们的人的劳动转移到或者再现在新产品上去的。

第三，在价值规律的作用下，先进的机器设备在价值形成上起着这样的作用：可以使较早采用它们的企业的劳动者的劳动形成更大的价值，从而使这些企业得到额外利润。马克思写道：机器"在最初偶尔被采用时，会把机器所有主使用的劳动变为高效率的劳动，把机器产品的社会价值提高到它的个别价值以上，从而使资本家能够用日产品中较小的价值部分来补偿劳动力的日价值。因此，在机器生产还被垄断的这个过渡时期，利润特别高"②。在这里，机器作为劳动传导体，作为提高劳动效率从而使劳动者的劳动在一定条件下可以体现为更大价值的作用，要同它本身就能创造价值的说法严格区分开来，不能混为一谈。

第四，随着技术装备和生产自动化的发展，生产劳动的构成不断发生变化。这时，在物质生产领域中，直接从事生产的人有减少的趋势，而从事科研、试验、设计等劳动的人，以及用于这些方面的设备和生产这些设备的人有日益增加的趋势。而这些劳动也创造价值。马克思对这个问题也早有所论述，尽管当时用于科技、研究等方面的劳动同今天相比，在数量上少得多。马克思写道："资本主义生产方式的特点，恰恰在于它把各种不同的劳动，因而也把脑力劳动和体力劳动，或者说，把以脑力劳动为主或者以体力劳动为主的各种劳动分离开来，分配给不同的人。但是这一点并不妨碍物质产品是所有这些人的共同劳动的产品……；另一方面，这一分离也丝毫不妨碍：这些人中的每一个人对资本的关系是雇佣劳动者的关系，是在这个特定意义上的生产工人的关系。所有这些人不仅直接从事物质财富的生产，……不仅把

①《马克思恩格斯全集》第 23 卷，第 232 页。
②《马克思恩格斯全集》第 23 卷，第 445-446 页。

自己的工资再生产出来，并且还直接为资本家创造剩余价值。"①

（二）关于工资和贫困化理论

关于工资和无产阶级贫困化的理论，也是资产阶级及其代言人为了掩饰资本主义剥削的本质而一贯歪曲和诋毁的。当代西方经济学界主要根据长期以来、特别是第二次世界大战后工人工资增长的所谓事实，力图根本否定马克思的工资和贫困化理论，说它们今天已经过时了。美国经济学界的权威人物萨缪尔森在他的《经济学》一书中写道："1867 年《资本论》出版以后……，即使是最热忱的马克思主义者也不能不面对西方世界实际工资在绝对地上升而不是下降这个事实。"发达资本主义国家目前的现实是"实际工资趋于上升"，"卡尔·马克思在他所预测的资本主义发展的运动规律上不仅是不幸运的（指马克思的预测没有"幸而言中"，或者以后事态的发展完全不是马克思所预测的那样——引者），而且他所声称的规律——例如，利润率下降规律和无产者贫困化的规律——并不能令人信服地从马克思自己的概念体系中推导出来。"②

首先，分析一下有关工资的问题。长期以来，特别是第二次世界大战后，资本主义国家工人的实际工资是上升的，有所增长的。但是，如何解释这种情况呢？这是否意味着马克思的工资理论根本不能解释，或者完全过时了呢？

第一，资本主义工资是工人劳动力的价值或价格的转化形式，它是随着劳动力价值的变化而变化的。从长期看，劳动力价值有上升的一面，这主要是由于"劳动力的价值规定包含着一个历史的和道德的因素"③，随着资本主义生产方式以及与其相适应的生活方式的发展，随着科学技术的发展从而资本对劳动者的技能和技巧的要求的不断提高，工人及其子女所必需的生活资料以及必要的劳动力的教育费都有着范围扩大、数量增加和质量提高的趋势。而同时，随着资本主义的发展，社会生产力不断提高，生活资料的价值不断降低，因而劳动力的价值又有下降的一面和趋势。总起来，劳动力的价值是呈现下降趋势的。当然，不是直线下降而是在一个时期，特别是生产方式、生活方式、科学技术以及由此所决定的必需的生活资料的总和和教育费

---

① 《马克思恩格斯全集》第 26 卷 I，第 444 页。

② 参见 Paul A.Samuelson: Economics, 1980。

③ 《马克思恩格斯全集》第 23 卷，第 194 页。

用有较大变化的时期，劳动力价值是上升的，往后随着社会生产力的发展，而生活资料和教育费又无多大变化，在这个时期，劳动力价值又是下降的。如此波浪式地、总和地呈现下降趋势。劳动力价值下降了，而工资为什么表现为上升的呢？这里的关键在于，构成劳动力价值的生活资料的价值与其使用价值量在量上发生了相反方向的变化，即价值量减少了，而使用价值量却增加了，因而表现为实际工资上升。马克思在分析劳动力价格和剩余价值的量的变化时写道："劳动力的价值是由一定量的生活资料的价值决定的。随着劳动生产力的变化而变化的，是这些生活资料的价值，而不是它们的量。"① 在劳动生产力提高的情况下，劳动力价格可以不变，这样劳动力价格就处在劳动力的新价值之上，工人得到了更多的便宜了的使用价值量；劳动力价格也可以是下降的，"但没有下降到由劳动力的新价值所决定的最低界限，……这个下降了的价格也还是代表一个增加了的生活资料量。"②劳动力价格也可以下降到由劳动力的新价值所决定的最低界限，这时，它也还是代表一个增加了的使用价值量。

第二，工资作为劳动力价值或价格的转化形式，它的变动除受制约于劳动力价值（这是最根本的）以外，还要受劳动力供求的影响。因此，马克思在阐明一般工资水平的长期运动规律时，又总是同资本主义经济周期、资本对劳动力的排斥和吸引、以及资本积累率的变动联系起来分析。马克思指出："大体说来，工资的一般变动仅仅由工业周期各个时期的更替相适应的产业后备军的膨胀和收缩来调节。因此，决定工资的一般变动的，不是工人人口绝对数量的变动，而是工人阶级分为现役军和后备军的比例的变动，是过剩人口相对量的增减，是过剩人口时而被吸收、时而又被游离的程度。"③关于资本积累同工资的关系，马克思写道："资本、积累同工资率的关系，不外是转化为资本的无酬劳动和为推动追加资本所必需的追加劳动之间的关系。……如果工人阶级提供的并由资本家阶级所积累的无酬劳动量增长得十分迅速，以致只有大大追加有酬劳动才能转化为资本，那末，工资就会提高，而在其他一切情况不变时，无酬劳动就会相应地减少。但是，一旦这种减少达到一定点，滋养资本的剩余劳动不再有正常数量的供应时，反作用就会发生……可见，劳动价格的提高被限制在这样的界限内，这个界限不仅使资本主义制

① 《马克思恩格斯全集》第 23 卷，第 571 页。

② 《马克思恩格斯全集》第 23 卷，第 571 页。

③ 《马克思恩格斯全集》第 23 卷，第 699 页。

度的基础不受侵犯，而且还保证资本主义制度的规模扩大的再生产。"①反过来可以说，在不仅使资本主义制度的基础不受侵犯，而且还保证资本主义制度的规模扩大的再生产的界限内，随着资本积累和资本积累率的扩大与提高，劳动价格还是会提高的。二次大战后，特别是 50 年代末到 60 年代末工人实际工资的增长，基本上可按这种分析来说明。战后，主要资本主义国家科学技术的迅速发展和社会生产力的不断提高使劳动力价值下降，而减少了的价值量却可以表现为增加了的使用价值量，所以表现为实际工资增长。这是上一点所分析的。同时，随着社会生产力的提高，劳动力价值的下降，相对剩余价值不断扩大，资本积累和积累率不断提高，因而既可以使资本主义制度的基础不受侵犯，并保证资本主义制度的规模扩大的再生产，又可以容许劳动力价格或工资提高。当然，这个时期，由于生产力的发展和资本有机构成的提高，劳动力有加速被排斥和失业增加的趋势；同时由于资本主义基本矛盾的加剧，经济发展也会出现短期的生产下降或衰退。但总的说来，这个时期是处于资本主义发展长周期的上升阶段。所以工人的实际工资一般有所增长。

此外，战后一个时期工人实际工资的增长，同工人群众的斗争，同资产阶级为了缓和阶级矛盾、为了克服剩余价值生产与剩余价值实现的矛盾而采取的新的策略——调整一些分配关系有关。

其次，再来分析一下有关无产阶级贫困化的问题。

马克思在《资本论》中深刻地揭示了资本的增长对工人阶级的命运产生的影响，提出了资本主义积累的绝对的、一般的规律。这个规律在现代资本主义条件下作用的表现如何，即在现今条件下如何说明无产阶级的贫困化，确实是值得研究和探讨的一个问题。马克思在提出了资本主义积累的绝对的、一般的规律之后，也曾紧接着指出："像其他一切规律一样，这个规律在实现中也会由于各种各样的情况而有所变化"②。但我们应该着重领会马克思是从哪些角度来观察和分析这个问题的，其中所贯串的基本精神和基本理论观点为何。这些仍然是我们当今研究这个问题时的指导和依据。

第一，马克思在研究资本的增长对工人阶级的命运产生的影响当中，认为"最重要的因素就是资本的构成和它在积累过程进行中所起的变化"③。资

①《马克思恩格斯全集》第 23 卷，第 681 页。
②《马克思恩格斯全集》第 23 卷，第 707 页。
③《马克思恩格斯全集》第 23 卷，第 672 页。

本主义积累的一般规律，就是在考察了随着资本主义积累的发展，资本有机构成不断提高，相对过剩人口不断扩大的基础上提出的。无产阶级的贫困化，也正是在产业后备军和常备过剩人口不断增长的基础上提出的。这就是说，相对过剩人口的增长，是资本主义积累一般规律的主要内容，也是无产阶级贫困化的主要原因或表现。第二次世界大战后，随着科学技术的迅速发展和资本有机构成的不断提高，尽管由于投资增加、生产规模扩大和新兴生产部门的兴起而吸收了一批劳动力，但主要资本主义国家的失业率还是不断上升的。特别是 70 年代以来，资本主义世界普遍存在着严重的失业问题。今天有的国家的失业率已高达 10% 以上，成为战后以来的最高峰。从 60 年代以来，美国历届总统都把失业列为头号问题来对待，叫喊处于"贫困线"以下的居民不断增加，也就是马克思所说的"官方认为需要救济的贫民"越来越多，要向"贫困"开战。这不正是资本主义积累的一般规律作用的表现吗！

第二，所谓贫困化，不能把它理解为越来越贫困。马克思虽然说"在一极是财富的积累，同时在另一极，即在把自己的产品作为资本来生产的阶级方面，是贫困、劳动折磨、受奴役、无知、粗野和道德堕落的积累"[①]，但是这只能理解为在资本主义积累的过程中有这种趋势，实际上它在实现中则会由于各种各样的情况而有所变化。我们应该全面地把握和综合马克思的理论。在资本主义积累的过程中，无产阶级有贫困化的趋势，但劳动力价值的规律也同时在发生作用，贫困化总不能突破劳动力价值这个界限。劳动力价格可以经常低于劳动力价值，但总不能低得太多，因为资本总要保持劳动力这个价值增殖源泉的存在和再生产，而且正是基于资本的需要，随着科技的发展，工人必要的教育训练费用也会相应增加，从而劳动力的价值还会提高。此外，还要考虑到无产者反抗资产者的阶级斗争，因而也不可能是直线向下越来越贫困。关于资本主义人口规律问题，马克思也是全面分析的。"工人随机器生产的发展而被排斥和吸引"[②]。"虽然机器在应用它的劳动部门必然排挤工人，但是它能引起其他劳动部门就业的增加"[③]。"在一切部门中，资本可变部分的增长，从而就业工人人数的增长，总是同过剩人口的激烈波动，同过剩人口的暂时产生结合在一起，……随着…社会资本量的增长及其增长程度的提高，随着生产规模和所使用的工人人数的扩大，随着他们劳动的生

---

① 《马克思恩格斯全集》第 23 卷，第 708 页。

② 《马克思恩格斯全集》第 23 卷，第 489 页。

③ 《马克思恩格斯全集》第 23 卷，第 484 页。

产力的发展，……资本对工人的更大的吸引力和更大的排斥力互相结合的规模不断扩大，资本有机构成和资本技术形式的变化速度不断加快……。因此，工人人口本身在生产出资本积累的同时，也以日益扩大的规模生产出使他们自身成为相对过剩人口的手段。这就是资本主义生产方式所特有的人口规律"①。

第三，前面分析工资问题时曾谈到，在劳动生产力提高时，劳动力的价格可以不断下降，甚至下降到由劳动力的新价值所决定的最低界限，工人和资本家的生活资料量却都可以增加。"但是相对地说，即同剩余价值比较起来，劳动力的价值还是不断下降，从而工人和资本家的生活状况之间的鸿沟越来越深"②。这基本上可以用来说明第二次世界大战后的情况。

第四，马克思指出："大工业领域内生产力的极度提高，以及随之而来的所有其他生产部门对劳动力的剥削在内含和外延两方面的加强，使工人阶级中越来越大的部分有可能被用于非生产劳动"③。二次大战后，主要资本主义国家即发生了这类情况，这就是从事商业、金融业和服务性行业等属于所谓第三产业的人员大幅度增加。这在一定程度上缓和了失业和贫困化的程度。此外，工人的斗争和资产阶级为了缓和阶级矛盾而采取适当调整分配关系的新策略，也在一定程度上缓和了贫困化的程度。

第五，马克思所在的时代，通货膨胀还不严重，因此，对于货币工资的增加赶不上通货膨胀的上涨而使实际工资下降、生活水平绝对降低的情况，考察和分析的不多。而二次大战以后，主要资本主义国家普遍发生着通货膨胀，70 年代以来更为迅速和严重。工人货币工资的增加低于通货膨胀的增长速度，因而实际工资和生活水平有降低趋势。

以上仅就劳动价值论以及工资和贫困化两个重要方面对所谓"过时论"进行了一些分析和批判。当然，还有许多值得分析和批判的，因篇幅所限，这里就不一一评论了。

---

① 《马克思恩格斯全集》第 23 卷，第 691-692 页。
② 《马克思恩格斯全集》第 23 卷，第 571 页。
③ 《马克思恩格斯全集》第 23 卷，第 571 页。

二、所谓"溶合论"

瑞典经济学家卡尔·G.迈尔达尔写道："一些正统的经济学者默默地接受了马克思的思想。他们致力于把马克思的思想溶合到现代经济学中去，使它们成为任何人都可以接受的，对现存制度无害的东西。"[1]

英国著名经济学家、新剑桥学派的主要代表人物琼·罗宾逊声称："马克思学派经济学家与学院派经济学家间的关系，近年来有了改变。在马歇尔当年，他们还是被一条不可逾越的鸿沟间隔着的。""近来的学院派经济学家，就其大部分来说，经历了一个显著变化。"[2]"他们达到在若干方面比他们前辈的见地更接近于马克思见地的那种见地。"[3]

英国经济学家朗纳德·L.米克企图通过其《劳动价值学说的研究》这本书，在马克思主义经济学家与非马克思主义经济学家之间建立某种桥梁。他声称："希望这本书可能有助于开辟一个两派共存的时代，在这个时代里，马克思主义者与非马克思主义者将由互相攻击对方的虚伪性和不学无术，而转变为互相了解和评价对方的观点。"[4]

那么，当代西方经济学界要在哪些方面把马克思的理论同西方经济学溶合起来呢？

以下选择其几个主要方面分述并予以评论之。

第一，从方法论上溶合起来。美国凯恩斯主义者、萨缪尔森的门徒、经济计量学权威人物之一劳伦斯·克莱因在其《凯恩斯的革命》一书中写道："两位作者（指马克思和凯恩斯——引者）都把经济体系作为一个总体看待，没有纠缠在细微的静态的无法澄清的混淆之中。"但"下面这两个命题有很大的区别：不变资本加可变资本加剩余价值等于总产量的价值，消费（决定于收入）加投资（独立变数）等于国民收入值。"（前者是马克思的命题，后者是凯恩斯的命题——引者）"如果凯恩斯经济学完全根据可观察的总数叙述，

---

① Karl Kühne. Economics and Marxism, 1979.

② [英]琼·罗宾逊：《马克思、马歇尔和凯恩斯》，商务印书馆 1963 年版，第 1 页。

③ [英]琼·罗宾逊：《论马克思主义经济学》，商务印书馆 1962 年版，第 7 页。

④ [英]朗纳德·L.米克：《劳动价值学说的研究》，商务印书馆 1962 年版，第 4-5 页。

像第一个命题一样，那么这两种方法论就会很相似。"①

《资本论》"研究的，是资本主义生产方式以及和它相适应的生产关系和交换关系"，是把整个资本主义社会作为考察对象的；在分析资本主义积累的历史趋势、考察社会总资本的再生产和流通、以及第三卷研究资本主义生产的总过程中，也确实是从总量或总体的角度着眼的。但是，根本不能说《资本论》的方法是"总量分析法"。《资本论》的研究方法是唯物辩证法，即从资本主义的现实（具体）出发，在全三卷和篇章的理论逻辑结构上，采取了从抽象到具体的方法，从商品到货币到资本，从资本主义的生产到再生产，展示了资本主义生产方式发生、发展和必然灭亡的规律；从第一卷资本主义的直接生产过程到第二卷作为生产过程和流通过程统一的资本主义的流通过程，再到第三卷的资本主义生产的总过程，也即从剩余价值到剩余价值的各种具体转化形式，展示出资本主义生产关系和交换关系的本质、资本主义剥削的秘密以及无产阶级和资产阶级之间的阶级矛盾。其中虽然有个量与总量的运用，但都具有极其鲜明的阶级内容，同西方经济学抽掉了阶级内容的"总量分析"是迥然不同的，不能混为一谈。西方宏观经济学"总量分析"的中心是国民收入分析，通过对国民收入的决定及其构成、影响国民收入构成部分变化的因素以及构成部分的变化对国民收入变化的影响的分析，找出所谓存在失业的原因，为国家干预经济提供理论根据，从而通过国家对国民经济的干预和调节，达到所谓充分就业，避免和逃脱经济危机，促进资本主义经济的发展，维护资本主义制度。凯恩斯的命题自然是消费加投资等于国民收入，而不是也决不会是不变资本加可变资本加剩余价值等于总产量的价值，因为这样就把剩余价值掩盖了起来。凯恩斯按照他的命题分析国民收入的运动也即社会经济的运动，在关于国民收入同消费、投资和储蓄的关系问题上，虽然有一套形式逻辑，但不触及它们之间的本质的内在联系和矛盾，因此，只能在一定程度上暂时缓和一下矛盾，而不能真正解决矛盾，并反而会进一步加深矛盾。马克思从社会总产品的价值构成（c+v+m）和物质构成（生产资料和消费资料）出发来分析社会总资本的再生产和流通，从而科学地揭示了资本主义社会再生产的规律性及其矛盾。当代西方经济学和传统的资产阶级庸俗经济学一样，只是在表面的联系内兜圈子，而根本不触及资本主义生产关系及其剥削本质，避而不研究资本主义社会再生产中的内在的本质的联

---

① [美]劳伦斯·克莱因：《凯恩斯的革命》，商务印书馆 1980 年版，第 130—131 页。

系，掩盖其根本矛盾。

第二，力图把马克思的社会再生产理论同美国经济学家瓦西里·列昂惕夫的投入产出法溶合起来。萨缪尔森即声称马克思是列昂惕夫投入产出法的"先驱"[①]。列昂惕夫自己也曾一再地指出他的投入产出表同马克思的社会再生产图式有着一定联系。[②]

列昂惕夫的投入产出法同马克思的社会再生产分析，是有某些类似之处的。他们都表明社会生产各部门之间要维持一定的平衡或对比关系；这种平衡或对比关系是一种量的关系，它既可以用实物量形式来表示，也可以用价格形式来表示（对马克思来说，价格形式实即价值形式）。但二者之间有着根本性或实质性的区别，不能把它们等同看待。马克思的社会再生产理论，根本不是单纯的经济分析方法，而是包含若干基本原理的一个理论体系，如社会生产概括为两大部类、社会产品的价值构成和社会再生产基金的形成、两大部类间的价值补偿和物质补偿以及对比关系、两大部类间的相互制约以及在资本有机构成提高的前提下生产资料的生产（特别是生产生产资料的生产资料的生产）优先增长等。而列昂惕夫的投入产出法，基本上只是一种经济分析方法，它没有形成一套理论，所依据的理论原则也比较简单。马克思的社会再生产分析，是为了揭示资本主义社会再生产和流通的基本规律及其矛盾，而不是单纯的生产部门间实际数量关系的映象或描绘，马克思在分析中所运用的模型、图式和数字完全是为了服从于上述根本目的。而列昂惕夫的投入产出法，则单纯是社会再生产中产业间，（或部门间）产品流出入量的关系的现实反映或具体描绘。马克思所考察和揭示的内在于社会再生产中的各方面的关系，不单纯是物的量的关系，而更重要的还是社会经济关系。马克思在分析社会总资本的再生产和流通时，采取了商品资本运动的形式，社会产品的价值构成分为 c、v、m，社会再生产基金分为生产资料（不变资本）的补偿基金、劳动力（可变资本）的再生产基金、资本家个人消费基金、扩大再生产积累基金，把第 II 部类分成必要生活资料和奢侈生活资料两个副类，资本有机构成和积累率的变化等等，都贯串着资本主义生产关系的体现。而列昂惕夫的投入产出分析，则单纯是部门联系中的物的量的关系，即基于一定的工艺技术所确定的某一种产品或某一部门的生产（产出）同所需要的其他产品（投入）之间的量的关系。马克思的社会再生产分析所反映的社会经

---

① 参见《P. A. 萨缪尔森科学论文集》。

② Karl Kühne. Economics and Marxism, Vlo.2, P.128.

济联系和规律，比列昂惕夫的投入产出分析要深刻、全面、复杂得多，尽管马克思的分析只把社会生产分为二三个基本部类，而列昂惕夫则按照需要把国民经济分成了任意若干部门。

与这种溶合有关的，就是西方经济学家把马克思的社会再生产理论和法国庸俗经济学家、边际效用学派的创始人之一、洛桑学派的创建者里昂·瓦尔拉的一般均衡论混为一谈，因为有人认为瓦尔拉的一般均衡论也是列昂惕夫的投入产出法的理论基础。美国迪尤克大学的经济学教授马廷·布朗芬布伦纳在其《现代人看待〈资本论〉》一文中声称："马克思体系可以很容易地改换成一个平衡的瓦尔拉一般均衡体系"[①]。他的意思是说，马克思在社会再生产分析中考察的是两个部类或者两种商品之间供给和需求的均衡关系，瓦尔拉考察的是所有商品的供给和需求同时达到均衡时的价格决定，但从局部均衡可以很容易地过渡到全部均衡。我们说，这是对马克思理论的歪曲。马克思的社会再生产理论，是考察社会再生产的规律及其矛盾的。其中一个基本规律，就是两大部类间必须维持对比关系，在价值上和实物上能够相互补偿，因为只有这样，整个社会再生产才能顺利进行。而瓦尔拉的一般均衡论，虽然也考察各种商品的产量和价格同各种生产要素的投入量和价格之间的相互关系，但它所要解决的是各种商品的供给和需求同时达到均衡时的价格决定问题。马克思考察的社会再生产中的对比关系是以价值补偿也即价值对等为基础的。瓦尔拉的一般均衡理论考察的是价格，这种均衡价格不是以价值为基础，而是建立在边际效用、无差异曲线和替代原则等主观心理因素作用的基础之上的。

第三，在失业和危机理论上溶合。英国经济学家琼·罗宾逊写道："失业在两派（指马克思主义者同凯恩斯主义者——引者）中都占着重要位置。两派都认为资本主义蕴含着它自身崩溃的种子（指经济危机——引者）。在消极方面，……凯恩斯体系与马克思是一致的。"[②]

1929—1933 年的经济大危机席卷了整个资本主义世界，震动了世界各国的资产阶级。严酷的现实，迫使资产阶级的代言人不能不放弃在经济学中长期信奉的萨伊定律——供给创造自身的需求，因而不可能发生供给和需求的脱节，不可能发生经济危机，并且不能不急于寻求防止和逃脱经济危机之策。于是，凯恩斯主义便应运而生了。1936 年发表的其代表作《就业、利息和货

---

① M. Bronfenbrenner. Das Capital for the Modern Man, Science and Society, 1965.

② ［英］琼·罗宾逊：《马克思、马歇尔和凯恩斯》，商务印书馆 1963 年版，第 5 页。

币通论》中提出了就业论和危机论。他认为有三种失业：摩擦性失业、自愿失业和非自愿失业，而真正算作失业的是第三种，认为只要消灭了非自愿的失业，就算达到"充分就业"了。为什么会产生非自愿失业呢？他认为，主要是由于"有效需求"不足。有效需求由消费和投资构成，而消费和投资主要受三种心理因素的影响：一是所谓"边际消费倾向"，即消费支出的增加量同收入增加量之比，人们的一般心理是消费支出不随收入的增加而等比例增加；二是所谓"灵活偏好"，即人们在心理上对货币有一种灵活偏好，觉得它可以随时供支付之用，利息就是放弃这种灵活偏好的报酬；三是所谓"资本边际效率"，即企业主预期未来纯利润的收益，纯利润等于总利润减去利息，因此它受价格和利息的影响。在凯恩斯看来，资本边际效率这个因素是最主要的，因为边际消费倾向一般变化不大。他认为，由于一般价格水平低，货币供应量少，人们对货币的灵活偏好强，利息率高，因而资本的边际效率低，投资少，失业增加。要影响和提高资本的边际效率，只靠私人企业制度的自发作用不行，必须实行国家的干预和调节，通过国家的财政政策和货币政策，调节货币供应量、利息率和一般价格水平，提高资本边际效率，从而刺激和促进投资，增加就业，进而通过所谓"乘数"作用，进一步扩大了收入，增加了消费，提高了有效需求，这样逐步达到"充分就业"。凯恩斯的危机论，也是由有效需求不足、特别是资本边际效率的变化来说明的。危机的发生是由于资本家由极度乐观到突然悲观，资本边际效率急剧降低；而由危机到复苏再到高涨，也是由于资本边际效率的恢复和提高。这就是凯恩斯的一套失业理论和危机理论。马克思的资本主义相对过剩人口规律的理论和经济危机理论，是我们大家所熟知的，同凯恩斯的那套所谓"理论"是根本不同的，怎能把它们等同看待、混为一谈而加以溶合呢！

以上是就当代西方经济学界对待《资本论》的两种主要手法——"过时论"和"溶合论"进行了一些分析和批判，涉及的问题较多，而限于篇幅，只能择其主要的予以评论，因此很不深入，而且有些问题还需要结合新情况加以研究。这里只是作为抛砖引玉，希望我们经济学界共同来进行探讨。

也谈谈关于纯粹流通费用的补偿问题*

在 1956 年《经济研究》第 4、5、6 三期中先后发表了五篇关于这个问题的文章。由这些文章的探讨看来，有些地方较以前明确了，但有些地方还不够确切透彻，问题可以说尚未得到解决。为了使这个存在已久而且相当复杂的问题能得到完满的彻底的解决，尚需进行广泛深入的探讨。为此，我个人也愿意提出一些看法来，请大家指正。

本文在已有的基础上针对问题尚未解决的关键所在予以集中深入地研究和分析。至于有些同志的提法欠妥乃至谬误之处，虽然在有关的地方也涉及一些，但不拟一一作更多的评论。

我认为要解决这个问题，必须能确切地处理或阐明以下几个问题。这些问题有的是某些同志已经提出来了，并进行了一些阐述和尝试性的解决，但是我觉得还不够。有的是还没有人提出过，而我觉得有提出并加以分析解决的必要。

问题是：

第一，关于补偿的价值源泉的问题。在这个问题上，除去江诗永同志由于将补偿的形式与补偿的价值源泉有所混淆，因而认为纯粹流通费用中的不变资本部分不是由剩余价值来补偿，而是由提高商品的名义价值来补偿以外，都认为不论是不变部分还是可变部分都是由剩余价值来补偿的。但是，究竟为什么必须而且只有从剩余价值中来补偿？则尚嫌阐明的不够，还需要作进一步的论证。

第二，关于补偿的形式及其与补偿的价值源泉如何统一起来的问题。所

---

* 本文原载于 1957 年《经济研究》内部参考资料。

谓补偿的形式，就是商业资本家垫支的全部纯粹流通费用通过什么方式收回来的问题。关于这一点，不外有三种可能，一是，不论不变部分与可变部分，都从既有的剩余价值总额中扣除，也就是都以商业折扣的方式由产业资本家让渡给商业资本家，然后再由商业资本家将其加在购买价格中，作为售卖价格的一部分，通过商品出售而收回。二是，只有可变部分按上述方式补偿，不变部分则以提高商品的名义价值的方式补偿。三是全部以提高商品的名义价值的方式补偿。现在的问题是：究竟采取什么方式呢？这三种方式都同时存在呢，还是只有一种是可能的？理由为何？此外，如果说后两种方式，则又如何与补偿的价值源泉统一起来呢？有人认为以提高商品价格的方式来补偿与补偿的价值源泉并不矛盾，因为商品价格提高了，劳动群众的实际工资下降了，劳动力的价值下降了，必要劳动缩小了，相对地增加了剩余劳动或剩余价值，结果仍然是从剩余价值中补偿，只不过不是从既有的剩余价值中补偿，而是采取压低劳动力的价值，使之一部分价值成为剩余价值来补偿罢了。这样的解释妥当吗？

第三，纯粹流通费用不论从个别资本家看还是从社会整体看，是否也有所谓社会必要的量的规定性呢？如果有，则如何规定的呢？同时，这一点与补偿的形式有没有关系呢？

第四，关于社会产品的总价格与总价值在量上必须相一致的问题。这个问题又包含两个问题，一是如何理解所谓"名义价值"，一是纯粹流通费用中不变部分的诸物质要素虽然是商品，有价格，但它算不算有价值，从而社会产品的价值总额中包括不包括这部分？如果不算，理由何在？

现在就针对上述诸问题谈谈我个人的意见，当然也是尝试性的意见。

首先，我也认为纯粹流通费用中的不变部分与可变部分，都是由剩余价值来补偿的。可变部分的补偿的问题不大，问题在于不变部分的补偿上。现在试从另一角度一并加以分析和说明。我是这样理解的，从表面上看，纯粹流通费用是以商业资本家垫支的资本价值的形式呈现的，但从整个社会的角度看，从生产与流通之统一的角度看，它实际上代表着社会劳动的一部分的耗费，这部分劳动（物化劳动和活劳动）是纯然用在流通过程中的，是单纯为了商品资本的变形而耗费掉的，因此，这是一种"虚费"。但又却是社会再生产过程中所必要的（这里指的是一定社会形态下的再生产）。因为是必要的，所以必须得到补偿。所谓补偿即是说一定量的这种劳动耗费必须得到恢复或再生产，从而使得这种劳动支出维持不断地进行。问题是如何补偿呢？

很显然，它不能从其自身得到补偿。从它的物质构成部分看，不像参加生产过程的机器和原材料，它们是生产某种商品所必要的，它们在商品的使用价值的形成或创造上发挥了作用，因此，它们的价值（实际耗费的部分）成为商品价值的一部分，通过商品的出卖，价值的实现，而得到了补偿。如果产品就是它们自身，则不论在价值上和物质形态上都等于自己补偿了自己。如果产品是别种物质形态，则按照价值规律的原则，通过商品交换而得到价值补偿与物质补偿，从而可以说是一种变相地自己补偿了自己。从它的活劳动构成部分看，不像生产过程中的活劳动，因为这是生产性的劳动，是创造具有某种使用价值以满足社会需要（生产上的需要与消费上的需要）的物质资料的劳动，是在社会分工的体系当中在某种具体有用的形式上支出的劳动，从而是对象化的社会劳动的一部分，是创造价值的劳动。在资本主义条件下，它是由其所创造的价值中按照劳动力的价值以工资的形式而得到补偿的。如果劳动的结果是直接满足其需要的消费资料，那就等于直接地自己补偿了自己（货币工资的流通可以不论），如果是别种商品，则通过商品交换也就变相地自己补偿了自己（货币流通不论）。马克思关于社会总资本的再生产与流通的理论即详细地表明了这一点。但是，等于"虚费"的这种劳动耗费则不然，它既不能直接地自己补偿自己，也不能变相地自己补偿自己，因为它耗费的结果，既没有任何满足社会需要的新的物质资料的出现，同时对于已有的并在流通中的商品的使用价值也没有保存与增加（如运输业、包装等）的作用。其物质形态部分，虽然也是某些生产部门生产出来，生产它的也是在生产过程中支出的劳动，但是，因为这种劳动的产物也单纯是用在流通领域中，在流通过程中纯然耗费掉了（这是从纯粹意义上来看，因为同一生产部门的产品，并非都是纯粹流通费用的物质要素，例如纸张，有的作为纯粹流通费用，有的则作为消费资料）。所以，这种劳动只在名义上是生产劳动，其产品虽然也作为商品卖给商业资本家，从而也有价值与价格，而也只是名义上的。按其实质，与商业从业员的活动并没有什么两样，只不过支出在不同的领域中不同的形式上而已。

兹举例以明之。比如，甲资本家从事于一般商品的生产，乙资本家专门从事于纯粹流通费用的诸物质要素的生产，丙是商业资本家。假定在一年中，甲所支配的雇佣劳动者的全部劳动时间为 200 小时（100 小时的必要劳动与100 小时的剩余劳动），产品价值为 200 元（100v+100m）（假定 c＝0）。乙所支配的雇佣劳动者的全部劳动时间为 20 小时，（10 小时的必要劳动与 10 小时的剩余劳动），产品价值（名义上的）为 20 元（10v+10m）（假定 c＝0）。丙所支配的商业从业员的全部劳动时间为 10 小时（5 小时的必要劳动与 5 小时的剩余劳动），商业从业员的全部工资（V_3）为 5 元。现在，假定乙丙所支配的全部劳动耗费都是必须的，那么，（10+5）小时的必要劳动的补偿或恢复就是必要的，另外（10+5）小时的剩余劳动则不必，因为它本身就是剩余劳动，自己补偿了自己。只要（10+5）小时的必要劳动不断地恢复起来，则（10+5）小时的剩余劳动也就不断的提供出来。（10+5）小时的必要劳动的补偿或恢复是需要必需的消费资料的，而这又必须从甲处而来，甲处如何提供这些物质资料呢？不外三个途径，第一个途径是在保持剩余价值不变的情况下，用压低 v_1 到 85 元的办法，相对地扩大了 m_1 到 115，然后以商业折扣的形式，即按 185 元的价格将商品卖给丙，丙再以 200 元的价格将商品卖出，然后，以（200-185）＝15 元中的 10 元购买乙的商品，乙则以之支付工资，雇佣劳动者再以之向甲处购买所需要的消费资料，从而恢复了他们的劳动力。同样丙以其余的 5 元支付了商业从业员的工资，然后以之向甲处购买所需要的消费资料，从而也恢复了他们的劳动力。但是 v_1 的降低必须劳动生产率有了提高，如果劳动生产率不变，则 v_1 也是一定的。因此，第二个途径是：如果甲资本家实际得到的剩余价值保持不变，则只有加强剥削，使剩余价值的绝对量增加到 115 元不可，然后以 200 元的价格将商品卖给丙，丙再以 215 元的价格（价值增加了）将商品卖出，以（215-200）＝15 元补偿纯粹流通费用。第三个途径是：v_1 不变，剥削程度也不能增强，这时，只有从既有的 m_1 中扣除，即以 185 元（100v+85m）的价格将商品卖给丙，丙再以 200 元的价格卖出。这三个途径虽然都是可能的，但在生产力水平一定，剥削程度一定的情况下，第三个途径倒是具有一般性的。

由此可见，补偿的价值源泉都是剩余价值。

现在来谈谈补偿的形式。前面有些地方已涉及这个问题了，但还需要做进一步地分析和说明。

我认为在生产力一定水平，剥削程度一定，劳动力的价值不能降低（即从生活必需的最低限度为准）的情况下，全部纯粹流通费用都是从既有的剩余价值总额中扣除，也就是以商业折扣的方式由产业资本家让渡给商业资本家，然后作为购买价格以上的价格追加要素，从而还原为商品的价值，按照与价格一致的价格出卖商品。商品的价值实现了，商业资本家垫支的纯粹流通费用收回来了，于是就有可能进行纯粹流通费用的再垫支，纯粹流通费用不变部分诸物质要素的再生产，及商业从业员的劳动力的恢复或再生产也就能够继续进行了。例如前面的例子，甲资本家所生产的商品价值为（$100v_1+100m_1$）元，乙资本家所生产的纯粹流通费用诸物质要素的价值为（$10v_2+10m_2$），丙商业资本家垫支的商业资本为 40 元，其中单纯用于商品买卖的为 30 元，用于购买纯粹流通费用不变部分诸物质要素的为 5 元（多次反复地购买），商业从业员的工资为 5 元（v_1），这时社会平均利润率 = $\dfrac{(100m_1+10m_2)-(10v_1+10m_2)-5}{100v_1+10v_2+30+5+5v_3}=\dfrac{85}{150}=56\frac{2}{3}\%$ [式中的（+）$10m_2$ 又（−）$10m_2$，只是形式上的，因为它本身就是剩余劳动的结果而被用来作为纯粹流通费用的]。丙向甲购买商品的价格是 $\left(100v_1+100v_1\times56\frac{2}{3}\%\right)=100+56\frac{2}{3}=156\frac{2}{3}$ 元。丙再按与价值一致的价格 200 元卖出，这就等于甲给了丙 $\left(200-156\frac{2}{3}\right)=43\frac{1}{3}$ 元的商业折扣。其中有 [$22\frac{2}{3}$ 元作为商业利润 $22\frac{2}{3}=$（30+5+5）$\times56\frac{2}{3}\%$]，有 $\left(10v_1+10v_1\times56\frac{2}{3}\%\right)=15\frac{2}{3}$ 元为垫支的纯粹流通费用不变部分的收回，有 5 元为垫支的纯粹流通费用可变部分的收回 $\left(22\frac{2}{3}+15\frac{2}{3}+5=43\frac{1}{3}元\right)$。

这种补偿的形式可以由以下两点来论证它是合理的。

第一，甲资本家所剥削的剩余价值为 m（100 元），而实际得到的是平均利润，即 $100v_1\times56\frac{2}{3}\%=56\frac{2}{3}$ 元，被分配走了 $\left(100m_1-56\frac{2}{3}\right)=43\frac{1}{3}$ 元的剩余价值。除去符合于社会平均利润率 $\left(56\frac{2}{3}\%\right)$ 的商业利润 $\left[(30+5+5)\times56\frac{2}{3}\%\right]=22\frac{2}{3}$ 元外，其余的正好补偿了（$10v_2+5v_3$），恢复了这些雇佣劳动者的劳动力，并对乙资本家提供了 $\left(10v_1\times56\frac{2}{3}\%\right)=5\frac{2}{3}$ 元的物质资料，使其进行着寄生性的消费。如果把货币流通加进来考察，一切活动都是吻合妥当地进行的。

第二，再从反面来论证一下，即如果不是这样来补偿，而是像有些同志

所认为的是以提高商品价格的办法来补偿，则社会平均利润率为

$$\frac{(100m_1+10m_2)}{100v_1+10v_2+30+5+5v_3}=\frac{110}{150}=73\frac{1}{3}\%$$，甲资本家对丙商业资本家的商品卖

价则为 $\left(100v_1+100\times73\frac{1}{3}\%\right)=173\frac{1}{3}$ 元，丙资本家的商品卖价则为 $173\frac{1}{3}$ 元+

$(30+5+5)\times73\frac{1}{3}\%+\left(10v_1+10v_2\times173\frac{1}{3}\%\right)+5v_3=225$ 元。也就是按商品价值

加全部纯粹流通费用的价格卖出。这样就发生两个问题。一是如何将这种补偿的形式与补偿的价值源泉统一起来的问题。关于这个问题有两种解决办法，一是蒋学模同志的办法，他是用图式来说明的，是假定作为纯粹流通费用诸物质要素的商品丁的价值为 3（v+m），并假定社会产品总价值中的剩余价值其相当于纯粹流通费用的部分也补偿了，于是说全部纯粹流通费用都由剩余价值来补偿了。很显然，这是以假定为前提的，因此不能令人信服，等于没有解决问题。另一是吴树青同志的解释（《教学与研究》，1957 年 3 月份）。他认为纯粹流通费用中的不变部分通过提高商品的价格，即形成售卖价格的追加要素的办法来补偿与由剩余价值中得到补偿是不矛盾的。因为"这部分纯粹流通费用由剩余价值补偿正是通过商品价格在价值以上出售，通过剩余价值的进一步分配来实现的。当消费者以高于价值的价格购买商品时，一部分剩余价值就转移到商业资本家手中去用以补偿其耗费掉的纯粹流通费用了。""工人……以高于价值的价格来购买商品，从而降低了实际工资，为恢复工人劳动力所必需的必要劳动时间在这里被缩短了，这样即使在不延长劳动日的情况下，剩余劳动时间实际上被延长了。"这样的解释，表面看来似乎有些道理，但仔细深入地分析，问题还是很多的，还是不能令人满意的，可以说是一种没办法中的办法。首先，这只能是一种暂时的或个别的现象，即在实际的纯粹流通费用超过了社会必要的量的时候，商业资本家为了收回这部分实际垫支的资本，可以按高于价值的价格出售，但是在价格不能提高而商业资本家为了得到社会平均利润率，必然与产业资本家展开竞争，使得产业资本家必须以较低的售卖价格或较大的商业折扣补偿其纯粹流通费用不可。其次，这样一来，必然得出一个不合乎逻辑的乃至根本不可能的结果来，即随着资本主义的发展，纯粹流通费用的不断增加，工人劳动力的价值不断下降，以至于可以无限制地下降。但是工人劳动力的价值总是有其生理上的限界的。再次，必要劳动时间的缩短，工人劳动力价值的降低，是由于劳动

生产率不断提高的结果，而不是由于提高商品的售价使工人的实际工资下降的结果。最后，固然纯粹流通费用中的不变部分与可变部分是有区别的，从可变部分看，正是由于垫支了这部分资本，有了商业从业员从事于商品买卖的操作，才使得商人成为商业资本家的，才使得商业资本发挥了机能作用的。因此，要由剩余价值中扣除来补偿，产业资本家肯以商业折扣的方式给以补偿，这是对的。但是，有些属于纯粹流通费用不变部分的物质要素，如账簿，文具，纸张，家具等也都是单纯为了完成商品的变形，为了完成商业资本的机能作用所必要的。那么，为什么只是可变部分由剩余价值中扣除，从而以商业折扣的方式来补偿，在一定限度内必要的不变部分为什么就不可以如此呢？第二个问题是关于社会产品的总价值与总价格一致的问题。因为，如果全部纯粹流通费用都由剩余价值扣除，也就是以商业折扣的方式来补偿，则商业资本家出售商品的价格恰好与价值一致，这样就没有显示出纯粹流通费用中的不变部分来，而这部分是作为商品买来的，它们也确实是物质生产部门生产出来的结果，应该有价值与价格，于是好像社会产品的总价格与总价值不一致了。另一方面，如果纯粹流通费用中的不变部分由提高商品的名义价值或作为商品价格的追加要素的方式来补偿，则社会产品的总价格与总价值就一致了（蒋学模同志用图式即如此说明的）。我认为这个问题的关键在于如何理解所谓"名义价值"。我是这样理解的。虽然这部分物质资料是生产部门生产出来的结果，如果孤立地看，生产它们的劳动也是生产劳动，但是所生产出来的这种物质资料在流通领域中纯然消耗掉了，它们本身没有直接满足社会需要（生产上的消费上的）的使用价值，也没有保存或增加其他商品的使用价值的作用。因此，从这种社会意义上讲，这是一种特殊的生产部门，其产品是一种特殊的商品，生产它们的劳动不是创造价值的劳动，不同于生产一般能直接满足社会需要的商品的劳动是创造价值的劳动。在性质上与军火商品相似。它们之为商品，有价格，只是名义上的，是为了表示耗费的量及其补偿。只要商业资本家能将这部分垫支的费用收回，即有可能不断地进行这种物质资料的再购买，从而即有可能维持这种物质资料的再生产。而按照全部从剩余价值中扣除，以商业折扣的方式依然可以满足这种要求的。不必非以提高商品的价格的方式收回从而维持了这部分物质资料的再购买及其再生产不可。因此，问题只是社会平均利润率如何计算及商业折扣的大小而已。

总之，我认为是全部从剩余价值中扣除，以商业折扣的方式来补偿。

但是，问题要看纯粹流通费用是否符合社会必要的量。无论从个别商业资本家或社会整体，全部纯粹流通费用有着社会必要的量的规定性。至于如何规定，这倒是一个非常复杂的问题。例如，从纯粹的商业活动来看，计算大额收付并不比计算小额收付多费时间，一次大宗交易并不比一次小宗交易多费通信纸张和邮票。虽然如此，但却是在产业资本家与商业资本家之间，在商业资本家与商业资本家之间，以及在买者与卖者之间的竞争中作为自发地规律来确定和贯彻的。

总结以上所说，我的结论是：

第一，全部纯粹流通费用都由剩余价值来补偿。

第二，补偿的形式是全部纯粹流通费用都从剩余价值中扣除，以商业折扣的方式补偿。有时也可以以提高商品价格的办法来补偿，但这只是超过社会必要的部分，而且也只是暂时的或个别的现象。通过竞争，还是要均衡化为社会必要的量。

Ⅳ 马克思主义经济学与西方经济学

马克思主义经济学与西方经济学*

这是一个需要严肃对待和认真研究的理论问题。只有经过认真研究，才能科学地、实事求是地阐明这个问题的一些基本问题。

这里所谈的西方经济学，是指理论经济学或者经济学科中的基本理论方面，而不是指应用经济学或者经济学科中的计量、技术和管理等应用方面。

这个题目很大，包括的内容和问题很多。这里只想就以下三个基本问题谈一些个人的粗浅看法，希能抛砖引玉，在"双百"方针指引下，展开对这个学术问题的探讨。

一、马克思主义经济学和西方经济学
是两种根本对立的思想体系

1929—1933 年资本主义世界经济危机之后，西方经济学界开始注意起马克思的经济学说来，并试图从马克思主义经济学和西方经济学中找出某些共同点，把它们溶合起来。例如，已故英国经济学家、剑桥学派的代表人物之一琼·罗宾逊 1941 年在为她的《论马克思主义经济学》一书所写的"前言"中写道："直到最近，马克思常被学院派以轻蔑的沉默来对待，只有在偶尔的嘲弄的脚注中才打破沉默。但受到现代经济生活发展的推动的现代学院派学说的发展……已经打碎了正统派学说的结构，并且打破了经济学家惯常观察放任的资本主义作用时的满足感。所以，他们对于作为资本主义主要批判者的马克思的态度，不像往常那样确定不移了。"1948 年，她在发表于意大利《经济评论》的一篇论文《马克思和凯恩斯》中，更进一步写道："近来的学

---

* 本文共分三部分：①马克思主义经济学和西方经济学是两种根本对立的思想体系；②对马克思主义既要坚持又要丰富和发展；③全面对待西方经济学。分别发表于《南开学报》1987 年 3、4、5 期。

院派经济学家，就其大部分来说，经历了一个显著变化。""学院派理论，遵循着自己的道路，达到了与马克思体系大为相似的境地。"另一位英国的经济学家朗纳德·L. 米克就试图通过他的《劳动价值学说的研究》（1956 年出版）一书在马克思主义经济学家与非马克思主义经济学家之间建立某种桥梁。他写道："我的希望是，本书可能有助于开辟一个两派共存的时代，在这个时代里，马克思主义者与非马克思主义者将由互相攻击对方的虚伪性和不学无术，而转变为互相了解和评价对方的观点，双方进行和平的竞赛，看看谁能对经济现实给予更正确和更有用的分析。"而有些西方经济学家则更进一步地在一些基本理论问题和方法论上把马克思主义经济学同西方经济学等同起来。例如，有的认为，马克思是现代有效需求理论的奠基人；有的认为马克思是继魁奈之后的第一个最重要的宏观经济学形成者，是"现代魁奈"里昂惕夫投入产出理论的先驱；有的认为马克思是现代增长理论之父。英国迪尤克大学经济学教授马廷·布朗芬布伦纳在其《现代人看待〈资本论〉》一文中声称：马克思体系可以很容易地改换成一个对照的瓦尔拉全部均衡体系。美国的凯恩斯主义者劳伦斯·R. 克莱因在其《凯恩斯的革命》一书中写道：马克思和凯恩斯"都把经济体系作为一个总体看待"，都使用了"总量分析"的方法，等等。

以上某些西方经济学家对待马克思主义经济学和西方经济学的这种新动向、新手法，我想，可以表明这样一点，即马克思主义经济学有着不可抹杀、不可忽视的生命力或者理论上存在的意义。1938 年，美国经济学家瓦西里·里昂惕夫曾在《美国经济评论》第 28 卷第 1 号增刊上发表一文，题目就是《马克思的经济学对当代经济理论的意义》。

然则，马克思主义经济学和西方经济学是否真的就不存在根本区别而可以溶合起来，或者叫做"趋同"（趋向同一）了呢？我认为，从本质上看，马克思主义经济学和西方经济学是属于两种根本不同的、对立的思想体系。这主要表现在以下几个方面：

首先，马克思主义经济学以辩证唯物主义的科学的世界观和方法论为基础，把资本主义制度看成是人类社会发展的一个历史阶段，有其发生、发展和必然为另一种更高的社会经济形态所取代的客观规律。"辩证法在对现存事物的肯定的理解中同时包含对事物的否定的理解，即对现存事物的必然灭亡的理解"①。具体到一个经济范畴，也只有从发展中才能把握它的形式变化及其本质和内在联系。例如，从商品价值到生产价格再到垄断价格的发展，就只有依据唯物辩证法才能揭示它们的内在联系和本质。正如恩格斯在《资本论》第三卷序言中所指出的：关于平均利润和生产价格，不能"认为马克思进行阐述的地方，就是马克思要下的定义"，不可以"到马克思的著作中去找一些不变的、现成的、永远适用的定义"，因为，"不言而喻，在事物及其互相关系不是被看作固定的东西，而是被看作可变的东西的时候，它们在思想上的反映，概念，会同样发生变化和变形；我们不能把它们限定在僵硬的定义中，而是要在它们的历史的或逻辑的形成过程中加以阐明。"②

西方经济学则是以唯心主义和形而上学为其世界观和方法论的基础的。处在反封建时代的新兴的资产阶级，把封建主义制度说成是"人为的"，资本主义制度是"天然的"，这在当时是有其历史进步意义的。但是，往后至今，西方经济学家一直是把资本主义制度看成是永恒的、合理的、理想的社会制度。正是"因为辩证法在对现存事物的肯定的理解中同时包含对现存事物的否定的理解，即对现存事物必然灭亡的理解；辩证法对每一种既成的形式都是从不断的运动中，因而也是从它的暂时性方面去理解；辩证法不崇拜任何东西，按其本质来说，它是批判的和革命的"，所以，"辩证法，在其合理形态上（即唯物辩证法，而不是黑格尔的唯心辩证法——引者），引起资产阶级及其夸夸其谈的代言人的恼怒和恐怖。"③他们对于资本主义社会的阶级矛盾，不是竭力地掩饰它，模糊它，就是千方百计地缓和它，调和它；在阶级矛盾尖锐化，无产阶级的斗争威胁到资产阶级的统治时，就去镇压它。"使实际的资产者最深地感到资本主义社会充满矛盾的运动的，是现代工业所经历的周期循环的变动。"④而作为资产阶级代言人的西方经济学家虽然提出了种种经济危机的理论，但是这些理论，一则，根本不谈产生经济危机的根本原因——资本主义生产方式的基本矛盾；再则，也只是为了缓和和逃脱经济危机，以维护资本主义制度。1936年凯恩斯的《就业利息和货币通论》一书的发表，凯恩斯主义的创立，就是在1929—1933年爆发了资本主义世界经济危机及其以后的特种萧条的历史背景下，为适应垄断资产阶级的需要而产生的。

---

① 《马克思恩格斯全集》第23卷，第24页。
② 《马克思恩格斯全集》第25卷，第17页。
③ 《马克思恩格斯全集》第23卷，第24页。
④ 《马克思恩格斯全集》第23卷，第24页。

人所共知，凯恩斯宏观经济学的核心，是有效需求理论。他的有效需求是指总供给价格与总需求价格相均衡时的总需求价格。他认为，现实的资本主义社会经济之所以不能达到充分就业状态下的总供给价格与总需求价格的均衡，有非自愿失业的存在，是因为有效需求不足。而有效需求不足，根本原因是由于边际消费倾向、资本边际效率和对货币的流动偏好三个基本心理因素的作用所致。凯恩斯认为，一般人们消费的增长总是低于收入的增长，消费增量与收入增量之比即边际消费倾向是正数，但又总是小于 1，并且有递降的趋势，因此引起消费需求的不足。他的所谓资本边际效率，实即新增资本的预期的利润率，它有递减的趋势；同时，由于人们对货币的心理上的流动偏好，利息率不可能过于降低。而当预期的利润率低于或接近于利息率时，就不增加投资了。结果，将引起投资需求的不足。消费需求不足和投资需求的不足，即有效需求不足。在三个基本心理因素中，凯恩斯特别强调资本的边际效率的作用，认为经济危机发生的主要原因是资本的边际效率的突然崩溃。他在运用资本的边际效率这个因素在阐明经济危机的发生及其周期地变动时，突出的是资本主义企业家的乐观、有信心和悲观、没信心的心理状态。

微观经济学的核心，是价格理论。均衡价格是现代微观经济学的主要研究对象之一。均衡价格是首先由马歇尔把供求论、边际效用论和生产费用论溶合为一体而提出的。现代的"厂商理论"，虽然在新的历史条件下发展了微观经济学的价格理论，但直到今天，马歇尔的均衡价格理论在西方经济学中仍然具有很大的影响。马歇尔的所谓均衡价格，是指一种商品的需求价格和供给价格相一致时的价格。所谓需求价格，是指买者对商品所愿支付的价格，它是由商品对买者的边际效用决定的。边际效用是指购买的商品的增量对买者所提供的效用的大小，它是以买者的欲望和主观评价为根据的。唯心主义的"边际效用价值论"，是微观经济学价格理论的支柱。

以上这方面的例子还很多，大都是已为人们所共知，因此无庸多说。

其次，马克思主义经济学是研究生产关系及其发展规律的科学，着重于生产关系的质的考察，总是在形式的背后看内容，透过现象看本质，在量的分析中看质的规定性，在生产技术的发展中看对劳动者的影响。而西方经济学则着重于量的分析，为了掩盖事物的本质，总是在具体的细微的地方玩弄推理，总是在形式上、现象上兜圈子。从根本上说，这反映了阶级立场的不同。马克思主义经济学即无产阶级的经济学，总是从无产阶级及其他广大劳动群众的利益出发来考虑问题；西方经济学也即资产阶级的经济学，总是以资产阶级的利益为立足点和出发点。

人所共知，任何经济事物都有质和量两个方面。因此，在考察任何经济事物时，就必须从质和量这两个方面去分析，去把握；而在这当中，把握质应该说是更重要的，因为质变虽然以量变为基础，但是在量变的考察之后，就必须看到由此而引起的质的变化，否则，就谈不到对事物有真正的认识。例如，自由资本发展为垄断资本，就是在资本主义积累规律的作用下，在生产集中和资本集中高度发展的基础上，资本由量变转化为新质的。如果只看到量变，只看到资本之间的协议或联合，而不分析由量变和联合所产生的垄断性，那就不会认识垄断资本的本质，当然也就不会科学地考察和阐明，垄断资本主义条件下的各个范畴和经济规律了。马克思早在自由竞争资本主义时代，在阐述信用和股份公司在资本主义生产中的作用时，就科学地、深刻地揭示了垄断产生的规律性，他写道："它在一定部门中造成了垄断，因而要求国家的干涉。它再生产出了一种新的金融贵族，一种新的寄生虫"①。只不过由于时代所限，马克思没有展开说明。关于垄断资本主义的理论是由列宁创立的。

在商品经济条件下，人们之间的经济关系都采取了物与物之间关系的形式，这就要在物与物的关系当中看到人与人的关系。因为任何经济事物、经济范畴都是一定经济关系的体现，都体现着经济当事人的一定的物质利益。经济学作为一门社会科学，就是要研究社会经济关系和物的社会属性的。如果只考察物和物之间的关系，不研究其中所体现的人与人之间的关系，那就成为商品学或其他的什么学科，而不是经济学了。而且，不研究经济关系或物质利益关系，则任何经济问题都不能解决，那经济学还有什么用呢？马克思主义经济学就是着重研究生产关系的，是以生产关系为研究对象的。列宁指出："凡是资产阶级经济学家看到物与物之间的关系的地方……，马克思都揭示了人与人之间的关系。"②

随着商品经济的发展，往往经济形式依旧，而其本质已经发生了变化。这就有个事物的形式和内容、现象和本质的问题。经济学作为一门科学，就要在形式的背后看内容，透过现象看本质。否则，就要被形式和现象所迷惑，得出不科学的结论。马克思主义经济学完全体现了这种科学的方法。马克思

①《马克思恩格斯全集》第 25 卷，第 496 页。
②《列宁全集》第 19 卷，第 5-6 页。

科学地揭示了价格形式和价值的关系，在资本主义条件下的商品、货币、生产资料的一般形式和商品资本、货币资本、生产资本的关系，工资形式和劳动力价值的关系，剩余价值及其转化形式即利润、平均利润、商业利润、借贷利息和地租的关系，以及价值及其转化形式生产价格的关系，等等。

生产力和生产关系是社会生产的两个不可分割的方面。生产力是生产的物质内容，生产关系是生产的社会形式。在生产力和生产关系的辩证关系中，生产力是决定的因素。生产关系一定要适合生产力性质的规律，是普遍发生作用的规律。在既定的社会形态下，由于这一规律的作用（在阶级社会里，还由于阶级斗争规律的作用），随着社会生产力的发展，生产的社会形式即生产关系也会而且必然会发生一定的调整，生产资料所有制的形式也会出现一定的变化。但是，生产关系和生产资料所有制的本质并没有发生根本变化。这也是形式和本质的关系问题。经济学作为一门科学，就既要看到形式的发展变化，又要揭示其本质。马克思主义经济学完全做到了这一点。马克思和恩格斯科学地论述了适应社会生产力和生产社会化的发展，在资本主义生产关系和生产资料所有制的本质根本未变的前提下，以股份公司、垄断组织和国家垄断资本主义为特征的社会生产形式或生产资料所有制形式的某些变化。马克思指出：股份公司作为一种"社会资本（即那些直接联合起来的个人的资本）的形式，而与私人资本相对立。……这是作为私人财产的资本在资本主义生产方式本身范畴内的扬弃。"[①] "但是，这种向股份形式的转化本身，还是局限在资本主义界限之内；因此，这种转化并没有克服财产作为社会财富的性质和作为私人财富的性质之间的对立，而只是在新的形态上发展了这种对立。"[②] 恩格斯写道：随着资本主义的发展，"社会化生产和资本主义占有的不相容性，也必然愈加鲜明地表现出来。"[③] 这就"迫使资本家阶级本身在资本关系内部一切可能的限度内，愈来愈把生产力当作社会生产力看待。"[④] 于是"都把大量生产资料推向如像我们在各种股份公司中所遇见的那种社会化形式。"[⑤] 但是，"在一定的发展阶段上，这种形式也嫌不够了；国内同一工业部门的大生产者联合为一个'托拉斯'"，而且，"无论在任何情况

---

① 《马克思恩格斯全集》第 25 卷，第 493 页。
② 《马克思恩格斯全集》第 25 卷，第 497 页。
③ 《马克思恩格斯选集》第 3 卷，第 428 页。
④ 《马克思恩格斯选集》第 3 卷，第 434 页。
⑤ 《马克思恩格斯选集》第 3 卷，第 434 页。

下，无论有或者没有托拉斯，资本主义社会的正式代表——国家终究不得不承担起对生产的领导。"①"但是，无论转化为股份公司和托拉斯，还是转化为国家财产，都没有消除生产力的资本属性，在股份公司和托拉斯那里，这一点是十分明显的。……现代国家，不管它的形式如何，本质上都是资本主义的机器，资本家的国家，理想的总资本家。它愈是把更多的生产力据为己有，就愈成为真正的总资本家，愈是剥削更多的公民。"②

科学技术也是生产力。马克思主义经济学也非常重视科学技术对经济发展的作用。但是，马克思主义经济学并没有只是停留在对科学技术发展的研究上，而是把资本主义条件下科学技术和机器生产的发展，归结为资本的生产力，揭示在这种物质技术基础的发展中，对生产方式、劳动结构和组织、工厂制度以及进而对雇佣工人和其他广大劳动者的影响。马克思在《资本论》第一卷第十一、十二、十三章关于协作、分工和工场手工业以及机器和大工业的分析中，既考察了物质技术基础的发展，又揭示了劳动对资本隶属关系的加强和相对剩余价值生产的增长；在第二十三章关于资本主义积累的一般规律的分析中，既考察了生产力的发展和资本有机构成的提高，又揭示了失业人口的增长和无产阶级贫困的积累；在第二十四章关于资本主义积累的历史趋势的分析中，既看到了社会生产力的发展，又得出了高度发展的社会生产力同它们的资本主义外壳越来越不能相容，最终这个外壳要被炸毁，资本主义私有制的丧钟就要敲响的结论。

西方经济学则在以上这些方面同马克思主义经济学完全相反。西方经济学对经济事物、经济范畴只重量的考察而不进行质的分析。古典经济学家虽然提出了劳动价值论，分析了价值和价值量，但更多地是对价值量的分析，至于价值本身，他们"在任何地方也没有明确地和十分有意识地把体现为价值的劳动同体现为产品使用价值的劳动区分开"，他们"从来没有意识到，劳动的纯粹量的差别是以它们的质的统一或等同为前提的"③；他们在商品价值的分析中，始终未能"发现那种正是使价值成为交换价值的价值形式"，这是"因为价值量的分析把他们的注意力完全吸引住了。"④至于往后的庸俗经济学家，更是只有量的分析，而故意掩饰或歪曲事物的质。他们把价格当成

---

① 《马克思恩格斯选集》第3卷，第435页。

② 《马克思恩格斯选集》第3卷，第436页。

③ 《马克思恩格斯全集》第23卷，第97页。

④ 《马克思恩格斯全集》第23卷，第98页。

价值；他们歪曲和掩饰工资和利润、利息、地租等剩余价值转化形式的本质，炮制了所谓"资本—利息，土地—地租，劳动—工资"三位一体的公式；他们为了否定马克思的劳动价值论，肆意歪曲商品价值及其转化形式生产价格的关系，割断它们之间的内在联系。到了资本主义的垄断阶段，特别是1929—1933年资本主义世界经济大危机之后，西方经济学中产生了垄断竞争或不完全竞争理论。这时，面对垄断组织的规模及其统治日益扩大和增强的事实，西方经济学家也不得不承认垄断的存在，然而却极力歪曲垄断的本质。美国经济学家张伯伦在其1933年发表的《垄断竞争理论》一书中，就把垄断说成是由于产品存在差异所产生。照他说来，产品彼此有差异，所有生产者就都自然成为垄断者了，一些小生产者和小商贩也会成为垄断者了。这显然是十分荒谬的。在现代资本主义条件下，随着股份公司的发展，所有权资本和职能资本日益分离，这是资本主义所有制形式上的一种发展变化，对此马克思早就有所论述。列宁更指出了股份所有者单凭剪息票为生的寄生性本质。二次大战后，资本主义财产权的分裂有了更进一步的发展，而西方经济学者却极力歪曲和掩饰其本质。美国经济学家、制度经济学派的重要人物之一、"人民资本主义"的鼓吹者阿道夫·贝利继他的《现代公司和私有财产》和《二十世纪的资本主义革命》著作之后，于1959年又发表了自称为美国政治经济学的新发展的《没有财产权的权力》一书。在这里，他根据美国大公司财产权和管理权的分离，说什么现在领导美国大公司的并不是金融寡头，而是一些拥有权力但没有财产的经理人员，从而垄断企业的资本主义性质已经改变了。美国经济学家、新制度经济学或新制度学派的主要代表人物加尔布雷思于1973年发表了最完整地表述他的新制度经济学理论的《经济学和公共目标》一书。在这里，他鼓吹现代公司的结构已经发生了变革，大公司已经不再是资本家掌权，而是转移到了包括经理、科学家、工程师、会计师、律师等所谓"技术结构阶层"的手中，因而大公司的垄断资本主义的性质改变了，目标不再是追求最大限度利润，而是事业的发展，是企业经营的"稳定""增长"和"技术发展"了。二次大战后，发达资本主义国家为了逃脱经济危机，谋求经济的稳定发展，广泛推行以凯恩斯主义为理论基础的各种政策措施，或是由国家直接投资开办企业或是"公私"合营企业，或是对私人垄断企业实行"国有化"，同时国家对经济的干预和调节也大大加强了，这标志着国家垄断资本主义无论在广度上还是深度上都有了进一步的发展。而西方经济学家却极力掩饰国家垄断资本主义的本质，美国经济学家、后凯恩斯主流经济学派的代表人物萨缪尔森即称现代资本主义经济是一种"混合经济"。他写道："我们的（指美国——引者）经济是一种'混合经济'，在其中，公共的和私人的机构并行经济控制"①。二次大战后，在发达资本主义国家，年金制度有了很大发展，一些企业从利润中拿出一部分来作为年金基金供工人退休时的退休金、养老金等之用，因而又称之为所谓"利润分享"。1976 年美国出版了一本书叫做《年金基金制度》，其副标题是"年金制度给美国带来了社会主义"。该书一开始就说，年金归工人所有，年金基金积累起来数量很大，因此今天美国的所有制已是 60％归工人所有了。二次大战后，发达资本主义国家的科学技术和生产自动化有了很大发展，西方经济学则据此而认为，今天，劳动者在生产过程中不再是主体了，劳动价值论的基础不复存在了，企业中的人和人之间的关系改变了。等等。

再次，在基本理论上的对立。关于马克思主义经济学和西方经济学在基本理论上的对立，在上面有的地方已有所涉及。为了避免重复，这里只就英国经济学家罗宾逊和米克、美国经济学家布朗芬布伦纳和克莱因等人提出的马克思主义经济学同西方经济学可以溶合的观点来作些对比和说明。他们的所谓"溶合论"主要涉及以下一些方面：

（1）在方法论上溶合。克莱因在其《凯恩斯的革命》一书中写道：马克思和凯恩斯在下面这两个命题上："不变资本加可变资本加剩余价值等于总产量的价值"（指马克思的命题——引者）和"消费（决定于收入）加投资（独立变数）等于国民收入值"（指凯恩斯的命题——引者）虽然有很大差别，但"如果凯恩斯经济学完全根据可观察的总数叙述，像第一个命题一样，那么这两种方法论就会很相似"。②也就是像他所说的，马克思和凯恩斯在"总量分析"的方法上可以是一致的。

我们都知道，马克思的《资本论》"研究的是资本主义生产方式以及和它相适应的生产关系和交换关系"③。"最终目的就是揭示现代社会的经济运动规律"④，这表明《资本论》确实是把资本主义社会作为考察对象的。《资本论》在分析资本主义积累的历史趋势，考察社会总资本的再生产和流通，以及研究资本主义生产的总过程当中，也是从总体的角度着眼的。但是，根本

---

① 萨缪尔森：《经济学》原版，1980 年第 11 版，第 37 页。
② 克莱因：《凯恩斯的革命》，商务印书馆 1980 年版，第 130-131 页。
③《马克思恩格斯全集》第 23 卷，第 8 页。
④《马克思恩格斯全集》第 23 卷，第 11 页。

不能说《资本论》的方法是"总量分析法"。《资本论》的根本方法是唯物辩证法，即从资本主义现实（具体）出发，"充分地占有材料，分析它的各种发展形式，探寻这些形式的内在联系"，得出理论概括（抽象）；然后，为了把理论和"现实的运动……适当地叙述出来"①，全三卷的逻辑结构采取了从抽象到具体、从简单到复杂、从生产过程和流通过程到生产的总过程的方法。《资本论》的这种研究方法和叙述方法是完全科学的、逻辑性十分谨严的方法。这怎么能同西方经济学的所谓"总量分析法"相提并论呢？凯恩斯的"总量分析法"，中心是国民收入分析。他的命题是：从总供给的角度看，国民收入等于消费加储蓄；从总需求的角度看，国民收入等于消费加投资。通过消费、储蓄和投资的变化对国民收入的影响的分析，找出国家必须对经济进行干预和调节的理由或根据，以求通过国家的各项政策，达到充分就业状态下的总需求与总供给的均衡，消灭非自愿的失业，逃脱经济危机，促进国民收入的增长也即经济的发展。这当中，虽然也有一套形式逻辑，但由于这种分析只涉及量的关系，而根本不涉及生产关系和资本主义所固有的基本矛盾，因而虽然也能暂时并在一定程度上解决些具体矛盾，但不能解决根本矛盾和问题。只有像马克思那样，从社会总产品及其价值构成（c+v+m）。从再生产的角度看，它们又形成补偿基金、消费基金和积累基金和物质构成（生产资料和消费资料）出发来分析社会总资本的再生产，才能科学地揭示社会再生产的规律性，依据客观规律来设法求得和促进社会再生产的顺利发展。马克思深刻地指出："总资本执行职能的结果的产品价值本身内形成一个运动。这个运动不仅是价值补偿，而且是物质补偿，因而既要受社会产品的价值组成部分相互之间的比例的制约，又要受它们的使用价值，它们的物质形式的制约。"②马克思所揭示的社会再生产的规律性之所以在资本主义条件下不能很好地得到实现，正是由资本主义的生产关系及其基本矛盾所决定的。

（2）在社会再生产理论上溶合。萨缪尔森宣称马克思是列昂惕夫投入产出法的"先驱"。列昂惕夫自己也声称他的投入产出表同马克思的社会再生产图式有着一定联系③。

我们说，列昂惕夫的投入产出法同马克思的社会再生产分析，是有某些类似之处。这主要是，它们都表明社会生产各个部门之间要维持一定的平衡

---

① 《马克思恩格斯全集》第 23 卷，第 23 页。
② 《马克思恩格斯全集》第 24 卷，第 437-438 页。
③ 参见 Karl Kühne：《Economics and Marxism》Vol.2，第 128 页。

或者对比关系，这种平衡或者对比关系是一种量的关系，这种量的关系既可以用实物量形式来表示，也可以用价格形式（对马克思来说，是价值形式）来表示。但是，他们二者有着根本的区别，不能等同看等。马克思的社会再生产理论，根本不是单纯的经济分析方法，而是包含若干基本原理的一个理论体系，如社会生产分为两大部类、社会总产品的价值构成和物质构成、社会再生产基金的形成及其用途、两大部类再生产中的价值补偿和物质补偿、两大部类之间的相互制约、在资本有机构成提高的前提下生产资料生产（特别是生产生产资料的生产资料的生产）的优先增长等。而列昂惕夫的投入产出法基本上只是一种经济分析方法，它没有形成一套理论，它所依据的理论原则也是比较简单的。马克思的社会再生产理论是为了揭示资本主义社会再生产的规律及其矛盾，而不是单纯的生产部门间实际数量关系的映象或描绘；马克思在分析中虽然也运用了图式和数字等手段，但其作用完全是为了上述根本目的。而列昂惕夫的投入产出法，则单纯是社会再生产中企业和部门间产品流出入量的关系的现实反映或具体描绘。马克思所考察和揭示的内在于社会再生产中的各方面的关系，不单纯是物的量的关系，而是还有社会经济关系。马克思在分析社会总资本的再生产时，采用了社会总产品或商品资本运动的形式，社会总产品的价值构成、社会再生产基金的构成、第Ⅱ部类分成必要生活资料和奢侈生活资料两个副类、资本有机构成和积累率的变化等方面的理论分析都贯串着资本主义生产关系的体现，而列昂惕夫的投入产出法，则单纯是部门联系中的物的量的关系，即基于一定的工艺和技术所确定的某种产品或某一部门的生产（产出）同所需要的其他产品（投入）之间的量的关系。马克思的社会再生产分析所反映的社会经济联系和规律，比起列昂惕夫的投入产出法来要深刻得多、全面得多、复杂得多，尽管马克思只把社会生产分为两大部类，列昂惕夫则按照需要把国民经济分成了任意若干部门。

（3）在失业和经济危机理论上溶合。罗宾逊写道："失业在两派（指马克思主义者同凯恩斯主义者——引者）中都占着重要位置，两派都认为资本主义蕴含着它自身崩溃的种子（指经济危机——引者）。在消极方面，……凯恩斯体系与马克思体系是一致的。"[①]关于失业，凯恩斯认为有三种：摩擦性失业、自愿失业和非自愿失业，而只有非自愿失业才算作失业，只要消灭了非

---

① 《马克思、马歇尔和凯恩斯》，商务印书馆1963年版，第5页。

自愿失业，就算达到了"充分就业"。为什么会产生非自愿失业呢？他认为，主要是由于"有效需求"不足，而"有效需求"不足，主要是由于三个基本心理因素的作用。关于经济危机，凯恩斯主要是用他认为是最主要的心理因素即资本边际效率的变化来说明的。他认为，由于一般价格水平低，货币供应量少，人们对货币的流动偏好强，利息率高，因而资本的边际效率低，经济危机就是由于资本边际效率的崩溃，资本家由极度乐观转到悲观所造成；通过国家的财政政策和货币政策，调节货币供应量、利息率和一般价格水平，提高资本的边际效率，使资本家由悲观转向增强信心和乐观，于是由危机转向复苏直到高涨。这些在前面都已有所论述，就不再多说了。而马克思的失业理论和危机理论根本不是像凯恩斯那样建立在心理因素的基础上，而完全是建立在对内在于资本主义发展过程中的客观规律的科学分析上，建立在对资本主义生产关系的本质及资本主义生产方式的基本矛盾的深刻考察上。马克思认为，失业的产生和发展是资本主义生产方式特有的人口规律，这种相对过剩人口是资本主义积累的必然结果，是在资本主义积累的过程中，随着社会生产力的发展，资本有机构成不断提高，而投资的场所在广度上又受到资本主义生产目的限制所造成的。经济危机也是资本主义制度的必然产物，是资本主义基本矛盾激化的结果；经济危机周期地发生反映了资本主义社会再生产及其内在矛盾的运动，而根本不是由于什么资本家由乐观到悲观、再由悲观到乐观的这种心理状态的作用。总之，马克思主义的失业理论和经济危机理论同凯恩斯主义是根本对立的，怎能把它们混为一谈而加以溶合呢！

二、对马克思主义既要坚持又要丰富和发展

英国的安东尼·卡特勒等四位经济学家合写了本书叫做《马克思的〈资本论〉和今天的资本主义》。在其中，他们写道："面对当代资本主义关系的新形式，《资本论》软弱无力。多数马克思主义经济理论家在说明当前的经济萧条时，是缺乏独创性和教条主义的。现代马克思主义经济理论之所以枯燥无味，是由于完全忠实于《资本论》的结果。《资本论》中的很多概念，对于那些愿意正视现代资本主义的现实而需要从事新的理论工作的社会主义者们

来说，实际是一个障碍。"①这是典型的《资本论》或者马克思主义经济学"过时论"。

那么，《资本论》或者马克思主义经济学是否过时了呢？今天我们应该如何对待马克思主义经济学呢？

19 世纪末，随着资本主义向垄断阶段的过渡，伯恩施坦的修正主义思想体系逐渐形成。1895 年恩格斯逝世后不久，从 1896 年 10 月起，伯恩施坦就在《新时代》杂志上以"社会主义问题"为总标题发表了一系列文章。他打着"反对教条主义"的旗号，公开宣称时代变了，资本主义变了，马克思主义"过时"了，要"修正"马克思主义，并且以所谓"经济发展中的新材料"为根据，提出所谓"新理论"。针对这种修正主义思潮，列宁于 1899 年在他写给俄国社会民主工党的机关报《工人报》的一篇文章《我们的纲领》中写道："目前国际社会民主运动正处于思想动摇的时期。马克思和恩格斯的学说一向被认为是革命理论的牢固基础。但是，现在到处都有人说这些学说不完备和过时了。"然而，我们的纲领是"完全以马克思的理论为依据"的。当然，"我们决不把马克思的理论看做某种一成不变的和神圣不可侵犯的东西；恰恰相反，我们深信，它只是给一种科学奠定了基础，社会主义者如果不愿意落后于实际生活，就应当在各方面把这门科学向前推进"。②列宁在实践中正是这样做的。在政治经济学方面，列宁依据马克思主义的基本原理，对资本主义发展的新阶段即垄断阶段进行了科学的研究，创立了垄断资本主义政治经济学，丰富和发展了马克思主义。列宁关于政治经济学的重要著作《帝国主义是资本主义的最高阶段》，就是《资本论》的继续和发展。

在新的历史条件下，既要坚持又要丰富和发展马克思主义，这就是在如何对待马克思主义的问题上，列宁为我们所提示并在实践中所体现的一项根本原则，在今天我们也应该同样遵循这一根本原则。

（一）从研究现代资本主义的经济问题方面来看

二次大战后，资本主义国家的经济政治发生了很大变化，生产力有了很大发展，生产的社会形式以及社会生产关系出现了很多新情况和新特点。这需要我们从当代资本主义的现实出发，分析新情况，研究新问题，进行新概括，得出新结论。但是，在我们进行这种理论研究中，《资本论》的基本原理，

---

① Antony Cutler, Barry Hindess, Paul Hirst and Athar Haussain. Marx's Capital and Capitalism Today, Vol 2, 3.
②《列宁全集》第 4 卷，第 186-187 页。

特别是其中所体现的立场、观点和方法，都仍然具有理论基础和科学指导的意义。这方面可列举者很多，这里只择其要者作些说明。

1. 关于劳动价值论问题

二次大战后，资本主义发达国家的科学技术和生产自动化都有了巨大的发展。于是，在西方经济学者中又兴起了一股否定劳动价值论的浪潮。例如，前面曾提到的英国的安东尼·卡特勒等四人在他们的《马克思的〈资本论〉和今天的资本主义》一书中即写道："马克思在《政治经济学批判大纲》中已经看到科学技术的发展会消灭价值形成的条件。现在，直接劳动者已不是生产过程的主体了，劳动价值论的基础已不复存在。"又如，联邦德国法兰克福学派的哈伯尔梅斯也声称："技术和科学已成为主要的生产力，已成为独立的剩余价值源泉，直接生产者的劳动越来越不重要，马克思劳动价值论的应用前提不存在了。"①

那么，我们应该如何分析现代资本主义科学技术和生产自动化高度发达条件下的价值形成呢？马克思的劳动价值论的基本原理是否完全不适用了呢？让我们看看马克思的基本观点：

第一，任何物质财富都是劳动创造的，"任何一种不是天然存在的物质财富要素，总是必须通过某种专门的、使特殊的自然物质适合于特殊的人类需要的、有目的的生产活动创造出来。"②当然，各种物质产品除去其中所包含的劳动以外，"总还剩有一种不借人力而天然存在的物质基质"③，人在生产中只能是改变物质的形态，而且"在这种改变形态的劳动中还要经常依靠自然力的帮助。因此，劳动并不是它所生产的使用价值即物质财富的唯一源泉。正像威廉·配第（英国资产阶级古典政治经济学的创始者——引者）所说，劳动是财富之父，土地是财富之母。"④除去自然界现成的生活资料和生产资料以外，这对于一切作为产品的生活资料和生产资料都是适用的。就拿机器这种生产手段来说，不管它多么发达，都是由人的劳动来生产的。即使是用机器生产机器，生产机器的机器也总是由人的劳动来发明、设计和制造的。这是马克思的劳动价值论的根本出发点。一切物质财富都是劳动创造的，"劳动作为使用价值的创造者，作为有用劳动，是不以一切社会形式为转移的人

---

① 《马克思恩格斯全集》第 23 卷，第 56 页。
② 《马克思恩格斯全集》第 23 卷，第 56 页。
③ 《马克思恩格斯全集》第 23 卷，第 56 页。
④ 《马克思恩格斯全集》第 23 卷，第 56-57 页。

类生存条件，是人和自然之间的物质交换即人类生活得以实现的永恒的自然必然性"①。这是客观世界的真实反映，也是为人们所共知而无可否认的。试问今天资本主义发达国家的高度的物质文明、表现为庞大的商品堆积的社会财富，难道不都是劳动创造的！

第二，只有在商品经济条件下，劳动才表现为价值。价值是无差别的人类劳动即抽象劳动的凝结。在商品交换中，各种具体劳动必须还原为抽象劳动才能进行量的比较。而每一种商品的价值只有通过和其他商品相交换才能表现出来。一种商品同另一种商品相交换的量的关系、或比例，即交换价值。货币产生以后，商品的价值通过货币来表现，即通过价格形式来表现。价格是商品价值的表现形式，价值是价格的基础。这时，商品同商品彼此之间相交换的量的关系或比例，是通过它们的价格的对比来表现的。每一种商品的价格不论怎样变化，在它们的价格对比中总要贯彻价值相等的原则。当然，价格可能和价值量不一致，因而在商品价格的对比中，有的商品相对来说可能偏高，有的商品则偏低，但从大量的、长期的流通来看，价格对比总是趋向于价值相等，总是以价值为基础或者作为相对价格变动的中心的。马克思写道："价格和价值量之间的量的不一致的可能性，或者价格偏离价值量的可能性，已经包含在价格形式本身中。但这并不是这种形式的缺点，相反地，却使这种形式成为这样一种生产方式的适当形式，在这种生产方式下，规则只能作为没有规则性的盲目起作用的平均数规律来为自己开辟道路。"②西方经济学（古典派除外）只承认价格而不承认价值，他们的所谓价值论实际是价格论，他们是用价格来说明价格，马歇尔的均衡价格就是由需求价格和供给价格来决定的。然则，价格的最终基础是什么？试问，商品难道不是劳动产品吗？商品之间相互交换的量的关系或比例难道归根到底不是由生产商品的劳动耗费来决定的吗？

第三，马克思在《政治经济学批判》（1857—1858 年草稿）里确实这样说过："随着大工业的发展，现实财富的创造较少地取决于劳动时间和已耗费的劳动量，较多地取决于在劳动时间内所运用的动因的力量，而这种动因自身——它们的巨大效率——又和生产它们所花费的直接劳动时间不成比例，相反地却取决于一般的科学水平和技术进步，或者说取决于科学在生产上的应用。（这种科学，特别是自然科学以及和它有关的其他一切科学的发展，又

---

① 《马克思恩格斯全集》第 23 卷，第 56 页。
② 《马克思恩格斯全集》第 23 卷，第 120 页。

和物质生产的发展相适应）。"①但是，这里所说的"现实财富"指的是物质产品或使用价值量，而不是指的价值量。从使用价值方面看，使用价值量的增加，虽然同劳动时间有关，劳动时间越长，生产的使用价值量就越多；但是，在劳动时间一定的情况下，只有通过劳动生产率的提高才能增加使用价值量。特别是到了机器大工业发展以后，增加使用价值量更主要是通过由机器的采用和改进以及一般科学水平和技术进步所决定的"在劳动时间内所运用的动因的力量"和效率的提高来实现的。从价值方面看，只要劳动时间不变，价值量也不变；在劳动时间或价值总量不变的情况下，随着劳动生产率的提高，单位产品的劳动耗费也即价值量就降低。马克思用劳动二重性原理科学地阐明了物质财富的增长同价值总量不变和单位产品的价值量可能同时下降的关系。马克思写道："随着物质财富的量的增长，它的价值量可能同时下降。这种对立的运动来源于劳动的二重性。生产力当然始终是有用的具体的劳动的生产力，它事实上只决定有目的的生产活动在一定时间内的效率。因此，有用劳动成为较富或较贫的产品源泉与有用劳动的生产力的提高或降低成正比。相反地，生产力的变化本身丝毫也不会影响表现价值的劳动……因此，不管生产力发生了什么变化，同一劳动在同样的时间内提供的价值量总是相同的。"②由此可见，即使是现实财富较多地取决于由一般的科学水平和技术进步所决定的在劳动时间内所运用的动因的力量，而这种力量的发挥及其巨大效率的取得也还必须依赖于具体劳动。

第四，马克思在《政治经济学批判》（1857—1858 年草稿）里，针对英国资产阶级经济学家詹姆斯·罗德戴尔同亚当·斯密的论战中提出的"认为资本是一种与劳动无关的、特殊的利润源泉"③的错误观点，指出："罗德戴尔之流认为资本本身离开劳动可以创造价值，因而也可以创造剩余价值（或利润），对这种观点来说，固定资本，特别是以机器体系为其物质存在或使用价值的资本，是最能使他们的肤浅诡辩貌似有理的形式。"④然则，固定资本在价值的形成中究竟起着怎样的作用呢？马克思对此作了科学的分析和论述。他写道："固定资本在它作为生产资料（机器体系是生产资料的最适当的形式）的规定中，只是从两方面生产价值，即增加产品的价值：（1）由于固

---

① 《马克思恩格斯全集》第 46 卷（下），第 217 页。
② 《马克思恩格斯全集》第 23 卷，第 59-60 页。
③ 《马克思恩格斯全集》第 46 卷（下），第 204 页。
④ 《马克思恩格斯全集》第 46 卷（下），第 216 页。

定资本具有价值，就是说，它本身就是劳动产品，是物化形式上的一定的劳动量；（2）由于固定资本通过提高劳动的生产力，使劳动能在较短的时间内生产出更大量的维持活劳动能力所必需的产品，从而提高剩余劳动对必要劳动的比例。"①关于第（1）点，就是说，固定资本之参加价值的形成，只是由于它的价值被转移到或者再现在用它所生产的产品上，而不是创造新价值。"生产资料加到产品上的价值决不可能大于它们在自己参加的劳动过程之外所具有的价值"②。而且这种旧价值的转移或者再现也还必须通过劳动者的具体劳动才能实现。关于第（2）点，就是说，机器或者先进的生产设备可以提高劳动者的劳动生产率，如果是个别资本家先采用机器或先进的机器设备，则可以使该资本家所雇佣的劳动者的劳动成为倍加的简单劳动，由于产量增加，其单位产品的个别劳动耗费减少即个别价值降低，但却按当时的社会必要劳动决定的比其个别价值较高的社会价值来出售其产品，从而可以获得个别价值低于社会价值之差额的额外利润；如果是所有的资本家都采用了先进生产设备，则劳动生产率普遍提高，产品的社会价值降低，构成工人劳动力价值的必需生活资料的价值降低，从而必要劳动时间缩短，剩余劳动时间延长，相对剩余价值增加。正如马克思所说："机器生产相对剩余价值，不仅由于它直接地使劳动力贬值，使劳动力再生产所必需的商品便宜，从而间接地使劳动力便宜，而且还由于它在最初偶而被采用时，会把机器所有主使用的劳动变为高效率的劳动，把机器产品的社会价值提高到它的个别价值以上，从而使资本家能够用日产品中较小的价值部分来补偿劳动力的日价值。因此，在机器生产还被垄断的这个过渡时期，利润特别高。"③可见，在这当中，马克思是把机器作为劳动的传导体、作为提高劳动效率从而可以使劳动者的劳动体现为更大价值的这种物质条件的作用，同说它本身就能创造价值的观点严格区分开来的。

马克思的上述基本原理在今天仍然是可以说明问题的。在今天，机器不论多么复杂和高超，生产自动化不论多么发达，机器手、机器人和电脑不论怎样可以代替一部分活劳动，然而，先进的机器毕竟还是机器，它们都是物化劳动或死劳动，它们的价值是在生产它们的过程中形成的，是已定的，在它们参加的产品生产及其价值的形成过程中，只转移或再现其价值，绝不会

---

① 《马克思恩格斯全集》第46卷（下），第213-214页。
② 《马克思恩格斯全集》第23卷，第232页。
③ 《马克思恩格斯全集》第23卷，第445-446页。

创造新价值；再者，自动化的机器体系虽然可以代替一部分活劳动，但它总要有人，有劳动者来发明创造、设计制造、发动使用、维修改进和再生产，它的价值的转移或再现也总要通过劳动者的具体劳动来实现；又者，先进的和自动化的机器体系在当今社会生产中总还是局部的，因此，所谓它们生产价值和剩余价值，仍然而且只能用前述马克思讲的第（2）点来解释。

第五，随着技术装备和生产自动化的发展，生产劳动的构成不断发生变化，直接从事产品生产的人趋于减少，从事科技、研究、试验、设计等劳动的人趋于增加，这些劳动也是创造价值和剩余价值的。马克思指出："随着劳动过程本身的协作性质的发展，生产劳动和它的承担者即生产工人的概念也就必然扩大。为了从事生产劳动，现在不一定要亲自动手；只要成为总体工人的一个器官，完成他所属的某一种职能就够了。"①又写道："资本主义生产方式的特点，恰恰在于它把各种不同的劳动，因而也把脑力劳动和体力劳动，或者说，把以脑力劳动为主或者以体力劳动为主的各种劳动分离开来，分配给不同的人。但是，这一点并不妨碍物质产品是所有这些人的共同劳动的产品……另一方面，这一分离也丝毫不妨碍：这些人中的每一个人对资本的关系是雇佣劳动者的关系，是在这个特定意义上的生产工人的关系。所有这些人不仅直接从事物质财富的生产，并且用自己的劳动直接同作为资本的货币交换，因而不仅把自己的工资再生产出来，并还直接为资本家创造剩余价值。"②马克思的以扩大了的生产劳动为基础的劳动价值论，不是可以说明今天的问题吗？而且，今天在发达资本主义国家，以脑力劳动为主的劳动者比起马克思所处的时代来，更是多得多了。

2. 关于劳动和资本的关系问题

二次大战后，由于科学技术和社会生产力的发展，以及工人群众为提高工资、改善生活条件的斗争，在发达资本主义国家，劳动和资本的关系出现了一些新情况和新特点。于是，一些资产阶级经济学家宣称今天资本主义的生产关系已经不再像马克思所揭示的那样了，劳资关系改变了。一些所谓"西方马克思主义"者，例如法兰克福派的代表人物马尔库兹宣扬什么"发达的工业社会，技术的进步创造了富裕，创造了一种生活方式，它可以调和反对这种制度的力量，可以同化那些发出不同声音的人"，"技术和物质生产过程的变化，导致了工人和工厂的融合，产生了工人阶级同资产阶级在需要和愿

---

① 《马克思恩格斯全集》第 23 卷，第 556 页。
② 《马克思恩格斯全集》第 26 卷，第 444 页。

望上的同化、在生活标准上的同化（即生活标准接近了）、在闲暇活动中的同化、在政治上的同化"①，等等。

那么，今天主要资本主义国家中劳动和资本的关系究竟如何呢？我们应该揭开科技革命的面纱来看劳动隶属于资本、资本剥削劳动的真相。

关于劳动隶属于资本和剩余价值的生产，马克思指出：资本主义发展初期，生产力水平不高，生产技术和劳动资料变革不大，在"现有劳动方式的基础上，就是说，在劳动生产力的一定发展和适应于这种生产力的劳动方式的基础上，剩余价值只有通过延长劳动时间才能生产出来，从而只有以绝对剩余价值的方式才能生产出来。因此，与这种生产剩余价值的唯一形式相适应的是劳动对资本的形式上的从属"②。资本主义发展到了机器大工业阶段以后，"大工业把巨大的自然力和自然科学并入生产过程"③，"有组织的机器体系"成了资本主义"工厂的躯体"。这时，巨大的社会生产力成了资本的生产力，科学技术等"竭力变成资本支配劳动的权力"。而强大的资本生产力和生产的物质技术基础，一方面，排除了劳动者脱离受雇于资本家而成为以自己的简单手工工具和自身的技艺为基础的独立生产者的可能，使"变得空虚了的单个机器工人的局部技巧，在科学面前，在巨大的自然力面前，在社会的群众性劳动面前，作为微不足道的附属品而消失了"④。同时在资本主义工厂里，机器体系这种"死机构独立于工人而存在，工人被当作活的附属物并入死机构"⑤，从而使劳动更加隶属于资本了；另一方面，"科学、巨大的自然力、社会的群众性劳动都体现在机器体系中，并同机器体系一道构成'主人'的权力"⑥，成为剥削劳动、榨取剩余价值的手段，使得资本家有可能在劳动日长度不变的情况下，通过提高劳动生产力、缩短必要劳动时间、延长剩余劳动时间的方法也即相对剩余价值生产的方法来榨取更多的剩余价值。总之，随着社会生产力的发展和物质技术基础的变革，劳动从形式上隶属于资本发展为实际上隶属于资本，剩余价值的榨取从以绝对剩余价值生产为主发展到以相对剩余价值生产为主，因而劳动对资本的隶属和资本对劳动的剥削都加强了。

---

① 徐崇温：《西方马克思主义》，天津人民出版社1982年版，第336页。

② 《马克思恩格斯全集》第49卷，第81页。

③ 《马克思恩格斯全集》第23卷，第424页。

④ 《马克思恩格斯全集》第23卷，第464页。

⑤ 《马克思恩格斯全集》第23卷，第463页。

⑥ 《马克思恩格斯全集》第23卷，第464页。

上述马克思的基本原理同样适用于说明二次大战后主要资本主义国家的情况。首先，由于现代化的、特别是以电子计算机为中心的自动化机器体系的出现和发展，使得工人在更大程度上"被当作活的附属物并入死机构"。其次，资本主义管理加强了：（1）出现了监督和管理工人的现代化物质手段；（2）管理方法现代化了。什么"行为科学""劳动人道主义"，什么"要使工人感到工作的意义，感到工作的满足"，要在劳动过程中创造所谓"亲切关系""和谐气氛"等等，都成为加强资本对劳动的控制，使工人更加"积极"地、俯首帖耳地为资本家创造更多剩余价值的新的"科学"方法；（3）马克思称之为"特种的雇佣工人"①的经理等管理人员增多，形成了一个管理阶层，他们大都懂得科学技术，精通生产，从而使得在生产中对工人的控制、监督和管理更加强了，更严密和更有效率了；（4）就业人口进一步雇佣劳动化。这表明：劳动对资本的隶属不仅在深度上加强了，而且在广度上也扩大了，也即有更多的社会劳动隶属于资本了。

马克思曾深刻地指出过：奴隶制是靠棍棒来维持劳动纪律，资本主义雇佣奴隶制则是靠饥饿来维持劳动纪律。今天，在现代资本主义条件下，又增添了一个新的因素，即依靠科学技术这条锁链来维系和加强着劳动对资本的隶属关系。问题的真相和实质就是这样。

3. 关于无产阶级贫困化问题

美国经济学家萨缪尔森在他的《经济学》中写道："目前的现实。……先进资本主义国家的一些实际趋向：实际工资趋于上升"，"卡尔·马克思在他所预测的资本主义发展的运动规律上不仅仅是运气不佳的问题。他所声称的规律——例如，利润率下降规律和劳动者贫困化的规律——并不能令人信服地从马克思自己的概念体系中推导出来。"②

二次大战后，主要资本主义国家工人的实际工资和生活水平是有所上升的。但这是否意味着马克思所揭示的资本主义积累的一般规律不再发生作用了呢？马克思关于这方面的基本原理是否不再适用了呢？

马克思在阐明了资本主义积累的一般规律之后，虽然也曾紧接着说："像其他一切规律一样，这个规律在实现中也会由于各种各样的情况而有所变化"③，但这只是说由于经济条件的变化，这一规律作用的表现形式有所不

① 《马克思恩格斯全集》第 23 卷，第 369 页。
② 《经济学》下册，商务印书馆 1982 年版，第 324 页。
③ 《马克思恩格斯全集》第 23 卷，第 707 页。

同而已。二次大战后，也只是在新的条件下资本主义积累的一般规律在表现形式上有所变化，需要我们进行研究，但其作用仍然是存在的，马克思有关这个问题的基本观点仍然是我们进行研究的指导和依据。

马克思研究资本主义积累一般规律的根本出发点和目的，在于揭示"资本的增长对工人阶级的命运产生的影响。"①马克思认为，在这种研究中，最重要的因素就是资本的构成和它在积累过程进行中所起的变化。"②马克思根据资本积累的过程中资本有机构成的提高，提出了资本主义的人口规律，即"随着已经执行职能的社会资本量的增长及其增长程度的提高，随着生产规模和所使用的工人人数的扩大，随着他们劳动的生产力的发展，随着财富的一切源流的更加广阔和更加充足，资本对工人的更大的吸引力和更大的排斥力互相结合的规模不断扩大，资本有机构成和资本技术形式的变化速度不断加快，那些时而同时地时而交替地被卷入这些变化的生产部门的范围不断增大。因此，工人人口本身在生产出资本积累的同时，也以日益扩大的规模生产出使他们自身成为相对过剩人口的手段。"③马克思进而根据资本主义的人口规律提出了资本主义积累的绝对的、一般的规律，即"社会的财富即执行职能的资本越大，它的增长的规模和能力越大，从而无产阶级的绝对数量和他们的劳动生产力越大，产业后备军越大。……同现役劳动军相对，这种后备军越大，常备的过剩人口也就越多，他们的贫困同他们所受的劳动折磨成反比。最后，工人阶级中贫苦阶层和产业后备军越大，官方认为需要救济的贫民也就越多"④。二次大战后以来的实际情况是，在主要资本主义国家，虽然"大工业领域内生产力的极度提高，以及随之而来的所有其他生产部门对劳动力的剥削在内含和外延两方面的加强，使工人阶级中越来越大的部分有可能被用于非生产劳动"⑤，例如第三产业的人员大幅度增长，从而解决了一些就业问题，但失业问题仍一直严重存在。与此同时，靠国家补助金和救济金过活的贫民也有增无减。例如美国，从 60 年代以来，历届总统都声称要把失业问题列为头号问题来对待，叫喊要向"贫困"开战等等。事实上处于"贫困线"以下的居民却不断增加。

---

① 《马克思恩格斯全集》第 23 卷，第 672 页。

② 《马克思恩格斯全集》第 23 卷，第 672 页。

③ 《马克思恩格斯全集》第 23 卷，第 692 页。

④ 《马克思恩格斯全集》第 23 卷，第 707 页。

⑤ 《马克思恩格斯全集》第 23 卷，第 488 页。

（二）从研究社会主义经济问题方面看

作为马克思主义经济学主要著作的《资本论》虽然是研究资本主义生产关系及其发展规律的，但是，在其中，从资本主义发展的未来社会形态的角度，从作为资本主义的对立物的角度，在不少地方也论及了有关社会主义、共产主义的问题。虽然这些论述带有科学的预见性，而且当时马克思主要是就资本主义高度发达的社会而言的，但其中的科学原理还是具有指导意义的。同时，资本主义生产和社会主义生产都是社会化的大生产，有些基本原理如社会再生产的原理都是共同适用的，有些范畴还原为一般的基础也具有共同的一面，只不过它们的社会形式、所体现的生产关系以及量的规定等等有所不同而已。例如，关于必要劳动和剩余劳动范畴，马克思这样写道："如果我们把工资归结为它的一般基础，也就是说，归结为工人本人劳动产品中加入工人个人消费的部分；如果我们把这个部分从资本主义的限制下解放出来，把它扩大到一方面为社会现有的生产力……所许可，另一方面为个性的充分发展所必要的消费的范围；如果我们再把剩余劳动和剩余产品，缩小到社会现有生产条件下一方面为了形成保险基金和准备金，另一方面为了按社会需求所决定的程度来不断扩大再生产所必要的限度；最后，如果我们把那些有劳动能力的人必须为社会上还不能劳动或已经不能劳动的成员而不断进行的劳动，包括到 1. 必要劳动和 2. 剩余劳动中去，也就是说，如果我们把工资和剩余价值，必要劳动和剩余劳动的独特的资本主义性质去掉，那么，剩下的就不再是这几种形式，而只是它们的为一切社会生产方式所共有的基础"[①]。因此，可以说，凡是在《资本论》中论述到的增加剩余价值（主要是相对剩余价值）和积累的方法，一般都可以适用于社会主义生产，只不过在资本主义条件下剩余价值归资本家私人无偿地占有，在社会主义条件下剩余产品归社会公共所占有而已。更何况在社会主义不发达的阶段，社会主义经济属于有计划的商品经济，因而与商品经济有关的一些基本原理对于分析社会主义的商品经济更是具有指导意义。

具体说来，明显的有以下一些基本原理：

（1）关于商品、价值、货币和价值规律的基本原理。这是人所共知的，也是人们常从《资本论》中引用来作为论据的。

[①]《马克思恩格斯全集》第 25 卷，第 990 页。

（2）关于简单再生产和扩大再生产、外延扩大再生产和内含扩大再生产、再生产既是物质资料的再生产又是生产条件和生产关系的再生产的基本原理。

（3）关于资金（资本）的循环与周转的基本原理。

（4）关于社会再生产的基本原理。在这方面，除去人所共知的一些内容以外，这里值得提出的有三点：其一，关于货币（资本）在循环、周转和社会再生产中的作用的论述；其二，关于由固定资本补偿的特点所决定的规律性的论述，即"再生产的资本主义形式一旦废除，问题就归结如下：寿命已经完结因而要用实物补偿的那部分固定资本……的数量大小，是逐年不同的。……因此，生产资料的生产总额在一个场合必须增加，在另一场合必须减少。这种情况，只有用不断的相对的生产过剩来补救；一方面要生产出超过直接需要的一定量固定资本；另一方面，特别是原料等等的储备也要超过每年的直接需要……。这种生产过剩等于社会对它本身的再生产所必需的各种物质资料的控制"①。其三，"有些事业在较长时间内取走劳动力和生产资料，而在这个时间内不提供任何有效用的产品；而另一些生产部门不仅在一年间不断地或者多次地取走劳动力和生产资料，而且也提供生活资料和生产资料。在社会公有的生产的基础上，必须确定前者按什么规模进行，才不致有损于后者。"②例如，基本建设战线过长：必然会造成物资供应紧张和流通的货币数量膨胀。

（5）关于影响利润率诸因素的基本原理。

（6）关于一般利润率形成及其作用的基本原理。

（7）关于商业（资本）在生产发展中的作用的基本原理。

（8）关于信用在生产发展中的作用的基本原理。

（9）关于"超过劳动者个人需要的农业劳动生产率，是一切社会的基础"③，"农业劳动……的这种自然生产率，是一切剩余劳动的基础"④的基本原理。

（10）关于分配关系和生产关系的关系的基本原理。等等。

---

① 《马克思恩格斯全集》第 24 卷，第 526-527 页。
② 《马克思恩格斯全集》第 24 卷，第 396-397 页。
③ 《马克思恩格斯全集》第 25 卷，第 885 页。
④ 《马克思恩格斯全集》第 25 卷，第 713 页。

三、全面对待西方经济学

马克思列宁主义经典作家对于资产阶级经济学家的著作历来主张应该采取具体分析、区别对待的科学态度，吸取和借鉴其有价值的成分，批判和摒弃其糟粕。马克思的经济理论正是在批判地继承资产阶级古典经济学的基础上建立起来的，这是人所共知的。即使是对于资产阶级庸俗经济学家的著作，马克思也是有分析的、区别对待的。例如，对于英国资产阶级经济学家约翰·斯图亚特·穆勒的经济理论，既揭示和批判了它的"毫无生气的混合主义"①"企图调和不能调和的东西"②的本质；同时，由于穆勒毕竟面对当时（19 世纪中叶）阶级斗争的尖锐化，而不能不承认工人阶级在资本主义社会中的悲惨境遇，如在《政治经济学原理及其在社会哲学上的应用》一书中曾写道："现在劳动产品的分配是同劳动成反比的：产品的最大部分属于从来不劳动的人，次大部分属于几乎只是名义上劳动的人，而且劳动越艰苦和越不愉快，报酬就越少，最后，从事最劳累、最费力的体力劳动的人甚至连得到生活必需品都没有保证"③，因此，马克思又认为，"约·斯·穆勒之流由于他们的陈旧的经济学教条和他们的现代倾向发生矛盾，固然应当受到谴责，但是，如果把他们和庸俗经济学的一帮辩护士混为一谈，也是很不公平的"④，并称他们为"还要求有科学地位，不愿单纯充当统治阶级的诡辩家和献媚者的人，力图使资本的政治经济学同这时已不容忽视的无产阶级的要求调和起来。"⑤

列宁和马克思一样，在对等当时资产阶级经济学家的著作中也采取了具体分析的科学态度。列宁曾写道：资产阶级"经济学教授们不过是资产阶级手下的有学问的帮办"，然而他们"在实际材料的专门研究方面能够写出极有价值的作品"，"在……经济学上，马克思主义者的任务就是要善于吸取和改造这些'帮办'所获得的成就。例如，在研究新的经济现象时，如果不利用

---

① 《马克思恩格斯全集》第 23 卷，第 17 页。

② 《马克思恩格斯全集》第 23 卷，第 18 页。

③ 约·斯·穆勒：《政治经济学原理》，伦敦格林公司 1911 年版，第 129 页。

④ 《马克思恩格斯全集》第 23 卷，第 17 页。

⑤ 《马克思恩格斯全集》第 23 卷，第 18 页。

这些帮办的著作，就不能前进一步"①。列宁在其《关于帝国主义的笔记》和《帝国主义是资本主义的最高阶段》等书中，就引用了不少资产阶级经济学家著作中的大量实际资料，并对他们的理论观点进行了批判和评论。例如，对于英国资产阶级经济学家约·阿·霍布森的主要著作《帝国主义》一书，列宁一方面指出了他"所持的观点是资产阶级社会改良主义与和平主义的观点"②，这是因为他把帝国主义仅仅看成是一种要扩大政治势力和获取商业利益的政策，而这种帝国主义政策的根源在于存在着一种把大部分收入储蓄起来而不能转化为新资本的倾向，因此，如果在收入的分配上能使国内各阶级把他们的需要变成对商品的有效需求，就不会有生产过剩，也就不会有争夺国外市场的必要。这表明霍布森根本不理解帝国主义的经济实质，妄图以改进分配的改良主义措施来医治帝国主义痼疾。但是另一方面，列宁对于霍布森的这一著作，也还给予了很高的评价，并且在《帝国主义是资本主义的最高阶段》中批判地利用了它。列宁写道：霍布森"对帝国主义的基本政治经济特点，作了一个很好很详尽的说明"③，"我还是利用了约·阿·霍布森的一本论帝国主义的重要英文著作，我认为我已经给了它以应有的注意。"④又如，对于德国资产阶级经济学教授罗伯特·利夫曼博士的著作《卡特尔与托拉斯以及国民经济组织今后的发展》，列宁评论说：这是"一本对材料作了很好概述的通俗读物。观点却是愚蠢的、自满的、洋洋得意的资产者辩护士的观点。"⑤对德国资产阶级经济学家格·冯·舒尔采·格弗尼茨博士的《20世纪初的不列颠帝国主义和英国自由贸易》一书，列宁评论说：格弗尼茨是"最大的坏蛋、庸人、康德主义者、拥护宗教、沙文主义者"，但是"他收集了一些非常有意义的关于英国帝国主义的事实，写了一本生动的、不枯燥的书。"⑥等等。

对待当代西方经济学，我们也应该像马克思列宁主义经典作家那样，采取科学分析的态度，批判其著作中的糟粕，"清除它们的反动倾向，贯彻自己的路线，同敌视我们的各种力量和阶级的整个路线作斗争"⑦，同时吸取和

---

① 《列宁全集》第 14 卷，第 362 页。
② 《列宁全集》第 22 卷，第 187 页。
③ 《列宁全集》第 22 卷，第 187-179 页。
④ 《列宁全集》第 39 卷，第 35 页。
⑤ 《列宁全集》第 39 卷，第 35 页。
⑥ 《列宁全集》第 39 卷，第 35 页。
⑦ 《列宁全集》第 14 卷，第 362 页。

改造他们所获得的成就和有价值的成分。在我们关于现代资本主义经济问题的研究工作中是如此，在考察某些社会主义经济问题时也可以是这样。关于前一方面，问题不大，因为当代资产阶级经济学家们大都直接间接地对垄断资本主义、国家垄断资本主义的情况、问题和政策进行了分析和阐述，他们的某些研究成果和资料可供参考和利用，这是比较明了的。问题是后一方面比较复杂。那么，从考察社会主义经济方面看，究竟有哪些可参考和借鉴之处呢？因限于篇幅，这里只概括为几个方面来谈。

1. 从微观方面，如何谋求企业的生产效率问题

资本主义生产的目的，是攫取尽可能多的剩余价值或利润，获得尽可能高的利润率。因此，西方经济学家们为了替资本主义生产的这一目的服务，总是在理论上研究如何使利润最大化，如何提高资本的效率。社会主义生产的目的虽然不同于资本主义，但是，从微观上说，我们的企业经营也应该讲求经济核算，谋求提高经济效益，用尽可能少的劳动耗费生产出更多的成品来。因此，从这个角度来看，西方经济学中的某些基本原理也还是有参考价值或者借鉴意义的。例如，关于生产函数以及与此有关的一些原理。

在西方经济学中，所谓生产函数是指生产要素的数量同它们所能生产的最大产量之间的关系。单纯从物质数量来看，这反映的是一种技术关系，所体现的效率称之为技术效率。从价值方面看，也就是从生产要素的成本和产品价格或产值方面看，其中所体现的效率称之为经济效率。在技术水平为一定的情况下，所谋求的就是如何提高经济效率。如果用 Q 代表最大产量或产值，用 a、b、c……代表所必要的各种生产要素的数量或成本，则生产函数用公式表示即为 $Q = f(a, b, c\cdots\cdots)$。某些生产要素可以有相互替代的关系。假如把生产要素概括为两大类：劳动力（L）和资本（K，用机器代表），所谓替代关系就是使用劳动力或活劳动多些，使用机器或物化劳动就少些；或者，使用机器或物化劳动多些，使用劳动力或活劳动就少些。这样，生产相同的产量，就可以有生产要素的不同组合，不同组合的点连成一条线，即所谓等产量曲线（Isoquants）。曲线的斜率表示两种生产要素在特定点上的边际替代率。从成本或价格方面看的生产要素的不同组合，即用相同数量的货币额可以买到不同组合的劳动力和机器。例如，用于购买生产要素的货币额为1500 元，假定 1 台机器为 100 元，每个工人的工资为（每日）30 元，则 1500元可以购买 3 台机器、雇佣 40 个工人；也可以购买 6 台机器，雇佣 30 个工人；也可以购买 9 台机器，雇佣 20 个工人；等等。把这些不同的组合点连起

来成为一条线，称之为等成本线（Isocost Lines）。把等产量曲线同等成本线合并来考虑，即可以得出最佳生产要素的组合，这就是两条曲线的相切之点。这个点表示用最低的成本可以生产出最大的产量。用图表示如下：

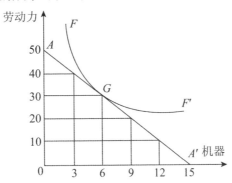

图中 AA′为等成本线，FF′为等产量曲线，切点 G 为最佳的生产要素的组合，即用最低的成本可以生产出最大的产量。

以上这些，对于社会主义企业如何谋求以最少的成本取得更大产量的经济效率，我想，还是有一定的参考和借鉴意义的。

2. 从微观方面，如何分析和把握个人消费支出的问题

虽然资本主义生产的目的是为利润，而不是为社会成员的消费，但它必须考虑个人的消费问题。因为资本主义企业生产的产品要出售，只有商品出售了，才能实现价值和其中所包含的剩余价值。因此，在西方经济学中，也包括有个人消费支出或个人消费者行为理论。按照这个理论，认为影响个人消费支出的因素是多方面的。例如价格水平、收入水平、收入分配、价格预期等等。其中，以收入水平最为重要，因为这是个人消费支出的根据或基础。反映个人消费支出和收入的关系的，有所谓消费函数原理。

按照消费函数原理，认为个人消费支出随着收入的变化而变化。一般认为，凯恩斯的消费支出理论属于绝对收入理论，即个别消费者根据其收入的绝对水平来决定将其现有收入的多大部分用于消费。其后，美国经济学家 J. S. 杜森贝提出了所谓相对收入理论，认为一个家庭的收入用于消费的部分依赖于其相对于邻居的家庭或其他同等的家庭收入的收入水平，而不是依赖于家庭收入的绝对水平。这种理论强调消费者的模仿式竞赛的性质，认为一个家庭消费支出的增加，一部分是由于要"赶上别人家"（"Keep up with the Joneses"）的动力所引起。绝对收入理论和相对收入理论都着重于个别家庭的"现行"收入。实际上，影响消费支出的，不只是"现行"收入，而且还

有预期的未来收入。因此，美国经济学家 M. 弗里德曼又提出了持久收入理论，用"持久"收入概念代替"现行"收入概念，认为在一个较长的时期里，一个家庭的消费支出要由将要收进的预期收入所决定。

社会主义生产的目的，是为了满足人们不断增长的物质和文化生活的需要。这里，也有个人消费者行为问题。研究消费者行为，了解和掌握个人消费支出的水平、结构、特点以及发展变化的趋向等等，对于发展生产、调节商品流通、做到消费品供需物资均衡、稳定市场和物价，都有着重要意义。因此，上述西方经济学关于个人消费支出的原理也有着一定参考和借鉴意义。例如，相对收入理论就可以用来分析当前我国社会上存在着的在个人消费支出中相互攀比的现象。如有些家庭实际收入并不高，而与人攀比也要购置电冰箱、洗衣机等等。

3. 在宏观上，总供给和总需求的均衡问题

任何社会化的生产，社会生产的各个部门之间都要保持一定的比例关系，从总体来看，无非是社会产品的总供给和总需求要保持均衡关系。在资本主义条件下，由于生产资料的资本家私人所有制，社会生产呈现无政府状态。客观上所要求的社会生产的比例关系，是通过价值规律这只"看不见的手"的自发调节在不实现中而实现的。在此过程中，由于资本主义所固有的基本矛盾，导致了相对生产过剩经济危机的周期地发生。1929—1933 年资本主义世界经济大危机之后，凯恩斯提出了一套旨在谋求总供给和总需求达到所谓充分就业均衡状态的宏观经济理论。凯恩斯理论的简单基本模式是：从总供给方面看，国民收入＝消费＋储蓄；从总需求方面看，国民收入＝消费＋投资。二者要达到均衡，即消费＋储蓄＝消费＋投资，储蓄＝投资。凯恩斯以后的宏观经济学理论虽然有了很大发展，例如，由消费者和企业厂商两个部门组成的经济的收入分析模型，把政府和对外收支加进来扩展为四部门经济来分析；对消费理论、投资理论、经济周期理论、经济增长理论等也都有所补充和发展，但凯恩斯的模型仍然是基本的出发点。凯恩斯的理论认为，由于三个基本心理因素的作用，消费和投资构成的总需求不足以和总供给相适应，总需求低于总供给。因此，国家必须进行经济干预和调节，管理需求，设法增加个人消费的投资，提高总需求，使之与总供给相适应、相均衡，以消灭不自愿的失业，使国民经济稳定地发展。

社会主义生产也是社会化的大生产，社会生产的各个部门之间也应该保持一定的对比关系。马克思的社会总资本再生产理论，科学地阐明了社会总

产品实现的条件和生产部门之间维持对比关系的原理。马克思的社会简单再生产实现条件是：Ⅰ（c+v+m）＝Ⅰc+Ⅱc，其含意是说，第Ⅰ部类生产的总产品也即生产资料的总供给等于两大部类补偿所耗费掉的生产资料的总需求；Ⅱ（c+v+m）＝Ⅰ（v+m）+Ⅱ（v+m），含意是说，第Ⅱ部类生产的总产品也即消费资料的总供给等于两大部类的工人和资本家个人消费对消费资料的总需求。如果把以上二者合起来，即为Ⅰ（c+v+m）+Ⅱ（c+v+m）＝（Ⅰc+Ⅱc）+[Ⅰ（v+m）+Ⅱ（v+m）]。公式的左边为整个社会的总产品，相当于西方经济学中的国民生产总值，即总供给；公式右边的（Ⅰc+Ⅱc），即西方经济学中的所谓重置投资或更新投资，Ⅰ（v+m）+Ⅱ（v+m）为个人消费总额。由此可见，总供给等于总需求（投资＋消费）。马克思的社会扩大再生产的实现条件是：Ⅰ（c+v+m）＝（Ic+Ⅱc）+（IΔc+ⅡΔc），含意是说，第Ⅰ部类生产的总产品也即生产资料的总供给等于两大部类补偿耗费掉的生产资料与两大部类为扩大再生产需要追加的生产资料之和；Ⅱ（c+v+m）＝（Iv+Ⅱv）+（IΔv+ⅡΔv）+I$\left(\dfrac{m}{x}+Ⅱ\dfrac{m}{x}\right)$，含意是说，第Ⅱ部类生产的总产品也即消费资料的总供给等于两大部类原有工人、扩大再生产追加工人和资本家个人消费对消费资料的总需求。如果把以上二者合起来，即为Ⅰ（c+v+m）+Ⅱ（c+v+m）＝[（Ic+Ⅱc）+（IΔc+ⅡΔc）]+[（Iv+Ⅱv）+（IΔv+ⅡΔv）+$\left(I\dfrac{m}{x}+Ⅱ\dfrac{m}{x}\right)$]。公式的左边为整个社会的总产品，相当于西方经济学中的国民生产总值，即总供给。公式右边的（Ic+Ⅱc）为重置投资或更新投资，（IΔc+ⅡΔc）为追加投资，相当于西方经济学中的所谓净投资，（Ic+Ⅱc）+（IΔc+ⅡΔc）为投资总额；[（Iv+Ⅱv）+（IΔv+ⅡΔv）+$\left(I\dfrac{m}{x}+Ⅱ\dfrac{m}{x}\right)$]为原有工人、追加工人和资本家的总个人消费。这样，总供给也等于总需求（投资＋消费）。如果不把已耗费掉的生产资料计算在内，则[Ⅰ（v+m）+Ⅱ（v+m）]＝（IΔc+ⅡΔc）+$\left[(Iv+Ⅱv)+(IΔv+ⅡΔv)+\left(I\dfrac{m}{x}+Ⅱ\dfrac{m}{x}\right)\right]$，其中[Ⅰ（v+m）+Ⅱ（v+m）]＝国民收入，（IΔc+ⅡΔc）＝追加投资，（Iv+Ⅱv）+（IΔv+ⅡΔv）+$\left(I\dfrac{m}{x}+Ⅱ\dfrac{m}{x}\right)$＝工人和资本家的总消费，故上述公式可简化为国民收入＝投资＋消费。公式中的（IΔc+IΔv）是第Ⅰ部类的资本家将其剩余价值未用于个人消费而用于资本积累的部分，即 $I\left(1-\dfrac{m}{x}=\dfrac{m}{y}\right)$，也可以说是资本家的"储蓄"部分；同样，（$II\triangle c+II\triangle v$）是第 II 部类的资本家将其剩余价值未用于个人消费而用于资本积累的部分，即 $II\left(1-\dfrac{m}{x}=\dfrac{m}{y}\right)$，也可以说是资本家的"储蓄"部分。这样，上述公式可演变为 $[I（v+m）+II（c+m）]＝[I（\triangle c+\triangle v）+II（\triangle c+\triangle v）]$ 或 $\left(I\dfrac{m}{y}+II\dfrac{m}{y}\right)+\left[(Iv+IIv)+\left(I\dfrac{m}{x}+II\dfrac{m}{x}\right)\right]$，即国民收入－资本家的总积累或总储蓄＋工人和资本家的总消费，简化之即国民收入＝储蓄＋消费。这样，把上面的分析综合起来，则投资＋消费＝国民收入＝储蓄＋消费，储蓄＝投资。这说明，在一定程度上也可以运用西方经济学中关于总供给和总需求的均衡原理来分析社会主义社会再生产的一些问题。

4. 在宏观上，关于经济增长问题

经济增长论是当代西方经济学中的一个重要理论部分。研究美国经济增长的最著名的美国经济学家 E. F. 丹尼森在 1962 年发表了一篇题为《美国经济增长的源泉》，1974 年又出版了他的名著《1929—1969 年美国经济增长的说明》。在这些著述里，丹尼森分别对 1909—1957 年和 1929—1969 年这两个期间美国国民收入的增长率及其源泉作了系统的估算和分析。根据他的估算，1929—1948 年美国国民收入的增长率为 2.75%，1948—1969 年为 4.02%。增长率之所以有如此大的提高，根据他的分析，首先由于资本和知识进步（技术知识、经营管理知识和组织知识）起了重要作用：资本在前一个时期的增长率为 0.13%，后一个时期提高为 0.80%；知识进步在前一个时期的增长率为 0.62%，后一个时期提高到 1.19%。其次起作用的是生产率（平均每个投入单位的产量），在前一个时期它的增长率为 1.25%，后一个时期提高为 1.91%。再次起作用的是规模的节约，在前一个时期它的增长率为 0.29%，后一个时期提高为 0.43%。由于生产率的提高，劳动的作用降低了，在前一个时期它的增长率为 1.37%，后一个时期下降为 1.31%。以上几个因素所起的作用的大小，从它们在国民收入增长率中所占的百分比也可以看出来。1929—1948 年，劳动占 49.8%，资本占 4.7%，生产率占 45.5%，知识进步占 22.5%，规模的节约占 10.5%；1948—1969 年，劳动占的比重下降为 32.6%，资本上升到 19.9%，生产率上升到 47.5%，知识进步上升到 29.6%，规模的节约上升到 10.7%。见下表：

美国国民收入增长率在各个增长因素中的分配

	增长率（%）		占国民收入增长率的百分比%	
	1929—1948 年	1948—1969 年	1929—1948 年	1948—1969 年
国民收入	2.75	4.02	100.0	100.0
劳动	1.37	1.31	49.8	32.6
资本	0.13	0.80	4.7	19.9
平均每个投入单位的产量	1.25	1.91	45.5	47.5
知识进步及其他	0.62	1.19	22.5	29.6
规模的节约	0.29	0.43	10.5	10.7

资料来源：转引自［美］爱德华·夏皮罗：《宏观经济分析》中译本，中国社会科学出版社 1985 年版，第 562 页。

库兹涅茨也是一个值得注意的研究经济增长理论的美国经济学家。关于经济增长，他的主要著作有《关于经济增长的六篇演讲》《战后经济增长》《经济增长和结构》等。在这些著作中，库兹涅茨用大量的统计资料，分析了现代经济增长的特点和趋势。他的理论特点是，特别重视经济结构同经济增长的关系。他认为，随着经济的增长，产业结构必然发生变化，而产业结构的变化又会对经济的增长产生重要影响。他把产业分为三类：农业、工业、服务业。农业包括林业、渔业等；工业包括制造业、矿业、建筑业、公用事业、交通、通信等；服务业包括贸易、金融等。根据大量发达国家的统计资料，他得出关于产业结构变化的趋势是，农业的比重下降，工业上升，服务业有更明显的上升。正是由于产业结构的这种变化，更有利于发达国家的经济增长。对于不发达国家，正是由于农业所占比较大，而且比较落后，因而阻碍了经济的增长。至于为什么不发达国家产业结构的变化不大，经济发展缓慢，库兹涅茨认为这同所谓制度结构和政治结构有关。

以上这些经济增长理论，对于考察和设法促进我国经济的增长，也是有一定的参考和借鉴意义的。例如，十一届三中全会以来，我国就已开始注意了加强教育、智力开发、调整产业结构等方面的作用。

西方经济学论其本质是属于资产阶级的思想体系。它是从根本上否定全部经济学的理论基础劳动价值论和剩余价值论的，对其中非科学的、为资本主义制度辩护的、歪曲和攻击马克思主义的理论、观点和方法的必须予以批判，但不加分析地全盘加以否定也是不对的。至于究竟有哪些内容值得参考和借鉴，需要认真地加以研究。

关于马克思主义经济学与当代西方主流经济学的比较研究*

——与樊纲同志商榷

  1987 年，我曾以"马克思主义经济学与西方经济学"为题写过一篇文章，发表在当年《南开学报》第 3、4、5 期上，为的是就如何看待和对待马克思主义经济学与西方经济学这个重大而又不可回避的理论问题，谈些个人的看法，抛砖引玉，以期引起探讨，求得共识。

  1994 年，樊纲同志出版了他的大作《现代三大经济理论体系的比较与综合》。现代三大经济理论体系指的是马克思主义经济学、新古典主义经济学和凯恩斯主义主流经济学。他把后二者归结为当代西方主流经济学。因此，实际上他所比较和综合的是马克思主义经济学和当代西方主流经济学这两大派的经济理论。他在这当中提出了一系列新颖的独到见解。其中，有些颇具启发性，有些则值得商榷。本文拟就一些问题同樊纲同志进行商榷，目的仍然是想借以引起进一步更广泛、更深入的探讨。文中不当乃至谬误之处，希樊纲同志以及其他同志们批评指正。

  纵观樊纲同志这部著作（以下简称该书）的中心思想或主旨在于，对马克思主义经济学和当代西方主流经济学进行比较，加以综合，从而发展经济学，建立新的经济学，"建立、丰富、改进和发展适合我国需要的、科学的、现代化的经济理论体系"①。樊纲同志把比较、综合说成是前提和手段，把

---

  * 本文就樊纲同志在《现代三大经济理论体系的比较与综合》一书中所提出的以"标异而求补"的方法，在分析两大理论体系的片面性和"片面的科学性"的基础上进行新的理论综合——马克思主义新综合，建立新的经济理论体系的主张，进行商榷。提出我们所需要的不是搞马克思主义新综合，而是马克思主义新发展，即坚持和发展马克思主义经济学，结合当今世界和我国经济的实际，有鉴别地吸收当代西方经济学的合理成分，发展马克思主义经济学，建立发展了的马克思主义经济学新体系。

  ① 见樊纲：《现代三大经济理论体系的比较与综合》前言部分，上海三联书店、上海人民出版社 1994 年 8 月新 1 版，第 4 页。为简单起见，以下凡引此书者，只写：该书，第××页。

发展经济学或建立新经济学说成是最终目的。我觉得这个最终目的是无可商榷的，是我们共同期望的，也是我们的任务。问题或值得商榷的主要在手段或前提也即比较上。

樊纲同志先是在该书的上篇"总论"中，从总体上对马克思主义经济学和当代西方主流经济学进行了比较研究，然后在下篇"具体理论"里，分别就一些重要理论问题进行了分析比较。现在我也就与此相应地分为两部分来展开讨论，这是与"总论"相应的第一部分。

樊纲同志从总体上对马克思主义经济学和当代西方主流经济学（以下简称两大理论体系）进行比较研究，用的是"标异而求补"的方法。他主张"标异"而不用"立异"。"标异"是找出两大理论体系的特点和它们之间的差别，但"不是要表明它们是如何的对立，也不是要证明某种理论如何绝对错误，另一些理论又如何绝对正确"[①]，而是要说明它们的片面性和片面的科学性，从而使它们相互补充，有机地结合，加以综合利用。"立异"则是"研究各种理论的特点和相互差别，以表明其相互间的对立；……是要揭示某些理论的错误与偏颇，而证明另一种理论……之正确。"[②]为了"标异"而不是"立异"，樊纲同志还主张在对这两大理论体系的比较研究中，只重实证分析的内容，"而一般不涉及有关理论的'阶级性'或'党性'的问题；这就是说，将各种理论中包含的社会价值判断的内容置于本书的考察范围之外。"[③]关于"阶级性"问题，樊纲同志写道："不涉及各种经济理论的'阶级性'问题不等于它不存在，也不意味着它不重要……对社会科学各种理论学说的研究，脱离了价值判断和对理论的阶级性分析，严格说来是不能反映问题的全貌的。"而该书这样做的主要原因之一在于，"我们现在面临的主要任务，不是搞阶级斗争，因此，把理论的阶级性问题抽象掉，不仅对我们暂时无损，也许反倒能更有利于集中于我们的主要目的，有利于纠正以往那种只注意某些理论的阶级偏见而完全否定其科学价值并加以一概排斥的非科学做法。"[④]

首先，我也不主张无根据、无原则、不科学的"立异"，但觉得"标异"这种做法也值得商榷。

第一，两大理论体系相互间如何的对立，不是要不要表明的问题，而是

---

① 该书前言部分，第3页。
② 该书前言部分，第2页。
③ 该书前言部分，第6页。
④ 该书前言部分，第6页。

实际上客观存在的问题。仅用这个实例来说明问题就可以了，即：《资本论》问世之初，资产阶级即企图用沉默置之于死地；后来这种策略不适合时势了，也沉默不住了，于是就赤裸裸地进行歪曲和攻击；直到今天，不是还仍然在找种种借口、采取种种新的手法和策略，来非难作为马克思主义经济理论体系之基石的劳动价值论和剩余价值论吗？人所共知，攻击马克思劳动价值论的最无理、最有影响的一篇文章，就是美国新古典综合派的代表人物萨缪尔森发表在美国《经济文献杂志》1971 年第 9 卷第 2 期上的那篇《马克思剥削概念的理解问题：马克思的价值和竞争价格之间的所谓'转形问题'的概括》，他在这篇文章里重弹庞巴维克关于《资本论》第一卷的价值理论与第三卷的生产价格理论相矛盾的老调，来攻击商品价值到生产价格的转化理论。指责马克思的价值概念是不必要的迂回道路，甚至说："当你通过代数的迷路，要想知道所讨论的是什么，将会发现'转形问题'很明显是下面这种形式，即'注意二个可以代替而不可能调和的体系，首先写下一个体系，然后取出橡皮把它擦去，由于擦去了它而使它转化，然后再写入另一个体系，这就行了！转形的计算程序这就完成了！'"①这哪里是一个学者探讨理论问题的科学态度！完全是无理的攻击和取闹。

第二，对两大理论体系进行比较研究，只要从总体上说明它们有什么差异就可以了，不要揭示此一种理论的错误与偏颇，证明另一种理论之正确；更不要证明此一种理论如何绝对错误，另一种理论又是如何绝对正确。这样有限度的比较研究有多大意义和必要性呢？为什么要有如此的前提条件和约束呢？为了"求补"而"标异"，这样的比较研究能深入吗？能全面和实事求是吗？

第三，对这两大理论体系的分析比较，一般不涉及"阶级性"或"党性"问题，将社会价值判断的内容置于考察范围之外。这样，就把各种理论体系中的实证分析的内容与社会价值判断的内容割开了。它们原本是统一的，而把它们割开来，能反映问题的全貌吗？至于不涉及"阶级性"的一个主要理由，是因为我们现在面临的主要任务，不是搞阶级斗争。这种说法未免过于牵强了。内容有无"阶级性"是理论的属性问题，搞不搞阶级斗争是社会实践问题，它们有联系，但不是一回事，不能搅在一起。说不涉及"阶级性"，有利于纠正以往那种只注意某些理论的阶级偏见而完全否定其科学价值并加

---

① 1981 年 12 月 16 日《经济研究参考资料》。

以一概排斥的非科学做法，这是有可能的一个方面，但也还有另一种可能的方面，即往往由于另一种阶级偏见而否认"阶级性"，结果不能深刻地反映理论问题的真相和全貌，这也不是科学的做法。

其次，是"标异"出来的两大理论体系之差异的性质问题。樊纲同志也强调差异的性质。

樊纲同志分析了社会经济活动的多面性和理论研究角度的差异性，认为不同经济理论体系的基本划分在于，它们各自着重研究了社会经济活动的某一特殊方面，而"物质生产活动和社会交往活动是同一社会经济活动的两个方面"①。因此，说："马克思主义经济学与西方正统经济学（包括新古典主义和凯恩斯主义）的一个最基本的差别，就是对同一社会经济活动进行研究的角度上的差别"。"马克思主义经济学着重从社会关系方面考察了经济活动，即着重研究了经济活动中人们相互间历史地发生的社会关系及其发展演变的原因和规律"②。"新古典主义理论，……着重研究的是如何配置物质资源、选择生产技术，以满足人们的各种物质需要的问题"③。"凯恩斯主义理论，在这一基本问题上与新古典主义理论实际上是共同的"④。

这里值得商榷的是，两大理论体系的差异及其性质，是否仅仅归结为或者停留在研究角度的不同上。研究角度不同，固然是一种差异，但这种差异说明什么问题呢？为什么会有这种差异呢？这种差异是否反映着某种深层的差异呢？这些问题都是需要研究和回答的。

关于这个问题，我认为应该注意到以下两个方面：

第一，研究角度的不同，在深层上反映了研究所依据的基本观点和方法的根本差异。对马克思主义经济学来说，由于它是以辩证唯物主义和历史唯物主义的世界观和方法论为基础，这就决定了：（1）对经济活动和经济范畴都是从二重属性上去观察，例如，社会生产既有物质和技术的一面，又有社会关系的一面；商品、价值、货币、资本等也都是既有物质属性的一面，又有社会属性的一面，而经济学的研究侧重于经济的社会方面。（2）"充分地占有材料，分析它的各种发展形式，指导这些形式的内在联系"⑤，揭示内在

---

① 该书，第112页。
② 该书，第112页。
③ 该书，第113页。
④ 该书，第114页。
⑤《马克思恩格斯全集》第23卷，第23页。

于个别资本和社会资本的生产与流通中的价值与价格，剩余价值与利润、利息、地租等形式与内容、现象与本质的关系，以及由它们所导致的各种矛盾。（3）把社会经济活动的主体——人，看成是一定社会生产关系中的人，由此出发来研究他们的经济行为。而对于当代西方主流经济学来说，则从根本上看，由于它的认识论和方法论的基础基本上是经验主义的，因此，（1）对经济活动和经济范畴，对社会生产，多从它们的物质属性和技术方面来观察和研究；（2）从现象、形式、市场和流通领域考察和分析者多，从内容、本质和生产领域的内在联系与矛盾考察和分析者少；（3）把作为社会经济活动主体的人，抽象地看成是"经济人"，"有理性的人"，来研究他们的经济行为。

第二，从近代经济思想发展史来看，自从英国古典经济学完成者李嘉图的理论体系解体以后，经济学主要是沿着两条道路、两大理论体系发展的：一是，马克思批判地继承了英国古典经济学，坚持并发展了对资本主义生产的内在联系的分析以及劳动价值论和剩余价值论，创立了马克思主义经济学理论体系。二是，抛弃了古典经济学的科学合理成分，主要是不再研究资本主义生产的内在联系，以及劳动价值论和剩余价值论，继承和发展了其中的不科学、不合理的成分，主要是转向研究市场和流通领域以及价格和收入分配形式，从而形成了马克思所说的资产阶级庸俗经济学。而当代西方主流经济学在这个基本问题上，实际是共同的，是一脉相承的。马克思曾写道："古典政治经济学……与庸俗经济学相反，研究了资产阶级生产关系的内部联系。而庸俗经济学却只是在表面的联系内兜圈子"[1]。这里可以换成马克思主义经济学与当代西方主流经济学不同。

由上可见，两大理论体系的差异，不只是研究角度的不同，而是还有着深层的质的区别。

樊纲同志不赞成在这种比较研究中，使用"庸俗""形式和内容""现象和本质"之类的字眼。这一点，也需要有所说明。关于"庸俗"问题，马克思所赋予的涵义是明确的，是恰当的。关于"形式和内容""现象和本质"，樊纲同志所举的例子和一般所指的不是一回事。他写道："马克思主义尽管研究的是社会经济关系，但它却认为物质生产是经济活动的内容，而社会经济关系只是物质生产的特殊社会形态。"[2]又写道：说"马克思主义着重研究了经济的一些本质的关系，而所谓正统经济学只研究了经济的一些现象，因而

---

① 《马克思恩格斯全集》第23卷，第98页，注32。
② 该书，第116页。

是研究对象'层次不同'的差别，这种观点自然包含着一定的真理，……但是，在西方正统经济学中的现象形态的背后，也有它们的本质关系，即社会物质生产条件与社会物质需要的关系。而……物质关系本身是比社会关系'更本质'的，生产力是比生产关系'更本质'的。"①而人所共知，一般说马克思主义经济学研究经济事物的内容和本质，西方经济学只考察形式和现象，主要指的是前者研究价值和剩余价值，后者则只研究价值的表现形式价格和剩余价值的转化形式利润、利息与地租等。

再次，关于两大理论体系的片面性和片面的科学性问题。

樊纲同志认为两大理论体系都有片面性和片面的科学性。关于片面性，写道：马克思主义经济学的片面性表现在，"着重从社会经济关系的角度考察了各种经济范畴和经济变量，在一定程度上忽视了人与物的关系、物质生产与物质需要之间的关系，在决定各种变量及其变动过程中的作用，从而……不能全面地说明这种经济现象。"②"新古典主义理论上的片面性，就在于将社会经济活动的一般物质性，当成了它的唯一属性，否定了经济活动的特殊社会规定性和社会经济关系在经济运动过程中的重要的决定作用。"③其实，两大理论体系的各自的这种片面性，也就是它们各自的研究的差异。对此，前面已做了分析和论述。根据那些论述，根据它们各自研究角度差异的性质，对马克思主义经济学来说，那不能算作其理论上的片面性。而对于当代西方主流经济学来说，则只说成是理论上的片面性又似乎言之过轻。

所谓"片面的科学性"，按照樊纲同志的说法，是指在明确地认识到经济活动具有多面性的前提下，把其中某些方面作为前提确定下来，而着重研究其某一特定方面的经济理论，就具有科学意义。据此，他认为，马克思主义经济学的片面的科学性表现在，"把经济活动的这种物质内容作为社会关系的物质承担者和物质前提……一旦……确定下来，便马上将研究的重心，转到对经济活动的社会方面、经济范畴的社会内涵上去。"④当代西方主流经济学的片面的科学性表现在，"将经济活动的社会方面，即经济关系、经济制度等视为给定的背景条件，甚至完全抽象掉，着重从人与物的关系、人类物质生产与物质需要的角度，考察社会活动，着重研究的是如何配置物质资源、选

---

① 该书，第105页。
② 该书，第145页。
③ 该书，第143页。
④ 该书，第112页。

择生产技术，以满足人们的各种物质需要。"①我认为，对于这两大理论体系，都不能这样说。

拿马克思主义经济学来说，我认为，应该说具有科学性，而不是片面的科学性，实际上，它虽然没有把生产力作为研究的对象，但根据历史唯物主义的观点，马克思在《资本论》中，自始至终贯串着把生产力和生产关系紧密结合着来考察资本主义生产关系及其发生、发展和必然为更高的社会形态即社会主义所取代的客观规律的，并不是像樊纲同志所说的，只是把生产力作为前提，作为背景条件确定下来，着重去研究生产关系。例如，马克思依据社会分工和生产力的发展来说明抽象劳动这个概念之有可能产生，依据生产力和技术条件的变化来说明相对剩余价值生产的发展和劳动对资本隶属关系的变化，依据资本有机构成的提高说明资本主义积累的一般规律和平均利润率下降趋势的规律以及由这些规律所决定的资本主义矛盾的深化，依据固定资本的更新说明资本主义社会再生产的周期性，依据生产力和生产社会化的发展说明资本主义生产组织形式和企业制度的发展变化，等等。马克思并没有把社会生产的物质方面和社会方面割裂。而"片面的科学性"的提法则似乎有把它们割裂的味道。

至于当代西方主流经济学的"片面的科学性"，我觉得与实际更是不符合。事实是，不管有意也好，无意也好，反正西方正统经济学总是一脉相承的只研究人和物的关系，根本不研究人与人的关系。对于人与人的关系，在经济理论的研究中，不是作为方法而把它抽象掉，而是根本不涉及它。这怎能说是"片面的科学性"呢？马克思主义经济学，虽然没有把生产力作为研究对象，但却紧密地结合着生产力来研究生产关系，而当代西方主流经济学则根本不涉及生产关系，这又怎么能说成是它们都具有共同的"片面的科学性"呢？

最后，关于综合问题

片面性、片面的科学性与新的理论综合，这是樊纲同志对两大理论体系比较研究的逻辑上的三部曲，即先分析它们的差异和片面性，进而寻找它们的"片面的科学性"，最后要达到理论发展的更高要求，就必须而且也只能把它们进行互补和综合。那么，如何综合呢？樊纲同志称之为马克思主义新综合，而且说这是经济学家的理性选择。

---

① 该书，第 113 页。

什么是马克思主义新综合？为什么要马克思主义新综合？

樊纲同志认为，从总体上看，从理论结构上看，马克思主义经济理论体系更适合于作为综合的基础结构。因为它是以辩证唯物主义和历史唯物主义为基础，是一个更广阔、更开放、更全面的理论结构。这本来是很好的。然而，却说："将马克思主义作为理论综合的基本结构（或者更严格、谨慎一些来说，将其作为新综合理论结构的出发点），也要求对马克思主义理论本身进行发展和改造，吸取其他理论在各方面具体问题分析中的方法和结构上的优点。"[①]说要发展马克思主义理论本身，并吸取当代西方主流经济学的某些优点或合理的成分，这些都是必要的，问题在于要对马克思主义理论进行改造。如何改造？樊纲同志自己也说："还无法具体而详细地勾画应该如何进行这种改造"[②]。但有一点是明确的，即樊纲同志要马克思主义经济学从哲学中也即从辩证唯物主义和历史唯物主义中解放出来，将哲学范畴转换为经济学范畴。他所指的主要是生产力、生产关系和生产方式几个基本范畴。他认为，在历史唯物主义哲学中，社会生产力和社会生产关系对立统一形成的社会生产方式，是相对于社会上层建筑的经济基础，研究它的目的在于说明社会形态的性质及其发展变化的物质、经济原因。经济学不是为了说明社会形态和上层建筑的性质及发展变化，而是研究经济活动中行为目的与限制条件之间的关系，因此应该把作为经济行为主体的有目的的活动目标即经济利益放在经济理论结构中应有的地位，而不必那么强调生产力和生产关系。这多少有点把经济学与历史唯物主义哲学割裂的意思。这是值得研究的。人所共知，经济研究和理论体系科学与否，关键在于基本观点和方法是否科学。马克思主义经济学之所以科学，就在于它是以马克思主义哲学的科学世界观和方法论为基础的。思维方式要采取与客观辩证法相一致的主观辩证法。我国社会主义经济建设实践中的经验教训可以充分说明这个问题。"四人帮"时期"左"的思想路线的影响，给经济建设造成了极大破坏，就是由于背离了历史唯物主义。改革开放以来，逐渐明确了建立社会主义市场经济体制，实行由计划经济体制向市场经济体制的转变，也正是由于端正了思想路线，树立了辩证唯物主义的思维方式，才突破了传统的社会主义经济模式，发展了马克思主义经济理论，把马克思主义发展到了一个新的阶段。

因此，我认为，对马克思主义经济学与西方经济学进行比较研究，是要

---

① 该书，第163页。

② 该书，第163页。

使经济科学向更高的水平发展，是要建立、丰富、改进和发展适合我国需要的、科学的、现代化的经济理论体系，但要实现这一点，不是要搞马克思主义新综合，而是要搞马克思主义新发展，即要坚持和发展马克思主义经济学。要发展马克思主义经济学，就要紧密结合世界和我国经济发展的现实，吸收西方经济学中合理的理论和方法，来建立新的经济理论体系。这不是综合，而是吸收；这个新建立的经济理论体系不是别的，而是发展了的马克思主义经济学。

（待续）

关于马克思主义经济学与当代西方主流经济学的比较研究*

——与樊纲同志商榷（续）

樊纲同志在其《现代三大经济理论体系的比较与综合》的下篇，主要就价值—价格理论、分配理论、生产和社会生产、增长与循环等具体理论，对马克思主义经济学与当代西方主流经济学两大经济理论体系进行了比较。见解新颖，颇富启发性。但有些观点也很值得研究和商榷。

（一）关于价值—价格理论

在这方面，主要有二个问题值得研究和商榷：一是，关于社会必要劳动的二重含义问题；二是，关于所谓马克思在价值—价格理论上的片面性问题。

1. 关于社会必要劳动二重含义问题

这是一个与樊纲同志共研讨的问题。樊纲同志说，他也"曾长期相信'社会必要劳动的第二种含义'能与劳动价值论相一致，……然而，进一步的研究证明，它不能产生任何一种逻辑上前后一致、并能说明各种理论问题的价值理论。"主要问题在于，"在价值量的决定问题上，这个概念（指社会必要劳动第二含义——引者）与第一卷（指《资本论》——引者）的'第一层含义'是无法统一的（也是无法与'价格偏离价值'的命题相统一的）。"①

社会必要劳动的第二种含义，是我和谷书堂教授早在 1956 年的一篇论文中提出的。它引起了诸多不同意见。其中之一，就是认为社会必要劳动的二

---

* 本文就樊纲同志在《现代三大经济理论体系的比较与综合》一书下篇中，对马克思主义经济学与当代西方主流经济学的具体理论问题进行比较所提出的某些观点进行商榷。指出：社会必要劳动的第二种含义与劳动价值论相一致，社会必要劳动的二重含义是统一的；马克思的价值—价格理论是科学的，并不存在所谓的片面性问题；在分配理论方面，马克思的剩余价值理论也不存在所谓的局限性。

① 樊纲：《现代三大经济理论体系的比较与综合》，上海三联书店、上海人民出版社 1994 年版，第 175 页。为了简单起见，以后凡引此书者，只写该书，第××页。

重含义不能统一。当时，我们曾对此（连同其他意见）作过答复。现在再阐述一下我的看法，以与樊纲同志共研讨。

人所共知，马克思在《资本论》第一卷第一章，是把商品作为资本主义社会财富的元素形式来对其进行剖析的。决定商品价值量的社会必要劳动量指的是生产单个商品的社会必要劳动量。"在这里，单个商品是当作该种商品的平均样品。"①这就是通常所说的也即所谓第一含义的社会必要劳动量，即"在现有的社会正常的生产条件下，在社会平均的劳动熟练程度和劳动强度下制造某种使用价值所需要的劳动时间。"②这种关于商品价值量决定的界定，虽然是最基本的，但比较一般，不够具体。而到《资本论》第三卷，则把它进一步具体化了。马克思在这一卷的第十章里，从生产部门出发，分析了通过部门内竞争形成了商品的不同于个别商品个别价值的市场价值也即社会价值，再通过部门间的竞争形成了价值的转化形式即生产价格。所谓市场价值，马克思指出：它"一方面，应看作是一个部门所生产的商品的平均价值，另一方面，又应看作是这个部门的平均条件下生产的、构成该部门的产品很大量的那种商品的个别价值。"③为了对此加以解释和说明，马克思把一个部门的生产条件归结为优等的、中等的、劣等的三类，它们各自在一定时期包括有一定数量的生产单位。一般说来，中等条件的总是占大量，构成一个部门的平均条件，优等条件和劣等条件的一般都为数较少。这样，要求得市场价值，就要利用加权平均法。例如，某一时期，某一部门的生产条件构成是：优等条件的有 100 家企业，共生产产品 100 万件，每件产品的劳动耗费为 4 小时；中等条件的有 9800 家，共生产产品 7840 万件，每件产品的劳动耗费为 6 小时；劣等条件的有 100 家，共生产产品 60 万件，每件产品的劳动耗费为 8 小时。这样，该部门产品的平均价值即为[（100 万件×4 小时）＋（7840 万件×6 小时）＋（60 万件×8 小时）]÷（100 万件＋7840 万件＋60 万件）＝（400 万小时＋47040 万小时＋480 万小时）÷8000 万件＝47920 万小时÷8000 万件＝5.99 小时。5.99 小时的平均价值与该部门中等条件或平均条件下生产的、在该部门占大量的产品的个别价值 6 小时，极为接近。根据马克思的界定，二者都是市场价值。如果该部门的全部产品 8000 万件是社会所需要的，则社会就必需投入该部门 47920 万小时的劳动，商品的价值量即由这个社会

---

① 《马克思恩格斯全集》第 23 卷，第 52 页。
② 《马克思恩格斯全集》第 23 卷，第 52 页。
③ 《马克思恩格斯全集》第 25 卷，第 199 页。

必要劳动量来决定，单位产品的价值量为 6 小时或 5.99 小时。这就是第二含义的社会必要的劳动量。而根据上述情况，该部门中等条件下生产的、在该部门占大量的产品的个别价值 6 小时，正符合第一含义的社会必要劳动量。二重含义的社会必要劳动量，就这样统一起来了。

此外，还有另一种情况也说明第二含义的社会必要劳动量决定商品的价值量，即马克思所说的，"如果需求非常强烈，以致当价格由最坏条件下生产的商品的价值来调节时也不降低，那么，这种在最坏条件下生产的商品就决定市场价值。这种情况只有在需求超过通常的需求，或者供给低于通常的供给时才可能发生。"①能适合说明这种情况的是资本主义农业和农产品。在资本主义农业中，优等、中等土地有限，也就是有利条件有限，这种优良的土地又不能随意创造，不像工业部门那样，先进的生产设备可以逐渐普及，同时由于资本主义土地所有制，因而在优等和中等土地的经营上存在着土地所有权垄断和经营垄断，从而排除了随意在优、中等土地上投资经营。因此，随着人口的增长和经济的发展，对农产品的需要增加，农产品的价格就上涨。上涨到什么程度？一定要上涨到农业资本家投资于劣等地，其产品收入除去交纳地租以外，还能获得平均利润。否则，农业资本家就不投资于劣等土地，因而农产品减少了，不能满足人们的需要了。这就决定了农产品的社会价值要由劣等地产品的个别价值来决定。这表明，按照劣等地产品的个别劳动耗费计算的连同优等地和中等地在内的全部产品的总劳动耗费，虽然大于优等地、中等地、劣等地分别按其各自的劳动耗费计算的总劳动耗费，而这是社会所需要的，是肯于按此支付的。这就是第二含义的社会必要劳动量决定市场价值的机制。马克思写道："这是由资本主义生产方式基础上通过竞争而实现的市场价值所决定的；这种决定产生了一个虚假的社会价值（指按劣等地个别价值作为社会价值计算的优、中、劣全部土地总产品的价值总额大于各级土地分别按其个别价值计算的价值总额——引者）。这种情况是由市场价值规律造成的。……产品（也包括土地产品）市场价值的决定，是一种社会行为，虽然这是一种不自觉的、盲目的社会行为。"②商品价值是"社会实体的结晶"③。

---

① 《马克思恩格斯全集》第 25 卷，第 200 页。
② 《马克思恩格斯全集》第 25 卷，第 744-745 页。
③ 《马克思恩格斯全集》第 23 卷，第 51 页。

2. 关于马克思在价值—价格理论上的片面性问题

这是需着重与樊纲同志商榷的问题。樊纲同志对马克思的价值理论还是肯定的，认为问题主要产生在交换价值理论或价格理论上。他认为，交换价值即"一种使用价值与另一种使用价值相交换的关系或比例"，既是价值的表现形式，体现着两种不同商品之间的价值关系，又是使用价值的表现形式，体现着两种不同商品间的使用价值关系；交换价值的量的规定，也既包含着价值量的规定，又包含着使用价值量的规定。而"马克思的失误在于片面地认为交换价值形态仅仅是价值形式……而没有认识到它同时也是使用价值形式"[①]；交换价值的量的规定，只是价值量的规定，而忽视了它同时也是使用价值量的规定。"这是马克思交换价值理论的一个根本的缺陷，也是其价格理论的缺陷的根源。"[②]而"马克思未能提出一个完整的交换价值或价格理论，在理论分析上的一个直接原因，是在于他当时缺少一个完整的关于使用价值的理论，关键是缺乏对使用价值量的分析。"[③]而马克思未能提出一个关于使用价值量的理论，又是因为："一是他错误地认为对使用价值来说，衡量尺度，只是物品的长度、重量等自然尺度，而没有充分认识到在经济学中，……还有一个经济尺度的问题。另一方面，最重要的是，他没有能够为不同的使用价值在理论上确认出共同的质"[④]，也就是，没有像他在价值问题上，运用理论分析的抽象力，为不同种的劳动找到了它们的同质性即抽象劳动那样，也运用抽象力为不同的使用价值找到一个共同的质。

樊纲同志完成了这项工作，他从不同使用价值中抽象出共同的质，即他所说的"抽象使用价值"，也即各种商品虽然使用价值不同，但都能为一个人带来需要的满足，或者都有效用。它可以使不同的具体的使用价值在量上进行通约、度量和比较，它的量成为不同使用价值进行度量比较的统一尺度。樊纲同志承认他的这种思想实际上源于西方边际学派的效用学说，所不同的是，西方边际效用价值论把使用价值混合于价值，把抽象使用价值范畴当成了价值理论，而樊纲同志则把它运用于分析交换价值或价格。

这样，在商品交换中，在交换价值或价格关系中，就形成了樊纲同志所

---

① 该书，第 179 页。
② 该书，第 179 页。
③ 该书，第 181 页。
④ 该书，第 183 页。

说的"价值和使用价值同时在价格决定中起作用的二元论"[1]，并由此提出了他的价格理论。他的价格理论就是价值理论和使用价值理论相统一的理论。

现在就来看看樊纲同志是怎样阐述他的价格理论的。

第一，樊纲同志把 $XA=YB$[2] 这个简单的价值形式或交换价值形式等同于价格形式，把 X 量商品 A 的价值形式或 YB 这个等价形式等同于一般等价物。严格说来，这是不妥当的。他也意识到这一点，例如，他说："请原谅这里直接从交换价值跳到价格。不过，撇开货币形式问题……，交换价值也就是价格。"[3]遗憾的是，这是不能原谅的。因为，这不仅是概念的科学性或准确性问题，而且对于以后的理论分析也造成了混乱。樊纲同志把 $XA=YB$ 只写出其数量关系即 $X=Y$，则 A 的价格就可以写成 $P_a=\dfrac{Y}{X}$，即用一单位 A 交换的 B 的数量。然而，$Y:X$ 是两种商品相交换的比例，是交换价值，是一种商品的价值表现形式，怎么会成为一种商品的价格呢？樊纲同志说，P_a 也可以理解为 A 与 B 的"比价关系"，即 $P_a = P_a / P_b$，因为 B 是等价物，其价格 $P_b=1$。这说明什么问题呢？既然 $P_b=1$，则 $P_a = P_a$，或者 P_a 就是 P_a，这是同义反复，究竟 P_a 是多少，不能表明。而且，这更不能解释货币产生以后的商品交换关系。货币产生以后，商品交换的比例关系，就只能用商品的"比价关系"间接地来表现，即 $X/Y= P_a / P_b$。例如，上衣和麻布不是直接来交换了，而是 1 件上衣的价格为 20 元，1 码麻布的价格为 1 元，则通过它们价格的对比，得出 1 件上衣可以交换 20 码麻布，即 1 件上衣/20 码麻布＝1 元/20 元。这对上衣和麻布来说，只能表示它们之间的价值关系，它们的交换比例，即交换价值，怎能表现出一种商品的价格呢？

第二，按照樊纲同志的观点，从价值关系方面看，假定生产一单位 A 的社会必要劳动量为 L_a，生产 X 量 A 的总劳动量即为 L_aX；生产一单位 B 的社会必要劳动量为 L_b，生产 Y 量 B 的总劳动量即为 L_bY。$L_aX=L_bY$，移项后得 $Y/X=L_a / L_b$。而 $P_a=Y/X$，则 $P_a=L_a / L_b$。然而，这能说明什么呢？能像樊纲同志所说的，"价格的高低，取决于生产两种商品的社会必要劳动之间

---

① 该书，第 145 页。

② 樊纲同志认为不能写为等号，而应写为<=>，因为含义是"等价于"或"与……相交换"。这是个小问题，没必要纠缠。但我认为 X 量的商品 A 与 Y 量的商品 B 相交换，其基础是价值量相等，因此写成数学上的等号有什么不可呢？有多大关系呢？谁都承认"在这种生产方式下，规则只能作为没有规则性的盲目起作用的平均数规律来为自己开辟道路。"（《马克思恩格斯全集》第 23 卷，第 120 页）

③ 该书，第 180 页注①。

的比率"①吗？我看，还是只能说明马克思在分析简单价值形式中所分析的相对价值形式的量的规定。例如，X 量商品 A＝Y 量商品 B，这是因为它们正好包含有同样多的社会必要劳动量也即价值实体。如果 A 的价值变化了，而 B 的价值不变，则 A 的相对价值即它表现在 B 上的价值的增减，与 A 的价值成正比。如果 A 的价值不变，它的相对的、表现在 B 上的价值的增减，与 B 的价值变化成反比。如果 A 和 B 的价值按照同一方向、同一比例同时变化，则仍然是 X 量商品 A＝Y 量商品 B，这时只有把它们同价值不变的第三种商品相比较，才会发现它们的价值的变化。如果所有商品的价值都按同一比例同时增减，则它们的相对价值保持不变，它们的实际的价值变化可以从这个事实看出：同样的劳动时间，提供的商品量比过去增加或减少了。如果 A 和 B 的价值按同一方向但以不同程度同时变化，或者按相反方向变化，则对商品 A 的相对价值的影响，可以根据上述种种情况推出种种可能的组合。由此可见，"价值量的实际变化不能明确地，也不能完全地反映在价值量的相对表现即相对价值量上。即使商品的价值不变，它的相对价值也可能发生变化，即使商品的价值发生变化，它的相对价值也可能不变，最后，商品的价值量和这个价值量的相对表现同时发生的变化，完全不需要一致。"②

第三，樊纲同志认为，在商品交换中，从使用价值关系方面看，X 量商品 A＝Y 量商品 B 意味着它们彼此提供的抽象使用价值或效用相等。他写道：一个商品生产者，在交换中，"他比较的只能是交换中不同质的物品对他来说的使用价值的大小——是因为后一种物品的一定量所提供的使用价值，比他所有的那种物品的一定量所能为他提供的使用价值更大，他才想去交换（正如马克思所说，'就使用价值看，交换双方都能得到利益'）。"③"人们交换商品的目的是为了获得更多的使用价值；但是，人们只交换一定数量的商品，这个事实首先表明了人们在交换中所获得的（新增）使用价值，不会无限制地增加下去，到了一定程度，再进行交换，他放弃的使用价值就会大于获得的使用价值。""同时也说明这时使用价值的变化达到了某种最大限度——再交换下去使用价值不会再有所增加。这就是说，在交换停止之时，两种商品交换量的边际使用价值是相等的。"④在边际效用递减规律作用下，X 量商品 A

① 该书，第 191 页。
②《马克思恩格斯全集》第 23 卷，第 69 页。
③ 该书，第 183-184 页。
④ 该书，第 192-193 页。

所提供的总效用为 U'_a（X），Y 量商品 B 所提供的总效用为 U'_b（Y），则交换者个人效用最大化的均衡条件为：U'_a（X）$/P_a = U'_b$（Y）$/P_b$，$P_b = 1$，则 $P_a = U'_a$（X）$/ U'_b$（Y），即价格还取决于不同商品各自的一定量所提供的总效用之比。然而，这里的问题在于：

（1）商品交换的目的，是为了换取自己不生产而又是需要的商品或使用价值，即在社会分工体系中，以己之所有换己之所无，以满足消费的需要；还是像樊纲同志所说的，是为了获得更多的使用价值（实即他所说的效用），或者商品所有者以他所有的一定量的商品交换能为他提供更大使用价值（效用）的一定量的另一种商品？通常，也是最基本的目的，当然是前者，而不是后者。拿最简单的例子来说，农民的粮食和手工业者的布匹相交换，显然他们是为了换取各自所需要的具体的使用价值，而不是为了什么更多的抽象使用价值。樊纲同志所引的马克思的那句话"就使用价值来看，交换双方显然都能得到好处"，是像他所理解的那样，双方都能得到更多的使用价值（效用）吗？其实，马克思在上引的那句话后紧接着说，"双方都是让渡对自己没有使用价值的商品，而得到自己需要使用的商品"①，这是马克思关于商品交换的目的和什么是使用价值的最好的注解。当然，在以私有制为基础的商品经济中，一些商品生产者总想以较少的甚至低劣的自己的商品去换取别人的更多的质优的商品。不过，这只能一时或许做到，长久是不成的。而且，"商品是天生的平等派"②，每一个商品生产者都想这样做，结果是谁也做不到。

（2）两种商品相交换的均衡的量，例如 X 量的商品 A 与 Y 量的商品 B，是以价值和彼此实际需要的量为基础，还是像樊纲同志认为的，在边际效用递减规律作用下，以总效用相等为基础？实际上，只能是前者，后者完全是理论上想象的。因为，特别是在商品直接交换的情况下，例如农民的粮食与手工业者的布匹相交换，只能是以价值为基础，按照双方彼此的实际需要量进行交换，哪里会是经过边际效用递减而后达到总效用一致来交换！

第四，按照樊纲同志的分析，交换价值具有价值基础和效用基础二重基础，价格具有价值形式和使用价格形式二重表现形式，用公式表示，即 U'_a（X）$/ U'_b$（Y）$= P_a = L_a L_b$。为了说明二重的统一，樊纲同志把上式移项，得：U'_a（X）$/L_a = U'_b$（Y）$/L_b$。U'_a（X）$/L_a$ 表示商品 A 的劳动—效用边际转换率；U'_b（Y）$/L_b$ 表示商品 B 的劳动—效用转换率。它们的相等，即它们的劳动—

---

① 《马克思恩格斯全集》第 23 卷，第 179 页。
② 《马克思恩格斯全集》第 23 卷，第 103 页。

效用转换率相等，说明 A 与 B 两种商品各自的边际使用价值（效用）与自身价值的关系或比率相等，或者说，一单位的抽象劳动在不同生产部门中所能提供的边际使用价值（效用）相同。这样，价值和使用价值二重基础就统一在交换价值或价格中了。而且，两个比率相等，也标志着价值和价格的一致。然而，这里的问题是，抽象劳动究竟同它所能提供的边际使用价值有何关系，根本不清楚，也很难说清楚。任何理论分析和创新，都需要有实证分析为基础。而这里的分析缺少这一点，恐怕也很难做到这一点。

总的说来，樊纲同志在这个具体理论上的论述，并不能说明马克思的价值—价格理论的片面性，反而觉得似乎有点把马克思的劳动价值论与新古典主义的以边际效用论为基础的价值（实际为价格）论硬"综合"在一起了。然而，能把客观价值同具有主观性特点的抽象使用价值"综合"起来吗？

我还是认为马克思的论断是科学的，即：交换价值"不包含任何一个使用价值的原子"①。

（二）关于分配理论

这里主要一个值得商榷的问题，是关于马克思的剩余价值理论的局限性问题。樊纲同志说："这一理论的突出的局限性在于作为其论证前提的劳动力价值的决定。"②

第一，樊纲同志认为，马克思讲的"劳动力的价值规定包含着一个历史的和道德的因素"③，是"脱离了马克思主义一贯坚持的从现实经济关系内部的因素，特别是用生产力和生产关系的相互作用来说明各种经济变量的思维路线。"④因为"历史的和道德的因素"是"一些外在于现实经济活动的因素"⑤。我看这恐怕是一种误解。人所共知，马克思说劳动力的价值规定包含着历史的和道德的因素，是就不同于一般商品的劳动力这种特殊商品而言的。劳动力和一般商品不同，它的生产就是工人本身的再生产和维持，这需有一定量的生活资料，"生活资料的总和应当是以使劳动者个体能够在正常生活状况下维持自己。由于一个国家的气候和其他自然特点不同，食物、衣服、

---

① 《马克思恩格斯全集》第 23 卷，第 50 页。
② 该书，第 233 页。
③ 《马克思恩格斯全集》第 23 卷，第 194 页。
④ 该书，第 233 页。
⑤ 该书，第 233 页。

取暖、居住等等自然需要也就不同。另一方面，所谓必不可少的需要的范围，和满足这些需要的方式一样，本身是历史的产物，因此多半取决于一个国家的文化水平，其中主要取决于自由工人阶级是在什么条件下形成的，从而他有哪些习惯和生活要求。因此，和其他商品不同……。"①这正是内在于资本主义现实经济活动中劳动力这种特殊商品生产和再生产的规律性，也是生产力和生产关系相互作用的结果。此外，还有什么内部因素？关键在于，劳动力不能直接用劳动来生产或创造，因而不可能在生产活动中去寻找决定它的内部因素。

第二，樊纲同志认为，"马克思当年所说的'劳动力价值'概念，只构成'劳动力价值下限'的概念。""从价值角度看，劳动力价值下限也是可变的，它与生产生活资料的劳动生产率成反比，实际上是与整个社会生产技术水平的提高成反比……。定义符号 g 为社会生产力提高速率，则可定义劳动力价值下限，V_0 为 g 的一个降函数：$V_0 = V_0(g)$，$V_0(g) < 0$"②。这种看法根据不足。

（1）樊纲同志为了论证马克思所说的劳动力价值是属于下限概念，而将必要生活资料改为基本生活资料，好像"基本"比"必要"在量上更少、更低。其实，对广大工人群众来说，必要的和基本的生活资料并无多大区别，没有必要为了论证自己的论断而非改不可。而且，这样改也不符合马克思的论述，是欠妥的。马克思说的是"维持劳动力所有者所需要的生活资料"，"生活资料的总和应当是以使劳动者个体能够在正常生活状况下维持自己"，"所谓必不可少的需要的范围"，"必要生活资料的平均范围"，"生产劳动力所必需的生活资料的总和"，等等。

（2）社会生产力和劳动生产率的提高（提高速率为 g），固然可以使生活资料的价值也即劳动力的价值（V_0）降低。V_0 为 g 的一个降函数，但还要看到，随着资本主义的发展，必要生活资料的平均范围还有扩大的一面，这又使得劳动力价值有增加的趋势。假定必要生活资料平均范围的扩大速率为 h，则 V_0 为 h 的一个增函数。g 和 h 是影响劳动力价值变化的两个相反的因素，从发展上看，究竟劳动力价值是下降还是上升，要进行具体分析。况且，社会生产力提高使得劳动力价值降低的同时，却又在减少了的劳动时间内生产出更多的使用价值量即生活资料量来。因此，即使劳动力价值降低了，也不会影响工人的实际生活水平。马克思关于劳动日长度和劳动强度不变、劳动

① 《马克思恩格斯全集》第 23 卷，第 194 页。
② 该书，第 238 页。

生产力可变的情况下对劳动力价格和剩余价值量的变化的深刻分析，就能说明这一点。他写道："劳动力的价值是由一定量的生活资料的价值决定的。随着劳动生产力的变化而变化的，是这些生活资料的价值，而不是它们的量。在劳动生产力提高时，工人和资本家的生活资料量可以同时按照同样的比例增长，……如果劳动力的价格下降，但没有下降到由劳动力的新价值所决定的最低界限，……那么这个下降了的价格也还是代表一个增加了的生活资料量。可见，在劳动生产力提高时，劳动力的价格能够不断下降，而工人的生活资料量同时不断增加。"[1]

（3）马克思明确地指出，劳动力价值不是下限，而它还有个最低限度。他写道："劳动力价值的最低限度或最小限度，是劳动力的承担者即人每天得不到就不能更新他的生命过程的那个商品量的价值，也就是维持身体所必不可少的生活资料的价值。假如劳动力的价值降到这个最低限度，那就降到劳动力的价值以下，因为这样一来，劳动力就只能在萎缩的状态下维持和发挥。但是，每种商品的价值都是由提供标准质量的该种商品所需要的劳动时间决定的。"[2]

第三，樊纲同志认为，劳动力价值有个上限，"新古典主义的边际生产率概念可……提供一个确定这一上限的方便的理论工具"[3]，即"劳动的边际收益，构成工资或劳动力价值的上限"[4]。所谓劳动的边际收益，即劳动的边际产品价格，也即劳动的边际产品乘产品价格。这是樊纲同志的创新之处，也是值得商榷的一点。

（1）新古典主义的分配论，虽然以边际生产力论为基础，但要素价格即要素所有者的收入是由要素的供给和需求决定的，而要素的边际产品价值只构成对要素的需求，要求得要素的价格，还要视要素的供给如何。而且，要素价格的确定，还要看要素市场和用要素生产的产品的市场如何而定。因为对要素的需求是派生的，它以对要素生产的产品的需求为转移。这就决定了要素价格并不总是由要素的边际收益即要素的边际产品价值 VMP 来确定。劳动这个要素也是如此。根据分析，只有劳动市场和产品市场都是完全竞争时，劳动价格或工资才由 VMP（劳动需求曲线 D）与劳动供给曲线 S（平均劳动成本 ALC＝边际劳动成本 MLC＝工资）的交点来确定，见下图。

---

[1]《马克思恩格斯全集》第 23 卷，第 571 页。

[2]《马克思恩格斯全集》第 23 卷，第 196 页。

[3] 该书，第 239 页。

[4] 该书，第 240 页。

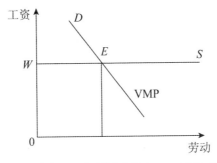

D：劳动需求曲线；S：劳动供给曲线（ALC＝MLC＝工资）

　　而当劳动市场或产品市场存在着不完全竞争时，劳动价格或工资的确定就是另外一种情况了。只要产品市场是不完全竞争的，对劳动的需求曲线就不再以劳动边际产品价值 VMP 曲线来表示，而由劳动边际收益产品 MRP 曲线来表示了。这时，VMP＞W（工资）。见下图。

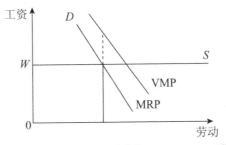

D：劳动需求曲线；S：劳动供给曲线（ALC＝MLC＝工资）

　　如果劳动市场是不完全竞争的，则劳动的供给曲线由平均劳动成本来表示，对劳动的需求曲线仍由劳动边际产品价值来表示，工资的确定如下图，VMP＞W。

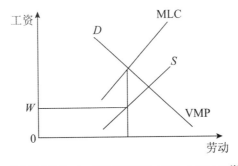

D：劳动需求曲线；S：劳动供给曲线（ALC＝MLC＝工资）

上述两种情况的 VMP＞W，美国已故著名经济学家琼·罗宾逊（J. Robinson）称之为垄断厂商对劳动的剥削，前者为卖主垄断对劳动的剥削，后者为买主垄断对劳动的剥削。她写道："所谓剥削通常是指工资小于劳动的边际物质产品按其售价所估计的价值。从这个观点来看，商品市场的不完全和劳动市场的不完全都可以产生剥削。"①

由上可见，即使按照新古典主义的工资理论，也得不出劳动的边际收益或劳动的边际产品价值构成劳动力价值或工资的上限的结论。

（2）劳动力价值是生活资料的价值，劳动边际产品价值是劳动的边际产品乘产品的价格，这完全是不同情况和不同计算方法下形成的两个不同的范畴、不同的量，这怎么能作为同一范畴劳动力价值的下限和上限呢？

此外，在社会生产理论部分，关于马克思的社会再生产图式的局限性问题，也有些值得商榷的地方。但由于问题并不十分突出和重要，加以篇幅所限，就不再分析论述了。

---

① [美]琼·罗宾逊：《不完全竞争经济学》中译本，商务印书馆 1961 年版，第 235 页。

Ⅴ 其他

"时间"的经济作用[*]

"时间的经常压力，是折磨我们生存的一种不小的痛苦。它虽然从来不像呼吸那样妨碍我们，但却如同一个监工用鞭子来追逐我们。"这是德国哲学家阿瑟·叔本华的一番妙论（*On the Suffering of the World*，1851）。这想必是这位悲观主义哲学家感到时光流逝、欲壑难填而发的思虑。至于对经济学家们来说，则是把"时间"作为一个非常重要的经济因素来对待和研究的。

英国曼彻斯特大学经济学教授杨·斯蒂德曼（Ian Steedman）和高级讲师马丁·克里于 1990 年合著出版了一本名为《认真对待"时间"——经济理论中的问题》（*Wrestling With Time—Problems in Economic Theory*）的书，就是关于经济理论研究中"时间"因素的。作者在"导论"中写道："A. 马歇尔在 1890 年宣称的'时间'因素是经济学上许多最大的困难的根源（《经济学原理》，中译本上卷，第 128 页——引者），并非夸张。当人们试图理解经济行为中诸如生产方法的发明、新商品和投机导致竞争等重要现象时，怎能避开'时间'这个中心问题呢？当今经济理论家们仍然在深思着如何更好地分析'通过时间而推移'的经济这个复杂的问题。"

作者认为，为了今天的探索，了解过去不同经济学家如何对待"时间"问题，是有意义的。因此，在这本书里主要阐述了马歇尔、林达尔、希克斯等经济学家的思想。最后作者指出："读者可能怀疑，为什么我们没有专门论述亚当·斯密、李嘉图、马克思、凯恩斯等人的思想？这是因为这样会使提供回答这个问题的名单差不多成为无穷尽的。并且，如果本书能够鼓励人们认真考察这些杰出的经济学家是如何处理'时间'因素的，那也就达到它的基本目的了。"

本文就是想首先对马歇尔、林达尔、希克斯等人的基本思想概括地加以

---

[*] 本文原载于《南开经济研究》1994 年第 4 期，与韩保江、季兴旺合作。

阐述，然后着重地阐述马克思在这方面的论述。马克思这方面的论述是十分丰富、具体、深刻的，今天看来仍然有着现实的启示意义。当今，人们不是在声言"时间就是金钱"吗！究竟"时间"怎样会转化为金钱，是需要从理论上深思一番的。

一

马歇尔等人关于"时间"这个经济因素的论述虽然各自的侧重点有所不同，但基本上都是仅就市场或流通领域、市场均衡和均衡价格的形成来进行分析的。

英国经济学家 A. 马歇尔非常重视"时间"因素的作用。他主要是围绕均衡价格的形成来论述的。他在其代表作《经济学原理》中，首先概括地指出了市场在时间上的局限性。他写道："市场不但因地区而异，而且也因使供求力量彼此达到均衡所需要的时间的长短不同而有所不同。这种时间因素比空间因素当前需要更加充分的注意。因为均衡本身和决定它的那些因素的性质都以市场所占用的时间的长短为转移，我们将知道，如果时期很短，则供给局限于现有的存货；如果时间较长，则供给将或多或少受该商品生产成本的影响；而如果时期很长，则这种成本将又或多或少受生产该商品所需要的劳动和物质资料的生产成本的影响。"（《经济学原理》，以下简称《原理》，中译本，商务印书馆 1981 年版，下卷，第 23 页）这里所说的极短期，是指例如一天。在这极短期内，"供给（实际上只指市场上可供出售的存货，……它不能直接受生产的影响"（《原理》，下卷，第 23 页），因此，市场价格主要取决于需求状况。这时的均衡可以看作是瞬间的、暂时的均衡，而不是正常的均衡。正常的均衡又有短期和长期之分。所谓"短期"，指的是在此期间，"特殊的技能和才干、适用的机器与其他物质资本的供给和适当工业组织的供给，都来不及充分地适应需求；但是生产者必须利用他们现有的生产设备尽量来使他们的供给适应需求"（《原理》，下卷，第 65—66 页）。因此，在短期内，均衡价格虽然仍主要受需求的影响，但或多或少还要受供给或生产成本的影响。所谓"长期"，是指"生产所需要的设备的较量是根据对这些设备的产品的需求而加以调整的……。另一方面，……为了提供物质设备和商业组织，以及为了取得职业知识与专门技能而投入的全部资本和努力，都有足够时间来根据人们可望挣得的那些收入来予以调整。"(《原理》，下卷，第66页)。因此，这时的均衡价格既受需求的影响，又要受该商品的生产成本的影响。"当然，在'长期'和'短期'之间并没有一条截然的分界线"(《原理》，下卷，第67页)，但是，马歇尔总地指出："我们可以得出结论说，就一般而论我们所考虑的时期愈短，我们就愈需要注意需求对价值的影响；时期愈长，生产成本对价值的影响将愈加重要。"(《原理》，下卷，第41页)

西方经济学家对"时间"有两种含义：一是，称之为"时钟时间"(Clock time)，意即有连续性的时间；另一是，预期时间（Expected time)，其中包含有动态（Dynamic）和不确定性（Uncertainty）因素。马歇尔的分析，主要是静态的和"时钟时间"，但他也涉及了动态分析和预期。他写道："预期会涨价的直接结果是使人们积极运用他们全部的生产设备，在全部时间，甚或超过规定时间来运用它们。……预期会跌价的直接结果是使许多生产设备闲置起来，同时也放松其他生产设备的工作"(《原理》，下卷，第63页)。

瑞典经济学家 E. R. 林达尔在其代表作《货币和资本理论的研究》开篇指出："经济科学的最后目的，或在于说明过去的经济现象，或在于预测在一定情况下，将来可能发生的事件。"(见该书中译本第2页)。基于此，他建立了作为其经济理论核心的动态经济理论。按其动态经济理论，认为经济理论的目标，用数学术语来说，就是借助于方程式来确定作为"时间函数"的变数数值，以这些变数已知的原始数值和决定这些数值的变动的情况为依据，来说明经济现象的变动和发展。在林达尔的动态经济理论中，首先重点研究了经济计划理论，论述一定时期所存在的计划内容，并说明修改计划所依据的原则，认为制定计划必须研究将来行动与所期望结果的因果关系。一般地说，期望所牵涉的时间越长，其所包括的可能性愈多。同时，由于时间的推移，还要进行计划的修订。"有些修改还保存原计划的骨架，有些修改却完全改换原计划的面目，而成为新的计划。"(同上书，第27页)。其次重点研究了经济发展理论。他认为经济学所研究的过程，一般是大的经济过程，就是说，由组成一个团体的若干经济人的行动以及这些行动的结果所构成的过程。所要确定的变数是由以下各项组成的：生产各种商品所消耗的劳务数量，货物和劳务的生产量与消费量，企业家和生产因素所有者所索取的价格，按照这些价格成立的各种交易数量等，寻求这些大的经济数值，或把相应小的经济数值加在一起求其总和，或在处理价格和其他关系时求出某种平均数。这是"可以把这些变数看作时间的函数，但不能看作连续的时间的函数。"(同上书，第 31 页）因为有些行动严格地说是没有时间性的，例如宣布价格、贩卖行为和其他交易等。但是，必须把这种行动和一定时刻联系起来，或和一定时期联系起来，计算出这些时刻或时期的总结果。至于其他变数例如投入生产的生产要素的数量，无疑是有时间性的。因此，"就大的经济现象来说，应该把经济发展划分为若干时期，而只计算各时期的总结果。"（同上书，第31—32 页）第三，动态理论还研究了"时间因素"作用下的价格形成与供求均衡。他指出："在讨论价格决定问题时，人们往往以自由竞争为前提，认为可以把某一时期的物价看做是这个时期中供需情况作用的结果。这种假设很适用于分析一种物价或一个物价体系的平衡形势。但是从更实际的观点分析价格决定问题时，这种假设便不很适当了。在实际动态情况下，供需并不需要平衡。"（同上书，第 36 页）从动态和现实观点看来，必须区别价格决定过程的两种基本动作：第一种，卖方或买方开价出价的动作；第二种，对方接受所开价格的动作。这两种动作都是在一定时刻进行的。这样，价格决定过程并不是连续的过程。如果用图来表示，供需价格将以与时间轴平行的直线出现，但在价格发生变动的时候，这些直线便呈现断断续续的状态。至于按照这些价格成立的交易，在买卖双方对交易条件表示同意的时候，将以与时间轴成直角的直线出现。最后，林达尔仍运用"时间"工具分析了"利息率和物价水平"与"资本在物价决定当中的地位"。例如，降低或提高一般利率对于资本价值、储蓄与投资的关系以及均衡是否达成等问题，他均曾根据不同场合进行了累积过程的详细分析；同时对银行放款利率的长期与短期的影响、存款与放款利率差别的影响以及按不同借款用途索取不同利率的影响等等，也作了细致分析。

英国经济学家 J. R. 希克斯在其代表作《价值与资本》一书中建立了以序数效用论为基础的动态一般均衡理论。按照他的定义，静态一般均衡理论旨在分析经济现象的一般均衡状态，并说明达到均衡状态的条件；动态一般均衡理论则要说明达到均衡状态的时间历程，说明从一个暂时均衡状态到另一个暂时均衡状态的移动过程序列。在希克斯的动态均衡理论中，有三个重要的概念："周""计划"和"确定的预期"。通过使用"周"这一概念，能够把一种变化过程当作含有一系列的暂时均衡来处理。通过使用"计划"这一概念，能够得出从事于当前的行动和指向将来的行动二者之间的关系。假定计划在 1 周内展开，如果周末市场状况不同于周初的市场状况，在第 2 周建立起来的新的暂时的均衡必然与第 1 周建立的有所不同。如此类推，就得到一个价格变化的动态过程。通过使用"确定的预期"概念，就可以使用在静态分析中的方法研究私人和企业的均衡，以及决定计划对当前价格和预期价格依赖到何种程度。希克斯首先研究动态过程中的均衡与不均衡问题。在星期一，企业家以过去继承下来的资源为基础，拟订出计划，这些计划决定他们当前的行为和他们在未来星期中打算做的行为。这样，不仅决定了所有货物和劳务的当前需求和供给，而且决定了将来需求和供给的意图。当前的计划以当前的价格和预期价格为基础，而当前价格本身是由当前的需求和供给决定的，而它们又是计划的一部分。因此，如果在第 1 个星期一确定的一组价格不能使所有市场的需求和供给相等，价格就得调整，当前价格的变化会引起计划的变化，结果又会引起当前供给和需求的变化；通过计划的改变，供给和需求达到均衡。在这一意义上说，经济系统可看作经常处于均衡状态，但在更广泛的意义上说，它通常在某一程度上处于不均衡态。在决定第 1 个星期一价格体系的时候，同时也决定了左右这一周当中资源分配的计划。如果假定这些计划会实行，那么它便决定了在周末会留下来的资源数量，以作为第 2 个星期一必须采取的决定的基础。在第 2 个星期一，新的价格体系必须确立，它可能不同于第 1 个星期一的价格体系。在均衡状态所发生的价格变化是预料中的事情，即实际发生的和人们预期的相一致。不均衡来自于预期的失误和计划执行中的偏差。其次，研究了整个体系的动态运行问题。在动态体系中，企业和个人的行为不仅受现在的价格，也受利率以及价格和利息预期的影响，不仅要考察他们对商品的供给和需求行为，而且要考察他们对证券（包括货币）的供给和需求行为。只有建立了商品、证券和货币供给与需求定律后，才能把这些规律集中起来，得出整个经济动态运行定律。从静态角度看，企业家总是最大限度地扩大进款超过成本的剩余，但从动态的角度看，企业家所期望的不仅是单一的剩余，而是从一个星期到一个星期的剩余川流。由于存在时间和利率等因素，描述企业目标的精确用语应该是使剩余川流的资本化价值最大，即未来的剩余都要折算成现在价值。如果假定企业家能以特定的市场利率自由地借或贷，他所采取的生产计划就是能使资本化价值最大的生产计划。个人的静态问题是在既定数量的货币收入条件下，购买他所喜爱的商品群。以同样的方式推理，个人行为的动态最优问题可看作根据既定的预期进款川流，从个人可以指望购买的各种商品川流群中，选择最喜爱的商品川流群。

林达尔和希克斯在"时间"因素的分析上，与马歇尔不同的是，他们二人更侧重于"预期时间"。

二

马克思关于"时间"因素的经济作用的论述，比起西方经济学家们来，不仅在理论上深刻、周密得多，而且具有更强的实践性，即对生产和经济发展的实践具有更直接、更具体、更明显的指导意义。同时，马克思的分析，也不像西方经济学家们那样只是停留在流通领域，而且还深入到生产领域；并且从流通领域和生产领域在再生产过程中的辩证关系的角度，更突出对生产领域的作用的分析，因为只有生产领域才是创造物质财富和价值的。

马克思大都是把"时间"同劳动结合在一起，但在分析时，也有不是同劳动结合起来的"时间"，主要是流通领域的"时间"，可称之为"自然时间"。马克思说过，"流通在空间和时间中进行"（《马克思恩格斯全集》第46卷下，第27页），市场是时间和空间的统一，市场作为流通领域是受"时间"因素影响的。

我们认为，马克思关于"时间"的经济作用的论述，有几段可以以此展开阐述的比较概括性的话，即：

"设想有一个自由人联合体……。这个联合体的总产品是社会的产品。这些产品的一部分重新用作生产资料。……而另一部分则作为生活资料由联合体成员消费。……这一部分要在他们之间进行分配。……我们做完，每个生产者在生活资料中得到的份额是由他的劳动时间决定的。这样，劳动时间就会起双重作用。劳动时间的社会的有计划的分配，调节着各种劳动职能同各种需要的适当的比例。另一方面，劳动时间又是计量生产者个人在共同劳动中所占份额的尺度，因而也是计量生产者个人在共同产品的个人消费部分所占份额的尺度。"（《马克思恩格斯全集》第23卷，第95—96页）

"如果共同生产已成为前提，时间的规定当然仍有重要意义。社会为生产小麦、牲畜等等所需要的时间越少，它所赢得的从事其他生产，物质的或精神的生产的时间就越多。……社会发展、社会享用和社会活动的全面性，都取决于时间的节省。一切节约归根到底都是时间的节约。正像单个人必须正确地分配自己的时间，才能以适当的比例获得知识或满足对他的活动所提出的各种要求，社会必须合理地分配自己的时间，才能实现符合社会全部需要的生产。因此，时间的节约，以及劳动时间在不同的生产部门之间有计划的分配，在共同生产的基础上仍然是首要的经济规律。这甚至在更加高得多的程度上成为规律。"（《马克思恩格斯全集》第46卷，第120页）

"人人都……知道，要想得到和各种不同的需要量相适应的产品量，就要付出各种不同的和一定数量的社会总劳动量。这种按一定比例分配社会劳动的必要性，决不可能被社会生产的一定形式所取消，而可能改变的只是它的表现形式……。自然规律是根本不可能取消的。在不同的历史条件下能够发生变化的，只是这些规律借以实现的形式。而在社会劳动的联系体现为个人劳动产品的私人交换的社会制度下，这种劳动按比例分配所借以实现的形式，正是这些产品的交换价值。"（《马克思致路·库格曼的信，1868年7月11日》）

从以上马克思的论述中，可以概括出三点"时间"因素的经济作用：一是，"时间"是个人消费品分配的尺度；二是，"时间"的节约；三是，社会劳动时间的比例分配。这里主要讲后二点。

首先，关于"时间"的节约。这方面，马克思分析和论述很多，概括起来，我们认为，有以下两个方面。

1. 生产过程中的劳动时间的节约。这主要是提高劳动生产率，减少单位产品生产的劳动时间。在简单商品生产条件下，每个个别生产者为了获得较多货币收入，设法谋求改进生产工具、提高个人生产技能，减少单位产品的个别劳动耗费，但按社会必要劳动时间决定的价值量出售，从而获得更多收入。在资本主义条件下，个别资本家为了获得额外剩余价值而改进生产设备，减少了商品生产的个别价值，但按社会价值出售，从而得到额外利润。等所有资本家都改进了生产设备，社会劳动生产率提高了，单位产品的价值降低了，从而减少了产品中的必要劳动时间，相对地增加了剩余劳动时间，相对剩余价值产生和扩大了。

此外，生产过程中的时间的节约，还包括另外一种情况，即减少非劳动时间的生产时间。生产资料在生产领域停留的时间是它的生产时间。"生产时间当然包括劳动过程期间，但劳动过程期间并不包括全部生产时间"（《马克思恩格斯全集》第24卷，第138页。以下凡引自《资本论》的，只写《全集》第××卷）。"生产资料的生产时间一般包括：1. 生产资料作为生产资料执行职能，也就是在生产过程中起作用的时间；2. 生产过程中断，从而并入生产过程的生产资料的职能中断的休止时间；3. 生产资料作为过程的条件虽已准备好，即已经代表生产资本，但尚未进入生产过程的时间"（《全集》第 24卷，第 139 页）。其中，第 1 点即劳动期间，第 2、3 两点为非劳动期间。第2 点，即机器设备的大修理时间。第 3 点，即原材料的储备时间。"资本家必须储备一定量的原料和辅助材料，以便生产过程在相当长的时间内，按照预定的规模进行，而不受每日市场供应的偶然情况的影响。"（《全集》第 24 卷，第 138 页）除去以上三点以外，按照马克思的论述，还包括另外一点，即"生产过程本身也会使劳动过程从而使劳动时间发生中断，在这个间歇期间，劳动对象听任物理过程对它发生作用，而没有人类劳动参加进去。在这种场合，虽然劳动过程从而生产资料作为劳动资料的职能中断了，但生产过程从而生产资料的职能却继续下去。例如，播在地里的谷种，藏在窖中发酵的葡萄酒，许多制造厂（例如制革厂）中听任化学过程发生作用的劳动资料，就是这样。"（《全集》第 24 卷，第 139 页）马克思指出："生产时间和劳动时间越是吻合，在一定时间内生产资本的生产效率就越高，它的价值增值就越大。因此，资本主义生产的必然趋势，是尽可能缩短生产时间超过劳动时间的部分。"（《全集》第 24 卷，第 141 页）办法主要是靠利用先进科学技术、加强管理、改进运输（主要针对减少原材料的储备而言）等。

谈到运输，这是生产在流通领域的继续。改进运输，即可以缩短或节约这部分时间。

2. 流通过程中的时间的节约。在资本主义条件下，"资本在流通领域停留的时间是它的流通时间。""资本完成它的循环的全部时间，等于生产时间和流通时间之和"（《全集》第 24 卷，第 138 页）。而"流通时间和生产时间是互相排斥的。……在资本流通时间持续的时候，生产过程就中断，资本的自行增值也就中断；……那就很清楚，资本的各组成部分在流通领域不断停留的时间越长，资本在生产领域不断执行职能的部分就必定越小。因此，流通时间的延长和缩短，对于生产时间的缩短或延长，或者说，对于一定量资本作为生产资本执行职能的规模的缩小或扩大，起了一种消极限制的作用。"（《全集》第 24 卷，第 141—142 页）

马克思在《资本论》第二卷第 2 篇中，深刻地、详尽地分析和论述了流通时间对资本周转时间的影响以及资本周转时间对预付资本量的影响，从而对利润率的影响。结论是：1. 流通时间的长短同资本周转时间的长短成正比，与预付资本量的大小也成正比，同一定预付资本量前提下的生产规模成反比。"必需用来保持流通时间内生产的连继性的追加资本，不是由一年内流通时间的总量或总数决定的，而只是由流通时间和周转期间之比决定的。"（《全集》第 24 卷，第 291 页）2. 资本周转期间内的流通期间和劳动期间之比对资本游离会产生影响。当流通期间和劳动期间相等，以及流通期间比劳动期间长，但同时又是劳动期间的简单倍数，而倍数不是整数的时候，依次预付的资本没有一个部分游离出来。当流通期间大于劳动期间但不是劳动期间的简单倍数，以及劳动期间大于流通期间的时候，就会有一部分资本游离出来。"为了使生产在流通时间内继续进行而游离出来的流通资本部分和全部预付流动资本之比，等于流通时间和周转期间之比。"（《全集》第 24 卷，第 287 页）"由单纯的周转运动这一机构游离出来的货币资本（还有由固定资本依次流回而形成的货币资本，以及在每个劳动过程中可变资本所需的货币资本），只要信用制度发展起来，必然会起重要的作用，同时也必然是信用制度的基础之一。"（《全集》第 24 卷，第 313 页）

马克思更特别分析了流通时间对预付可变资本量及其周转的影响，从而对年剩余价值率和年利润率的影响。结论是：流通时间的长短和预付可变资本量的大小成正比，同可变资本的周转成反比，在一定剩余价值率的前提下，同年剩余价值率成反比。

马克思还从社会的角度考察了流通时间对可变资本周转的影响，从而影响到社会生产部门的合理构成，这就是：按周转速度不同，社会生产部门分成两大类。一类是，其工人不断从市场上取走生活资料，同时在一年内不断把产品投入市场；另一类则相反，其工人不断从市场上取走生活资料，却在一年或更长的时间内不提供任何产品。"社会必须预先计算好，能把多少劳动、生产资料和生活资料用在这样一些产业部门而不致受任何损害，这些部门，如铁路建设，在一年或一年以上的较长时间内不提供任何生产资料和生活资料，不提供任何有用效果，但会从全年总生产中取走劳动、生产资料和生活资料。"（《全集》第 24 卷，第 350 页）马克思还在社会总资本再生产的研究中，也论述到这一点，并指出：如果处理不好周转历时较长的生产部门的规模，就会发生货币市场混乱和物资紧张，"货币市场的混乱会使这类企业陷于停顿，而这类企业反过来也会引起货币市场的混乱。"（《全集》第 24 卷，第 396 页）

产业资本运动的流通领域包括买和卖两个阶段。在这两个阶段中，对生产者来说，出售这个阶段也即出售时间更具有决定意义。马克思形象地称"商品价值从商品体跳到全体上……，是商品的惊险的跳跃。"（《全集》第 23 卷，第124页）马克思对此进行了具体细微的分析。首先，商品对于购买者必须有使用价值，而随着生产和社会分工的发展，某种产品今天能满足一种社会需要，到明天就可能不再有作为交换价值物质担当者的使用价值了，或者可能全部地或部分地被一种类似的产品排挤掉。然后，商品能卖多少钱或者能吸引多少货币呢？假定耗费在商品生产上的劳动量正是社会必要劳动量，那当然就会按照物化在其中的社会劳动量换回价值相等的货币。但是，生产条件总是在商品生产者的背后不断变化着。因而，昨天生产该商品的劳动耗费正符合社会必要劳动量，今天就可能不符合新的、已经变化了的社会必要劳动量了，换回的货币量也就和个别的、实际的劳动耗费不一致了。最后，即使每单位产品都只包含社会必要劳动时间，但该种商品的生产者们提供到市场上的总量可能过多了，也即全部社会劳动时间中以该种商品的形式耗费的时间太多了。这样，价格就会发生变化。可见，"商品爱货币，但是'真爱情的道路决不是平坦的。'"（《全集》第23卷，第126页）那么，怎样解决这个问题呢？也即如何能加快商品出售时间或者减少流通时间呢？这主要是商品生产者要面向市场，生产适应社会需要的产品，以及要及时了解和掌握市场供求状况的信息。

其次，适应社会不同需要而按比例分配社会劳动时间。这是社会分工和生产社会化发展条件下的客观要求或规律。

一方面，马克思就企业内部的分工考察和揭示了这一规律。这就是：一个企业生产一种商品，其全部生产过程划分为若干工序或阶段。这些阶段是顺序的、紧密衔接的，而且"不同的阶段过程由时间上的顺序进行变成了空间上的并存。"（《全集》第23卷，第382页）因此，为了顺利地生产出产品，就要求各个阶段要使用确定的时间，并且它们还要有一定的比例性，马克思写道：只有这样，"互相补充的各个劳动过程才能不间断地、同时地、空间上并存地进行下去。……各种劳动因而各个工人之间的这种直接的互相依赖，迫使每个工人在自己的职能上只使用必要的时间，因此在这里形成了和独立手工业中，甚至和简单协作中完全不同的连续性、划一性、规则性、秩序性，……在一定劳动时间内提供一定量的产品，成了生产过程本身的技术规律。"（《全集》第23卷，第383页）"工场手工业的分工在发展社会劳动过程的质的划分的同时，也发展了它的量的规则和比例性。"（《全集》第23卷，第384页）

另一方面，马克思又就社会分工来考察这个问题。马克思是从农业劳动生产率的提高才有可能逐步扩大社会分工谈来。农业劳动是必要劳动，因为它首先而且最初是以生产食物、为人类提供基本生活必需品的。农业劳动生产率，是一切剩余劳动的基础，也就是说，只有农业劳动生产率提高了，才可能有剩余劳动去从事工业劳动。一部分工业劳动也会物化在用作农业劳动者和非农业劳动者的必要生活资料的产品中。因此，这部分的工业劳动也是一种必要劳动。只有作为必要劳动的农业劳动和工业劳动的劳动生产率的进一步提高，才有可能不断扩大剩余劳动去从事其他形式的劳动。如此广泛地扩展下去，就形成社会分工，整个社会生产成为一个相互联系的有机体。在这当中，"条件仍然是使用价值"。"如果说个别商品的使用价值取决于该商品是否满足一种需要，那末，社会产品总量的使用价值就取决于这个总量是否适合于社会对每种特殊产品的特定数量的需要"。"社会需要，即社会规模的使用价值，对于社会总劳动时间分别用在各个特殊生产领域的份额来说，是有决定意义的"。"因此，不仅在每个商品上只使用必要的劳动时间，而且在社会总劳动时间中，也只把必要的比例量使用在不同类的商品上。""社会劳动时间可分别用在各个特殊生产领域的份额的这个数量界限，不过是整个价值规律进一步发展的表现，虽然必要劳动时间在这里包含着另一种意义。"（《全集》第 25 卷，第 716—717 页）

　　以上马克思的所有分析，都是针对资本主义的社会化大生产的。在这里，劳动表现为价值，劳动时间表现为价值量。然而，"在资本主义生产方式消灭以后，但社会生产依然存在的情况下，价值决定仍会在下述意义上起支配作用：劳动时间的调节和社会劳动在各类不同生产之间的分配"。（《全集》第 25 卷，第 963 页）